做悟教育丛书

新 方 案

《义务教育课程方案和课程标准
（2022年版）》研读

新 课 标

吴刚平　安桂清　周文叶◎主编

新 征 程

华东师范大学出版社
·上海·

图书在版编目(CIP)数据

新方案·新课标·新征程:《义务教育课程方案和课程标准(2022年版)》研读/吴刚平,安桂清,周文叶主编.—上海:华东师范大学出版社,2022
(做悟教育丛书)
ISBN 978-7-5760-2974-1

Ⅰ.①新… Ⅱ.①吴…②安…③周… Ⅲ.①课程标准-教学研究-中小学 Ⅳ.①G632.3

中国版本图书馆 CIP 数据核字(2022)第 111240 号

新方案·新课标·新征程

《义务教育课程方案和课程标准(2022 年版)》研读

主　　编	吴刚平　安桂清　周文叶
策划编辑	王　焰
项目编辑	彭呈军
审读编辑	教心分社
责任校对	时东明　江小华
装帧设计	卢晓红

出版发行	华东师范大学出版社
社　　址	上海市中山北路 3663 号　邮编 200062
网　　址	www.ecnupress.com.cn
电　　话	021-60821666　行政传真 021-62572105
客服电话	021-62865537　门市(邮购)电话 021-62869887
地　　址	上海市中山北路 3663 号华东师范大学校内先锋路口
网　　店	http://hdsdcbs.tmall.com

印　刷　者	上海商务联西印刷有限公司
开　　本	787×1092　16 开
印　　张	26.5
字　　数	500 千字
版　　次	2022 年 7 月第 1 版
印　　次	2022 年 11 月第 5 次
书　　号	ISBN 978-7-5760-2974-1
定　　价	82.00 元

出 版 人　王　焰

(如发现本版图书有印订质量问题,请寄回本社客服中心调换或电话 021-62865537 联系)

《做悟教育丛书》总序

我自己一直有个心愿,想就基础教育课程与教学改革问题,梳理出一些重点专题,找一些志同道合的学者,整理相应的研究,为中小学一线的校长、教研员和老师,提供一点有参考价值的成果支持。

但是,当这套《做悟教育丛书》真的拍板提上议事日程,要付诸行动做起来的时候,我多少还是觉得有点戏剧性的巧合。

由于上海突发新冠疫情,从 2022 年 3 月下旬开始,华东师大就要求老师们居家隔离,开启网上办公和在线教学模式。从 4 月 1 日浦西开始封控管理,到 6 月 1 日解除封控,整整两个月过去了。其间,我和安桂清、周文叶两位教授合作,组织完成义务教育课程修订研读的书稿。当我们可以重新申请返校时,已是 6 月 13 日。尽管这个消息来得有点晚,但还是让人有点小激动,毕竟足不出户太久了。

我赶紧做核酸检测,等结果一出来,就申请 15 日返校,约好华东师范大学出版社教育心理分社社长彭呈军老师,接洽《新方案·新课标·新征程:〈义务教育课程方案和课程标准(2022 年版)〉研读》(以下简称《研读》)一书的出版事宜。

在跟彭呈军老师谈这本书的时候,我们无意中说到,要推进新课程,一本研读或解读之类的书,对于一线老师来说,似乎比较单薄,只能是个概貌性的介绍。我俩不约而同地认为,有没有可能就课程整合、跨学科主题学习、项目化学习、大单元设计等这类比较新的课程与教学专题,再做几本书。说着说着,做一套丛书的主意便跃然而上地浮现了出来。彭呈军老师让我考虑考虑,做个丛书的编写方案。

我应承下来,有点兴奋:明明是谈一本书,怎么谈着谈着,就谈成一套丛书了!

我回到办公室,花了点时间,让自己平静下来,开始考虑这套丛书的名称,能不能叫《做悟教育丛书》。因为这些年,我做课程与教学研究,一直在积极倡导做中学、悟中学,得到不少一线教师的合作、肯定、欢迎和鼓励。同时,这次义务教育课程新方案新课标,也大力倡导做中学、用中学、创中学。我想,这一方面是对学生学习方式变革的要求,另一方面也同样是对教师教学方式改革的要求。事实上,教师就是在做教学、做改革的过程中,不断学教学、悟教学、学改革、悟改革,从而获得自身专业发展的。那些有悟性的教师,大多都是这么成长起来的。

在兴奋的同时,我也感到肩负的责任和压力山大。于是,我又跟《研读》合作主编安桂清和周文叶两位教授通报商量,我们再度携手合作,由一本书的合作主编,变成了一套丛书的合作主编。

我们商定,围绕新方案新课标的重要专题,整合遴选出本丛书的选题结构、基本书目和作者群。我们期待,这套丛书聚焦于新方案新课标实施需要重点回答的理论和实践问题,以及教育教学改革创新的经验积累和总结提炼问题。

整个丛书涉及以下领域:(1)义务教育课程方案和课程标准研读;(2)学校课程实施方案研制;(3)地方课程建设与管理;(4)校本课程建设与管理;(5)素养导向的学历案研制;(6)素养导向的综合化实践性教学;(7)促进核心素养的大概念教学;(8)跨学科主题学习活动设计;(9)STEM议题教学设计;(10)基于核心素养的课程整合;(11)素养导向的表现性评价;(12)当代课程与教学问题的概念建构。

我们希望,这套丛书能够助力中小学更好地落实立德树人根本任务,推进核心素养导向的课程教学改革创新,谱写基础教育为党育人为国育才的时代新篇章。

吴刚平

于华东师范大学课程与教学研究所

2022年6月15日

前　言

2021年10月的一天，一个偶然的机会，跟华东师范大学出版社王焰社长在一起，聊到我参与义务教育课程修订的事情。王社长当即希望我能组织一本义务教育课程修订解读类的书，以满足中小学教师新课程培训和业务学习的需要。我说，这样的书很有意义，我乐意参与，但主编还是崔允漷教授担任最为合适，因为他是方案组组长。王社长跟崔老师很熟，就说她去联系崔老师。

结果，崔老师因为手头事情太多，婉谢了王社长。后来，我也当面跟崔老师说了这个事，崔老师还是说太忙了，顾不过来，并告诉我说，他向王社长推荐了我。我把情况向王社长反馈，王社长便嘱咐我来张罗和主编这本书。

我觉得我一个人做主编，压力不小，主要也是手头事情多，精力有限，忙不过来。于是，就试着邀请安桂清和周文叶两位教授做合作主编。其实，我知道，她俩也很忙，但碍于我的执意邀请，也因为认同这件事值得做，就答应一起来推进这本书的编写。

经过认真讨论，我们确定书稿名称为《新方案·新课标·新征程：〈义务教育课程方案和课程标准（2022年版）〉研读》，明确书稿大致采用方案和课标修订的背景、问题、变化和挑战等基本写作框架，正式邀请石芳、王世光、申宣成、唐彩斌、史宁中、赵尚华、郑林、段玉山、胡卫平、汤清修、王祖浩、张迎春、杨晓哲、朱伟强、崔学荣、尹少淳、顾建军等十几位课标修订专家加盟，一起进行课程方案和课程标准的研读文本写作。

由于各位专家的抬爱和支持，整个书稿写作进展非常顺利。其间，上海突现新冠疫情，意外封控两个月，我们三位主编各自居家隔离，没法见面讨论。好在我们身处信息时代，手机、电脑、微信、邮件、视频会议，让我们的工作一点没耽误。我们与各位专家保持密切联系，顺利完成初稿撰写、审读和修改工作。

2022年4月21日，教育部正式发布义务教育课程方案和课程标准，各位修订专家根据课程方案和课程标准正式文本，对研读书稿进行了进一步的审读和确认，形成研读书稿提交版。

整个研读书稿,按照义务教育课程新方案新标准的修订思路,结合中小学实际需要,重点阐述了新方案新标准的时代特点和育人价值,"三有"培养目标和核心素养,课程综合性和实践性,课程内容结构化,学习中心教学方式,跨学科主题学习活动,素养导向的表现性评价,十四门课程标准研读,国家课程、地方课程和校本课程,以及新方案新课标修订十问十答等共计24章专题研读内容,从指导思想、修订原则、主要变化和迎接挑战等方面,阐释了新方案新课标的改革特点,并就实施推进所面临的新问题和新挑战提出了策略建议。

其中,这次新方案新课标的很多亮点和关键词,如大观念、大概念或大主题、大任务、大单元设计,项目化、主题式、任务型学习,学科实践,综合学习,做中学、用中学、创中学等课程与教学改革的新理念和新思路,都相应地纳入到这24章的具体研读阐释中,可以为一线教育工作者和教育研究者提供专业学习上的参考、借鉴和支持。

需要说明的是,由于时间紧任务重,本书提供的研读,是修订专家们基于新方案和新课标的政策文本,结合参与研制的切身经验,而作出的具有专家个人视角的研读和解读,希望为读者更好地理解和实施新方案新课标带来有益的启示和帮助。同时,新方案新课标是公开化的政策文本,每位读者都可以有自己的独立思考,作出自己的研读和解读。

在本书出版之际,作为主编,我们要再次衷心感谢各位加盟专家的抬爱和支持,你们的专业研读与写作是本书的质量担当!衷心感谢王焰社长和彭呈军分社长的牵线搭桥,你们的专业眼光和敬业精神催生了本书的面世!

我们热切期待,义务教育新方案和新课标的美好蓝图,通过我们的研读,能够更好地转化为培育"有理想、有本领、有担当"时代新人的课程新实践和教学新常态。

吴刚平
于华东师范大学师大三村
2022年6月11日

目 录

第 1 章　义务教育课程修订的改革特点与实践建议　1
一、义务教育课程修订背景　1
二、义务教育课程修订的改革特点　3
三、义务教育新课程实施的实践建议　6

第 2 章　有理想、有本领、有担当
　　　　——义务教育培养目标解读　9
一、义务教育培养目标的时代意义　9
二、义务教育培养目标的基本内涵　11
三、义务教育培养目标的关联概念辨析　13
四、从政策决定到教学行动的目标体系建设　17

第 3 章　义务教育课程的综合性与实践性　22
一、义务教育课程的综合性　22
二、义务教育课程的实践性　28
三、义务教育课程综合性与实践性的交融互渗　34

第 4 章　素养为纲的课程内容结构改革　36
一、重视课程内容的育人价值　36
二、厘清核心素养与课程内容的辩证关系　41
三、丰富课程内容的结构层次　42
四、开发素养为纲的课程内容组织形态　46

第 5 章	学习中心的教学方式改革	50
	一、课堂教学要超越讲授教学的认识局限	51
	二、课堂教学从记中学转向做中学与悟中学的认识基础	57
	三、知识分类视野下的记中学、做中学与悟中学	64

第 6 章	跨学科主题学习的功能定位与设计思路	73
	一、厘清跨学科主题学习的课程板块意义	73
	二、重视基于学科的跨学科主题学习单元设计	75
	三、探索超越学科的跨学科主题学习单元设计	77

第 7 章	素养导向的表现性评价	79
	一、素养导向的学习变革呼唤表现性评价	79
	二、指向素养的表现性评价设计	84
	三、在实施表现性评价过程中促使素养落地	90

第 8 章	《义务教育道德与法治课程标准（2022年版）》解读	95
	一、背景与问题	96
	二、基础与进展	98
	三、传承与变化	105
	四、挑战与建议	109

第 9 章	义务教育语文课程标准修订：背景、内容与实施	111
	一、义务教育语文课标修订的背景	111
	二、义务教育语文课标修订的主要内容	114
	三、义务教育语文课标的实施策略	119

第 10 章	素养立意的数学课程	
	——《义务教育数学课程标准（2022年版）》解读	121
	一、背景与问题	122
	二、基础与进展	124
	三、传承与变化	128

四、挑战与建议　　136

第 11 章　《义务教育英语课程标准（2022 年版）》解读　　139
　　一、修订背景　　139
　　二、主要变化　　140
　　三、实施建议　　147

第 12 章　《义务教育历史课程标准（2022 年版）》解读　　171
　　一、义务教育历史课程标准诞生的背景与沿革　　171
　　二、《义务教育历史课程标准（2011 年版）》的修订　　175
　　三、《义务教育历史课程标准（2022 年版）》的变化与突破　　179
　　四、历史教师面临的挑战与应对　　187

第 13 章　《义务教育地理课程标准（2022 年版）》解读　　189
　　一、背景与问题　　189
　　二、理论基础　　191
　　三、国际动态与经验　　196
　　四、传承与变化　　200
　　五、挑战与建议　　209

第 14 章　修订义务教育科学课程标准　支撑科技创新后备人才成长
　　　　　　——《义务教育科学课程标准（2022 年版）》解读　　212
　　一、立足素养发展　　212
　　二、聚焦核心概念　　215
　　三、合理安排进阶　　216
　　四、加强探究实践　　218

第 15 章　把握物理课程改革新方向
　　　　　　——解读《义务教育物理课程标准(2022 年版)》的变化　　220
　　一、背景与问题　　220
　　二、基础与进展　　222
　　三、主要变化　　226

　　　　　　四、面临挑战　　　　　　　　　　　　　　　　　237

第16章　《义务教育化学课程标准（2022年版）》解读　　　239
　　　　　　一、义务教育化学课程标准修订的背景　　　　　239
　　　　　　二、义务教育化学课程标准修订的视角　　　　　245
　　　　　　三、义务教育化学课程内容的重大变化　　　　　255
　　　　　　四、初中化学课程实施的挑战和建议　　　　　　260

第17章　核心素养为本的生物学课程
　　　　　　——《义务教育生物学课程标准(2022年版)》解读　264
　　　　　　一、修订背景及面临的问题　　　　　　　　　　265
　　　　　　二、生物学课程的传承与变化　　　　　　　　　269
　　　　　　三、落实新修订课标面临的挑战　　　　　　　　282

第18章　数字时代的义务教育信息科技课程标准　　　　287
　　　　　　一、信息科技课程的国际动态与发展基础　　　　288
　　　　　　二、信息科技课程标准的基本理念　　　　　　　292
　　　　　　三、信息科技课程标准的主要突破　　　　　　　295
　　　　　　四、信息科技课程标准的未来挑战与建议　　　　299

第19章　让"教会、勤练、常赛"成为体育课程新常态
　　　　　　——《义务教育体育与健康课程标准（2022年版）》解读　302
　　　　　　一、背景与问题　　　　　　　　　　　　　　　302
　　　　　　二、基础与进展　　　　　　　　　　　　　　　307
　　　　　　三、传承与变化　　　　　　　　　　　　　　　311
　　　　　　四、挑战与建议　　　　　　　　　　　　　　　318

第20章　艺术课标中的音乐
　　　　　　——《义务教育艺术课程标准（2022年版）》解读　324
　　　　　　一、艺术课标的新动向　　　　　　　　　　　　324
　　　　　　二、艺术课标的新内容　　　　　　　　　　　　329
　　　　　　三、艺术课标的新进展　　　　　　　　　　　　335

四、艺术课标的新突破　　341
　　五、艺术课改的新征程　　347
　　六、结语　　348

第 21 章　艺术课标中的美术
　　——《义务教育艺术课程标准（2022 年版）》解读　　350
　　一、美术课程遭遇了百年未遇之大变局　　351
　　二、《艺术课标》结构和样态形成的背景　　352
　　三、艺术课程的整体构思　　354
　　四、"课程核心素养"的登场　　356
　　五、艺术课程目标设置　　359
　　六、课程内容的结构方式　　360
　　七、学业质量的内涵及美术学业质量标准要点　　366
　　八、课程实施的建议和要求　　367
　　九、代结语：《艺术课标》的修订思路与主要变化　　371

第 22 章　建构一体化劳动课程　为义务教育劳动育人奠基
　　——《义务教育劳动课程标准（2022 年版）》解读　　374
　　一、劳动课程标准研制的背景　　375
　　二、劳动课程标准研制的基础　　377
　　三、劳动课程标准研制的思路与突破　　379
　　四、劳动课程的挑战与建议　　384

第 23 章　国家课程、地方课程与校本课程　　385
　　一、有效实施国家课程　　385
　　二、规范开设地方课程　　390
　　三、合理开发校本课程　　392
　　四、加强三类课程的有机联系　　395

第 24 章　新方案新课标十问十答　　398
　　一、新课标修订有哪些关键词　　398

二、怎样理解义务教育课程的类别　　400

三、如何实现学段衔接　　401

四、综合学习如何落地　　402

五、如何理解并落实"因材施教"　　404

六、学业质量标准的内涵与意义是什么　　405

七、素养导向的考试评价有哪些新的变化　　406

八、课程实施监测的重点是什么　　407

九、学校如何制订学校课程实施方案　　408

十、如何优化三级课程管理　　409

第1章

义务教育课程修订的改革特点与实践建议

吴刚平

作者简介：吴刚平/华东师范大学课程与教学研究所教授；《义务教育课程方案（2022年版）》修订组核心成员（上海　200062）

《义务教育课程方案和课程标准（2022年版）》的颁布，标志着义务教育课程修订工作顺利完成。这是我国基础教育领域里的一件大事，将会对深化教育教学改革全面提高义务教育质量产生广泛而深远的影响。义务教育课程修订既吸收了新世纪以来的课改经验，同时在落实立德树人根本任务、确立课程核心素养基本理念、破解"减负增效"关键问题和增加学业质量标准等方面体现出一些新的改革特点。学校在实施新课程时，可以优先考虑通过研制学校课程实施方案、探索素养导向教学新常态等重点举措，寻找深化课程改革的突破口和生长点。为此，需要群策群力地深入研读新的课程方案和课程标准，切实领会义务教育课程修订的时代背景和改革特点，并结合义务教育学校实际，探讨新课程的实施策略和举措。

一、义务教育课程修订背景

大致说来，义务教育课程修订有国内和国际两大场域的时代背景。梳理和解读这一时代背景，有助于我们更好地理解我国义务教育课程修订的改革动因和改革特点，更加自觉地参与谋划义务教育新课程的实施和创造。

（一）义务教育课程修订的国内背景

从国内情况来看，我国已历史性消除绝对贫困并全面建成小康社会，正在阔步迈进全面建成社会主义现代化强国的新征程。在这样一个伟大的时代，一方面是人民群众对义务教育的教育质量和教育公平提出更高要求，从"有学上"转向"上好学"，另一方面是中华民族伟大复兴国家战略不断为义务教育改革与发展注入新内涵和新动力。

对于新时代的教育改革和发展，党和国家高度重视并做出重大战略部署。近年来，习近平总书记作出一系列关于教育工作的重要论述、指示和批示，中共中央和国务院颁发一系列关于基础教育改革发展的重要文件，要求进一步落实立德树人根本任务，发展素质教育，促进教育公平，提高教育质量，推进教育现代化，培养德智体美劳全面发展的社会主义建设者和接班人。

值得注意的是，自2001年基础教育课程改革启动以来，现行义务教育课程设置实验方案实行了二十年，科目课程标准在2011年经过修订后也实行了十年，已经完成了当初所肩负的改革使命，面对新时代义务教育发展和进步的要求，需要在认真总结和继承课程改革经验基础上进行全面修订。同时，随着我国义务教育由基本普及到全面普及，工作重心已由规模发展为主转向内涵发展为主，尤其需要重视义务教育质量的整体提升，特别是必须进一步明确"培养什么人、怎样培养人、为谁培养人"，建立立德树人长效机制，优化育人蓝图，加强课程建设。

（二）义务教育课程修订的国际背景

从国际形势来看，世界正处在百年未有之大变局的深刻变化之中。各国特别是大国之间的综合国力竞争日趋激烈，主要发达国家都在持续推进课程改革，尤其注重从基础教育阶段抓起，培养适应时代发展要求的创新型人才，以便赢得未来人才竞争优势，尤其是在高科技领域里的人才竞争优势。我国更是整体擘画国际和国内"双循环"战略，在深入推进各项事业改革发展的同时，持续深化对外开放，扎实推进一带一路倡议和人类命运共同体建设，通过互联互通和文明互鉴，促进大交流和大发展，明确提出要建设高质量教育体系，到2035年要走在世界创新型国家前列。

面对新的国际形势和大国竞争格局，我国基础教育特别是义务教育需要准确把握时代发展方向和脉搏，肩负更高时代使命，深入研究课程改革新形势，把握国际课程改革新动态，关注经济社会发展新变化，吸收科学技术进步新成果，更新教育观念、教育内容和教育教学方式，对标构建高质量教育要求，重视创新精神和实践能力培养，打造具有世界一流水平的义务教育新课程体系，努力交出一份出色的中国义务教育课程改革新答卷,为全面建成社会主义现代化强国、实现中华民族伟大复兴奠定坚实的人才基础。

二、义务教育课程修订的改革特点

本次义务教育课程修订是在现行课程基础上作出的调整和深化,笔者在此主要针对课程方案和课程标准的改革特点,结合个人参与研制和审读的体会,借鉴课程修订指导专家组负责人讲话精神①和教材局领导讲话要求②,谈点个人学习心得。

(一)落实立德树人根本任务

本次修订立足于培养德智体美劳全面发展的社会主义建设者和接班人,高举习近平新时代中国特色社会主义思想旗帜,明确回答"培养什么人、怎样培养人、为谁培养人"这一根本问题。

新的义务教育课程方案将新时代义务教育培养目标确立为培养"有理想、有本领、有担当"的时代新人,并结合义务教育学段特点,对"有理想、有本领、有担当"的具体时代内涵作出全面阐述,反映了国家意志,体现了在新时期贯彻党的全面发展教育方针、落实立德树人根本任务的时代要求。

同时,本次修订对习近平新时代中国特色社会主义思想,中华优秀传统文化、革命文化、社会主义先进文化进课程教材,进行了系统设计和落实。通过课程方案和课程标准的明确规定与要求,引导学生厚植爱国主义情怀,自觉为建设社会主义现代化强国、实现中华民族伟大复兴而努力奋斗。

(二)确立课程核心素养基本理念

本次修订坚持和弘扬新世纪以来特别是党的十八大以来我国基础教育课程改革创造积累的改革成果和宝贵经验。2017年普通高中课程修订提出的凝练核心素养内涵、聚焦核心素养培育、彰显学科育人功能、落实立德树人任务,得到广大一线高中校长和教师的高度认同和积极响应,义务教育阶段的广大校长和教师也深受鼓舞,开始尝试将核心素养理念应用于教育教学实践之中。整个基础教育正在汇聚一股致力于培育核心素养的教改动能。本次修订努力梳理和顺应这一素养教育思潮,深入总结和吸收基础教育课程改革的主要成果和经验,坚定深化改革基本方向,坚持核心素养基本理念,提

---

① 王湛.深化改革努力构建新时代高质量的义务教育课程体系——在义务教育课程方案和课程标准预审会上的讲话[R].会议资料,2021.4.28.
② 田慧生.加强审查把关努力建设适应新时代的义务教育课程体系[R].会议资料,2021.4.28.

出并凝练课程核心素养内涵,坚持以课程核心素养为主轴整体架构义务教育课程体系。

依据义务教育阶段"三有"时代新人培养目标,各门课程明确凝练了课程核心素养和课程目标,凸显各门课程的独特育人价值和共通育人价值。基于义务教育阶段的育人要求,各门课程精选课程内容和组织形式,为学生留出探究学习空间,保护好奇心,激发兴趣,注重创新精神培育,积极迎接新时代的挑战。

本次修订明确规定了课程内容架构的原则或思路,各个科目都用专门篇幅清晰说明课程内容组织和呈现的思考路径。各门课程在全面梳理科目基础知识、基本技能的基础上,有效清理、归纳、整合知识点或主题内容,努力实现科目知识或主题内容的结构化呈现;结合具体科目特点以及学生学习规律和学习需要,系统组织课程内容,为落实好培养目标、核心素养提供关键支撑。同时,摒弃采用单一方式一贯到底建构科目内容的做法,强调综合运用多种路径、方式建构和呈现课程内容。

各个科目坚持素养导向,强化科目实践,推进综合学习,落实因材施教,进一步突显创设以学习者为中心的学习环境,注重做中学、用中学、创中学,引导学生参与学科探究活动,经历建构知识、创造价值过程,体会学科思想方法。特别是关注以学习者为中心的课程实施,倡导基于真实情境和真实问题的问题解决教学,聚焦综合育人、实践育人;体现信息技术的有机融入;体现基于事实或证据的过程评价、表现评价,以提高素养导向的真实情境问题解决能力。

(三)破解"减负增效"关键问题

本次修订是对新世纪以来课程改革的一次系统、全面的总结和深化,更是对党的十八大以来新时代、新发展要求的积极主动回应。修订工作坚持目标导向、问题导向和创新导向,突出重点,抓住课程改革的重要环节和关键要素发力,对社会关切、党和国家领导人关心的教育"减负增效"问题作出回应,力求实现义务教育课程减负增效提质,确保学生全面而有个性地健康成长。

本次修订主要从课程与教学专业层面,探寻破解减负增效提质的关键问题,突出地体现在以下三个方面。

一是聚焦学生发展。要减负增效提质,首先就必须在课程定位上以人为本,从知识作为目的的科目知识本位回归知识为人服务的学生发展本位。九年义务教育正是儿童身心成长最快、最关键的阶段,需要高度重视培育学生基础性、综合性的素质,帮助学生学会生活、学会学习、学会合作,打好树立正确价值观的人生底色,扣好人生第一粒纽扣。本次修订始终坚持以学生发展为本,通过聚焦核心素养来落实立德树人根本任务,发展素质教育。根据义务教育课程的特点创造性地提出课程核心素养,涵盖多类课程,更加重视课程实施的过程和方法,推进育人方式改革。在课程核心素养的凝练中,凸显义务教育阶段核心素养的时代性、基础性、成长性特点,将其定位于适应信息文明时代个人和社会发展所需要的正确价值观念、必备品格和关键能力,从儿童当下的身心特点和生活经验出发,使学习内容、学习方式与儿童身心发展规律相适应。

二是聚焦实践能力培养。增强课程的实践性是破解机械重复训练教学顽疾的教学内容和方式改革问题,是世界课程改革的普遍趋势和共同选择。本次修订认真学习和贯彻习近平总书记提出的培育有创新精神、有实践能力一代新人的要求,在课程设计上努力贴近社会生活和儿童现实生活,反映和体现生活逻辑,引领学生关注并走进现实世界,培养学生面对真实情境解决现实问题的能力,设法在增强课程综合性、实践性方面有所突破,促进人才培养方式变革。其中,比较突出的表现是增设劳动课程,加强课程与生产劳动、社会实践的结合,充分发挥实践的独特育人功能;突出学科思想方法学习,重视探究式教学,加强做中学、用中学、创中学;明确规定每门课程应安排不少于10%的课时用于设计跨学科主题学习。

三是聚焦内容结构改革。内容问题是课程修订最具实质性的问题,是破解减负增效提质关键问题的重中之重。如果课程内容不变,核心素养理念是很难真正落地的。因此,本次修订着力深化课程内容结构改革,以课程内容结构化促进育人方式的转变,实现减负增效提质。各个科目课程标准在课程内容结构化方面迈出了新的改革步伐,都不同程度地采用"任务群""大观念""大主题""大单元"等设计思路和技术。虽然这些设计思路和技术的名称和形式不同,但本质上都强调内容重构和方式呈现的改革原则,即以课程核心素养为主轴构建学习任务、大观念、大主题等以问题解决为目标的课程内容结构单位和教学单元组织形态,以此作为内容瘦身的聚合机制和动机增强的激发机制。要培养创新型人才、建设创新型国家,就必须解放学生,减轻学生负担,激发他们的好奇心、兴趣爱好和创新精神。本次修订还加强了学段科目内容一体化的整体结构设计,通过核心素养的凝练和课程内容的结构化,纲举目张,有效清理、归纳、整合科目知识点或主题活动内容,在学习内容安排层面落实减负、增效、提质。

(四) 增加学业质量标准

本次修订借鉴了高中课程修订引入学业质量标准的做法,明确了义务教育阶段学业质量内涵,提出核心素养发展的学段学习要求和九年级毕业要求,强化以核心素养为导向的质量观,确保学业质量可评可测,为教材编写、教学实施、考试评价等提供依据。其中,学业质量标准的重点是描述义务教育各学段学业成就的典型表现,体现不同学段素养表现特征的水平差异,各学段学业质量标准尽可能覆盖核心素养的所有维度,努力做到学业质量表述体现"什么情境""完成什么任务"或"具有什么表现"的要求和特点。

此外,本次课程修订还注重在德智体美劳科目设置、学制安排和信息技术运用方面,都强调协调发展和融合发展。

三、义务教育新课程实施的实践建议

义务教育新课程的实施涉及学校方方面面工作,但在实践上可以优先考虑通过研制课程规划方案、探索素养导向教学新常态等重点举措,寻找学校深化课程改革的突破口和生长点。

(一) 研制学校课程实施方案

研制学校课程实施方案是强化课程意识、提升课程领导力的重要抓手,也是新的课程方案对学校课程实施提出的政策要求。从学校实际出发,可以重点推进学校层面的课程规划,带动各个专项课程方案和科目层面的学期课程纲要研制。

以学校层面的课程规划为例,学校可以把课程实施的设计和安排转化为课程实施方案文本,搭建学校课程实施的基本框架。按照课程专业要件,课程实施方案文本大致包括开头段、背景分析、培养目标、课程结构、课程实施、课程评价和课程管理与保障等几个部分。

其中,(1)开头段:需要概述学校课程规划方案的目的、编制依据和功能。(2)背景分析:主要介绍与学校课程规划密切相关的基本情况、办学传统或特色以及学校愿景或未来努力方向等。(3)培养目标:必须首先保证落实国家在《义务教育课程方案》中明确规定的培养目标的前提下,适当凸显学校特色或毕业生形象。(4)课程结构:按照国家课程、地方与校本课程两类或三类呈现学校课程结构,可以有课程结构示意图和课程计划表,但图表前后要文字表述,说明国家课程、地方课程、校本课程之间的关系等。(5)课程实施:按总—分思路表述,先明确总的实施原则,再分具体事项有层次地来展开说明。具体实施包括编制学期课程纲要;教学改革重点举措,涵盖学校制度化教学常规和探索性教学改革两个层次措施;资源开发可按国家课程的资源开发、地方/校本课程的资源开发两大方面叙写;作业设计可分常规性作业设计、探索性作业设计两块叙写;此外,双减背景下还要对学校课程教学与课后服务进行统筹设计安排,对课后作业辅导和社团活动作出部署。(6)课程评价:可按方案评价、过程评价和结果评价分别叙写,并体现"改进结果评价,强化过程评价,探索增值评价,健全综合评价"要求。(7)管理与保障:包括管理机制保障、师资保障、组织与制度保障等。

(二)探索素养导向教学新常态

对于多数学校和教师来说,新课程所倡导的素养导向教学是新事物,学校应在抓好常规教学质量的同时,进行探索性教学改革试点,积累和总结经验,逐步推广和形成教学新常态。必须注意,与传统知识教学相比,素养导向教学不是不要知识的教学,而是要改善知识学习过程的教学,是要从知识传递型的讲授教学转向知识建构型的探究教学,化信息为知识,化知识为理论,化理论为方法,化方法为德性。

新课程倡导的"任务群""大观念""大主题""大单元"等设计思路和技术,正是知识内容单位转向学习活动单位、实现知识建构的教学组织形态,即通过情境性、项目化、问题解决的学习任务,将科目知识嵌套其中,促进学生为解决问题而同步完成自主、合作、探究的知识学习,在掌握知识的同时,发展解决未知问题的能力和信心。

其中,学习任务可以是科目内的整合学习任务,这是探寻素养导向教学新常态的主阵地。比如,著名数学教育专家马芯兰老师,很早就开始尝试根据小学数学知识的内在联系和儿童思维发展特点,突出教材中那些最基本的概念、法则和原理,以此为中心,从纵横两方面进行调整和重组,把有联系的知识串接起来,形成更利于学生学习的纲目结构。① 把小学阶段"数与代数""空间与图形""统计与概率"原有 610 多个知识点整合为 93 个生态教学课例,采用迁移、渗透、交错、训练的教学方法,实现学、教、评一体化,让学生数学学习更轻松,数学思维更敏捷,成绩好,能力强,数学素养有了坚实的教学支撑。

学习任务也可以是跨学科跨领域的整合学习任务,这对综合教学能力的要求更高,也更有教学价值。比如,美国普渡大学卡拉·乔恩生(Carla C. Johnson)教授领衔的 STEM 研究团队,按照横向领域把学习主题分为原因与结果(Cause and Effect)、创新与进步(Innovation and Progress)、表征世界(The Represent World)、可持续系统(Sustainable Systems)、人类经验优化(Optimizing the Human Experience)等五大观念②,再按纵向水平从低到高,设计出纵横勾连的学习任务群,把大观念、学习主题、项目任务、核心概念等融为一个个整合性的学习活动单元,从而实现知识学习与问题解决的有机统一。以原因与结果观念主题为例,围绕下沉与上浮议题,探究学习原因与结果观念。在低幼阶段,教师创设情境设计学习任务,要求儿童观察给定物品,设想分别投入小水池中,它们是会下沉,还是会浮在水面,一边观察一边猜想一边验证,建立上浮与下

---

① 马芯兰.构建新的知识结构培养学生思维能力[J].人民教育,1995(5).
② 杜文彬,刘登珲.美国整合式 STEM 教育的发展历程与实施策略[J].全球教育展望,2019(10).

沉的直观经验和初步的分类意识。到小学中高年级则要求学生自主、合作设计使得物品按照人的要求在小水池中上浮或下沉,建立上浮与下沉的因果关联,并作记录与改进。到初中阶段则要求学生通过合作学习,运用给定材料,设计并制作浮在水面的最大载重容器,从而完成容器设计与制作项目,同时掌握浮力定律。这样的学习任务更有利于学生核心素养的发展和提高。

第 2 章

有理想、有本领、有担当
——义务教育培养目标解读

吴刚平

作者简介：吴刚平/华东师范大学课程与教学研究所教授；《义务教育课程方案（2022年版）》修订组核心成员（上海　200062）

义务教育培养目标，是义务教育的总纲和蓝图，统领义务教育课程发展方向。为此，特别需要把握新订义务教育"三有"培养目标的时代意义和基本内涵，澄清培养目标与教育目的、教育方针、核心素养和课程目标等关联概念的关系，在学校层面的毕业生形象和学段目标、教学目标和学习目标等方面推进培养目标体系建设。

一、义务教育培养目标的时代意义

（一）回答义务教育培养时代新人的首要根本问题

《义务教育课程方案（2022年版）》确定的义务教育培养目标，充分体现了党和国家对新时代教育的新论述和新要求，认真擘画并努力回答了培养担当民族复兴大任时代新人的首要问题和根本问题。

近年来，习近平总书记对教育提出一系列论述指示批示，党中央国务院也出台一系列教育政策意见和要求，特别是《中共中央国务院关于深化教育教学改革全面提高义务教育质量的意见》，为义务教育着力培养担当民族复兴大任的时代新人指明了方向。

培养目标是义务教育的首要问题和根本问题。诚如习近平总书记指出,"培养什么人、怎样培养人、为谁培养人"始终是教育的根本问题。其中,培养什么人,是教育的首要问题。我国是中国共产党领导的社会主义国家,这就决定了我们的教育必须把培养社会主义建设者和接班人作为根本任务,培养一代又一代拥护中国共产党领导和我国社会主义制度、立志为中国特色社会主义奋斗终身的有用人才。这是教育工作的根本任务,也是教育现代化的方向目标。

按照习近平总书记和党中央国务院的要求,《义务教育课程方案(2022年版)》完善了培养目标,全面落实习近平总书记关于培养担当民族复兴大任时代新人的要求,结合义务教育性质及课程定位,从"有理想、有本领、有担当"三个方面,明确义务教育阶段时代新人培养的具体要求,进而富有新时代特点地培养德智体美劳全面发展的社会主义建设者和接班人。

这样的"三有"培养目标,一方面坚持了我国改革开放特别是进入新世纪以来的教育方针,致力于培养全面发展的社会主义建设者和接班人,体现了培养目标的稳定性和连续性。同时,又结合义务教育发展新特点和时代新要求,体现了培养目标与时俱进的变化性和鲜明的时代意义。

(二)指引义务教育课程的战略发展方向

九年义务教育是基础教育的基础,是民族素质的教育基石,关乎千家万户的切身利益,面广量大责任重。而这一时期,正是儿童少年身心成长最快、最关键的阶段。因而厘定义务教育培养目标,不仅意义重大,而且影响深远。这是一项凝聚人心、完善人格、开发人力、培育人才、造福人民的奠基性工作,是指引义务教育课程发展方向的战略性决定,将持续深刻影响未来十年数以亿计儿童少年的学习和成长,对于我国义务教育课程发展方向具有极为重要的导向作用。

国家通过厘定培养目标,对义务教育"培养什么人"的首要问题和根本问题,做出整体刻画和规定,反映的是义务教育课程改革的深刻背景和深远价值。从国内背景来看,我国已历史性消除绝对贫困并全面建成小康社会,正在阔步迈进全面建成社会主义现代化强国的新征程,义务教育的工作重心已由规模发展为主转向内涵发展为主。在这样一个伟大的时代,一方面是人民群众对义务教育的教育质量和教育公平提出更高要求,从"有学上"转向"上好学",另一方面是中华民族伟大复兴国家战略不断为义务教育改革与发展注入新内涵和新动力。对于新时代的教育改革和发展,习近平总书记提出一系列重要论述,党和国家高度重视并作出重大战略部署,要求进一步落实立德树人根本任务,发展素质教育,建立长效机制,优化育人蓝图,加强课程建设,促进教育公平,提高教育质量,推进教育现代化,培养德智体美劳全面发展的社会主义建设者和接班人。

从国际背景来看,世界正处在百年未有之大变局的深刻变化之中。各国特别是大国之间的综合国力竞争日趋激烈,主要发达国家都在持续推进课程改革,尤其注重从义务教育阶段抓起,培养适应时代发展要求的创新型人才,以便赢得未来人才竞争优势,尤其是在高科技领域里的人才竞争优势。我国更是整体谋划国际和国内"双循环"战略,在深入推进各项事业改革发展的同时,持续深化对外开放,扎实推进一带一路倡议和人类命运共同体建设,通过互联互通和文明互鉴,促进大交流和大发展,明确提出要建设高质量教育体系,到2035年要走在世界创新型国家前列。

面对新的国内国际形势,我国义务教育培养目标的厘定和贯彻落实,需要准确把握时代发展方向和脉搏,肩负更高时代使命,深入研究课程改革新形势,把握国际课程改革新动态,关注经济社会发展新变化,吸收科学技术进步新成果,更新教育观念、教育内容和教育教学方式,对标构建高质量教育要求,重视创新精神和实践能力发展,自觉融入中华民族伟大复兴的人才强国战略之中。

二、义务教育培养目标的基本内涵

(一)义务教育培养目标的总体要求

义务教育培养目标是国家整体人才培养战略目标中的重要有机组成部分,同时必须体现义务教育阶段特点,因而是义务教育学校人才培养工作的总体规定和毕业生形象的整体刻画,是义务教育课程发展的蓝图和总纲。对此,新版课程方案在培养目标栏目下有一段总述性的文字,阐释了义务教育培养目标的总体要求:"义务教育要在坚定理想信念、厚植爱国主义情怀、加强品德修养、增长知识见识、培养奋斗精神、增强综合素质上下功夫,使学生有理想、有本领、有担当,培养德智体美劳全面发展的社会主义建设者和接班人。"①

也就是说,从总体要求来看,义务教育培养目标的厘定思路是,着眼于培养社会主义建设者和接班人的国家大计,坚持习近平新时代中国特色社会主义思想进课程,体现担当中华民族复兴大任的时代新人要求,着手于"六个下功夫"重点措施,落脚为"有理想、有本领、有担当"的具体目标要求,使得义务教育培养目标更加符合义务教育的实际

---

① 中华人民共和国教育部. 义务教育课程方案(2022年版)[S]. 北京:北京师范大学出版社,2022:2.

和阶段性特点。

（二）义务教育培养目标的具体要求

义务教育培养目标厘定的"三有"时代新人形象设计，是把习近平总书记对于青年一代的要求和期望具体转化为义务教育培养目标的结果。诚如习近平总书记嘱托："青年一代有理想、有本领、有担当，国家就有前途，民族就有希望。"① 为此，义务教育培养目标第一条就是"有理想"，把它作为义务教育学生形象的首要特质，要求树立远大理想，发挥理想激励和引领作用。第二条是"有本领"，把它作为义务教育学生形象的主要特质，要求践行远大理想，脚踏实地，真抓实干，学好扎实本领。第三条是"有担当"，把它作为义务教育学生形象的重要特质，要求把远大理想和扎实本领汇聚成个人和社会的自觉使命与责任。

其中，有理想的具体要求包括：热爱祖国，热爱人民，热爱中国共产党，学习伟大建党精神。努力学习和弘扬社会主义先进文化、革命文化和中华优秀传统文化，理解和践行社会主义核心价值观，逐步领会改革创新的时代精神。懂得坚持走中国特色社会主义道路的道理，初步树立共产主义远大理想和中国特色社会主义共同理想。明确人生发展方向，追求美好生活，能够将个人追求融入国家富强、民族复兴、人民幸福的伟大梦想之中。

有本领的具体要求包括：乐学善学，勤于思考，保持好奇心与求知欲，形成良好的学习习惯，初步掌握适应现代化社会所需要的知识与技能，具有学会学习的能力。乐于提问，敢于质疑，学会在真实情境中发现问题、解决问题，具有探究能力和创新精神。自理自立，热爱劳动，掌握基本的生活技能，具有良好的生活习惯。强身健体，健全人格，养成体育运动的习惯，掌握基本的健康知识和适合自身的运动技能，树立生命安全与健康意识，形成积极的心理品质，具有抗挫折能力与自我保护能力。向善尚美，富于想象，具有健康的审美情趣和初步的艺术鉴赏、表现能力。学会交往，善于沟通，具有基本的合作能力、团队精神。

有担当的具体要求包括：坚毅勇敢，自信自强，勤劳节俭，保持奋斗进取的精神状态。诚实守信，明辨是非，遵纪守法，具有社会主义民主观念与法治意识。孝亲敬长，团结友爱，热心公益，具有集体主义精神，积极为社会作力所能及的贡献。热爱自然，保护环境，爱护动物，珍爱生命，树立公共卫生意识与生态文明观念。具有维护民族团结，捍

---

① 习近平.习近平给莫斯科大学中国留学生的回信[EB/OL].新华网，http://www.moe.gov.cn/jyb_xwfb/moe_176/201712/t20171231_323453.html.，2017-12-31/2022-0505.

卫国家主权、尊严和利益的意识。关心时事，热爱和平，尊重和理解文化的多样性，初步具有国际视野和人类命运共同体意识。

三、义务教育培养目标的关联概念辨析

（一）培养目标在关联概念连续体中的位置

长期以来，对于培养目标以及在培养目标上位或下位的关联概念，往往存在一些误解，会认为这些概念说法都是空的虚的，只有要教要学的内容才是真的实的，因为那才是每堂课都要实实在在去做的。殊不知，从教育目的，到教育方针，到培养目标，到核心素养，再到课程目标，乃至更为下位和具体的教学目标、学习目标，是一个从思想到行动的关联概念连续体，需要想清楚、说明白、写准确、做实在，这对于完整准确把握教学内容乃至整个教育教学行动，都具有不可或缺的重要意义。它们各自的独特地位和作用，只有置于这个关联概念连续体之中，才能更加确切地显现出来。

因此，如果要全面贯彻落实义务教育培养目标，那么，仅仅靠理解和掌握义务教育培养目标的基本内涵，显然是远远不够的，还必须将培养目标置于与之密切相关的概念家族当中，才能获得更加贴切的意义把握。如果以培养目标为参照，梳理与其相近的关联概念，那么，在培养目标的上位有教育目的和教育方针两个概念，在培养目标的下位有核心素养和课程目标两个概念，于是就形成教育目的—教育方针—培养目标—核心素养—课程目标这样一个连续性的概念家族。

在这个概念家族中，培养目标是中心，具有承上启下的作用。教育目的、教育方针和核心素养、课程目标，它们与培养目标一起构成一个从思想到行动的关联概念连续体。它们联系紧密，相互依托，是一个整体，但又各自有所侧重，在这个关联概念连续体中拥有自己的特定位置。

（二）培养目标的上位概念——教育目的与教育方针

在培养目标关联概念连续体中，培养目标有两个上位概念，一是教育目的，二是教育方针，两者都对培养目标的厘定具有重要的指引作用。

首先，来看看上位第一个概念——教育目的。

教育目的是一定社会主体对受教育者身心发展所提出的总要求，它在宏观思路上回答"培养什么人"这个首要根本问题，规定通过教育把受教育者培养成什么样质量和规格的人。不同国家在不同时期有不同的教育目的。当然，教育目的主体是多层次和多类别的，可以有国家民族的教育目的，也可以有政党团体的教育目的，也可以有学校、

机构、家庭乃至个人的教育目的。教育目的是教育实践的重要动力,就像马克思所说:"劳动过程结束时得到的结果,在这个过程开始时就已经在劳动者的表象中,即已经观念地存在着。他不仅使自然物发生形式变化,同时他还在自然物中实现自己的目的,这个目的是他所知道的,是作为规律决定着他的活动的方式和方法的,他必须使他的意志服从这个目的。"①

就我国课程改革语境而言,提到教育目的更多地是指称更具决定意义的党和国家的教育目的。"它除了统一人们的'教育目的'价值观念以外,还把它化为各级各类学校较为具体的培养目标,甚至各门课程、各种课业的更加具体的目的,以便使'应然的'目的转化为'实然的'目的。"②我国长期以来的教育目的表述,比较稳定的关键词是"社会主义建设者和接班人",这是我国教育发展的总要求,是在"培养什么人"问题上始终坚贞不渝的大方向。

其次,再来看看上位第二个概念——教育方针。

教育方针是教育目的的具体化的工作原则,是从哪些方面落实教育目的总要求的策略规定,是对"为谁培养人""怎样培养人""培养什么人"提出的宏观政策要求,并对各级各类学校教育培养目标作出内涵性提示和要求。长期以来,"全面发展"一直是我国教育方针表述比较稳定的关键词,并在此基础上随着时代发展适时调整和丰富其中的内涵。

党的十八大以来,我国教育方针的内涵更加体现中国特色社会主义新时代的特点,强调坚持教育为社会主义现代化建设服务、为人民服务,把立德树人作为教育的根本任务,全面实施素质教育,培养德智体美劳全面发展的社会主义建设者和接班人,努力办好人民满意的教育。这一教育方针,既坚持培养社会主义建设者和接班人的大方向和总原则要求,同时及时充实更具时代意义的工作思路和工作策略,并且还会随着时代发展和具体工作情境而不断丰富。习近平总书记在学校思想政治理论课教师座谈会上讲话要求:"新时代贯彻党的教育方针,要坚持马克思主义指导地位,贯彻新时代中国特色社会主义思想,坚持社会主义办学方向,落实立德树人的根本任务,坚持教育为人民服务、为中国共产党治国理政服务、为巩固和发展中国特色社会主义制度服务、为改革开放和社会主义现代化建设服务,扎根中国大地办教育,同生产劳动和社会实践相结合,加快推进教育现代化、建设教育强国、办好人民满意的教育,努力培养担当民族复兴大

---

① 转引自王严淞.论我国一流大学本科人才培养目标[J].中国高等教育研究,2016(8).
② 陈桂生.常用教育概念辨析[J].上海:华东师范大学出版社,2008:27.

任的时代新人,培养德智体美劳全面发展的社会主义建设者和接班人。"①

(三) 培养目标本身的概念分析

在培养目标关联概念连续体中,培养目标是中心概念。培养目标是党和国家教育目的和教育方针在各级各类学校教育中的具体体现,规定各级各类教育的人才培养规格和质量要求,是对教育所培养的人的一种理想或期望,包含人的社会角色性质或总体规格,以及质量规格或素质结构两方面的培养要求。"历史地看,在一个社会中,人才培养的总体规格往往是比较稳定的,但是人才培养的素质结构却是不断变动的,因为它反映社会和人发展的新需求。"②

我国义务教育培养目标,受到教育目的和教育方针的指引和规范,具有两个鲜明的稳定性特征,一是坚持培养"社会主义建设者和接班人"这个根本教育目的不变,二是坚持"全面发展"这个根本教育方针不变。

如果从整个国家的教育培养目标体系来看,义务教育培养目标就是其中"培养什么人"在义务教育阶段的具体规定,是各级各类教育人才培养总体战略中的一种具体战略,也是党和国家教育目的和教育方针的具体体现。就拿义务教育培养目标中"三有"时代新人的要求来说,它其实是我国整个各级各类教育"三有"新人培养目标的有机组成部分,只是它通过更为细致的具体素质规定来反映义务教育的阶段性特征而已。

但如果从义务教育的角度来说,培养目标却是义务教育的总纲,是义务教育课程发展总的蓝图。它是习近平中国特色社会主义思想的体现,也是为党育人为国育才教育使命转化为义务教育阶段人才培养的总体战略构想。当然,在技术层面,培养目标的内部结构取决于社会、学科和学生的要素分析和关系理解,既要回答义务教育培养人的总体规格,也要回答义务教育学生尤其是义务教育毕业生所应具备的素质结构和关键素质,同时还要蕴含教育实践具体化的一体多样开放结构,以便于开展从政策规定到实施行动的培养目标体系建设。

(四) 培养目标的下位概念——核心素养与课程目标

在培养目标关联概念连续体中,培养目标还有两个下位概念,一是核心素养,二是课程目标,两者都对培养目标的厘定具有重要的支撑作用。

---

① 吴晶,胡浩.习近平主持召开学校思想政治理论课教师座谈会强调用新时代中国特色社会主义思想铸魂育人贯彻党的教育方针落实立德树人根本任务[EB/OL].新华社,http://www.moe.gov.cn/jyb_xwfb/s6052/moe_838/201903/t20190318_373973.html.,2019-03-18/2022-0505.
② 邱芳婷.新中国小学阶段培养目标的历史变迁及其启示[J].教育探索,2016(12).

先探讨第一个下位概念——核心素养。

当前,在谈论培养目标时,我们不能不讨论核心素养,特别是要弄清楚培养目标跟核心素养到底是什么关系。由于核心素养理念日益深入人心,因此常常有人采用素养目标的说法,以至于让人以为素养与目标就是一回事。但实际上,当我们说到素养目标时,是在跟知识目标的说法相对应,真实的意思是,以知识为追求的目标叫知识目标,以素养为追求的目标叫素养目标,是在说不同目标取向的特征。并不是说,知识的概念就是目标的概念,或者,素养的概念就是目标的概念。

通常认为,核心素养是指正确价值观念、关键能力和必备品格等综合性品质。但"核心素养既不是能力,也不是品格或观念,而应该是这些方面整合在一起的综合性品质"。① 这其实是培养目标所涵盖的人的发展的内涵规定性,是质量规格或具体素质结构方面的要求。只是,这种素质结构更需要整合性的理解。"素养本身不是行动,而是指向人类现实行动的内在心理品质,是个体在与现实世界的特定任务或需求互动过程中所蕴含的各种能力、个性特征、价值观念或动机意志等的整合性特征。因此,要用整合的视角来理解素养,而不能将素养理解为它所包含的一系列构成成分的罗列。这是理解当下所倡导的核心素养的关键所在。"②

核心素养是培养目标涵盖其中的素质结构或质量规格,是比培养目标更下位的概念。培养目标涵盖了核心素养要求,为核心素养的发展提供依据和动力,同时也需要核心素养提供支撑,丰富其内涵规定性。也就是说,培养目标对核心素养提出要求,提供依据和动力,对核心素养起决定作用。核心素养是培养目标质量规格的具体化,为培养目标内涵规定的素质结构提供支撑作用。两者存在密切的互动关系,但毕竟不是一码事,核心素养服从和服务于培养目标。

再来看看第二个下位概念——课程目标。

在很多时候,课程目标与培养目标几乎是可以互换着用的两个概念。这是因为它们确实联系非常紧密,在内涵上有很高的同一性,培养目标基本上就是课程目标的总括,课程目标就是培养目标在课程层面的体现。但是两者不能完全等同,培养目标是大概念,是上位概念,它作为教育总纲和蓝图,涵盖课程目标,课程目标是小概念,是下位概念,是培养目标质量规格、素质结构的主体组成部分。此外,培养目标还涵盖不少非

---

① 杨向东.关于核心素养若干概念和命题的辨析[J].华东师范大学学报(教育科学版),2020(10).
② 杨向东.关于核心素养若干概念和命题的辨析[J].华东师范大学学报(教育科学版),2020(10).

结构化的教育活动。这些非结构化的教育活动,比如一般的校园生活和环境设施等,谈不上是课程,但确实有教育意义,是学生成长和发展过程必不可少的教育事项,也是培养目标质量规格或素质结构的组成部分或配套资源。

总之,从教育目的到教育方针,再到培养目标,再到核心素养,再到课程目标,从上位到下位,环环相扣,相互影响和制约。上位概念规定和指引着下位概念,是对下位概念的总括;下位概念支撑和丰富上位概念,是对上位概念的具体化。

四、从政策决定到教学行动的目标体系建设

(一)加强学校层面的毕业生形象和学段目标建设

厘定义务教育培养目标,描绘的是国家义务教育发展总纲和蓝图。这是国家战略和政策决定,直接影响国家教育资源的开发走向和人才培养目标体系的基础建设。同时,需要注意到一个基本的事实,只有发生在学校和课堂的教育,才是真实的学校教育。体现国家意志的义务教育培养目标,只有真正落实到学校和课堂层面的行动,才可能建设成为一个既具内在一致性同时又保持层次和类别丰富性的实然培养目标体系。因此,在培养目标方面,学校要善于将其转化为学校自己的办学实践,通过研制学校课程实施方案和建立素养导向教学新常态等途径,加强办学目标、育人目标、教学目标等各类分项目标建设,尤其应该重点加强毕业生形象和学段目标建设。诚如义务教育课程方案对学校课程实施提出的要求,"注重统一规范与因校制宜相结合,统筹校内外教育教学资源,将理念、原则要求转化为具体育人实践"。[①]

在毕业生形象方面,由于我国大多数小学和初中事实上是分开办的,两个学段的差异也相当大,加上国家义务教育培养目标是在全国意义上而非具体学校层面作出的战略规划和部署,所以小学和初中学校,或者一贯制的学校,都需要根据学校具体的办学实际情况和发展需要,把国家厘定的义务教育培养目标具体落实为学校自己的使命和愿景,在"三有"培养目标基础上,突出小学或初中的学段特点,进行自己的毕业生形象设计,富有本学校特色地刻画未来作为社会主义建设者和接班人的学生,在校学习期间所要达成的素质结构和关键素质,从而建立国家意志与学校特色相统一的学校培养目标体系,以此引领和统筹学校的教育教学工作。

---

① 中华人民共和国教育部. 义务教育课程方案(2022年版)[S]. 北京:北京师范大学出版社,2022:13.

除了毕业生形象设计,每个学段还应根据学段具体情况相应厘定更为细致的学段目标,据以指导本学段的教育教学工作,凝聚学段师生心往一处想,劲往一处使,内化为教学和学习的使命与责任,发挥学段目标对于学校师生的导向作用、激励作用和评价改进作用。我国义务教育除了小学和初中分段外,还有进一步按年级分段的做法,比如1~2年级为第一学段,3~4年级为第二学段,5~6年级为第三学段,7~9年级为第四学段。学段目标不同于科目课程目标,是超越具体科目的综合性发展目标,特别需要注意将学生的年龄特征和发展阶段进行综合考虑。学段目标要能够连贯、递进且有重点地提出本学段与其他学段相衔接的具体主题、任务和要求,以便帮助学生从一个学段顺利过渡到下一个学段。

关于学段目标建设,芬兰课程方案的做法比较有创意,值得参考和借鉴。他们把1~9年级按三个学段分别制定学段目标,第一学段(1~2年级)目标是"成为一名学生"(Becoming a pupil),第二学段(3~6年级)目标是"成为一名学习者"(Developing as a learner),第三个学段(7~9年级)目标是"成为社会一员"(Growing as a member of a community)。而且学段目标进一步细化,1~2年级旨在完成学前到学校教育的过渡和适应,教学围绕"成为一名学生"主题,收获作为一名学生与一位学习者的积极体验,在学习过程中感受学习的成功与乐趣。该年段各项跨学科素养以鼓励学生参与学习、自我表达、尝试合作为主。在完成学前教育到学校教育过渡的基础上,3~6年级致力于培养学生"成为一名学习者"。跨学科素养要求学生认识并发展个人的学习技能与习惯,学会接纳与自我表达,明确个人权利与责任,实现有建设性的团队交流。7~9年级更关注学生"成为社会一员",强调成人的社会身份认同,引导学生对自己、学习、他人、环境负责。学生通过丰富知识、增强技能来明确发展方向,准备未来生活。[①]

(二)推进素养为纲的教学目标和学习目标建设

课堂教学是实施素质教育、落实培养目标的主阵地。当前,义务教育培养目标要真正落地,需要以课程核心素养为纲,把"三有"素质要求,具体转化为教师层面的教学目标以及学生层面的学习目标。

首先,是教师层面素养为纲的教学目标建设。

在教师层面,对于教学目标一点也不陌生,但对于基于课程核心素养的教学目标,却是需要经过观念转变的。"素质教育的基本使命就是保障每一个学生的学力成长和

---

① Finnish National Board of Education. National Core Curriculum for Basic Education 2014 [S]. Helsinki: Next Print Oy, 2016: 98,145,269.

人格成长,培养他们成为知识社会所需要的、具有创新精神和实践能力的身心和谐发展的新生代。"①也就是说,不能把培养目标和教学目标简单地视为教育教学行为预期结果的标志,而应当把它看作是教育思想的体现。爱因斯坦说:"用专业知识教育人是不够的。通过专业教育,他可以成为一种有用的机器,但是不能成为一个和谐发展的人。要使学生对价值有所理解并且产生热烈的感情,那是最基本的。"②

如果从原有的重视知识技能训练的教学目标和知识人培养目标,转向重视核心素养的教学目标和"三有"时代新人培养目标,那么,实质上需要相应地更新教育理念、办学理念及育人理念,需要从为学生终身发展作出阶段性贡献的角度,建立以人为本的知识学习逻辑。

曾几何时,无论是课程教材的设计还是日常的课堂教学,秉持的是一种客观主义知识观和学科本位课程观,因而导致灌输式教学和双基培养教学目标。"以'双基'为中心的教学,从大纲到教材再到课堂形成了一整套中国特有的'双基教学'论:重视基础知识的传授(讲授)、基本技能的训练(练习),讲究'熟能生巧',追求基础知识的记忆和掌握、基本技能的操演和熟练,以使学生获得扎实的基础知识、熟练的基本技能和较高的解题能力为主要的教学目标。"③同样,"教材中的学习内容必须是定论、共识和某领域公认的原理、法则、定理,排除有争议的问题,不给学生发挥的空间和研讨的余地。因此,教材就是要罗列学生应该掌握的本学科领域的理论和应用法则,对教师的教学、学生的认识具有绝对的权威性"。④ 这种客观主义知识观,一是强调学科知识本身的客观性、普遍性和确定性。掌握知识,就有了认识世界和改造世界的力量。二是强调学科知识学习过程的接受性,知识是间接经验,只能间接认识,是一种特殊认识过程。

殊不知,这只是学科知识的部分属性,而不是学科知识的全部属性。事实上,除了老师讲,学生听、记、练、考等间接认识路径外,学生还有另外的获取知识的路径,可以投身于学科实践,可以像学科专家一样思考和探究。就学科知识学习而言,学生本来就是未知者,教师真正的责任不是直接告知知识怎么理解怎么记忆,那是表层学习,教师应该做的是创设条件,帮助学生同其本来就未知的知识打交道,实现掌握人类的已知学科知识,同时发展同未知领域和问题打交道的能力和信心。

---

① 钟启泉.教育的挑战[M].上海:华东师范大学出版社,2007:53.
② 爱因斯坦.爱因斯坦自述[M].富强,译.北京:新世界出版社,2012:263.
③ 余文森.从"双基"到三维目标再到核心素养——改革开放40年我国课程教学改革的三个阶段[J].课程·教材·教法,2019(9).
④ 靳玉乐.中国基础教育新课程的创新与教育观念转变[J].西南师范大学学报,2002(1).

这时，就需要从知识传递教学转向知识建构教学。建构主义知识观，一是强调知识的主观性、情境性和相对性，知识对学生来说既是客观的、外在的、静态的，同时也是主观的、内在的、动态的任何知识都是建构的产物，不是永恒不变的真理。二是知识学习的建构性，需要个人建构和自主学习，也需要社会建构和合作学习。教学要着眼于素养，着手于知识，致力于知识的活学活用。无论是个人建构还是社会建构，其本质都是一种探究过程和学科实践过程，是一种基于问题（发现问题、提出问题、分析问题、解决问题）的真实的系统的有深度的思考活动。其中，好奇心、批判性思维和求证意识是探究和学科实践的精神元素。让学生在课堂教学中过一种充满智慧的、符合人性的探究实践生活，这是建构主义教学的精神旨趣。

核心素养为纲的教学目标规定了学科教学从以学科为本转向以人为本的根本方向，直接关系到"培养什么人"和"培养人的什么"问题。从关注知识的性质到关注知识的个体意义和社会意义，使得学习过程从认识、反映关系到理解、建构关系，转化成为存在、意义关系，实现知识学习的重心转向促进学生的自我理解和相互理解，丰富学生的精神世界，深化学生的生命意义。学生从一个人在学习学科知识，转向一个学习学科知识的人。从学科知识到学科本质再到学科育人价值的转变，使学校教育教学不断地回归人、走向人、关注人，进而实现真正的以人为本，人成为教育教学真正的对象和目的。

教师层面的教学目标建设，不仅需要思想解放和观念更新，更需要发挥教学首创精神，致力于教学实践创新，将党和国家乃至学校的教育目的、教育方针、培养目标、课程目标和办学目标作为一个有机整体，具体转化为自己和而不同的教学风格和教学目标，甚至要逐渐引导学生制定自己个性化的学习目标，促进培养担当民族复兴大任的时代新人目标体系化和常态化发展。

其次，是学生层面素养为纲的学习目标建设。

义务教育"三有"培养目标，最终需要转化为学生素养为纲的学习目标，这个转化过程不仅是学校和教师的责任与使命，也是学生的责任与使命。"学校里的学习活动是典型的目标导向行为。"①学生不仅需要通过各种方式了解学习目标，更需要把了解甚至制定学习目标作为学习能力的有机组成部分，融入有理想、有本领、有担当的日常学习行为当中，自觉主动地参照"有理想、有本领、有担当"的目标要求，通过自主学习、同伴合作和师生互动，逐步实现自我转化和自我实现。

在学习目标建设方面，学校和教师要根据一定的教育目的和约束条件，对学生的预

---

① 科林·马什.理解课程的关键概念[M].徐佳,吴刚平,译.北京：教育科学出版社,2009：31.

期发展状态作出符合实际的结构化、细目化规定,同时更应该不断地创设条件,引导和促进学生主动了解和积极尝试规划学习目标,"使学生能够认识到人生的价值与意义,崇尚尊严,敢于做生活的强者,具有顽强拼搏、开拓进取的奋斗精神,富有自由—责任意识和责任能力,在社会生活中能够表现出健康心态的批判性,意识到自己肩负的神圣的社会历史责任"。①

良好的学习目标犹如一面鲜艳的旗帜,为学生指明行动的方向,并规定相应的检验标准。同时学习目标具有主观性,是教师、学生基于不同价值取向而作出的判断和选择,是师生主观意愿和能力的体现。学习目标的差异性,在很大程度上是由师生的眼界、学识、远见、意愿、决心、意志、魄力、担当等主观性因素决定的。学习目标建设要符合学生年龄特点、身心规律和学习实际,学习目标也需要言简意赅,是一种对学习预期的综合性表达,要朗朗上口,便于学生听此言,照此做,内化于心,外化于行。这样才能发挥学习目标的导向价值、标识价值和激励价值,更好地承接义务教育培养目标的践行和落实。

---

① 张天宝.走向交往实践的主体性教育[M].北京:教育科学出版社,2005:161—162.

第 3 章

义务教育课程的综合性与实践性

安桂清

作者简介：安桂清/华东师范大学课程与教学研究所/系教授、书记（上海 200062）

《义务教育课程方案（2022年版）》（以下简称"新方案"）的颁布标志着新一轮基础教育课程改革的全面启动。相较于2001年的第八次基础教育课程改革，本轮课程改革预示着我国义务教育进入一个崭新时代——核心素养时代。在继承过去二十年基础教育课程改革经验的基础上，全面强化课程的综合性和实践性成为新一轮义务教育课程改革的重要趋势。

一、义务教育课程的综合性

过去二十年，基础教育课程不仅在课程结构中设置学科类综合课程和综合实践活动课程，而且通过倡导研究性学习等学习方式的变革，促进课程的整合性实施。今天，培育学生的核心素养成为全球新一轮课程改革的基本理念和价值追求，课程综合化在新修订的课程方案中被提升至前所未有的高度予以重视。相对于以往课程整合的思路，本轮课程方案展现出课程综合化的新气象与新形态，预示着课程整合在素养时代的深化与创新。

（一）具体表征

根据新方案的规定，"加强课程综合，注重关联"成为义务教育课程应遵循的基本原则。这意味着课程综合化超越传统的科目设置层面，作为课程改革的基本精神渗透于整体课程方案和各科课程标准之中。具体表现为：首先，在培养目标上，强化课程综合化的必要性。新方案在培养目标上要求在"增强综合素质上下功夫"。综合素质作为个体的品质结构是由知识、能力和品格相互作用内化而成的。新近的研究超越综合素质传统概念的模糊性和内容维度的分立性，将其作为一种综合素养界定为学生在受教育过程中形成的跨越学科的价值观、必备品格和关键能力的个性化有机融合。[①] 显然，综合素质具有跨学科性，落实这一培养目标需要以课程综合化作为课程基本追求。其次，在科目设置上，建构课程整合的连续统一体。一方面，扩展传统课程整合的横向联结，强化各类课程的整合性：第一，除单学科外，设置道德与法治、科学、信息科技、体育与健康、艺术等综合学科；第二，除综合学科外，设置劳动、综合实践活动等这类综合性的活动课程；第三，在上述各类课程中强化跨学科主题学习的设置，规定其课时不少于各门课程10%的课时。另一方面，注重课程整合的纵向贯通，加强幼小初不同学段课程的衔接性，实现各学段课程整合的垂直连贯。再次，在课程实施上，倡导整合实施与综合性教学。方案赋予学校更大的课程整合实施空间，鼓励将劳动、综合实践活动、班团队活动以及地方课程和校本课程加以整合实施，总体课时占总课时的14%—18%。同时，改变传统的以知识点为中心的教学，扩展教学的基本载体，探索大单元教学，推进主题化、项目式学习等综合性教学活动。最后，在课程评价上，强调健全综合评价。具体表现为：以素养为导向，开展综合素质评价；在学业质量评价中注重对价值体认与践行、知识综合运用、问题解决等学生综合性表现的考查；在考试评价中优化试题结构，增强试题的综合性等。

（二）理论突破

今天的课程综合化因应学生素养培育的需求，在整合的价值、要义以及形态等方面都突破了传统的课程整合理论，展现出新的理念与诉求。

1. 超越课程综合性的原初价值

课程整合理论的发展伴随着课程领域对分科课程割裂儿童整体生活和完整人格的批判。自"八年研究"（1932—1940）被系统地加以探讨以来，其理论一直内蕴于杜威等人的进步主义教育思想之中。20世纪30年代课程整合运动的旗手，哥伦比亚大学师范

---

① 柴唤友，陈丽，郑勤华，王辞晓.学生综合评价研究新趋向：从综合素质、核心素养到综合素养[J].中国电化教育，2022(3)：36—43.

学院的霍普金斯指出："那些塑造整合行动的体验……是唯一可以使个体在内部维持智力和情感完整性，在外部维持平衡和社会调节的方法。整合既是个人的，也是社会的。"① 这一观点阐明了课程整合与早期进步主义思想的明确联系——个人整合要求学习者参与到现实生活中习得经验，并将此融合到自身理解以及对自身定位的认识中。社会整合需要学习者认识到个体与社会的多元影响，并能负责任地参与民主社会生活。由此，课程整合就不仅仅是一套重新组织的课程计划，从根本上说它是民主生活方式的基础。课程整合原初是以整体人格的培育和民主社会的理想作为价值取向的。20 世纪 70 年代中期，课程整合理论获得了反对还原主义、实证主义和二元论的整体主义哲学的支持，通过重构自身"联结、转变和平衡"的品质，发展为更具系统性和引领性的"整体课程理论"，致力于通过抚育"整体的人"解决人类社会的生态危机与精神危机。②

回顾上述历史发展，无论是致力于民主的社会生活还是解决人类社会的危机，课程整合所面对的都是一个稳定的、可期的社会。然而，今天在瞬息万变的信息时代，社会变化迅速、剧烈，充满不确定性。人类面临着应对真实世界复杂问题的挑战。改革教育模式，重塑新一代人才的素质结构成为教育改革的战略目标。只有具备创新与革新、灵活性、适应性、领导力等素质，才能为学生开辟新的天地。为应对不确定的未来，霍华德·加德纳在其多元智能理论的基础上，明确提出未来社会五种心智的发展尤为迫切：学科心智、整合心智、创造心智、尊重心智与伦理心智。整合心智是个体提出和解决最大问题的能力，它与创造心智紧密相连。"几乎所有的创造性突破——无论是艺术、政治、学术或企业生活——在某种程度上都有赖于即时整合能力。"③ 所以，倡导整合心智，发展学生的创造力，培养未来的创造者就成为课程整合的新使命。由此，新时代的课程整合超越对社会生活的选择和改造，试图引导学校课程与当代社会生活建立一种沟通、对话和超越的关系。不仅仅是批判和改造社会生活，更要展现学校课程作为主体在建构新的社会生活中的力量。因而，课程整合的价值定位超越了传统的社会适应论倾向，体现出社会超越论的价值追求。

2. 重构素养时代课程整合的核心要义

传统上将课程整合视为学科知识的黏合剂，认为课程整合旨在为克服分科课程割

---

① Hopkins, L. T., et al. Integration: Its meaning and application [M]. New York: D. Appleton-Century, 1937: 62.
② 安桂清.整体课程论[M].上海：华东师范大学出版社，2007.
③ 詹姆斯·贝兰卡，罗恩·勃兰特.21 世纪学习的愿景[M].安桂清，等，译.上海：华东师范大学出版社，2020：16.

裂知识联系的弊端,已成为一种普遍流行的狭隘观点。学者们对此的反思由来已久。"课程整合不仅仅是找到一些能够帮助教师使课程更为紧密联系的模型",①也"不仅仅是一个能表明知识可以变得不那么机械,对孩子来说更有机和有意义的连接体"。② 比较理想的课程整合以基于问题和主题的组织中心开始和结束,比恩(Beane, J.)曾对此大加赞赏,认为相对于多学科的方法仍然以学科的内容为中心,基于问题和主题的组织中心将知识置于语境中并赋予其重要意义,知识不是以预定的顺序固定展开的,而是由当前问题的相关性决定的。③ 课程整合的这一发展进程反映了课程整合组织方式的变化——从单纯的知识整合到基于问题解决的知识整合的更迭。

　　素养时代的课程整合一方面在继承上述整合思路的基础上,强化问题的真实性,特别是通过真实生活情境的引入,引导学生在复杂、高阶问题的解决中实现学习迁移。这一倡导突破了"联结"这一课程整合的常规意蕴,展现出另一层次的整合内涵,即保持未割裂事物的原样。④ 换言之,维系儿童生活经验的整体性亦是整合的题中应有之义。另一方面,从核心素养的内涵出发,义务教育课程核心素养是学生通过课程学习逐步形成的正确价值观、必备品格和关键能力,是课程育人价值的集中体现。⑤ 这意味着素养时代的课程整合要超越仅仅培养学生能够做事和解决问题的"胜任力"范畴,强化"价值关切",通过课程整合促进人的道德性、价值观和意义感等人格属性的发展。有学者为此强调,课程整合"本质上是一种指向人格统整的教学法,而人格统整是一种美德"。⑥ 素养时代的课程整合因而要秉承更高的立意,从知识整合、问题解决、价值关切三位一体的角度理解课程整合的整体要义。当代社会生活日益加剧的人的精神生活的缺失,以及与自然、社会和自我的疏离,使得培养具有良好个性和对周围世界与群体生活负有责任感的个体成为新时期教育的重要使命。课程整合使青少年在其所提供的整合性体验中有机会处理价值问题,并且是以一种没有掺杂后来要适应成人世界标准而产生的那

---

① Fogarty, R. The mindful school: How to integrate the curricula [M]. Palatine, IL: Skylight Publishing, 1991.
② Brazee, E., & Capelluti, J. Dissolving boundaries: Toward an integrative curriculum [M]. Columbus, OH: National Middle School Association, 1995.
③ Beane, J. On the Shoulders of Giants! The Case for Curriculum Integration [J]. Middle School Journal, 1996(1): 6-11.
④ 安桂清.整体课程论[M].上海:华东师范大学出版社,2007.
⑤ 中华人民共和国教育部.义务教育语文课程标准(2022年版)[S].北京:北京师范大学出版社, 2007.
⑥ Levisohn, J. A. From Integration of Curricula to the Pedagogy of Integrity [J]. Journal of Jewish Education, 2008(3): 264-294.

些微妙的隐藏和虚假的方式直面这些价值问题。价值关切因而成为素养时代课程整合除知识统整与问题解决特征之外的新意涵。

3. 展现课程整合的新样态

在传统意义上,课程整合往往被视为对课程设计特定模式的选择。其主要指向的是课程内容的重组,强调的是学科之间、跨学科之间以及学科与儿童生活之间的水平统整。比如:"课程统整是使隔裂的学科内容更具关联性的设计"①的观点就反映了这种认识。进一步地,课程整合类型的划分也是沿着学科横向联结的思路建构的。比如,雅各布斯(Jacobs, H.H.)根据课程整合的组织程度,把课程整合划分为多学科整合、跨学科整合和超学科整合三种类型。② 福格蒂(Fogarty, R.)依据单一学科内整合、跨学科整合和学习者取向的整合的划分,阐述了分立式、联立式、巢穴式、关联式、共享式、网状式、线串式、跨科式、浸入式和网络式等多种整合策略。③ 但这些策略依然是围绕课程内容的横向联结展开的。

新方案从多个角度展现课程综合化的新样态:一是从水平统整到纵横联合。新方案在继承课程水平统整思路基础上,强化课程的纵向贯通。由于素养发展具有长期性,不同学段究竟培养哪些核心素养,如何让小学、初中和高中阶段的学生素养得以衔接,课程内容如何做到循序渐进和螺旋上升,这成为课程整合面临的重要课题。因而在坚持课程水平统整的同时,各教育阶段的课程整合探索有必要进行核心素养与课程目标的分析,考虑本教育阶段的整合课程如何向下扎根和向上衔接,以实现各学段课程整合的垂直连贯。随着新方案的颁布,小、初、高课程整合的衔接设计或一体化设计已被纳入研究议程。二是从内容组织方式跃迁至学习方式。课程整合不再纠缠于学科和跨学科在内容组织方式上的区别,其重心有所转向。整合不只限于跨学科,学科也可以采取跨学科学习的方式实施。跨学科学习是一种融知识综合与问题解决于一体的深度学习方式,是素养时代课程整合的重要实施途径。新方案所提倡的大单元教学、综合主题学习与项目化学习等都旨在融合各项议题,落实课程整合实施的诉求。三是从科目统整向学校课程方案和课堂层面的统整延伸。如前所述,由于课程整合已超越课程组织方式的视野,扩展为一种价值取向和理念追求,如何向上在课程方案层面推动学校课程整

---

① Glatthorn, A. A., & Foshay, A. W. Integrated curriculum [A]. In Lewy, A. the International Encyclopedia of Curriculum [H]. Oxford: Pergamon Press, 1991: 160-162.
② Jacobs, H. H. Interdisciplinary curriculum: design and implementation [R]. Association for Supervision & Curriculum Development, 1989: 8.
③ Fogarty, R. 10 ways to integrate curriculum [J]. Educational Leadership, 1991(2): 61-65.

合的整体设计和系统思考,以及如何向下将课程统整融入每一单元主题的整合实践中,成为课程综合化面临的新课题。

(三) 实践旨趣

过去二十年,中小学在课程改革中积极推进课程的综合化实践,并积累了丰富的经验。如果说上一轮课程改革在课程结构综合化方面所做的努力旨在改变学科本位和知识授受的传统教学方式,从而推进学生学习方式的变革,新方案对课程综合化的谋划则旨在强化如下改革意图。

1. 助力减负增效的改革目标

随着"双减"政策的颁布,为落实有效减轻义务教育阶段学生过重作业负担的改革目标,课程改革需要合理确定课程容量,使课程体系能够"瘦身减重"。教师若不能在规定的教学时间内完成特定的教学任务,极有可能通过家庭作业的方式让学生去完成,这势必导致学生作业负担过重的问题。"课程超载"(curriculum overload)现象一直是各国在课程改革中面临的难题。经合组织在 2020 年发布的报告《课程超载——前进的方向》中提出了避免课程超载的一系列应对策略,比如:通过学习领域进行学科分组,促进跨主题之间的协作和一致性;围绕核心概念或大观念开设课程;将新需求转化为跨课程的主题或能力纳入已有学科等。① 显然,这些策略表明课程整合作为一种应对课程超载,减轻学生负担的工具脱颖而出。新方案对跨学科主题学习和大单元教学的推崇也旨在通过节点性、中枢性的学习任务、大观念或问题等重构课程内容,优化课程结构,推进实施方式改革,为义务教育减负增效腾挪空间。

2. 补齐跨学科课程整合这一短板

虽然前一轮课程改革设置了一系列学科类和活动类的综合课程,但这些课程在实施中面临一系列困境。如:学科类综合课程"为统整而统整",只关注学科知识的整合,并未将其运用于真实情境的问题解决;活动类综合课程"热闹有余、深度不足",流于表面的活动形式和常识发表,没有学科概念和方法的嵌入,从而造成学生的浅表学习等。跨学科课程整合是运用两种及以上学科的知识与方法去考察和探究一个中心主题、任务或问题的课程活动。跨学科课程整合不能脱离学科而单独存在,它以学科核心知识为基础展开。新方案通过强化学科内的跨学科主题学习、综合实践活动中的跨学科研究性学习,以及跨学科主题教学的开展,旨在应对传统课程整合的困境。一方面强化将

---

① OECD. Curriculum Overload:A Way Forward [EB/OL]. https://www.keepeek.com//Digital-Asset-Management/oecd/education/curriculum-overload_3081ceca-en # page1. 2020 - 11 - 25/2022 - 04/26.

知识整合应用于真实情境中的问题解决,避免"为统整而统整"的形式主义,促进学习从知识掌握到素养生成的转型。另一方面,通过在学习活动中嵌入必要的学科概念与方法,改变综合课程因深度不足所导致的学生高阶思维养成缺失的现象。补齐跨学科课程整合这一短板,必将开创义务教育课程整合的新局面。

3. 强化课程综合化的校本整体设计

课程整合在前一轮课程改革中是作为改革的亮点出现的,分科教学依然居于主导地位。但在本轮课程改革中,课程整合理念渗透于整体的课程方案与课程标准。各科所谓10%课时的跨学科主题学习仅是最低要求,其他90%课时的课程内容设计在能力允许的范围内也应当以整合为目标,带动学习方式的普遍改变。除政策要求外,实践中学校的确存在跟风设置、越统越乱的现象,不但无助于学校育人目标的培育,也达不到减负增效的效果。这都需要学校层面对课程整合进行系统思考和整体设计。基于前述课程整合的新样态,学校课程综合化的整体设计涉及课程方案、科目计划和主题单元教学三个层面。① 方案层面的课程整合是学校以核心素养培育为指向,基于自身的育人目标,对具有校本特征的课程整合开发图景所做的描述。科目层面的课程整合是学校提供的一系列课程、项目或学程设计,它是学校课程整合方案的期望和理念向可操作的课程框架的转化过程。科目层面的整合实际上是方案层面的整合与课堂层面整合实践沟通的桥梁。教学层面的课程整合事件是课程方案和科目计划向学生经验的转化。这一转化的实质是在理解课程文本和材料时嵌入对儿童经验的认识,使整合科目的实施与特定教室中的学生的经验、兴趣和能力相联。

二、义务教育课程的实践性

新方案所提出的"加强课程与生产劳动、社会实践的结合"是中国传统教育思想的延续与升华,也是义务教育课程对"怎样培养人"这一教育根本问题的回应与解答。相对于上一轮基础教育课程改革通过设置专门的"综合实践活动课程"强化学生在实践中学习,本轮课程改革以素养培育为指向,全方位渗透"实践育人"的价值取向。

(一)具体表征

同课程综合化的要求相类似,新方案将"变革育人方式,突出实践"作为义务教育课

---

① 安桂清.基于核心素养的课程整合:特征、形态与维度[J].课程·教材·教法,2018(9):48—54.

程应遵循的基本原则之一。"实践"因而就不是对传统学科课程或教学方式的补充,而是作为变革育人方式的抓手,渗透于课程的整体要求之中。具体表现为:第一,在课程目标中,除注重培养学生创新精神和实践能力的传统目标外,突出"劳动"这一实践最基本的形式,将"热爱劳动,掌握基本的生活技能""热心公益,……积极为社会做力所能及的贡献"等实践品质作为义务教育培养目标的重要内容。第二,在课程设置上,除综合实践活动外,设置"劳动"课程,增加实践类课程的比重,强化地方课程开发的实践性、体验性等。第三,在课程实施上,突出科学思想方法和探究方式的学习,加强知行合一、学思综合,倡导做中学、用中学、创中学。强化学科实践,注重真实情境的创设,增强学生认识真实世界、解决真实问题的能力。优化综合实践活动实施方式与路径,推进工程与技术实践。第四,在课程评价上,推进表现性评价,注重动手操作、作品展示、口头报告等多种方式的综合运用,关注学生的典型行为表现。

(二)理论突破

课程实践化反映了素养时代课程改革的又一诉求。作为我国新一轮课程改革的路向选择,同课程综合化类似,课程实践化的价值、要义和形态也发生了重要转向,展现出新的理论追求。

1. 重塑课程实践化的价值取向

由于对学科知识的顶礼与独尊,我国中小学教育一直存在实践缺失的问题。这种缺失不仅背离了儿童青少年的身心发展规律,而且割裂了学生与自然、社会和自我的内在联系,知行分离,剥夺了学生创新精神、实践能力、社会责任感等素养的发展机会。虽然前一轮课程改革设置了专门的综合实践活动课程,以期在课程结构上做到学科课程与活动课程的相互补益。然而,由于日益加剧的学业竞争,知识教学与实践教学的分离导致了学科课程与综合实践活动的"两张皮"现象,甚至在某些情况下,后者成为维系传统学科教学的"遮羞布"。与此同时,尽管前一轮课程改革在学科教学中积极倡导"回归生活世界"的理念,但学生直接经验的获得倘若只是为了掌握分门别类的学科知识,那么实践体验依然只是用于掌握知识的途径或工具,并不具有目的性价值。

新方案对课程实践化的诉求首先是对素养本质内涵的依循。素养嵌入个人与真实世界的特定任务和需求的互动之中,是由行动得以表现并由具身性的叙事所界定的。[①] 力量感、行动感和价值感因而内蕴于素养之中。由此,实践就成为素养的重要属

[①] Gordon, J. et al. KeyCoNet 2012 Literature Review: Key Competence Development in School Education in Europe [EB/OL]. http://keyconet.eun.org/literature-review. 2016-05-21/2022-04-26.

性以及素养得以形成的中介。实践连接了知识与素养,只有通过学科实践在情境中对学科知识加以应用和创造,才能发展学生的课程核心素养,实现学科的育人价值。因而学科实践作为发展课程核心素养的必要条件以及知识向素养转化的中介,①就成为素养时代课程实践化的价值取向。更进一步说,如果实践是素养内涵的题中应有之义以及素养赖以形成的必由之路,那么人的发展就是个体实践能力的展现,实践过程即是人本质力量的展现过程。在此意义上,课程实践化的观点实现了从认识论到本体论的跃迁,本质上契合了马克思实践本体论的思想。在马克思看来,生产劳动是实践的最基础的形式,应当"把对象性的人、现实的因而是真正的人理解为他自己劳动的结果"。② 实践因而成为人的存在方式。课程实践化的价值就不仅是知识向素养转化的桥梁,更是对人应有的存在方式——"自由、全面的发展状态"的彰显。

2. 推动素养时代课程实践化的内涵转变

如前所述,虽然实践的价值意义深远,但传统上实践只在认识论层面被视为感性经验获得的手段或学科知识应用的契机。在此意义上,实践是在特定的实践情境中认识与体验客观世界,并有目的的运用所学知识解决实际问题的学习活动。然而,素养时代的实践意涵超越了这类"实践出真知"的传统认识,强调的是"实践即是真知"。当代学习科学理论的进展证实了这一观点。超越以情境认知和建构主义为主导的个体学习理论,社会文化视角的学习理论认为科学知识是情境性的、实践性的、通过协作产生的。传统课堂的讲授,甚至是分步的探究步骤和实验操作,都没有考虑到学科知识的这些性质。学科专家的知识体现在一系列复杂的相关实践中。学生只有参与到和学科专家工作类似的日常生活中,才能学到更深层的知识。所以学科学习要建立在真实性的专业实践基础之上。所谓"学生参与的真实实践"是与专家实践类似的、真实的、有意义的、符合学生思维发展特点的简化版本。③ 由此,素养时代的实践就不再是朴素的直接体验或学科知识所代表的抽象的间接经验的应用过程,它在本质上体现为一种真实性的专业实践。更进一步地,从社会文化学习理论的代表人物恩格斯托姆(Engeström)等的"拓展性学习"理论视角看,学习即是打破原有实践状态,并固化新的实践的过程。④ 学

---

① 陆卓涛,安桂清.学科实践:内涵、价值意蕴与实现路径[J].课程・教材・教法,即刊.
② 马克思.1844年经济学哲学手稿[M].北京:人民出版社,2000:101.
③ R.基思・索耶.剑桥学习科学手册(第2版)[H].徐晓东,等,译.北京:教育科学出版社,2021:导言.
④ Engeström, Y. & Sannino, A. Studies of Expensive Learning: Foundations, Findings and Future Challenges [J]. Educational Research Review, 2010(1): 1-24.

习与发展被看作在整个生命历程中对重叠、互补甚至冲突的文化实践中的多样行为库（repertories）的获得。① 因此学习者对实践的介入反映了学习的本质。

基于上述分析，课程实践化就不再只是谋求"真知"的手段，作为一种专业实践它成为课程的本质属性。这一认识不仅与当代具身认知理论相契合，也体现了中国认识论传统的精华——"知行合一"的观点。"具身认知"作为当代认知科学的新范式，坚持"心智的具身性（the embodiment of mind），将认知主体从大脑扩展为包含大脑在内的活的身体，认为"以身体之"不是作为认识前提为高阶思维提供后续加工的感性材料，而是对认知的整体性特征的描述。② 由于身体是嵌入环境的，认知因而是心智、身体和环境交互作用的结果。基于此，实践内蕴于认知之中，构成心智的基本概念和范畴是由人类的身体经验形成的。倘若实践即是认知，传统知识论所坚持的"知道如是"（knowing that）与"知道如何"（knowing how）的知识类型划分就不再那么泾渭分明了。前者是行动的结果，后者受认知的引导。知与行是不可分割的。王阳明明确提出知行合一的概念，把知与行看作是两个不可分离的要素。他认为："知之真切笃实处，即是行；行之明觉精察处，即是知。……真知即所以为行，不行不足谓之知。"③"知行合一"反映了素养时代课程实践化在认识论上的规范，这一规范不仅能够推动教学方式与学习方式的深刻变革，也有助于培育学生担当民族复兴大任的奋进精神。

3. 展现课程实践化的新样态

前一轮课程改革通过综合实践活动课程和活动类校本课程的设置强化课程体系的实践化。这种在课程结构层面的调整，很难触动传统学科课程重视知识、轻视实践的弊端。新方案继承原有的做法，试图从更多层面展现课程实践化的样态。

一是强化综合实践活动中的工程与技术实践。从人与自然、人与自我和人与社会的互动实践维度出发，实践育人最根本的方式涉及技术体验实践、生活探究实践和社会参与实践。④ 应当说，生活探究实践和社会参与实践是过去二十年综合实践活动实施的重点，但在信息技术席卷全球的今天，信息技术作为当代最活跃的生产力已经成为衡量国家现代化水平的重要标志。因而，工程与技术实践成为综合实践活动实施的新样态。

---

① R.基思·索耶.剑桥学习科学手册(第2版)[H].徐晓东，等，译.北京：教育科学出版社，2021：709.
② 孟伟.如何理解涉身认知？[J].自然辩证法研究，2007(12)：75—80.
③ [明]王阳明.王阳明全集：传习录·书信[M].陈明，等，注.武汉：华中科技大学出版社，2015：45.
④ 郭元祥.实践缺失是我国基础教育的根本局限[J].教育研究与实验，2014(3)：1—8.

工程与技术实践既涉及工程实践,又涉及如何进行实践的技术,可以认为,这类实践所强调的恰是"知行合一"。二是设置独立的劳动课程,劳动是实践最基础的形式,在马克思看来,"我的劳动,是自由的生命表现"①,同时是实现自由的条件。劳动课程是课程实践化最典型的体现,它以动手实践为主要方式,不仅能够塑造自我的生活,更能改造和建设世界。劳动课程的设置是本轮课程实践化的开创之举,是对学校劳动教育传统的复归与发展。三是强化学科实践。新方案将学科实践视为深化教学改革的四大方向之一。如前所述,作为一种与学科专家工作类似的专业实践,学科实践以体现学科独特性的方式渗透于各科课程标准之中。譬如,语文学科增强课程实施的情境性和实践性,将"阅读与鉴赏""表达与交流""梳理与探究"作为三种基本的语文实践;历史学科要求学生在历史情境中,以任务为引领,通过史料研习、历史论证等解决探究的问题;地理学科在不同主题中贯穿地理工具应用和地理实践活动,突出地理课程的实践性,等等。

(三)实践旨趣

如果说前一轮课程改革对实践的强调旨在改变学校教育脱离学生生活和社会生活的局面,引导学生通过获得多样化的体验来帮助他们理解学科内容,那么本轮课程改革对课程实践化的强调是围绕学生学习方式的变革展开的,其变革意图旨在实现如下实践转变。

1. 改变抑身扬心的课程倾向

长期以来,教育领域存在一种崇尚心灵贬低身体,将心灵与身体二元对立的传统。学校课程对学科知识的极度推崇大大强化了儿童心智的培养,而遗忘了具体的实践活动才是儿童发展的基础。这种抑身扬心的课程倾向产生了罄竹难书的后果。比如,视身体为心灵的干扰,从而压制身体活动;将身体视为心灵的附属品,对身体进行机械的训练,等等。② 这不仅造成了儿童身心的割裂,而且使其忽视知识与生活的联系,无法面对整体的世界和解决复杂的问题。本轮课程改革通过对课程实践化的贯彻,不仅在内容上以实践性课程保障学生的实践机会,而且在方式上强化学科实践,促进学生身心一体地参与到学习活动中。素养的形成需要超越身体规训下心智的片面增长,借助实践活动的磨练,"以身体、从身体、在身体上"完成。"抑身"的课程与教学无法培育素养,甚至无益于素养所要求的知识学习过程。要扭转抑身扬心的课程局面,不是单纯的强调

---

① 中共中央马克思恩格斯列宁斯大林著作编译局.马克思恩格斯全集(第42卷)[M].北京:人民出版社,1979:38.
② 张静静,安桂清.学校场域中儿童整体人格的建构:第三代活动理论的视角[J].教育研究与实验,2015(6):17—21.

身体行动本身,而是将"知行合一"的基本理念贯穿其中。在深层次上,课程的实践化重构了一种"具身"或"寓体"的主体性,恢复了主体性的身体基础。学校教育得以超越单纯的心智发展,将儿童置于实践活动之中,经由实践的基本形态,如劳动、学习、游戏等,在交往性关系中建构完整的主体性,形成交互主体关系。

2. 提升学生直接经验的品质

学生经由实践活动获得直接经验,获得关于现实世界的体验和认知,超越以抽象的文化知识积累为特征的认知方式,这是学生心灵不断丰盈和灵动的基石。对直接经验的强调有助于恢复人的兴趣、直觉、情感、体验等在探寻世界中的合法身份和目的性价值。① 然而在过往的课程实践中,学生直接经验的高扬往往是以间接经验的退避为代价的。以综合实践活动为例,许多学校"为活动而活动",仅有活动的形式,没有活动的内容,表面上轰轰烈烈,但学生却没有机会对具体的现场经验和抽象的知识进行重组和建构,探究成为浮泛和缺乏深度的行为,学习无以发生。所以离开学科的据点,告别固有的知识储备,学生的直接经验只能导向"天花乱坠"的务虚之路。为提升学生直接经验的品质,素养时代课程的实践化强调实践是一种真实性的专业化实践。它要求学生像学科专家一样思考,经历一系列规范的、有章可循的实践,并且依靠这种实践创造性地解决真实问题。新方案所确立的实践内涵有助于学生在学习中告别传统意义上浅尝辄止、浮光掠影、变动不居的直接经验,以一种融合学科知识的实践方式获得兼具个体意义和专业共同体所推崇的直接经验。

3. 强化学习方式的学科特征

每一门学科从其本质上讲都包含两类知识:一方面是作为一种专门知识,一种专门技能;另一方面是在针对生活对人类所提出难题的特别解决方法之上产生的。施瓦布在发展布鲁纳学科结构思想的基础上,将上述两者分别概括为学科的"实质结构"(substantive structure)和"句法结构"(syntactical structure),并且把后者称之为"实践性知识",认为学科的实质结构在不断研究的过程中会被修改或取代,而句法结构,也即反映学科的行为模式和联系模式的探究结构更能凸显学科的本质。"学科知识实际上就是实践的知识:一种去创造、去改变、去变革的巨大潜能。"②施瓦布的观点启示我们,学科实践是学科发展的动力所在。学科学习不能只是掌握分门别类的知识,更要掌握学

---

① 钟启泉,安桂清.综合实践活动课程:实质、潜力与问题[J].北京大学教育评论,2003(3):66—69.
② [美]Ian Westbury, Neil J. Wilkof.科学、课程与通识教育——施瓦布选集[M].郭元祥,乔翠兰,主译.北京:中国轻工业出版社,2008:218.

科独特的实践方式。尽管前一轮课程改革通过倡导"自主、合作、探究"的学习方式推动了传统课堂的转变,但在实践中各类探究活动被僵化为固定流程和步骤的做法比比皆是。如何使探究更好地体现学科特征,反映不同学科的意蕴和魅力,这正是学科实践的追求所在。所以学科实践并不是对探究学习的否定和取代,而是呼唤"源于实践、在实践中、为了实践"的真正的学科探究。①

三、义务教育课程综合性与实践性的交融互渗

如前所述,课程综合性与实践性是素养时代学校课程发展的必然选择。作为义务教育课程改革的重要特征,综合性与实践性之间并不是割裂的,二者相辅相成,交融互渗,催生出课程发展的新趋势。

(一) 具身性整合

课程的具身性整合强化的是课程整合的具身倾向或行动倾向。实践性作为学科的本质属性不仅体现于分科课程,也体现于各类综合课程中。因而不能将课程整合限定于认识发展的范围,要增加学习者的具身体验在课程整合中的机会和分量。素养嵌入个人与真实世界的特定任务和需求的互动之中,是由行动得以表现的。认识发展在课程整合中虽然重要,但要真正形成素养必须有体之于身的实践。具身性整合意味着强化整合的实践性,在实践中更深入、系统地寻找学生实现品格成长与价值观发展的证据。新近有关课程整合的研究已开始注意到这一点。譬如,德雷克(Drake,S.M.)等人提出了作为 21 世纪技能培育有效路径的课程整合模式——KDB 模式,即"知(Know)—行(Do)—为(Be)"课程设计框架。② 埃里克森和兰宁在以概念为本的课程与教学中建构出"KUD"(知道—Know,理解—Understand,做—Do)三维模式。③ 这些模式皆强调在课程整合的设计与实施中要有行动或做的过程。这意味着课程整合尽管包含了解自我和社会共同体的经验内容,但这些经验有待通过学习者具身性的社会参与行动加以获得,而不是来自于某种外部的灌输来源。只有超越"坐而论道",在解决现实

---

① 崔允漷.学科实践,让"自主、合作、探究"迭代升级[EB/OL]. www.moe.gov.cn/fbh/live/2022/54382/zjwz/202204/t20220421_620105.html. 2022-04-21/2022-04-27.
② Susan M. Drake & Joanne L. Reid. Integrated Curriculum as an Effective Way to Teach 21st Century Capabilities [J]. Asia Pacific Journal of Educational Research,2018(1):31-50.
③ [美]林恩·埃里克森,洛伊斯·兰宁.以概念为本的课程与教学:培养核心素养的绝佳实践[M].鲁效孔,译.上海:华东师范大学出版社,2020:6—15.

问题的实践中,学生才能建构与他人和社会的联系,发展对社会空间、权力结构、地方事务的批判意识,并通过行动改善自己的日常生活、服务社区人群和关注国家命运,体现应有的个体责任和社会担当,获得社会发展所需要的个人成长。

(二) 跨学科实践

跨学科实践强化的是学科实践的跨学科性。新方案规定各门课程都应设置不少于10%课时的跨学科主题学习,各科课程标准也阐述了各自跨学科学习或跨学科实践的具体安排。学科的跨学科主题学习可以理解为是基于学生的发展需求,围绕某一研究主题,以本学科课程内容为主干,运用并整合其他学科的知识与方法,开展综合学习的一种方式。从课程综合性的角度看,跨学科实践是课程整合从内容组织方式深化为学习方式的重要体现,学科学习与现实探究、社会实践有机集合,借助不同学科的知识整合和多种方法的综合运用,实现学习的有效迁移。从课程实践性的角度看,跨学科实践以学科实践为基础,是对具有学科特征的各类学科实践的整合。它超越了学科实践所表征的用学科的方式做学科的事,致力于用跨学科的方式解决真实问题或完成现实任务,这意味着跨学科实践的学习途径更加多样化。基于项目的学习、基于问题的学习、基于探究的学习等学习方式都可视为跨学科主题学习的具体模式,同时各种类型的活动,比如调查研究型、综合表达型、社会参与型、策划实践型和共同交流型等活动,[①]根据跨学科实践的需求可以自由组合。跨学科主题学习的实施因而要围绕真实问题或现实任务,运用不同的学习方法和路径,推进不同学科知识和方法的碰撞、交流与转换,从而促进学生多方面的发展,特别是创新能力的发展。

[①] 钟启泉,安桂清.研究性学习理论基础[M].上海:上海教育出版社,2003:142.

第 4 章

素养为纲的课程内容结构改革

陈 华　吴刚平

作者简介：陈华/江苏第二师范学院学前教育学院副教授（南京　210013）。吴刚平/华东师范大学课程与教学研究所教授；《义务教育课程方案（2022年版）》修订组核心成员（上海　200062）

课程内容之所以需要进行结构改革，是因为新的时代对于中小学到底要教什么、学什么的问题提出了一系列新的挑战和要求。如果课程内容观念不突破，课标内容规定不改革，那么教材内容、教学内容乃至考试评价内容改革都会因为缺乏政策依据和标准参照而步履维艰，核心素养理念很难真正落地。为此，我们需要站在培养时代新人的高度，重视课程内容的育人价值，厘清核心素养与课程内容的关系，优化课程内容的结构层次和组织形态，积极推进素养为纲的课程内容结构改革。

一、重视课程内容的育人价值

在中小学，课程内容的主体部分一直是学科知识。课程内容改革的焦点之一，就是如何以核心素养为纲，优化课程内容结构尤其是学科知识结构，落实减负、增效、提质的改革要求。要回答好这样的问题，首先就要重视课程内容的育人价值。

（一）课程内容的载体开发价值

1. 载体意义和载体形式的统一

以学科知识为基础的课程内容是学校的育人载体，具有重要的育人价值。但要确切地理解课程内容的育人载体及其开发价值，就必须从纵深视角来弄清楚课程内容里层意义结构和表层形式结构的结构特点和互动关系。"知识依存于社会背景和种系经验，知识是由符号表征、逻辑形式和意义三个内在要素相互关联构成的整体。"[①]这里主要涉及课程内容的两个结构特点，一是处于课程内容里层结构的载体意义，即课程内容尤其是学科知识本身内蕴着以人的发展为核心的巨大可能性。二是处于课程内容表层结构的载体形式，即课程内容尤其是学科知识的育人内涵总是通过不同领域、门类、规模和数量的符号系统和逻辑形式等外在表征形式加以体现。

从里层结构和载体意义来看，以学科知识为基础的课程内容，是经过筛选的人类智慧结晶，在培养人的教育教学活动中，作为连接教师和学生的桥梁，承载着学生成长和发展的重要功能，具有促进学生思想、精神和能力发展的内在力量，是学科知识与学生发展之间的一种价值关系和意义关联。"作为人类认识成果的知识蕴含着对人的思想、情感、价值观乃至整个精神世界具有启迪作用的普适性的或'假定性的'意义。"[②]

从表层结构和载体形式来看，课程内容总是以特定领域的专门术语、概念、事实、公式、图谱、模型、常规、方法、方法论、原理、命题等符号系统和逻辑形式，来表征学生应该且可能达到的认识成就、能力高度、情意态度、身心和谐、精神境界等内蕴意义，是学生获得成长和发展不可替代的中介和平台。

课程内容的里层载体意义和表层载体形式相互依存，彼此促进，共同构成课程内容尤其是学科知识的基本结构，具有自带光芒的载体开发价值。其中，学生需要和可能达到的认识成就、能力高度、情意态度、精神境界等内蕴性的里层载体意义，是学生健康成长和健全发展的具体内涵所在，承载了课程内容与人的意义关联，回答的是"育人的什么"的问题，是课程内容的本质和目的，是学科育人的本质属性。而彰显里层载体意义的特定领域、门类、数量和规模的符号系统和逻辑形式等表层载体形式则是课程内容的外在表征，是促进学生健康成长和健全发展的路径和平台，承载了课程内容与人的形式关联，回答的是"用什么育人"的问题，是课程内容的形式和手段，是学科育人的重要属性。

---

① 郭元祥.知识的性质、结构与深度教学[J].课程·教材·教法,2009(11).
② 郭元祥.知识的性质、结构与深度教学[J].课程·教材·教法,2009(11).

2. 以里层载体意义为核心推进课程内容结构化

课程内容结构化改革本质上是课程内容里层载体意义和表层载体形式的结构要素调整和结构关系优化的问题。只有弄清楚课程内容的基本结构特性，以里层载体意义为核心，而不是笼统地谈论课程内容结构化改革，才可能由表及里，真正触及课程内容的深层育人价值问题，才能超越课程内容表层结构和载体形式的要素调整，进入课程内容的里层结构和载体意义挖掘，体现课程内容与学生发展和社会发展的内在联系，中小学开展的深度教学才能找到课程内容上的依据。亦即深度教学并不是把学科内容的符号系统和逻辑形式弄成很难的艰深教学，这只是外围性质的表层教学，难却没有多大意义。深度教学是对学生健康成长和健全发展更有意义的教学，是触及和体现学科知识里层结构和载体意义的教学。

学科结构主义运动的代表人物布鲁纳曾主张，"任何学科的任何知识，都可以用智力上诚实的方式，教给任何阶段的任何儿童"。[1] 但是，他却未能充分重视"任何儿童"与"任何知识"之间内在的意义关联和价值关系，忽视儿童发展和社会发展需要，导致"教给任何儿童"的"任何知识"流于没有意义的为知识而知识。还有赞科夫的教学现代化改革，主张"高速度""高难度""理论指导"，要求"以尽可能大的教学效果来促进学生的一般发展"，[2] 也是过于注重课程内容表层结构和载体形式改革，未能充分考虑儿童发展的真实需要特别是知识的里层结构与载体意义，一味追求"用什么育人"的表层载体形式现代化，而忘记了"育人的什么"的里层载体意义的本质内涵，结果也只能陷入改革难以为继的尴尬境地。

3. 在精选里层结构和载体意义基础上精简表层结构和载体形式

从课程内容载体意义和载体形式的关系视角看，教学就是课程内容由表及里的展开过程。载体形式为表，是教学的外在条件和手段。载体意义为里，是教学的内在本质和目的。"知识本身作为人类文明的结晶，传承的是人类的经验与智慧，因教育而选择出来的特定化的课程知识而言，是为了达到教育目的，实现教育功能而赋予其特定的价值特性，承担教育的教养功能。"[3]

为此，课程内容结构改革必须回到学生作为成长中的人这个根本目的，以里层载体意义为核心，在精选里层结构和载体意义基础上精简表层结构和载体形式，实现课程内容体系的多重结构优化。其中，有两个问题特别值得重视。

---

[1] 布鲁纳.教育过程[M].邵瑞珍，译；王承绪，校.北京：文化教育出版社，1982：49.
[2] 赞科夫.教学与发展[M].杜殿坤，等，译.北京：人民教育出版社，1985：41.
[3] 肖川.课程知识的特征与生成过程[J].教育发展研究，2007(3A).

第一,精选课程内容的里层结构和载体意义。课程内容的里层结构和载体意义是课程内容育人价值的具体内涵所在,是对学生总体而言的,需要根据社会进步的需要和时代发展的要求,结合具体学生的不同学段、不同类别、不同特点等具体情况,确定先后、主次、轻重、缓急等不同结构属性的里层载体意义,具体界定学生作为成长中的人的发展特性和要求,包括学生在思想、文化、精神、品格等方面所要达到的高度。课程核心素养的凝练,在很大程度上承载的就是精选课程内容里层结构和载体意义的功能。要把"什么知识最有价值?"转换为"知识最重要的育人价值是什么?"并通过对这一问题的回答,建立学生成长和发展的意义结构系统和目的价值链,为课程内容的表层结构和载体形式改革提供依据。

第二,精简课程内容的表层结构和载体形式。要精选和精简与里层结构和载体意义相匹配的、最能承载课程内容育人功能的表层结构和载体形式。这就好比麦克·扬(Young, M.)所说的"强有力的知识",即"强有力的知识之所以是强有力的,是因为它提供了关于自然世界和社会世界的最佳理解"。[①] 即使是强有力的知识,终究也是学不完的,而且也不是学得越多越早越好,而是越恰当越适切越好。所以,在现实性上要确保课程内容里层结构和载体意义对于特定领域、门类、数量和规模的符号系统与逻辑形式等课程内容表层结构和载体形式的引领和协调作用。绝不能让知识沦为压迫学生的工具,失去对于"培养什么人""怎样培养人"和"为谁培养人"等根本问题的价值关怀,导致课程内容在符号系统、逻辑形式的数量和规模等载体形式上无序扩张,成为学生身心发展的沉重包袱。学科知识必须根据学生发展和社会发展需要进行筛选、集约、重组和统合,纳入课程核心素养培育的内容整体结构,做到"少而精",避免机械重复、死记硬背和题海战术。要把"什么知识最有价值?"转换为"用什么知识育人最有效?"并通过对这一问题的回答,建立课程内容表层载体形式结构系统和育人手段价值链,为课程内容结构优化提供"强有力的知识"平台支撑。

(二) 课程内容的主体发展价值

课程内容的育人价值从可能变成现实,主要取决于学生主体借助于公共知识载体的互动过程质量和水平。所以,必须引入学生主体发展视角,探索课程内容的主体发展价值。"'公共知识'只是一种载体,通过'公共知识'的掌握,其根本目的是为学生的发展,使学生成为认知的主体、道德的主体、审美的主体、自由与责任的主体,使学生获得

[①] Young, M. Powerful knowledge: An analytically useful concept or just a "sexy sounding term"? A response to John Beck's "powerful knowledge, esoteric knowledge, curriculum knowledge"[J]. Cambridge Journal of Education, 2013:43(2),195.

精神的自由和解放。"①也就是说,"教育学的知识立场的基点是人的生成与发展,它始终围绕着人的发展来处理知识问题"。② 课程内容的主体发展价值可以在课程内容载体开发价值基础上,从功能、过程、结果三个方面进一步展开挖掘。

首先,主体发展功能更完整——从单一的认知发展到整体的人的发展。课程内容育人价值,人们最为重视的是认知价值,即"学习者在接收知识过程中,通过特定活动方式获得人类沉淀下来的历史经验、认识成果,并将这些认识成果内化为主体的认知图式,逐步形成认识事物的能力"。③ 而长期以来,"传统的观点把认知活动置于整个教学的中心地位,而其他的心理活动和实践活动则被放在次要的地位。尽管其在理论上也不否认情感、意志、人格等因素的发展价值,但这些因素只是一种依附,都是为了'配合'认知发展"。④ 但其实,课程内容的育人价值不仅包括人的认知发展,更包括完整的人的全面而有个性发展,在德智体美劳等方面既要五育并举,也要五育融合。课程内容的主体发展价值,需要从认知价值扩展为整体人的发展价值,不仅要促进学生具有较强的认知能力,更要帮助学生深刻领悟知识内蕴的生命意义和价值关怀,在真实的情境中灵活运用知识,感受知识的内在力量。

其次,主体发展过程更能动——从被动接受到主动参与。如果只强调课程内容的客观对象属性和公共知识属性,那么,科任老师就是知识权威和知识传递者,学生很容易处于知识接受者的被动学习地位。但是,"当教学被当作一种简单的知识传递时,它便不能引发学习,甚至还会阻碍学习"。⑤ 真正的学习,不是被动的接受学习,而是主动的探究学习。"人的学习是在具体的境脉与情境之中产生的,因此,只有学习者作为当事者'参与'知识得以现实地起作用的真实的社会实践之中时,'学习'才得以实现。"⑥从教师单向地解释课程内容,学习者记忆、理解课程内容的传递型教学,转型为促进学生的主体参与,在协同活动中活跃思维活动的能动学习,要求课程内容体现更多的结构属性,在学生学习与真实情境、真实问题等结构要素之间,在学科本质和学习经验之间建立意义关联和价值关系,恢复课程内容特别是学科知识的鲜活性。

再次,主体发展结果更丰富——从知识掌握到意义增值。课程内容由表及里地展

---

① 肖川.知识观与教学[J].全球教育展望,2004(11).
② 郭元祥.知识的性质、结构与深度教学[J].课程·教材·教法,2009(11).
③ 肖川.课程知识的特征与生成过程[J].教育发展研究,2007(3A).
④ 肖川.课程知识的特征与生成过程[J].教育发展研究,2007(3A).
⑤ 安德烈·焦尔当.学习的本质[M].杭零,译.上海:华东师范大学出版社,2015:16.
⑥ 钟启泉."能动学习"与能动型教师[J].中国教育学刊,2020(8).

开,学生不仅可以获得和内化表层形式的公共知识,还可以发展里层意义的个体知识,并且促进个体知识转向更多公共知识的创造。这时,课程内容已然超越传统学科知识理解和掌握的表层学习价值,丰富了主体发展结果的内涵和外延,在表层结构和载体形式、里层结构和载体意义之间,在种系经验和公共知识、主体经验和个体知识之间,在个人价值与社会价值之间,在过去、现在和未来之间,建立起更加广泛的意义关联和价值关怀,展现出更大的知识开放性、迁移性和心智灵活性,实现从知识掌握到意义增值的跃升。

二、厘清核心素养与课程内容的辩证关系

核心素养与课程内容如影随形,并对课程内容赋予全新意义,但却又不完全等同于课程内容本身,两者之间存在一种相互交叉、互为前提的辩证关系。厘清核心素养与课程内容之间的辩证关系,对于课程内容改革具有重要的意义。

(一)核心素养对于课程内容的指引和融汇

核心素养其实就是在回答教什么、学什么的课程内容问题,是最终要教出来、学出来的东西。只不过,核心素养没法直接教、直接学,只能是在课程内容的学习过程中逐步发展起来的综合性品质。

从课程内容由表及里的展开过程来看,核心素养在其中起着前端指引、过程渗透、终端融汇的作用。首先,核心素养是课程内容的上位指导思想。一方面,核心素养指引课程内容的方向,形塑课程内容的结构特性,使得素养为纲的课程内容与学科知识本位的课程内容区别开来。另一方面,课程内容指向核心素养,支撑核心素养,使得核心素养不至于成为空洞的抽象。其次,核心素养对课程内容具有弥漫性的影响。核心素养渗透在知识掌握和意义增值的过程中,强化课程内容的主体发展价值,而课程内容赋予核心素养阶段性的学生发展具体内涵。再次,核心素养是课程内容展开过程的终端融汇结果。以学科知识为基础的课程内容是前端形态,核心素养是学生在特定阶段课程内容学习过程完成时的融汇结果和综合性品质,是课程内容叠加而成的终端形态。

(二)素养为纲课程内容的特征

素养为纲的课程内容承接了核心素养的基本特征,主要表现为综合性、具身性和发展性。

一是综合性。即课程内容摒弃学科本位的散点知识与技能训练俗套,在核心素养的综合视角下进行内容选择与安排。"核心素养既不是能力,也不是品格或观念,而应

该是这些方面整合在一起的综合性品质。"①综合性拒斥的是碎片化点状内容,但并不是说课程内容就没有知识点,而是说知识点是置于知识网络或知识图谱中的节点,使知识点形成有结构性意义的知识整体。"素养本身不是行动,而是指向人类现实行动的内在心理品质,是个体在与现实世界的特定任务或需求互动过程中所蕴含的各种能力、个性特征、价值观念或动机意志等的整合性特征。因此,要用整合的视角来理解素养,而不能将素养理解为它所包含的一系列构成成分的罗列。这是理解当下所倡导的核心素养的关键所在。"②

二是具身性。课程内容不只是外在于学生的学科公共知识内容,而且更是外在的学科公共知识经过学生由外而内、由内而外地转化形成的个体知识和综合性品质,因而需要学生亲身参与和完成表层与里层、外在与内在、客观与主观、静态与动态、公共与个体、间接经验与直接经验等多重关系属性之间的往复转换,纳入内容聚合和动机激发机制,使学生与知识合身合体,成为知识的主体,实现意义关联和意义增值。以间接经验与直接经验的关系转换为例,"学生仅仅用直接方法去掌握知识,便不能发展系统化的认识,仅仅用间接方法去获取知识,便不能助长创造性的实践活动力。应使直接经验与间接经验和谐地交流,凭借直接经验去理解他人经验(间接经验的意义);凭借间接经验去获取更广阔、更深层的直接经验"。③

三是发展性。课程内容由表及里的展开过程,从学科知识的表面现象、表层结构和载体形式开始,一步步深入到知识的内核意义,不断地与学生个体经验互动整合重组。学生在获取人类已有公共知识的同时,发展出面向未来探索未知的能力,实现公共知识的个体化发展,形成更具综合性的心智灵活性和可迁移性。在某一具体阶段叠加发展知识的个体意义,实现公共知识个体化的意义建构和意义增值,使得课程内容始于核心知识,经由有条件和意义的学习过程,成于修炼出来的结果结晶素养,为学生个体发展出更多更高意义的公共知识开辟发展前景。

三、丰富课程内容的结构层次

长期以来,课程内容是以学科知识为中心建立起来的一套概念系统。由于缺乏纵

---

① 杨向东.关于核心素养若干概念和命题的辨析[J].华东师范大学学报(教育科学版),2020(10).
② 杨向东.关于核心素养若干概念和命题的辨析[J].华东师范大学学报(教育科学版),2020(10).
③ 佐藤正夫.教学原理[M].钟启泉,译.北京:教育科学出版社,2001:248—249.

深结构意识,每次课程内容改革基本上都是对作为课程内容的表层结构和载体形式的学科知识进行调整和重组,较少涉及课程内容里层结构和载体意义增值的改革思路。这种以学科知识传递为核心的表层课程内容观,已远远无法满足学生发展和人才培养的需要,亟须进行概念重建,重视和优化课程内容的多重结构属性关系,发展出体现新时代要求的、结构层次丰富的新型课程内容观。

(一)课程内容结构化的意义

以往课程内容改革聚焦于学科领域与跨学科领域的结构关系调整,体现出的是一种横向维度的内容结构化改革思路,那么,课程内容改革应该还要增加一个纵向尤其是纵深维度的改革思路,为更有意义的深度教学创造条件。"在知识的内在结构中,符号是知识的外在表达形式,是知识的存在形式,即符号存在。离开了符号,任何人都不可能生产或创造知识,也不可能理解知识。而逻辑形式是知识构成的规则或法则,逻辑形式是人的认识成果系统化、结构化的纽带和桥梁,是认识的方法论系统,没有了特定的逻辑形式,同样不能构成知识。意义是知识的内核,是内隐于符号的规律系统和价值系统。只有把握住符号、逻辑形式、意义之间的内在关联,才能从整体上理解知识和掌握知识。"①

改革开放以来,我国课程内容的概念理解大致经历三个阶段。一是"双基"为本的学科内容观,二是"三维"整合的教学内容观,三是"素养"为纲的课程内容观。"双基"为本学科内容观重视学科基础知识和基本技能,恢复了知识教学的历史性重要地位,但课程意识淡薄,忽视学生主动学习和发展意义。"三维"整合的教学内容观从知识技能为主扩展为知识与技能、过程与方法、情感态度与价值观三维整合的教学内容观,重视完整的人的发展,但要更多地依赖于教师个体的理解和发挥,缺少国家层面的统一价值导向和评判标准。于是,素养为纲的课程内容观开始受到更多重视。"从'双基'到三维目标再到核心素养,其变迁体现了从学科知识到学科本质再到学科育人价值的转变,从而使学校教育教学不断地回归人、走向人、关注人,进而实现真正的以人为本,人成为教育教学真正的对象和目的。这是教育领域最深刻的变革。"②

然而,"素养"为纲的课程内容观才现雏形,很不成熟,当务之急是研究视角和认识基础的突破与充实。从学生学习经验维度来看,可以把课程内容分为对象性内容、过程性内容和结果性内容。三者之间的互动叠加融合,可以为课程内容的概念重建开辟广

---

① 郭元祥.知识的性质、结构与深度教学[J].课程·教材·教法,2009(11).
② 余文森.从"双基"到三维目标再到核心素养——改革开放40年我国课程教学改革的三个阶段[J].课程·教材·教法,2019(9).

阔的前景。

（二）素养为纲课程内容的结构层次

首先，课程内容包含对象性内容。对象性内容主要是精选的学科知识，是可以计划和预设的课程内容。学科知识是人类创造和总结的主观内容、内在内容、动态内容，是已知系统。但对学生来说往往就变成客观内容、外在内容、静态内容，是未知系统。学生学不学，对象性内容都在那里，不以学生意志为转移。所以，人们常常误以为课程内容只能是这种冷冰冰的客观、外在、静态内容，教学就应该是讲练考、死记硬背、机械重复训练的知识传递型教学。"对每一位教育者来说，把知识看作一种'事实'，即把知识'作为事实'的存在来理解，容易把客观知识作为教育的唯一内容来看待，甚至把它放大为教育内容的全部。"[1]

殊不知，从人类、学科专家、科任教师的已知系统转化成为学生的已知系统，教学除了对学生进行知识传递外，更重要的是帮助学生知识建构和意义增值。"我们要发展的是一种生态性的知识。一切稳定下来的知识，即使是其中最有效的那些，时间一长也都会变成教条，会导致一定程度上的心智僵化。然而，当下的形势充满了不确定性，知识必须能够不断进行自我调适，以应对各种似是而非的、不完整的、不明确的和不可预测的因素。"[2]知识传递实现的是单一功能，学生因为老师的直接告由未知者被动地变成已知者；知识建构实现的是双重功能，学生因为亲历学习过程主动获得人类已知系统，同时发展面向未来和未知的能力与信心。

其次，课程内容包含过程性内容。过程性内容是实施的课程内容，即学习者在学习对象性内容的过程中，还必须同时学会学习，学会如何同对象性内容打交道，这些方法和能力也成为内容本身。但如果没有学习过程，过程性内容就不可能真正出现。过程性内容具备更多的操作性、具身性和体验性，便于学生在学科知识与技能学习过程中，同步完成过程与方法、情感态度与价值观的学习和提升。

以学科知识为基础的课程内容由表层结构和载体形式向里层结构和载体意义推进，由知识内容前端形态向素养内容终端形态展开，最重要的机制是学习过程。"学生要学习的学科知识、书本知识的确是间接经验，但这种间接经验具有意义重大的内部结构。它们既是客观的，更是主观的；既是外在的，更是内在的；既是静态的，更是动态的。完整和准确地理解学生学习的知识特别是学科知识属性，将为走出重教不重学的认识

---

[1] 郭元祥.知识的性质、结构与深度教学[J].课程·教材·教法，2009(11).
[2] 安德烈·焦尔当.学习的本质[M].杭零，译.上海：华东师范大学出版社，2015：65.

误区,走向重教更重学的教学实践奠定认识基础。"① 只有经过有意义的学习过程,教、学、评的课程内容结构层次和意义才可能不断获得丰富和完善,由表及里、自始至终的深度学习、学科实践才可能真正发生。过程性内容能够让对象性内容在学生主体身上更有意义地展开。"没有知识的学科实践是浅层的、狭隘的,严格地说,在整个学校教育系统中是不存在的。"② 只是深度学习和学科实践,需要创设知识学习条件,恢复知识内容活性,促进学生像专家一样思考和探究。

课程内容理所当然地包含要教、要学"学习方法","如果掌握不了学习的方法,知识就会变成标签、算法、规矩或是切分开的任务,学习者将无法把他必须学习的要点和更宽泛的原理联系起来"。③ 学生不仅要学会学科内容,还要学会学科实践活动,学会学习,学到知识和学习的内核意义。

再次,课程内容包含结果性内容。这是学生在对象性内容与过程性内容叠加完成之后,实际学到的知识与技能、方法和能力、情意态度、正确价值观念和必备品格等。"我们以往在对知识的认识上,存在着这样两个突出的局限和不足:一是'知识'就等同于公共知识,造成了个体知识的缺席,二是'知识'就等同于显性知识,造成了默会知识的缺席。这是我们的教学中不重视学生的参与、活动、体验、交往等建构知识的必要元素的观念上的原因。只强调对于书本上学习内容的掌握——熟悉、理解、记忆,因而不利于实现公共知识向个体知识特别是向智慧的转变。"④ 结果性内容可以弥补单一学科知识内容局限,让前端形态的学科知识内容可以与阶段性终端形态的核心素养实现有意义的连结。只有结果性内容才能真正反映课程内容的实际质量和水平,才能让课程内容的概念趋于全面完整和准确。

(三)素养为纲课程内容的结构关系

在现实性上,对象性内容可以做到一模一样,过程性内容和结果性内容只能是因人而异。日常教学中,往往更重视对象性内容,而忽视过程性内容和结果性内容。这就必须在理论认识上将原有单一的对象性内容迭代,升级为对象性、过程性和结果性融为一体的新型课程内容概念。通过任务型项目化的内容汇聚机制和动力激发机制,让学科知识、学习过程和学习结果嵌套整合,更具操作性、具身性和体验性,整个教学转向

---

① 吴刚平.课堂教学要超越讲授教学的认识局限[J].上海课程教学研究,2017(12).
② 崔允漷,张紫红,郭洪瑞.溯源与解读:学科实践即学习方式变革的新方向[J].教育研究,2021(12).
③ 安德烈·焦尔当.学习的本质[M].杭零,译.上海:华东师范大学出版社,2015:113.
④ 肖川.知识观与教学[J].全球教育展望,2004(11).

知识建构型教学,突出学生与学科知识的意义关联和价值关系,实现教学活动的意义增值。

义务教育课程修订,超越学科知识本位和记忆训练本位的对象性内容观念局限,在科目课程标准"课程内容"栏目下,明确按照"内容要求""学业要求""教学提示"三个方面来展开和说明课程内容标准,一种新的复合型课程内容概念已呼之欲出。三个方面整合描述课程内容,不仅包括教什么、学什么的科目内容,还包括怎么教、怎么学的科目活动过程方式,以及为什么教、为什么学的教学目的价值,甚至还有教出什么来、学出什么来的学业结果质量水平。这是在课程制度意义上突显课程内容对象性、过程性和结果性的结构特点,为课程内容结构改革提供了明确的政策依据,开辟了广阔的实践前景。

因为我们以往在课标层面更关注对象性内容,重视学科知识点的罗列,而把过程性内容和结果性内容是当作教学问题来处理的。过程性内容、结果性内容由于政策上没有纳入课程标准的内容规定当中,实际上成为不教、不学、不考的内容,学生的主要精力一直被牵制在学科知识的表层和外围打转,重复训练,题海战术,缺少良好的学习过程体验和有意义的学习结果,学业负担重却没有意义增值。

课程标准层面内容要求、学业要求和教学建议三合一的课程内容设计思路是一个积极信号,即对象性的内容要求、过程性的教学要求和结果性的学业要求,一起共同构成课程内容的整体结构体系,成为课程政策要求的要教、要学、要考评的内容,这样才会推进课程内容结构化改革向纵深发展,从表层的对象性内容,转向里层的过程性内容和结果性内容。

这样的复合型课程内容观有利于从学科知识本位转向核心素养为纲,突出习得知识的学习方式和运用知识的能力与情意态度价值观,打破死记硬背和题海战术的知识技能训练魔咒,克服高分低能、情意态度扭曲、价值观缺失等乱象。学生可以在主题活动中,通过完成学习任务获取知识和解决问题,亲历实践、探究、体验、反思、合作、交流等深度学习过程,逐步发展和养成核心素养。

四、开发素养为纲的课程内容组织形态

素养为纲的课程内容结构改革要付诸教学实践,就必须落实为可操作的课程内容组织形态,尤其需要探索相应的学习内容聚合机制和学习动力激发机制,转化为有具体内涵的学科主题学习任务和跨学科主题学习任务。

（一）素养为纲课程内容组织形态的改革特点

与"双基"为本的学科内容和"三维"整合的教学内容不同,素养为纲的课程内容在组织形态上特别强调精选精简强有力的知识、创设真实学习条件、培育更有后劲的心智灵活性和可迁移性。

首先是精选精简强有力的知识。素养为纲的内容组织形态要成为一种核心知识聚合机制。即核心知识必须"少而精",做到综合化,才能为学生发展的意义关联和价值关系腾挪空间,才能真正成为强有力的知识。同时,还要成为一种学习动机激发机制。即在任务化、项目式、问题解决的主题活动结构中,嵌套强有力的知识图谱,学生为完成任务和解决问题而同步获得新知识,亲历学科实践,做中学,用中学,创中学,活学活用,知行合一,形成更加强有力的可迁移性和心智灵活性。

其次是创设真实学习条件。"要给学生提供机会去面对各种真实的任务和问题,让他们能够积极探索未知、敢于迎接挑战,在应对和解决各种复杂开放的现实问题或任务过程中逐渐发展创造性、批判性思维、沟通交流和团队协作,是当下课程改革要关注的关键点。"[1]就真实学习而言,素养为纲课程内容组织形态要创设的主要条件,包括"真事""真做"和"真知"。真事,是学生可以通过运用核心知识解决问题而形成的作业、作品、文案、报告、文章、创意、设计、设想等物化学习成果,其中蕴含着核心知识图谱和问题解决的学习活动与学习经验。真做,即学生要有获取核心知识的亲身学习活动过程,围绕主题和主线展开自主、合作、探究学习,不断总结、炼制、反思和改进。真知,即学生要经由真事真做,学习核心知识的符号系统,获得核心知识的逻辑形式,进而实现核心知识的意义增值,创造个体知识和公共知识的价值统一。

再次是培育更有后劲的心智灵活性和可迁移性。素养为纲课程内容组织形态要压缩知识传递型的讲授教学空间,开辟更多知识建构的自主合作探究学习空间。"做中学和悟中学是学生完成知识学习由外而内、再由内而外地转化、表现、运用的主要机制。"[2]更为重要的是,在知识建构过程中促进意义增值,在内化已有公共知识的同时,获得面向未来与未知的信心和能力,发展更多的心智灵活性和可迁移性。

（二）以科目主题学习任务群呈现课程内容形态

在课程内容形态改革方面,本次课程修订引入大观念、大任务或大主题驱动的问题式学习、项目学习、主题学习、任务学习等综合教学形式,重构课程内容,优化呈现方式,

---

[1] 杨向东.关于核心素养若干概念和命题的辨析[J].华东师范大学学报(教育科学版),2020(10).
[2] 吴刚平.课堂教学从记中学转向做中学与悟中学的认识基础[J].上海课程教学研究,2020(1).

加强内在有机联系,旨在实现"少而精",做到"纲举目张",促进对象性内容、过程性内容和结果性内容的互动叠加融合和课程内容结构功能的迭代升级。

其一,以大概念大观念为主轴的课程内容结构化呈现。从课程内容的结构层次与组织形态来看,学科知识和科目活动的关系需要在课程核心素养的观照下不断加以优化。其中,不少科目课程标准的选择是,以大概念大观念来统领学科知识和学科活动的互动叠加融合过程,帮助学生从零散的知识点技能点训练转向结构化的正确观念、核心知识、关键能力和必备品格养成。

其二,以大主题大任务为主轴的课程内容结构化呈现。在课程内容组织形态和呈现方式上,还有不少科目课程结合本门课程内容的性质特点,选择以大主题大任务为主轴,串接学科知识和学科活动的互动叠加融合过程,帮助学生形成课程核心素养。

事实上,各个科目课程标准,在课程内容结构化设计方面,都强调以课程核心素养为主轴,构建大观念大概念或大任务大主题等以问题解决为目标的课程内容结构单位和教学单元组织形态,以此作为学习内容聚合机制和学习动机激发机制,有效清理、归纳、整合科目知识点或主题活动内容,在学习内容安排层面落实减负提质增效。

(三)以跨学科主题学习任务群呈现课程内容形态

课程内容组织形态除了采用科目主题学习任务呈现以外,还有10%课时的课程内容安排采用跨学科主题学习任务呈现,有的科目课程标准安排了更多的跨学科主题学习任务。

一是立足于学科知识和科目活动的跨学科主题学习。即与学科知识和科目活动紧密相连,强调围绕科目课程目标,注意运用综合主题、大概念的探究任务和跨学科项目等,建构有组织结构和意义的学习内容。同时在内容建构中,注意运用课程地图嵌入涉及学科的核心知识与技能,融进跨学科的主题与实施过程,为素养生成奠定扎实的知识基础,保障跨学科学习的深度,避免整而不合、合而不深。通过整合+问题解决的学习任务结构,赋予科目课程新内涵,实现从知识技能整合转向学习任务或学习过程整合,据以支撑跨学科深度学习方式和课程核心素养。

二是立足于整合学习任务的跨学科主题学习活动。课程内容形态也可以是跨学科跨领域的整合学习任务,这对综合教学能力的要求更高,也更有教学价值。目前这类课程内容形态并不十分成熟,还需要进一步探索、总结和深化。比如化学课程标准设计的跨学科实践活动"基于碳中和理念设计低碳行动方案",就是综合实践项目式主题学习活动,目的是加强综合性和实践性,通过案例和实践活动,促进学生建构大概念和解决问题的关键能力及必备品格和正确价值观念。

需要强调的是,本次课程内容修订不是弱化学科知识,而是以课程核心素养为引领,把学科核心知识融入学科或跨学科主题、观念或任务学习活动,形成横向关联互动、纵向进阶衔接、纵深意义增值的课程内容结构体系。同时,课程内容改革也强调信息技术加持和赋能,体现信息文明时代要求。

第 5 章

学习中心的教学方式改革

吴刚平

作者简介：吴刚平/华东师范大学课程与教学研究所教授；《义务教育课程方案（2022年版）》修订组核心成员（上海 2000062）

长期以来，中小学的教学空间不断受到升学主义取向的挤压，一直存在着重教不重学的知识观误区，并且逐渐固化，成为一种极为普遍的讲、练、考的知识传递教学模型。这种传递型教学，更多的是由教师主导的，教师讲，学生听，学生常常处于一种被动和盲目的状态。结果是，一方面，学生的学习方式单一，只有记中学，缺少做中学和悟中学；另一方面，学生的知识结构扭曲，只有事实性知识，缺少方法性知识和价值性知识。诚如有学者指出，"当教学被当作一种简单的知识传递时，它便不能引发学习，甚至还会阻碍学习"。① 因此，课堂教学必须突破讲授教学的认识局限，探寻一种新的促进学生深度学习和知识结构不断优化的知识观基础，推动教学改革走向学习中心的知识建构和意义增值教学方式，促进学生改变单一的记中学方式，走向做中学，用中学，悟中学，创中学。

---

① 安德列·焦尔当.学习的本质[M].杭零,译.上海：华东师范大学出版社,2015：16.

一、课堂教学要超越讲授教学的认识局限

讲授教学是迄今为止,中小学乃至大学运用最为广泛的教学方式。说一个老师课讲得好,那几乎是对一个老师莫大的肯定与推崇,讲授教学在人们心目中的地位由此可见一斑。但是,随着21世纪核心素养时代的到来,以教师教为中心的讲授教学却日益显露出弊端,人们越来越需要超越讲授教学的认识局限,探索以学生的学为中心的做中学与悟中学等新型的知识建构和意义增值教学方式。

(一)重视讲授教学面临的时代挑战

在一定意义上说,讲授教学的兴起和发展是与特定社会历史条件密切相关的。而且,在早期工业社会或计划经济时代,讲授教学都发挥了重要的知识传递作用,为大规模培养有知识、有文化的劳动者作出了历史性贡献。但是,随着21世纪信息文明时代的到来,讲授教学面临越来越严峻的挑战,特别是难以适应核心素养的培养和深度学习的要求。

1. 核心素养对讲授教学提出的挑战

从20世纪90年代以来,为了应对21世纪挑战,一些国际组织和主要发达国家纷纷把对教育的关注指向了核心素养的培育,并用核心素养的观念指导和推动课程改革。而且近年来这一趋势越来越明显,几乎形成一种世界性课程改革思潮。正如表5-1所列核心素养主张,尽管它们只是核心素养研究的部分成果,但大致上能够反映对于学校教育培养目标认识的变化趋势。

表5-1 不同组织/国家/地区对核心素养的关注重点

组织/国家/地区	称谓	主 要 构 成
联合国教科文组织(UNESCO)	五大支柱	学会生存;学会求知;学会做事;学会共同生活;学会改变
经济合作与发展组织(OECD)	核心素养	互动地使用工具;自主行动;在社会异质团体中互动
欧盟(EU)	核心素养	使用母语交流;数学素养、基本的科学与技术素养;数字素养;使用外语交流;主动意识与创业精神;社会与公民素养;学会学习;文化意识与文化表达
美国	21世纪技能	学习与创新技能;信息、媒介与技术素养;生活与事业技能

续 表

组织/国家/地区	称谓	主要构成
日本	基础学力	习得基础知识、基本技能;为灵活运用知识和技能来解决问题所必需的思考能力、判断能力、表达能力;学习的积极性
法国	共同基础	思考和交流的语言;学习的方法和工具;个人和公民的培养;自然系统和技术系统;展示世界和人类活动
芬兰	跨学科素养	学会思考与学习;文化素养、交往与自我表达;自我照料与日常生活管理;多元识读;信息通信技术;工作生活与创业;社会参与和构建可持续的未来
澳大利亚	共通能力	读写算;信息通信技术;批判与创造性思维;个人与社会;道德理解;跨文化理解
新西兰	核心素养	自信心;亲和力;主动参与精神;终身学习能力
中国大陆	核心素养	文化基础、自主发展、社会参与三个方面;人文底蕴、科学精神、学会学习、健康生活、责任担当、实践创新六项成分素养,以及更为具体的十八项主要表现
中国台湾	核心素养	培养以人为本的终身学习者,包括自主行动、沟通互动、社会参与三大面向,以及更为具体的九大项目

从表 5-1 可以看出,尽管不同国际组织、国家和地区对于核心素养的理解和提法各有不同的重点,但基本的指导思想是比较一致的,都强调关键能力和必备品格的培养。"在这种情况下,只是掌握了各学科固定的知识或技能是不完备的,学生必须能够灵活地、综合地运用这些知识或技能解决现实问题,学会批判性审视和解决陌生问题,具备学会学习和终身学习的意识和品质。"[①]换句话说,可直接讲授的知识在学校教育教学中的地位和作用将日益降低,传统目标分类学所强调的知识理解、记忆在素养教育中将受到越来越严峻的挑战。核心素养不只是一种学习预期和学习结果,更是一种修养过程。它不是不要知识学习,而是更强调在真实情境和条件中、在解决问题的过程中学生主动、合作地去获取、形成和运用知识,发展能力,提升品格。这样的教育教学过程靠讲授教学是很难适应和胜任的。讲授教学是讲不出学生的核心素养的,必须探讨和摸索与核心素养相适应的新的教育教学方式和方法。

2. 信息文明时代的学习科学对讲授教学提出的挑战

进入新世纪以来,信息文明的进程明显加快,计算机网络和移动通信科技的普及与

---

① 杨向东.基于核心素养的基础教育课程标准研制[J].全球教育展望,2017(10):34—48.

应用,使得获取知识的途径和方式突破了时空限制,为实现教师讲授与学生听课、知识传授与知识习得之间的分离创造出广阔的应用前景和扎实的技术基础。

传统意义上的课堂讲授完全可以移置到课堂之外或任意想要移置的时空中,甚至所有学习者可以共享最为优质的课堂讲授。正是在这种背景下,一些具有创新精神的学校和教师开始探索翻转课堂,实现学教翻转,把最宝贵的时间资源集中于问题讨论、方法指导和互动交流。同时,"计算机科学的异军突起,加之人脑和计算机具有相似性,催生出另一项业内的巨大成功,即人工智能"。① 而且,由人工智能所带动的学习科学取得了突破性进展。人工智能不仅在执行重复性任务和练习时十分出色,而且从零基础开始能够具备学习能力特别是深度学习能力,这就不只是对讲授教学的挑战,而几乎是对整个人类的挑战,但首当其冲的就是学校教育,特别是讲授教学。阿尔法狗系列人工智能的成功,依托的正是学习科学的突破,这预示着机器人陪伴学生学习的场景恐怕不再是科学幻想,很可能成为教育现实,而且很有可能是以某种革命性的方式成为教育现实。

所以,在新的信息文明时代背景下,需要探讨和摸索新的教学范式。"课堂教学应当从教师中心的灌输式教学中解放出来。'讲解法'不是万能丹,认清'讲解法'的利弊得失该是每一个教师的责任。"②事实上,不少学校和教师一直在坚持不懈地进行讲授教学的改革尝试和努力,只是这些宝贵的改革尝试和努力需要及时加以总结和提炼,也需要更有研究含量的理论成果支持。特别值得注意的是,"西方国家逐渐实现了从教师中心、强调讲授和操练的教学模式向以学习者为中心、强调反思性实践和探究的教学模式改变。这种观念深刻地影响了情境认知、具身认知、合作学习、社会协商和建构、元认知学习等理论的形成与发展。建立在这种学习范式基础上的教学模式,如项目式学习、抛锚式教学法、认知学徒、问题式学习、设计学习、有益性失败等得到进一步的发展"。③

(二) 检讨讲授教学的间接经验知识观局限

在中小学教育中,讲授教学的传统在很大程度上根源于由来已久的间接经验知识观。这种间接经验知识观不仅导致把讲授教学作为学生学习的主要途径,而且导致把知识仅仅看作客观、静止和外在的学习对象物。

1. 间接经验知识观把讲授教学作为学生学习的主要途径

学生学习的知识,是人类经过长期探索和积累而获得的经验系统,是在不断总结和

---

① 钟启泉.读懂课堂[M].上海:华东师范大学出版社,2015:115.
② 钟启泉.读懂课堂[M].上海:华东师范大学出版社,2015:115.
③ 杨向东.基于核心素养的基础教育课程标准研制[J].全球教育展望,2017(10):34—48.

提炼人类生产生活、社会实践和科学探索等人类活动的直接经验基础上形成的知识体系。这些知识对于摸索和生产这些知识的人类而言是直接经验,而对于学习它们的学生而言却是间接经验。一直以来,无论是课程与教学理论研究,还是一线的课堂教学,往往都自觉不自觉地采用直接经验与间接经验的知识类型划分来分析、解释和解决知识教学问题。即使那些不熟悉间接经验知识观的教学研究者和教师,他们事实上所秉持的知识观也大部分是间接经验知识观。

在间接经验知识观看来,学生学习间接经验,顾名思义,是没有办法或必要通过亲历探索过程直接获得的,所以只能通过教师讲授、学生听讲才能完成。在这个过程中,教师的作用是讲解和传授知识,而且教师也是从教师自己的教师那里接过知识的接力棒,他们的责任是把知识的接力棒传给他们的学生。学生的作用是则是听从教师的讲解,被动甚至被迫地接受教师的灌输,不断地理解、记住和积累教师传授的间接经验系统。

间接经验的知识观理论,对于直接经验与间接经验的知识类型划分,本身并没有错,只是因此而认定学生学习间接经验只能通过教师讲、学生听的讲授教学方式才能完成,未免过于粗糙和武断。而且,由此形成教学理论与实践上重教不重学的一系列误区,包括教学准备、教学过程和教学评价都是重教不重学。除了前面分析的教师讲、学生听的讲授教学过程,学生处于被动接受知识的学习地位外,教学评价的导向作用也是重教不重学的。日常教学活动中的听课、评课都是观摩评价教师的讲授,并不关心学生的学习活动,尤其是在学习过程中学生的学习目标、内容、方式方法、动机、创意、发现、问题、困惑、效果、体验、感受和情绪变化等因素,到底是如何在影响学生的学习进程,始终不是重点。甚至在各种公开课、集中赛课、教学比武活动中,专门强调要借班上课,教师不能熟悉学生,这样可以保证公平等诸如此类的观点主张和做法措施,就是因为认定间接经验只能依靠教师讲授才获得,所以特别重视教师的教,而不重视学生的学。

这种情形在无意中否认了教师了解学生和因材施教是教师教学能力的重要组成部分,至少未能把学生的学习作为教学能力重点予以关注。即使关注学生的学,重点也是学生获得的间接经验结论,是知识结果,而不是学习过程。这又反过来不断地强化教师的教学设计,把重点都放在讲什么、怎么讲,逐渐形成并不断强化以讲为主的目中无人的教学。

即使是试图在间接经验知识观上有所突破的教学特殊认识论,虽然也作出了进入学习过程的理论尝试和努力,但仍然没能真正走出间接经验知识观理论的窠臼,未能实现教学理论的根本性突破。

2. 间接经验知识观把知识看成客观、静止和外在的学习对象物

间接经验的知识观理论，不仅导致重教不重学的教学误区，而且导致即使重学也只是重学生机械记忆、重复训练和结论再现。从本质上讲，重视学生学习的机械记忆、重复训练和结论再现，只是重教不重学的翻版和变式，是间接经验知识观在学习领域延伸的结果。

在间接经验知识观理论看来，间接经验的间接性主要体现为学生无法亲自沿用人类直接经验的方式去获取知识，这种知识对于学生来说具有间接性。也就是说，学生学习的知识与学生的直接经验之间存在一道鸿沟，首先是作为直接经验的知识脱离人类主体，即把知识与知识生产者分离开来，按学科的形式，分门别类，编写教学材料，印在书本上，制作成各种形式的文本，作为学生的学习资源。接着是通过教师的讲授这条途径让学生学习书本知识。书本知识的来源，对于人类整体，特别是对于知识生产者而言，是直接经验，但直接经验一旦文本化，就意味着直接经验脱离了人类主体而独立地存在，具有了间接性，尤其是对于学生而言，他们通过学习来获得这些书本知识，这种书本知识只能是一种间接经验。

既然学习的对象物写在书本上，那么很容易理解，作为学习对象物的书本知识是客观的、静止的、外在的。说它是客观的、静止的、外在的，是因为知识原本是人类自己建构起来的主观人为系统，但一旦形成而且作为学生学习的对象物，那它就变成物化的认识成果和知识产品，就拥有独立于人类自身的属性和规律了。这样的存在自成一体，相当稳定，不以人的意志为转移。这样的知识体系，甚至反过来作用于人类学习者自身，在人类自身的成长过程当中，与人本身相互促进，相互制约，成为人类社会发展不可或缺的重要因素。

由此可见，学生要学习的书本知识是客观的、静止的、外在的，这样的理解并没有错。只是这样的理解是片面的、局部的、不完整的，它只揭示了书本知识的部分属性，而忽视了书本知识的学习所具有的主观性、动态性和内在性等更为重要的属性。诚如有学者指出："学生仅仅用直接方法去掌握知识，便不能发展系统化的认识，仅仅用间接方法去获取知识，便不能助长创造性的实践活动力。应使直接经验与间接经验和谐地交流，凭借直接经验去理解他人经验（间接经验的意义）；凭借间接经验去获取更广阔、更深层的直接经验。"[1]

（三）发掘间接经验蕴含的不同知识形态及其教学意义

学生要学习的学科知识、书本知识的确是间接经验，但这种间接经验具有意义重大

---

[1] 佐藤正夫.教学原理[M].钟启泉，译.北京：教育科学出版社，2001：248—249.

的内部结构。它们既是客观的,更是主观的;既是外在的,更是内在的;既是静态的,更是动态的。完整和准确地理解学生学习的知识特别是学科知识属性,将为走出重教不重学的认识误区,走向重教更重学的教学实践奠定应有的认识基础。

1. 方法性知识与做中学在间接经验学习中发挥着最为核心的整合作用

一个人的素质结构在很大程度上取决于两条基本路径,一条是学习内容领域路径,即一个人学习了哪个或哪些内容领域,他/她就会或多或少具备哪个或哪些内容领域的知识、能力、素养等;另一条是学习方式路径,即一个人是怎么学习的,这在很大程度上决定着他/她获得什么性质和类别的知识。在学生学习的各个学科领域中,人类积累起来的学科知识即间接经验内部,都存在事实性知识、方法性知识与价值性知识这三种基本的知识形态,而且都与学习方式密切相关。

也就是说一个人怎么学,他/她就会学出什么性质和类别的知识来。因此,学习方式承载了间接经验内部知识结构的转化机制作用。一个人的学习方式可以多种多样,但从知识类别与学习方式的匹配关系来看,可以大致划分为记中学、做中学和悟中学。如果仅仅是记中学,就只能学到事实性知识;如果做中学,就会学到方法性知识;如果在做中学的基础上悟中学,就会学到价值性知识。记中学获得事实性知识,解决的是学会的问题。做中学获得方法性知识,解决的是会学的问题。悟中学获得价值性知识,解决的是乐学的问题。课堂教学改革的重要任务是促进学生从学会走向更具后劲和可持续的会学与乐学。特别是做中学和方法性知识,在学生的整个学习中发挥着最为核心的整合作用。这是因为,"如果掌握不了学习的方法,知识就会变成标签、算法、规矩或是切分开的任务,学习者将无法把他必须学习的要点和更宽泛的原理联系起来"。①

2. 间接经验的教学本质和重点是促进知识形态之间的良性转化

就间接经验的内部结构而言,事实性知识、方法性知识与价值性知识三种知识形态,分别对应着记中学、做中学与悟中学三种学习方式,并且通过不同的学习方式实现着不同知识形态之间的转化。任何间接经验的学习,即使本来是方法性知识和价值性知识的间接经验,如果只是记中学,都会蜕变转化为事实性知识,成为僵硬固化的死知识;而如果是做中学、悟中学,即使本来是事实知识的间接经验,则都能够更多地转化为方法性知识和价值性知识,成为活学活用的方法和观念系统。三类知识和三种学习方式之间相互转化的教学规律和原理,对于教学环节设计的启示是,教学的本质和重点是促进学生通过恰当的学习方式实现知识性质和类别的双重转化,即由客观知识向主观

---

① 安德列·焦尔当.学习的本质[M].杭零,译.上海:华东师范大学出版社,2015:28.

知识转化,由静止的知识向动态的知识转化,由外在的知识向内在的知识转化,经过一系列的同化、重构、叠加和耦合等复杂心理过程,再由内而外地表达和表现出来,调配和运用于各种现实需要和问题情境之中,变成活学活用的知识形态,看得见,摸得着,用得上。"我们要发展的是一种生态性的知识。一切稳定下来的知识,即使是其中最有效的那些,时间一长也都会变成教条,会导致一定程度上的心智僵化。然而,当下的形势充满了不确定性,知识必须能够不断进行自我调适,以应对各种似是而非的、不完整的、不明确的和不可预测的因素。"[①]

所以,笼统地认为间接经验的学习就必须或只能通过讲授才能完成,这样的观点和主张并没有真正揭示间接经验的学习本质,反而是忽视和误读了间接经验内部结构中的事实性知识、方法性知识与价值性知识三种基本知识形态之间以及记中学、做中学和悟中学三种基本的学习方式之间的相互依存和转化关系。恰恰是讲授教学,在无意之间,成为了把学生的学习局限在记中学和事实性知识这种单一学习方式和单一知识类别的困境之中的主要教学机制。学生学成老师的传声筒,只能鹦鹉学舌,人云亦云,成为知识记忆的容器,知识只能刻板地印记在学生脑海中,囫囵吞枣,成为生硬的教条和结论。知识内化、消化和吸收、转化过程不充分,知识的主观化和活化程度低,成为一堆没有用的死知识。至此,诸如此类的现象,都能得到相当程度的解释和解决了。

二、课堂教学从记中学转向做中学与悟中学的认识基础

课堂教学要转型,要适应核心素养和信息文明时代的学生发展需要,就必须超越讲授教学的认识局限,突破记中学和事实性知识的教学格局,建立做中学与悟中学及其相应的方法性知识和价值性知识的认识基础,为提升课堂教学品质、优化学生知识结构创造出新的教学前景。

(一) 从讲得好的教师转向学得好的学生

在讲、练、考的教学模型下,特别重视教师的讲授,把教师讲得好视为主要的教学基本功。但教师讲得好不仅不是学生学习的充分必要条件,而且更不可能是课堂教学的主要目的。所以,必须在认识上把教学关注的重点从讲得好的教师转向学得好的学生。

1. 教师讲得好只能代表教师的能力

在日常教学当中,好教师通常都是讲得好的教师。而且,只有讲得好的教师才会受

[①] 安德列·焦尔当.学习的本质[M].杭零,译.上海:华东师范大学出版社,2015:113.

到学生、家长和上级领导的欢迎、赏识与尊敬,得到制度上的肯定和奖励;那些讲得不好的教师,往往不仅不受学生欢迎,还可能受到各种制度和心理上的排挤和抛弃。这样的情形,不断地激励那些有才华的教师,甚至是那些没那么有才华的教师,包括一些讲得不好的教师,都要想方设法往讲得好的方向和标准上去努力,把主要的精力、时间和智慧都投入到讲授的内容和讲授的方法研究上,竞相攀比哪个教师讲得更好。这也许能在一定程度上解释为什么学习方式的改革那么困难,就是因为普遍地认为讲得好的教师就是好教师,这种根深蒂固的观点和主张恐怕是其中非常重要的认识根源。

凡是教学讲授得好的教师,他们恰恰都是自己学得好的教师,他们的问题就在于把教学置于讲授教学的模型之中,以自己的做中学和悟中学代替学生的做中学和悟中学,占据和挤掉学生做中学和悟中学的时间和空间。也就是说,教师把自己做中学和悟中学学到的方法性知识与价值性知识,特别是通过备课过程而获得的学科知识点本身的内涵以及知识点之间的内在联系,转换成讲授的具体内容,深入浅出,通俗易懂,条分缕析地讲给学生听,娓娓道来,余音绕梁,很受学生欢迎。但无论教师讲得多好、多受欢迎,其实质终究是用教师的讲授代替学生的学习,更准确地说是用教师的学代替了学生的学。

2. 偏重于教师讲得好必定挤压学生学得好的时间与空间

事实上,讲得好的教师所教出来的学生通常确实会在学业成绩方面更加优秀,成绩优秀的学生比例更高一些,这说明讲得好的教师对于学生的学习是有帮助的。但这只是问题的一个方面,有时也只是一种表面现象,甚至是一种假象,它造成了有关教学效率的许多误会、误解甚至曲解。事实上,讲得好不是真的好,因为那只说明教师的知识学习能力,教师将学科书本知识融会贯通了,并不必然地意味着学生就能因为教师讲得好而自然而然地学得好。讲得好只是为学得好准备了某种可能的条件,但必须认识到,它并不是学得好的充分必要条件,更不能等同于学得好本身。反过来说,学得好才是真的好,因为那才是学生自己的学科书本知识学习能力。也就是说,教学要恢复一个基本常识,学习始终是学生自己的事情,是任何人包括教师也代替不了的,被教师代替了的学习更多的时候只是将教学变成了一种更加容易一点的记忆训练。

讲得好,让学生对知识更容易理解,学习更容易上轨道,但这方面的作用还有很大的提升空间,还可采用更好的教学方式,而且讲得好的那些内容本身对于学生学习的意义是非常有限的。尤其是讲授教学方式面临的最大的问题是,讲得好的教师,以自己的做中学和悟中学,成就了自己的讲得好。但是,偏重于教师讲得好对于学生学习造成的影响却往往是越俎代庖,包办代替,以教代学,重心都在教,对学的关注严重不足,学习的地位和作用受到严重忽视。讲得好是以侵占和挤压学生的学习过程、时间和空间为代价的,导致学生课堂上只能听讲、记录,获得的更多的是事实性知识,而没有时间和空间形成方法性和价值性知识。而且,教师成了知识的占有者、输出者和分配者,学生因此而错失许多有价值的学习机会。诚如有学者指出:"教师在备课过程中把他认为过难的知识砍掉,把能够证明他所要传达的信息的论据收集起来,从而写成意义的炼制。他为了促进学习者的学习,在无意中让学习者失去了学习中最具有教学意义的方面之一。"①

讲授教学的风险还在于,一方面教师把方法和价值观念讲给学生听时,方法和价值观念在教师这里还是方法和观念本身,但学生听到的却是关于方法和观念的知识或结论,原来的方法性知识和价值性知识在性质和类别上已然变成了事实性知识,学生压根就学不到真正的方法和观念。而即使学生将关于方法和观念的知识内化,使之重新具有了方法和观念的意义,也仍然成效低下,因为教师能够言传和外化的方法和观念只是方法和观念整体中的很少的局部,不足以完全支撑分析和解决问题的过程。

那些想要学得好的学生,用于知识消化和吸收的过程不得不外移,转向课外,学生学习负担不得不加重。那些不自觉的学生,只靠课堂听讲,没有消化和吸收过程,所以只有少量的事实性知识,根本没有形成基本的方法性和价值性知识,因而学业成绩差,学习没有后劲和持续发展的动力。多数学生的学习,从形式、方法、过程到结果,都严重地受制和依赖于教师的讲授,主体性并没有得到教学设计上的保障,完全靠学生的个人自觉程度。

3. 学生学得好才是真正的好教学

那些学得好的学生,确实也往往得益于教师讲得好的影响。但是,学得好的主要原因还是更多地在于学生自己自觉地去弥补被讲得好的教师所侵占和挤掉的时间、空间,利用课前、课下时间亲历和完成了做中学和悟中学的学习过程,获得了更多的方法性知识和价值性知识,形成了更为优越的知识结构和更为深厚的内在基础,越学越有后劲,越学越轻松,对于教师的依赖程度越来越低。这时,叶圣陶先生所说的"教是为了不教"的境界就开始成为可能。

从一些本来学业成绩不好而后来成为尖子生的学生学习经验来看,有相当一部分学生是误打误撞学出来的。他们往往是在上课听讲后去做练习,作业完不成,不知如何下手,就自己看书,找参考资料,反复琢磨知识点之间的来龙去脉,慢慢找到分析问题和

---

① 安德列·焦尔当.学习的本质[M].杭零,译.上海:华东师范大学出版社,2015:65.

解决问题的感觉,发现看书和阅读参考资料对完成作业很有帮助。于是,他们就开始自觉主动地去看书和扩大学科阅读范围,知识之间的内在联系进一步激活和优化,学习自信心增加,他们也体会到学习本身的乐趣,知识学习的方法特性与价值特性日益显露出来,知识结构越来越优化,学习后劲越来越足。刚开始,是自发地撞对了学习的路子,后来是屡试不爽,尝到甜头,于是进入良性循环,主动预习,等到再去听教师讲授时的学习则完全是久旱逢甘霖的另外一番佳境了。因为学生预习准备了,带着学不通、悟不透的知识和问题,再去听讲时,教师的讲授就变成一种点拨和交流,进入一种心有灵犀一点通的教学状态。这一类尖子生的成长经验,对于做中学和悟中学的教学环节设计是特别有启发和借鉴意义的。

无论是自觉努力学习的尖子生,还是误打误撞学出来的尖子生,他们这种自主学习的经验才是真正值得研究、重视和推广的学习境界。学生学得好的教学才是真正的好教学。也就是说,教学环节设计一开始就要借鉴学得好的学生所形成的学习经验,把在课外、课前、课下学得好的学习过程和学习境界变成全班同学在课堂上的学习过程和学习境界。一开始,就要通过教学环节设计,确保全班学生课堂预习,帮助学生进入做中学和悟中学的通道,开启高阶学习和深度学习,实现从讲得好到学得好的教学范式跃迁。

(二)从能够套用转向能够运用

做中学与悟中学的教学方式,常常让人产生各门学科做练习算不算是做中学的疑问。如果做练习是做中学,那么,讲、练、考的教学模型早就贯彻了做中学的学习方式;如果不是,那么,做练习又该怎样来进行理解和解释呢?这就涉及学生对于知识的套用和运用问题。

1. 大量的做练习本质上仍然是记忆模仿式的套用

在日常的教学环节中,各门学科特别是考试科目的学习,都会安排做大量的练习。那么,做练习叫不叫做中学?应该说,有的学生有的时候做练习是做中学,而也有很多学生很多时候做练习不是做中学。其中,主要的判断标准有三个,一是练习的目的是什么,二是练习的手段是什么,三是评价练习好坏的标准是什么。如果练习的目的是巩固教师讲授的内容,练习的手段是重复训练教师讲解的解题套路,评价练习好坏的标准是学生的答案对不对,那么做练习在总体上就不是做中学和悟中学,而是比较多地成为一种记中学。这样做练习所获得的知识也就更多地是一种事实性知识,而非方法性和价值性知识。以这样的判断标准来看,日常教学中的许多练习并不是做中学和悟中学,而是在不知不觉中落入记中学的俗套。这样做练习是典型的记忆模仿,是路数的套用。

比如，很多一线教师在教学中都有考试猜题等类似的复习教学经验，有时候教师猜对了考题或猜到了与考题相似的题目，进行了讲解和练习。看到考卷时，教师通常都很高兴和自豪，因为猜对了。可是，在进行试卷分析的时候心情却大受影响，因为还是有不少同学做错。这让教师大跌眼镜，扼腕而叹：怎么回事呀，原题呀，做过练习的呀，而且还做对了的呀，怎么到了考试的关键时候却又做错了呢？面对这样的窘境，很多教师百思不得其解。其实，道理很简单，就是因为教师猜题讲授。学生当时做对习题并不是掌握了会做会用的方法性知识本身，而是记住了教师解题的模子，然后套上这个模子，所以做对了，让教师误以为学生掌握了方法本身，会做会用了。而真实的结果是，到考试时，学生也想继续套用，可套不上了，因为模子本身搞忘了。所以，记中学与套用只能是暂时的，因为学生自己未能建立起知识之间的内在联系，知识始终是死的，只能处于一种事实性知识状态，遗忘几乎是必然的。

2. 从运用的角度去激活和优化知识

如果做练习的目的是在一种问题情境中探索已有知识的运用、重组、改造，获取新知识，或者收集和处理信息，并用于分析和解决问题或者形成新知识，做练习的手段是观察探索活动、学科阅读、读书笔记和问题解决等，做练习的好坏标准是分析框架的合理性、解题思路的清晰性和新颖性、提出见解主张的独到性以及分析论证与论据之间的一致性等，那么做练习在总体上就更具做中学、悟中学的本质特征。这样做练习所获得的知识也就更多地是方法性知识和价值性知识，而非仅仅记中学所得来的事实性知识。这样做练习就是活学活用，知识点与知识点之间的内在联系就越来越多地建立起来了，就能更好地帮助学生建立起分析问题和解决问题的角度、观念和眼光。这样做练习就超越了套用的阶段和水平，而进入了真正的运用阶段和水平。知识一旦进入方法性知识和价值性知识状态，知识之间的内在联系就激活了，就能活学活用，融会贯通，学通学透，就能成为一种更高学习境界的不记之记，不须刻意去记，却是一种比记中学更为可靠的记忆，从来不需要想起，永远也不会忘记，不仅记得牢，而且用得了，可迁移，可创新。

（三）从复述程序和观点转向形成方法和观念

讲授教学的后果之一在于，教师往往误以为把方法和价值观念都教给学生了，学生也常常认为教师确实把方法和观念教给自己了。但殊不知，学生学到的只是关于方法和观念的事实性知识，与真正的方法和价值观念完全不是一回事。所以，教学的重点必须回到做中学与悟中学的本义，从复述程序和观点转向形成方法和观念。

1. 从复述程序转向运用程序分析和解决问题

重教不重学的教学环节设计，重在讲授教学，导致教师常常用讲授的方法去处理方法性知识和价值性知识。因为只要教师一讲，学生就只能听、只能记，记中学的学习方式就已经被限定了，学生原本应该做中学和悟中学的学习方式也就被迫蜕变为单一的记中学的学习方式，导致方法性知识和价值性知识也都因此蜕变为事实性知识，学生学到的方法和价值观念已经不是方法和价值观念本身，而是记住了关于方法和价值观念是什么的结论。这样的教学造成了一种非常普遍的教学现象，学生往往只会鹦鹉学舌地说，不会做，不会用，甚至不想做，不想用。

从理论上讲，作为方法性知识的方法和程序是一体化的，是可以相互解释的同一事物。方法是内在的程序，程序是外显的方法。但方法本质上是内在的能力系统，是一个人的个性心理特征。当它一旦通过教师讲授的方式讲给学生听时，方法在教师这里还是方法，但在学生那里则变成听得懂却不会用的程序、步骤、环节等外显的结论，成为事实性知识，从而丢失大量有价值的方法内涵，并且没有内化过程，甚至即使经过内化，也因为方法内涵的衰减落差，不足以支撑学生分析和解决问题。

比如，教师教学生如何写作文的方法，把程序、步骤、环节及其注意事项都讲授得非常清晰，学生也听得懂、说得出如何写作文，能复述这些写作程序，这样写作方法的教学就完成了。既然写作方法教师教了，学生也学了，而且听懂了，能复述，那么就应该会写作文了。可实际上，当教师让学生拿出作文本来开始写作文的时候，教师和学生都会发现，多数学生根本就不知如何写作文。也就是说，学生复述的写作程序只是关于写作方法的结论，是事实性知识，而真正的写作方法是内在的能力系统，是必须做中学、悟中学才能完成，讲授是解决不了方法性知识的学习问题的。这就是为什么语文考试考写作并不是考学生复述写作程序，而是考学生运用写作程序写出一篇达到一定质量和水平要求的作文，这才是在考写作方法本身。

其他各科的解题也一样，本质上也是考查学生的方法性知识和价值性知识。有的教师不明就里，看到学生没有学会方法，还要苦口婆心地对学生再讲一遍。结果是，再讲多少遍，意义都不大，因为讲授所限定的记中学对于复杂的方法性知识系统的学习起不了应有的作用，方法性知识必须是做中学才能获得。

2. 从复述观点转向运用学科思维获取看待事物的视角和眼光

同样，作为价值性知识的观念和观点原本也是一体化的，是可以相互解释的同一事物。观点是外显的观念，观念是内化的观点。但在现实的教学中，当教师把包括学科思想、视角、发现、主张在内的许多正确的价值观念讲给学生听的时候，观念和观点相分离，到学生那里就只剩下一堆结论性的观点了。

本来，一个人的价值观念会自动地支配和指导他/她的思维、言论、行为和情绪变化,但一旦作为观点让学生记中学时,就成为一种事实性知识,就基本失去应有的支配和指导作用了。这样的情形导致学生缺乏应有的精神支柱,死记硬背学到的观点是苍白无力的,甚至大量地出现言不由衷、信仰缺失、说的不信、信的不说等人格分裂状况。讲授教学的特点决定了它很难真正解决内涵丰富的价值性知识学习问题,价值性知识必须在做中学的基础上同时通过悟中学才能获得。学生运用学科思维,通过体会、感悟、比较、取舍和创造等内在的转化过程形成观念系统,获取自己看待世界、人生和进行价值判断和选择的视角与眼光,进行世界观、人生观和价值的建构与扩展,才算真正进入了价值性知识的学习过程。

讲授教学只对于简单的方法和观念系统学习问题有效,要解决复杂的方法性知识和内涵丰富的价值性知识学习问题,学习者必须有相应的经验基础和准备状态,必须首先做中学和悟中学。做中学和悟中学是学生完成知识学习由外而内、再由内而外地转化、表现、运用的主要机制。只有在做中学和悟中学的基础上,学生发现自己存在学不会的方法、悟不透的道理,进入一种求而弗得的愤悱状态时,讲授才能变成一种回应式的点拨和双向交流,才具有了启发式教学的意义。

（四）从短期高效转向长期高效

一些教师对于讲授教学的坚持,在某种程度上是源于一种直觉的经验和朴素的认识,认为教师讲、学生听是最为经济和高效的教学方式。但实际的情况却是,这是一种非常片面的认识,是一种误解甚至曲解。无论是从学生考试成绩的功利目的来看,还是从学生学习的真实效果来看,教学的关注重点都必须从短期高效转向长期高效。

1. 讲授教学的教学效应是短期高效、中期低效、长期无效

对于做中学与悟中学的教学环节设计,许多教师是做过尝试的。但他们的经验却是否定的,因为他们发现很难操作,特别是教学时间不够,无法保证做中学、悟中学。原来讲授教学,教师讲,学生听,一节课完成的教学任务,现在做中学和悟中学,要两节三节甚至四节课才能完成,而且效果也不好。结果多数教师都不得不放弃做中学、悟中学的教学,回到讲授教学的老路上,讲授教学至少时间和效果是确定和有保证的。多数教师的否定性经验,主要是由于对于三类知识与三种学习方式在教学上的效应不了解。

其实,记中学与事实性知识在教学上的效应是,短期高效,中期低效,长期无效,长远有害。学习只要进入记中学的轨道,负担重、效率低的命运就已经不可避免了。一方面,记中学必然陷入高强度的重复训练以及记了忘、忘了记的拉锯战,教学负担沉重;另一方面,记中学把方法性知识和价值性知识都蜕变成事实性知识,记忆的总量大幅增

加,遗忘的进程同时在发生,负担进一步加重,效率进一步降低;更重要的是,记中学导致知识结构单一,只有事实性知识,学生花费大量的时间和精力学到一堆无用的死知识,无法真正形成方法和价值观念,导致学习没有方法保证,没有精神支柱,不会学习,也不知为何学习,知识始终不能成为学生内心强大的精神力量,这就更加是雪上加霜。

2. 做中学与悟中学的教学效应是短期低效、中期有效、长期高效

做中学与方法性知识,以及悟中学与价值性知识,在教学上的效应是短期低效,中期有效,长期高效,长远终身受益。在刚开始运用做中学和悟中学的教学模型时,教师和学生都有一个适应过程,需要一定时间的摸索和磨合,需要付出不少额外的成本,所以学习进展缓慢,与记中学相比显得效率低下。但一旦顺利度过磨合期,适应了做中学和悟中学的教学模型,这种高阶学习、深度学习的效应就会逐步释放出来,进入有效学习和高效学习的快车道。经过一个学期到一年探索,做中学和悟中学的教学模型完全可以比较好地适应和稳定下来,进入一种以学生自主学习为主、教师点拨辅导跟进的教学互动格局,高效学习的情形才会真正出现。在中小学,所谓长期高效的长期,宜以一个学期到一年为期。如果超过一年,那对于中小学而言可能就失去现实意义了。教学设计和实施、教学管理等,都可以据此进行整体谋划,统筹安排,合理布局,持续推进学生的做中学和悟中学。

三、知识分类视野下的记中学、做中学与悟中学

从知识分类的角度看,当前课堂教学的主要问题在很大程度上源于教师秉持的单一的事实性知识观,导致学生的方法性知识和价值性知识缺失。为此,需要重视教学方法背后的知识分类,把学习方式与知识类型联结起来,走出记中学和讲授法的误区,探索做中学和悟中学的教学模型。

随着基础教育课程改革的持续推进,各种深层次的教学困难和矛盾逐渐突显,特别是与旧有教学方法相适应的知识观念未能得到有效清理,支撑新的先进教学方法的新的知识观念并未完全建立,甚至在不少地方和学校还没有引起足够的重视,以至于最初课程改革致力于提高教学效率、减轻课业负担的价值诉求依然任重而道远。

(一)重视教学方法背后的知识分类

1. 不同的教学方法具有不同的知识观基础

任何教学方法背后都有相应的知识观基础,不管教师是否意识到,其教学活动都有一个怎么看待知识的问题。教师持有的知识观如何,在很大程度上决定着教师在教学

方法选择、运用、改革、创新等方面的成效。如果教师的知识观是陈旧落后的,那么教师的教学方法就很难跟上时代前进的步伐,很难真正促进学生的学习。同样,如果教师的教学方法要体现时代进步的特点和社会发展的要求,更好地促进学生的学习,那么教师就必须更新自己的知识观,并运用新的知识观念来指导自身的教学方法改革乃至整个课程与教学实践。因此,教学方法背后的知识观对于教学方法的选择、运用、改革和创新具有非常重要的作用。

就当前课堂教学的实际而言,大多数教师和学生都很努力,也很真诚,教师想教好,学生想学好,可实际教学方法的效果却并不令人满意,有时甚至适得其反,不仅效率低下,而且负担沉重。其中的原因是多方面的,但在知识观方面存在的缺陷无疑是非常重要而持久的原因。一方面,一线教师乃至教育研究者都很少对课堂中实际采用的教学方法及其背后的知识观基础进行系统的反思,致使大量陈旧落后甚至错误的知识观念以及相应的教学方法未能得到及时有效的清理;另一方面,在推广新的教学方法时也更多地是把重心集中在教学方法本身的操作步骤和实施环节上,未能建立起支撑新的教学方法的知识观念,导致教学方法改革不能举一反三,最终还是流于穿新鞋走老路的俗套。不少教师在学习一些优秀教师的先进教学方法时,总是只关注一些表面化的形式,而对于更为深层的知识观问题并不重视,因而很难做到对先进教学方法进行有效的借鉴和迁移,更谈不上进行个性化的改造和创新。

2. 不同的知识分类具有不同的教学方法意义

知识观的核心是知识的分类,而不同的知识分类对于教学问题的解释力和解决策略选择是很不相同的,其教学方法意义也会大异其趣。比如,当我们说学生只有书本知识时,往往就会说学生缺少生活知识;当我们说学生只有理论知识时,往往就会说学生缺少实践知识。书本知识与生活知识,理论知识与实践知识,都是我们对于知识的分类。这些分类都可能对教学方法改革作出某种方向性的提示,前者的提示可能是教学方法改革不仅要重视书本知识的学习,而且要关注生活知识的学习;后者的提示可能是教学方法改革不仅要重视理论知识的学习,而且要重视实践知识的学习。

无论对于知识作出何种分类,都会有一定的视角或标准。总的来说,有两条标准是最为基本也是最为重要的。一是逻辑性标准,即所划分的知识类型要处于同一个逻辑层面,不同的知识类型之间没有交叉重叠,能够分得开来,在逻辑上是自洽的;二是实践性标准,即所划分出来的知识类型能够帮助人们更好地认识教学实践中存在的主要问题,不仅要对教学实践问题具有很好的解释力,并且还要能够帮助人们找到解决教学实践问题的思路和办法。特别是当前,知识分类要能够帮助教师寻求教学方法上的突破,以解决普遍存在的教学效率低下、课业负担沉重的瓶颈问题。

3. 基于教学方法改革的需要进行知识分类选择

那么,当前教学实践中普遍存在的教学效率低下、课业负担沉重的问题,应该运用怎样的知识分类才能提供更好的解释和解决思路呢?答案可能会因地、因校、因人而异,但这却无疑是一个需要充分讨论的重大理论问题,也是关系到基础教育课程改革目标能否真正达成的关键现实问题之一。

在基础教育课程改革这个复杂的系统工程中,最贴近课堂教学、贴近教师和学生的两个方面,一是教学内容的更新,二是教学方法的改革。教学内容的更新回答的是当前和今后相当长时间内应当教什么、学什么的问题,在很大程度上是通过新的课程标准的制定和新教材的采用而完成,教师在课堂教学层面对教学内容也有相当大的可为空间。教学方法的改革则回答的是应当怎样教、怎样学的问题,在很大程度上是由教师经过专业的设计而主导完成的,特别是教师的教学方式选择对于学生的学习方式具有决定性作用。无论是教学内容的更新,还是教学方法的改革,都涉及知识分类的问题,都需要根据时代进步与社会发展的需要和课堂教学的实际,确定相应的知识类型,以及与所选择的知识类型相适应和匹配的教学方法。

由于分类视角的不同,不同的学者会对知识作出不同的分类,所以在教育领域中,知识的分类是多种多样的。那么,教师只有根据自身课堂教学的实际,通过对于知识分类成果进行甄别和选择,甚至教师自身也可以根据逻辑性标准和实践性标准作出自己的知识分类,并据此指导课堂教学内容的安排和教学活动的设计,才能真正体现出知识分类的教学方法意义。诚如布卢姆指出:"把社会科学知识与自然科学知识区别开来,把化学知识与物理学知识区别开来,如此等等,这是可行的。同样,也可以把人的知识与物的知识区别开来,如此等等。"[1]

尽管知识分类多种多样,给人莫衷一是的感觉,但实际上,现有的知识分类成果足以为教师的教学方法改革提供理论支持。教师更多地是需要强化知识分类意识和教学问题意识,提高在知识类型与教学方法之间建立联结的能力。当前,比较常见的知识分类,都可以为教师的教学方法设计提供参考和借鉴,包括将知识分成具体的知识、处理具体事物的方式方法的知识以及学科领域中普遍原理和抽象概念的知识;[2]或者,分析

---

[1] B.S.布卢姆.教育目标分类学(第一分册.认知领域)[M].罗黎辉,等,译.上海:华东师范大学出版社,1986:29.

[2] B.S.布卢姆.教育目标分类学(第一分册.认知领域)[M].罗黎辉,等,译.上海:华东师范大学出版社,1986:59—85.

性知识(符号性知识、处方性知识)和体验性知识(描述性知识、技术性知识);事实性知识(事实、程序)和概念性知识(概念、原理);陈述性知识、程序性知识和策略性知识;程序性知识和概念性知识;①实质性知识、方法论知识和价值性知识;②以及公共知识与个人知识;显性知识与隐性知识;明确知识和默会知识等知识分类,都可以在某种程度上为教师选择或设计相应的教学方法提供知识观基础或知识分类启示。

基础教育课程改革力求"体现国家对不同阶段的学生在知识与技能、过程与方法、情感态度与价值观等方面的基本要求",③即通常所说的三维目标,为中小学教师选择或确立符合时代特点和社会发展要求的知识类型以及相应的教学方法提供了指导性思路。根据三维目标的思路,结合已有知识分类成果和当前课堂教学的主要问题,从学生获得知识的方式角度对知识进行类型划分,可以尝试性地把课堂教学中学生学习的知识分为事实性知识、方法性知识和价值性知识三大类别。

(二)把学习方式与知识类型联结起来

1. 记中学与事实性知识

所谓事实性知识,就字面意义而言,是说有一类知识是由事实所构成的知识系统。按照这样的理解,学生学习的每门学科或科目都有大量的事实性知识,即这门学科或科目中总有一些不需要讨论的前提性规定,具体的某门学科或科目在这些前提性规定基础上形成和发展区别于其他学科或科目的学科知识体系。在一定意义上讲,事实性知识的特点决定了事实性知识的学习方式必须是记中学。这种知识观及其对学习方式的理解是有合理性的。"根据智力系统的特点,似乎最自然不过的看法是,记忆与知识系统密切相联。"④所以,在教学过程中,教师通常会要求学生采取背诵、抄写、填空、辨析、默写、问答、反复操练等记忆手段,来达到帮助学生掌握知识的目的。如果说,每门学科都有一些重要的学科知识是属于事实性知识,需要记中学,这似乎并不过分,甚至是必需的。

判断一个人是否有事实性知识,主要看这个人是否记住相应的事实,记住了就有,没记住就没有。众所周知,记忆最大的敌人是遗忘。这就导致事实性知识的学习在教

---

① Stephen J. Farenga and Daniel Ness (ed). Encyclopedia of Education and Human Development [M]. New York: M.E. Sharpe, Inc. 2005: 750-753.
② 钟启泉.课程的逻辑[M].上海:华东师范大学出版社,2007:57.
③ 钟启泉,崔允漷,张华.为了中华民族的复兴为了每位学生的发展——基础教育课程改革纲要(试行)解读[M].上海:华东师范大学出版社,2001:6.
④ Koen Lamberts and David Shanks (ed). Knowledge, Concepts and Categories [M]. Cambridge, Mass.: The MIT Press, 1997: 216.

学上面临三大困难,一是记不住;二是记住了很快会忘记;三是记住的时候不考试,而考试的时候又已经忘得差不多了。所以,在教学过程中,如果有学生告诉教师说记不住,教师通常会让学生再记,因为投入的精力、强度和时间不够;或者有学生说本来记住了的,但教师检查时又忘记了,教师通常也会跟学生说再记吧,因为还记得不牢靠;或者有学生对教师说自己记住了,而且也没有忘记,教师通常也会告诫学生别掉以轻心,因为离期末考试还早着呢。如此看来,学生记忆的弦始终都得紧紧地绷着,不能稍有懈怠。也就是说,事实性知识的学习在教学上的基本策略就是重复,只有重复训练才能不断强化记忆,才能确认学生具备事实性知识。

在学生学习的各个学科或科目当中,都存在必需的事实性知识,学生付出一定的重复训练的代价是可接受的。但现在的情况是,几乎所有的知识都强调记忆,都在记中学。这在教学上主要有三个标志,一是以记忆为目的,二是以重复训练为手段,三是以是否记住为考核标准。从学习者的角度来看,与其说事实性知识是由事实构成的知识系统,不如说是由记中学获得的知识系统。"何谓'真正的知识'是一个跟'如何习得知识'密切相关的问题。客观的学科知识不等于学生主观的知识,这里面有一个如何把客观的学科知识内化为学生内在知识的过程。让学生'打开百宝箱'提取'现成知识'并不是真正习得了知识。这是因为,即便给出了个别的、具体的知识,但它并不能自动地纳入学生现存的知识体系之中。"①

也就是说,事实性知识是更多地与记中学的学习方式密切联系在一起的,不管学生获得的是否真的是一个事实,只要采用记中学的方式所获得的知识系统都是事实性知识,"事实性知识"与"事实"不是一回事。这就在新的意义上重新定义了事实性知识。如果这样理解事实性知识,我们对事实性知识的分类就有了新的教学方法意义,传统知识观下解释不了的许多教学现象就能得到更好的解释,甚至获得更好的解决思路和解决方案。

2. 做中学与方法性知识

从字面上理解,由方法所构成的知识系统叫方法性知识。每门学科或科目都有自己的学科方法,需要学生学习和掌握;同时,每个学生还需要掌握学习方法。学科方法和学习方法都属于方法性知识。

通常判断一个人是否掌握了方法,就是看成这个人会不会做。换句话说,方法性知识其实就是会做、会用的知识。如果一个人不会做、不会用,那么这个人就没有获得方

---

① 钟启泉.课程的逻辑[M].上海:华东师范大学出版社,2007:71—72.

法性知识。方法性知识是个人能力系统的主要组成部分。"几乎只需要记忆或回忆的知识,与那些需要'理解'、'洞察'或如习惯上说的'真懂'、'真知识'的那些知识的概念是有区别的。后者的概念蕴含的意思是:如果知识不能被用于新的情境,如果知识不能按某种与原先遇到时截然不同的形式来使用,那么这样的知识就没有什么价值。这些知识的概念的外延往往近乎分类学中定义为'能力和技能'的知识。"①

从学生的学习活动来看,方法性知识并不是外在于学生主体的一种客观的方法所构成的知识系统,而是由做中学获得的会做、会用的知识系统,其知识的类型和性质更多地是由做中学的学习方式决定的。方法性知识是学习者经由阅读、思考、尝试、交流、讨论、问对、争辩、分析、综合、归纳、总结、提炼、概括、解释、推理、运用和拓展等一系列自主、合作学习的"做中学"过程而获得,不需要刻意去记,而记住只是做中学获得的与会做、会用相伴生的学习结果。学生一旦获得方法性知识,就会自然记住,而且从来不需要想起,永远也不会忘记,这就好比爱因斯坦所说的智慧。爱因斯坦说,什么是智慧?智慧就是把在学校里学到的知识都忘得差不多了而剩下的忘不掉的那点知识。做中学获得的方法性知识,就是这种忘不掉的知识。或许有老师会说,我们让学生做了那么多的作业、练习,算不算做中学?答案基本上是否定的,在既有讲授教学模式下做再多的作业也基本上是以记忆为目的、重复训练为手段、是否记住为考核标准的记中学,而不是自主、合作学习的做中学过程。"在课堂教学中,教师与学生、学生与学生之间以教材文本和生活体验为媒介展开相互沟通,学生唯有通过这种沟通,才能习得种种的知识。学生不是单纯的'知识接受者',而是'活动式探究者''意义与知识的建构者'。"②

3. 悟中学与价值性知识

顾名思义,价值性知识就是由价值观念所构成的知识系统。每门学科或科目都有自己的学科价值,需要学生学习和获得;同时,每个学生还需要获得学习的意义。学科价值和学习意义都属于价值性知识。

从学习方式的角度看,价值性知识所需要的学习方式是悟中学,即学生需要在做中学的基础上,经由体验、反思、比较、权衡、取舍、相互激发、借鉴、建构等体悟过程,指向某种个人价值和社会价值的创造,形成个人和社会的行为准则和信仰系统。这时,才可以说一个人获得了某种价值性知识。如果一个人的行为没有准则,或者口头所说的准则并不能指导自己的行动,那么这个人并没有真正地获得价值性知识。

---

① B.S.布卢姆.教育目标分类学(第一分册.认知领域)[M].罗黎辉,等,译.上海:华东师范大学出版社,1986:28.
② 钟启泉.课程的逻辑[M].上海:华东师范大学出版社,2007:72.

价值性知识是一个人精神面貌的灵魂,是个人行为动力的精神支柱。对于学生而言,只有通过悟中学获得的知识系统才是真正的价值观念,才能成为学生的行动准则和行为动力。在应试教育背景下,悟中学的学习方式被严重忽视,悟中学的时间和空间得不到教学设计上的保证,学生私底下有意无意地通过悟中学"悟"出来的学科价值和学习意义,往往是低水平的价值性知识,因为很多时候他们悟出来的都是一门学科的考试工具价值。

比如,学生觉得数学很重要,是因为高考150分,错一道题十几二十分就没了,所以学生决心要重视数学学习。按照这样的逻辑,考什么就学什么,不考就不学,这就大大地窄化和弱化了学科价值和学习意义,导致学生学习动力的明显不足。

(三)从记中学转向做中学和悟中学

1. 矫正记中学和讲授法的误用

尽管记中学需要同遗忘作斗争,但它在教学时效上短期高效的特点常常让人误以为记中学是最经济、最有效的学习方法,进而认为讲授教学是最为有效的教学方法。殊不知,正是因为记中学需要不断地同遗忘作斗争,它获得的事实性知识越多,遗忘也越多,教师和学生同遗忘作斗争的困难度也不断地加大。从一个相对完整的教学时段来看,记中学的教学特点是短期高效,中期低效,长期无效,长远有害。因此,要澄清对记中学及其相应的讲授教学方法的有效性的误解。

一方面,教师未能准确把握记中学的教学特点;另一方面,教师用讲授教学的方法去处理方法性知识和价值性知识,致使教学模式简单地固化为讲—练—考的三字诀。可是,在这个过程中,学生真的掌握了方法性知识和价值性知识吗?答案几乎是否定的。因为只要教师一讲,学生就只能听、只能记,记中学的学习方式就已经被限定了,学生原本应该做中学和悟中学的学习方式也被迫蜕变为单一的记中学的学习方式,导致方法性知识和价值性知识也都因此蜕变为事实性知识,学生学到的方法和价值观念已经不是方法和价值观念本身,而是记住了关于方法和价值观念是什么的结论。或许有老师认为,帮助学生在理解基础上进行记中学似乎不属于这种情况。在此需要指出,理解性记忆也是记忆,充其量只是比机械性记忆好一点,它在学习方式上仍然属于记中学的学习方式范畴。

在课堂教学中,学生的学习方式主要是由教师的教学方式决定的。讲授法的固有特点导致学生的记中学代替做中学和悟中学而成为唯一的学习方式,并且把方法性知识和价值性知识都蜕变为事实性知识。这正是教学效率低下、课业负担沉重的瓶颈问题在教学方式上的主要根源。表面上看,学生学会了知识,获得的知识总量似乎没有减少,甚至有可能增加,但是知识结构和学习方式结构却不合理,变得单一而扭曲。学生只会记中学,不会做中学和悟中学,只记住了一堆死知识,缺少活的方法性知识和稳的价值性知识,不能活学活用,更不能乐学乐用。最终,学生的学习变成持续的死记硬背,加上不会学习和不愿意学习,所以生理负担和心理负担沉重;不断重复地同遗忘作斗争,学到一大堆死知识,而且绝大部分都会忘记,所以效率极低;耗费大量时间精力,身心俱疲换来的仅仅是几乎全会忘记的死知识,东西没学多少,身心却备受煎熬,所以得不偿失。

长此以往,恶性循环,教师和学生都没有创造出和享受到教与学应有的个人价值和社会价值。在记中学的教学系统中,奖赏的是讲得好的教师和记得好的学生,所以教师讲、学生听的课堂教学不断受到强化。因为教师讲得清,学生就听得懂、记得牢,最终就考得好。但值得注意的是,教师讲得好,本身并不是过错,而是错在传统知识观下讲授被误用了。一是讲的顺序有问题,教师讲总是在学生学之前,甚至以教师讲代替学生学;二是讲的内容有问题,教师不管学生会与不会都要讲,教学缺乏针对性,学生在多数情况下都是陪读,吃不饱和吃不了的现象普遍而且长期地存在;三是讲的时间有问题,讲授占据了课堂教学的主要或全部时间,甚至加班加点的时间也要用于讲授、讲解,学生完全没有自主、合作学习的时间和空间。无论教师讲得多么好,一上课就讲,一讲到底,不放心,不放手,必定是越俎代庖,导致学生无法做中学和悟中学。最终只剩下单一的记中学和事实性知识,学生的学科方法和学习方法缺失,不会学习;学科价值和学习意义缺失,不知为何学习,没有精神支柱。

讲授教学的方法被误用,主要是因为旧有知识观的影响。一旦教师在知识观上觉醒过来,能放心敢放手,培养学生做中学和悟中学的习惯和能力,当学生遇到自身解决不了的问题时老师能从旁点拨和交流,就能在教学上起到画龙点睛、事半功倍的作用。

2. 探索做中学和悟中学的教学模型

记中学获得事实性知识,解决的是学会的问题。做中学获得方法性知识,解决的是会学的问题。悟中学获得价值性知识,解决的是乐学的问题。课堂教学改革的重要任务是促进学生从学会走向更具后劲和可持续的会学与乐学。为此,需要厘清对于记中学和讲授法的误解和误用,更新知识观念,转变教学方式,优化知识结构,逐步形成做中学和悟中学的教学模型。

做中学与悟中学,既是学生获得方法性知识和价值性知识的主要学习方式,也是需要不断培养的重要学习习惯与能力。许多教师在教学实践中也进行过大量的尝试,却发现做中学和悟中学在教学操作上非常困难。本来教师讲学生听一节课完成的任务,学生做中学和悟中学就需要两节课三节课甚至更多的课时,而且质量不高,所以多数教师被迫放弃。

其实,这与做中学和悟中学的教学特点有关。与记中学相比,做中学和悟中学在教学上是短期低效,中期有效,长期高效,长远终身受益。因此,探索做中学和悟中学的教学模型时需要有更多的耐心和勇气,要从更为完整的长期教学时段来进行教学规划和设计,而不是一蹴而就。在教学规划和设计上的长期一般以 1 年为期,超过 1 年就没有多大的教学意义了。

真正的好学生是学出来的,而不是教出来的,所以教师教学的重点和难点在于如何帮助学生实现做中学和悟中学,为学生解决科目学习问题提供针对性的资源和方法支持。从教学安排、教学设计和上课过程,都要对教师讲授的顺序和时间作出限定,以便为学生提供做中学、悟中学的时间和空间。

在操作策略上,可以考虑选择部分内容、部分时段的课堂教学作为做中学和悟中学的试点,先摸索经验再扩大规模和范围,逐步转型,最终形成完整的做中学和悟中学教学模型。比如,可以围绕课堂预习、自我检测、交流讨论、师生问答、课堂小结、针对性练习等教学环节,设计相应的学习任务,将核心知识嵌套在学习任务之中,作为做中学、悟中学的基本内容聚合机制和动力激发机制。其中,特别是要在五个方面体现做中学和悟中学的教学设计。一是确定具体、合理的学习目标,二是提供典型、丰富的课程资源,三是激励自主、合作的学习方法,四是保护选择学习活动的兴趣,五是根据学习兴趣和学习基础对学生进行分类指导。

第 6 章

跨学科主题学习的
功能定位与设计思路

陈 华　吴刚平

作者简介：陈华/江苏第二师范学院学前教育学院副教授（南京　210013）。吴刚平/华东师范大学课程与教学研究所教授；《义务教育课程方案（2022年版）》修订组核心成员（上海　200062）

　　设立跨学科主题学习活动是体现课程综合化和实践性要求的重要政策措施，也是本次义务教育课程修订的一个亮点。对于广大中小学一线教育工作者来说，开展跨学科主题学习活动是个新课题。当务之急是对一些认识和技术问题尤其是功能定位和单元设计问题，作进一步探讨，凝聚更多共识。作为学科课程的重要课程板块，跨学科主题学习与学科主题学习一起，共同承担培育课程核心素养的功能。跨学科主题学习活动设计，可以根据教学实际，落实为基于学科的跨学科主题学习单元设计及超越学科的跨学科主题学习单元设计两种基本形式。

一、厘清跨学科主题学习的课程板块意义

（一）跨学科主题学习与学科主题学习

　　跨学科主题学习是新的课程方案和课程标准规定的一个课程板块。诚如《义务教育课程方案（2022年版）》要求，"原则上，各门课程用不少于10%的课时设计跨学科主

题学习"①。那么,如何理解这一课程板块和它的功能定位呢?

跨学科主题学习和学科主题学习是一对范畴,它们各有其价值。长期以来,学科主题学习占据主导地位,具有基础性的意义。在核心素养时代,学科主题学习要发挥培养学科核心素养的主导作用。然而,仅有学科主题学习显然是不够的。"在这种指向标准化考试的课堂中,每门学科之间并无交集——学生在科学课学习科学知识,在数学课学习数学知识。但是,现实世界可不是做数学题。现实世界的不同之处就在于你要把所有的知识技能都放在一起来解决一个问题。"②学生除了获得学科主题学习经验,还必须获得另外的跨学科主题学习经验,发展综合运用知识技能解决更多现实问题的心智灵活性,培养跨学科核心素养,才能应对更为复杂的真实挑战。

与学科主题学习不同,跨学科主题学习是更加综合的教学形式。"这是将两门或两门以上的学科(领域)整合起来,旨在把新的知识同既有的知识、信息与体验链接起来,进而同社区生活乃至全球社会的现实课题链接起来,借以促进学习者对学习主题的基础性与实践性理解,亦即超越了单一学科范畴的深度理解的精致化教学的设计。"③由于核心素养的性质特点和培育要求,学科主题学习也需要强调课程内容与学生经验、社会生活的联系,强化学科内知识整合,而跨学科主题学习还需要在此基础上进行范围更大和程度更高的学科之间的课程整合。当然,"以领域活动或任务为载体发展学生学科核心素养的同时,也有可能内在地承载着多个跨学科核心素养的培养。两者之间不应是简单的抽象和具体的关系,更应该理解为是一种相互交融的关系,应该结合具体的情境、领域、任务或活动具体分析"④。

(二)跨学科主题学习活动的多重功能定位

跨学科主题学习更加强调突破分科教学的学科壁垒,实现综合学习和综合发展的多重功能。比如,突破单一的学科知识局限,整合跨学科知识,优化知识结构,提升解决复杂问题的能力;探索减少并行科目和分隔学习的课程实施路径,实现"少而精",减轻学业负担,增加学生自主发展兴趣爱好的时间;为更新课程内容、引入更多学科新进展和科技新成果腾挪空间;以及扩大学生适应面,满足社会复合型人才培养需要,等等,都

---

① 中华人民共和国教育部.义务教育课程方案(2022年版)[S].北京:北京师范大学出版社,2022:11.
② 杜文彬,刘登珲.美国整合式 STEM 教育的发展历程与实施策略[J].全球教育展望,2019(10):3—12.
③ 钟启泉.基于"跨学科素养"的教学设计[J].全球教育展望,2022(1):3—22.
④ 杨向东.关于核心素养若干概念和命题的辨析[J].华东师范大学学报(教育科学版),2020(10):48—59.

是跨学科主题学习可以酌情选择的功能定位。

就当前和今后相当长一个时期而言,跨学科主题学习课程板块,可以在学科主题学习基础上,争取三个方面的突破。一是内容组织形态上的突破。即突破单一学科的内容限制,转向学科间的综合内容组织和学习活动单位,开发基于跨学科核心素养的大观念、大主题和大任务的主题学习活动。二是教学方式上的突破。即从学科知识教学形态转向跨学科核心素养教学形态,探索任务型、项目化、主题式和问题解决等综合教学方式,更多地体现做中学、悟中学、用中学和创中学,在学习方式层面落实育人方式改革。三是减负增效提质上的突破。即站在培养有理想、有本领、有担当的时代新人的高度,选取两门及以上学科的枢纽式、节点性大观念,综合性主题和主干知识内容,进行问题式或项目式学习任务设计,根据问题解决和探究学习过程的需要,重塑学科知识和技能结构,引导学生自主、合作、探究学习,改善学习体验,促进深度学习,提高综合运用多种学科知识分析问题和解决问题的能力,发展跨学科核心素养。

(三)正确处理 10% 与 90% 的课程板块关系

在每门学科课程中,跨学科主题学习活动安排,原则上不少于10%的课时,那么,它就与90%课时的学科主题学习活动一起构成一门学科课程的整体结构,共同承担学科核心素养和跨学科核心素养,即课程核心素养的培育任务。需要注意的是,每门学科课程是在课时确定的情况下,按学科主题学习活动和跨学科主题学习活动进行学习活动结构调整。学科主题学习活动与跨学科主题学习活动是可以穿插安排的,不必在学完了90%的学科主题内容后,再聚堆在期末用10%的课时搞跨学科主题学习活动。

跨学科主题学习活动是在每门学科课程中都有安排的课程板块,是每位科任教师都要负责落实的教学任务。作为课程板块,跨学科主题学习可以是一个跨学科主题学习单元,也可以是若干个单元构成的跨学科主题学习活动序列。在设计技术上,如果能够设计好一个跨学科主题学习单元,那么设计若干个单元构成的跨学科主题学习活动序列,基本上就是水到渠成的事情。因为每个科目都有跨学科主题学习活动安排,所以还可以考虑协同组团式安排,分工协调,避免重复雷同。此外,无论是学科的还是跨学科的主题学习活动设计,都需要整合,贵在"少而精",谨防"大而多","大而不当"。

二、重视基于学科的跨学科主题学习单元设计

从教学实际来讲,跨学科主题学习既然是每门学科课程都要落实的课程板块,那么它的首选策略就可以是基于学科的跨学科主题学习单元设计,即以本门学科的核心知

识或内容为基础来组织学习活动。基于学科的跨学科主题学习单元设计,大致涵盖四个步骤:选择话题——开展头脑风暴——梳理问题——设计任务。比如,以面向小学四至五年级学生的话题"飞行"为例,要进行跨学科主题学习单元设计,那么设计过程就可以体现为这四个步骤。

第一步,以话题为纽带梳理相关学科问题链条。

教师可以在了解学生学科学习状况的基础上,以飞行话题为纽带和中心,梳理本门学科和其他一门或几门学科的相关学科问题链条。飞行话题涉及的学科领域包括道德与法治、语文、数学、科学、艺术、信息科技、综合实践活动等,所以就可以梳理出以某一学科为主再加上其他相关学科知识的问题链条。例如,基于道德与法治学科的问题链条,包括飞行活动,机场噪音,风筝,火箭的早期飞行,飞艇与喷气式飞机的社会价值,以及与飞行有关的职业等;基于数学学科的问题链条,包括飞机平稳降落角度、机场模型和机票价格等;基于科学的问题链条,包括鸟类飞行模式、航空动力、昆虫飞行、太空飞行和不明飞行物等;基于语文学科的问题链条,包括嫦娥奔月、万户火箭、冯如造飞机、莱特兄弟、蜘蛛侠等飞行人物作品等;基于艺术科目的问题链条,包括中国风筝、达·芬奇的设计、飞行电影等。

第二步,围绕相关学科问题链条开展头脑风暴。

在飞行问题链条的基础上,教师和学生开展头脑风暴,并引导学生分别从不同的学科视角,进一步提出与飞行相关的疑问、观点或关键词,对问题链条进行调整和细化。在头脑风暴的过程中,可以尽量梳理中心话题与本门学科之间的联系,本门学科与相关学科之间的联系,并尝试从不同学科视角分析同一中心话题。

第三步,将相关学科问题链条转化为跨学科主题教学问题链条。

教师梳理和归纳学生所提出的与飞行相关的观点和关键词,结合设定的课时,按照由浅入深、由易到难的逻辑,创设便于学生学习的教学问题,形成新的结构化的教学问题链条。教师可以设计持续3周共6课时的飞行主题学习单元的教学问题:(1)哪些东西会飞(不仅包括动物或一些人工制品,也包括飞逝的时间等)?(2)自然界的飞行物是怎样飞的,它们为什么要飞?(3)飞行给人类造成了什么影响?(4)未来的飞行会是什么样的? 这些教学问题可以帮助教师规定飞行主题单元的学习内容与学习顺序。

第四步,设计问题驱动的跨学科主题学习任务。

教师可以根据教学实际设定教学目标,针对上述四个跨学科主题教学问题分别设计不同的跨学科主题学习任务,供学生选择并加以完成。也可将四个问题进一步按照某种逻辑进行分类,拆分成若干子问题,以便更适合于学生跨学科主题学习活动的开展。以第二个问题为例,"自然界的飞行物是怎样飞的,它们为什么要飞"可以进一步具体化为:"自然界中的飞行物是怎样飞的?""人类是怎样飞的,为何要飞?"然后,教师再针对两个具体的子问题,设计相应的主题学习任务。

自然飞行主题学习任务可以包括:(1)制作 PPT,列举至少三个自然飞行物,说明它们是如何飞行的。(2)运用资料图片或动画,演示说明三种不同鸟类的飞行模式或飞行原理;或记录和展示鸟类飞行的运动轨迹。(3)对比鸟类与人造飞行器的飞行特点。

人类飞行主题学习任务可以包括:(1)依据航空动力学原理,分析和说明气球、风筝、喷气式飞机的飞行特点。(2)阅读嫦娥奔月的神话故事,创作一个有关未来飞行的科幻故事。(3)小组合作绘制一款新型飞行器的设计图,并汇报展示和说明。

三、探索超越学科的跨学科主题学习单元设计

除了基于学科的跨学科主题学习单元设计外,还可以超越学科逻辑,采用更加综合的关系思维遴选跨学科主题,进行跨学科主题学习单元设计。例如,美国卡拉·乔恩生(Carla C. Johnson)教授团队开发的整合式 STEM 教育实施策略,就体现了超越学科的跨学科主题学习单元设计思路。[①]

(一)梳理超越学科的跨学科主题

如果要超越学科视野,探寻更宽广的跨学科主题,那么从学生作为成长中的人及其与自然、社会和自我的关系出发,获得有意义的跨学科学习主题,是一条值得参考借鉴的路径。乔恩生教授团队正是超越中小学各个学科的具体内容,回到个体与自然、社会和自我互动过程中的最基本关系,梳理出五大观念主题,并据此设计出跨学科主题学习活动序列。他们梳理出的最关键的五大观念主题是:(1)原因与结果(cause and effect);(2)创新与进步(innovation and progress);(3)表征世界(present world);(4)可持续系统(sustainable system);(5)人类经验优化(optimizing the human experience)。

(二)设计超越学科的跨学科主题学习任务

乔恩生教授团队在五大观念主题的基础上,以主题—话题—主导学科—任务为基本架构,设计出超越学科的跨学科主题学习活动模型。这种超越学科的跨学科主题学习任务,"以主题为锚点,不同学科知识通过真实情境下的任务学习而被打乱重组,学生

---

① Johnson, C.C., Peters-Burton E.E., & Moore, T.J. STEM Road Map: A Framework for Integrated STEM Education [M]. New York: Routledge, 2015: 41-50.

学习到的不仅是术语、公式等具体但碎片化的学科知识,更是对于现象本体的、方法的以及价值的综观,是在问题解决中形成的知识间的联结网络,以及独立吸收、提取并灵活运用知识的能力"①。这种跨学科主题学习活动,虽然超越学科,但并不否定学科,而且还把主导学科知识清单嵌套整合在主题学习任务中,强调在完成主题活动任务过程中学习主导学科的内容性知识。在这个过程中,教师以问题式学习为主要手段,适时提出问题或挑战,引导学生开展头脑风暴,相机提供各种资源支持,跟进判断学生的知识基础并调整教学方案,促使学生在教师支持下制定问题解决方案或完成作业产品。

以一年级的"原因与结果"主题学习活动为例,可以说明大观念主题学习活动设计的基本思路和学习任务结构。在这个主题下的学习任务要点是:议题——声波的影响;任务——建立光波与声波展示模型;主导学科——科学;核心概念——认识"波"(包括光波和声波的概念、波的反射、身体器官(如眼睛、耳朵和皮肤)对波的反应等)。任务挑战是:学生团队开发一个模型,演示人类是如何体验光和声波并与之相互作用的。还要关联其他学科概念:数学——数学应用;语文——文本资料阅读理解。

此外,还有各种前学科、非学科的跨学科主题学习活动,在学段过渡和学段发展中,也是值得探索的课程实施策略。

---

① 杜文彬,刘登珲.美国整合式 STEM 教育的发展历程与实施策略[J].全球教育展望,2019(10):3—12.

第 7 章

素养导向的表现性评价

周文叶

作者简介：周文叶/华东师范大学课程与教学研究所/系教授、系主任、副所长（上海 200062）

指向核心素养的课程改革需要在构建核心素养内涵的基础上，修订或完善课程标准（学科核心素养/跨学科核心素养），倡导单元设计并实施教学，进而开展学习评价，以确保核心素养的落地。[1] 在这一过程中，评价正是决定核心素养能否落实到学生身上的关键所在。换言之，评价是实施课程与教学的指向标，若我们评的不是核心素养，或者所采用的评价评不了核心素养，那么教师的教学和学生的学习就很难发生实质性的变化。

一、素养导向的学习变革呼唤表现性评价

评价是通过收集、解释证据来描述目标达成情况的过程。在这个过程中，如何收集证据，收集的证据是否足以说明我们所期望的学习结果，是问题的关键。因此，目标是什么样的，就需要选择与之相匹配的评价。

---

[1] 钟启泉.基于核心素养的课程发展：挑战与课题[J].全球教育展望，2016(1)：3—25.

（一）传统纸笔测验的局限

长期以来，传统纸笔测验主导着我国基础教育中高利害的大规模考试、平常的校内考试以及日常的教学，包括教学内容和教学方式。传统纸笔测验主要是选择性反应题目（选择题、正误判断题、匹配题）和填空题、简答题，是让学生在提供的多个答案里进行选择，或者对问题做出简短的回答。不可否认，这类题目很有用，我们可以利用它们有效地评价学生对事实信息、基本概念和简单技能的掌握情况。因为这类题目通常有一个正确的或者说最贴切的答案，评分者可以根据它们来迅速而"客观"地判断学生的回答是对还是错。因此，这类题目能够以比较低廉的成本保证比较客观公正的评价。

但是，也正是由于我们过多地考虑考试实施的可操作性以及评分的客观性和公正性，无论我们期望的学生学习结果是什么，也无论我们的评价目的是什么，客观纸笔测验都占据了"霸主"的地位，不易于客观评价的内容往往被排斥在外。然而，传统纸笔测验的致命弱点恰恰是，"只能测定、评价以记忆、理解有关部分为中心的极其狭隘的领域"[①]，很难检测 21 世纪所需的素养——基于真实情境解决问题即"做事"的能力。

更为糟糕的是，单一的传统纸笔测验，导致了强调死记硬背的课程设计以及相伴而生的应试教育，给学生的学习和成长带来了很多负面的影响。它不仅不能促进学生的理解与反思，同时也给学生造成这样一种误导：对大多数问题来说，只有一个正确的答案。学生能很好地回答试卷上的问题，但缺乏解决实际问题的能力；他们只需要记住试题的答案，而不是去建构解决复杂问题的知识和能力。质疑、批判、创造等高级思维能力的培养不受重视。很多时候，教师仅仅为学生能选出正确答案而教，教师在告诉学生如何准备考试时有时候甚至会说："不要想那么多！只要你选出正确的答案就行。"在教学中关注的只是什么是易于检测的，什么是可检测得到的，而非关注对学生的学习和成长来说什么是重要的。为了提高考试分数，把更多教学的时间用来反复操练。结果，学生慢慢地被"教育"成会做题但缺乏思考，会考试但不会做事的人。

（二）表现性评价的内涵与价值

基于核心素养的课程改革，需要构建一个"更平衡、更综合的评价体系"[②]。这样的评价体系应当能很好地体现核心素养所描绘的学习结果，尤其是那些高阶思维、复杂的认知能力以及在新的情境中解决问题的能力等关键学习结果。同时，这样的评价能指

---

① 梶田睿一.教育评价[M].李守福，译.长春：吉林教育出版社，1988：37.
② Darling-Hammond，L.，Adamson，F. Beyond Basic Skills：The Role of Performance Assessment in Achieving 21st Century Standards of Learning [M]. San Francisco，CA：Jossey-Bass，2014：23-29.

引指向素养的课程开发与教学实施。大量的证据表明,表现性评价更适合用于检测高水平的、复杂的思维能力,且更有可能促进这些能力的获得;能支持更具诊断性的教学实践,促进课程与教学。① 正如钟启泉教授指出的,"探索以'表现性评价'为代表的新型评价模式,是基于核心素养的课程发展直面的挑战"。

什么是表现性评价?最直观的理解就是对学生表现的评价,但这样的界定比较粗略。斯蒂金斯(Stiggins)和威金斯(Wiggins)是学生表现性评价研究领域的重要代表人物。斯蒂金斯从表现性评价所应具备的要素出发,提出一项完整的表现性评价主要由四部分构成,分别为:评价的目的;所要评价的具体表现内容;开发用于引出学生表现的练习或任务;针对表现结果的评分和记录方案的设计。② 威金斯则从评价目标出发,认为表现性评价主要关注学生在界定不明和结构不良的情境中应用知识的能力,③在这一定义中强调表现性评价关注学生在情境中应用知识解决问题的能力。我国教育部基础教育司编著的《新课程与学生评价改革》一书中,对表现性评价作了如下界定:"教师让学生在真实或模拟的生活情境中,运用先前所获得的知识解决某个新问题或创造某种东西,以考查学生知识与技能的掌握程度,以及实践、问题解决、交流合作和批判性思考等多种复杂能力的发展状况。"④查普斯(Chappuis)等人与斯蒂金斯有着相似的思路,主要从表现性评价的构成来界定表现性评价最本质的要素,认为表现性评价就是由学生所要完成的表现性任务和相应的评分规则组成的。⑤ 斯坦福大学评价、学习与公平中心(Stanford Center for Assessment, Learning and Equity, SCALE)的施特歇尔(Stecher)则从测评系统视角出发,在将传统测验和表现性评价相比较之后,认为表现性评价是一系列表现性任务的集合。如果说将传统纸笔测验中的选择性问题(multiple-choice questions)称为"题项"的话,那么学生的表现性活动则可以称为"任务"。表现性任务为学生提供一种结构化的情境,在该情境中,刺激材料以及相关信息或行动的要求会一并

---

① Darling-Hammond, L., Adamson, F. Beyond basic skills: The role of performance assessment in achieving 21st century standards of learning [M]. San Francisco, CA: Jossey-Bass, 2014: 23-29.

② Stiggins, R. J. Design and Development of Performance Assessments [J]. Educational Measurement: Issues & Practice, 1987, 6(3): 33-42.

③ Wiggins, G. P. Assessing Student Performance: Exploring the Purpose and Limits of Testing [M]. San Francisco: Jossey-Bass Publishers, 1993.

④ 教育部基础教育司,师范教育司. 新课程与学生评价改革[M]. 北京:高等教育出版社,2004: 70.

⑤ Chappuis, J., Stiggins, R., Chappuis, S., & Arter, J. Classroom Assessment for Student Learning: Doing It Right-Using It Well [M]. New York: Pearson, 2013.

呈现给学生,最后结合具体标准对学生的回答进行质量评级。① 该定义突出强调了"任务",每个表现性任务必须要有一定的情境,并且包含能够激发学生思考的刺激材料或信息以作为学生回答的基础。除此之外,表现性任务还必须要有一定的指向性。最后,根据一套清晰的标准,对学生的表现作出判断。

可见,表现性评价是评价学生应用知识解决问题的能力,它需要"任务"引发学生相对应的表现,并且表现性任务需要为学生提供结构化的情境,这样的任务没有唯一标准的答案,需要基于评分规则对学生的表现作出判断。概言之,无论是哪种类型的表现性评价,都需要"在尽量合乎真实的情境中,运用评分规则对学生完成复杂任务的过程表现/与结果做出判断"②。因此,表现性评价强调情境的真实性,按照一定的评判规则,对学生应用知识解决问题的过程与结果的表现进行评价。

可能是表现性评价这个名称的原因,我们经常认为"表现"——完成一个作品/产品或表现就是表现性评价。"仅仅看到某个人在写作或做实验或唱歌或面谈,就直接贴上表现性评价的标签是远远不够的。"③举个例子,我们自以为如果学生能写一些东西——无论是简短的回答还是短文——我们便确信将他们引入了表现性评价。但是写作可以被程式化为填涂考试,尤其是当它没有挑战学生运用高阶思维技能的时候。比如,为什么语文课程中不会把读书报告用作文学表现性评价任务,这就是个很好的理由,因为概括情节不是高阶思维技能。表现性评价评的不是常规或机械的思考,不是回忆信息、事实、定义和术语或执行简单的任务,而是高阶认知目标,如能综合运用知识并能进行评价与创造等。这就要求我们设计出聚焦核心概念的表现性任务,让学生有机会展示对概念间关系的理解,并将其运用于真实生活情境,而不仅仅呈现对具体的、琐碎的事实或信息的记忆,缺乏在真实情境中应用知识的机会。这也就是强调表现性评价的初衷——平衡我们只注重考查学生零散知识和离散技能的考试模式,强调知识和技能在新情境中的综合运用。因此,看一种评价是不是表现性评价,不能只看评价任务的形式,关键是要看任务所要评的是什么。

事实上,表现性评价作为一种评价方法并不是什么新鲜事,而引起人们关注的是在

---

① Stech, B. Performance Assessment in an Era of Standards-Based Educational Accountability [M]. Stanford, CA: Stanford University, 2010: 3.
② 周文叶.中小学表现性评价的理论与技术[M].上海:华东师范大学出版社,2014:53.
③ Lenz, B., Wells, J., & Kingston, S. Transforming school: Using project-based learning, performance assessment, and common core standards [M]. San Francisco, CA: Jossey-Bass, 2015.

当前的评价改革中对表现性评价的强调,并以此来支持系统的改革目的,从而改变教学与课程以及学生的学习。其假设是表现性评价能促进教与学的过程,并能改善学生的学习表现。① 表现性评价不仅能测评复杂的、高阶的、指向核心素养的目标,而且还具备促进课程、教学和学生学习的教育性(educative)功能。

从学生学习上看,表现性评价最重要的价值在于这个体系使每个学生的学习机会最大化。② 这里的机会主要是指让学生获得有意义的知识和技能,且能进行深度理解,以使他们能在新的真实世界情境中加以运用,从而获得21世纪所需要的技能。表现性评价为学生提供参与到更具挑战性活动中的机会,从而让学生展示一系列技能,包括问题界定、设计、探究和更为全面的口头或书面的回答。③ 设计良好的表现性评价能吸引学生深度参与到这样的任务中。同时,清晰描述的评分规则能帮助学生更好地去回答在这个任务中做得好是怎样的,现在已经到哪里了,接下来该如何缩短两者之间的距离等问题。总之,表现性评价能更有利于学生成为自我管理的学习者。

从课程与教学的实施上看,嵌入课程的表现性评价能更好地促进课程—教学—评价的一体化。奥戴尔-浩克(Adair-Hauck)等人就认为,嵌入课堂的表现性评价不仅能测评学生不断达成标准的进阶过程,而且以天衣无缝的方式将基于标准的课堂教学与评价实践连接起来,两者不断互相渗透,从而提高教与学的质量。④ 奥尼尔(O'Neil)同样指出表现性评价显著地推动了教与学,它能(1)对学生的能力作一个更为完整的描述;(2)让教师拥有更多的机会参与到学业评定过程中去,并把评价直接和教与学联系起来;(3)给学生提供提升学业成绩的动力;(4)获得家长的理解和欣赏。⑤

总之,对于核心素养或者高阶认知的测评,表现性评价有着天然的适用性,同时,表

---

① Khattri, N., et al. Assessment of Student Performance [EB/OL]. [2022-04-30]. http://www.eric.ed.gov/ERICWebPortal/custom/portlets/recordDetails/detailmini.jsp?_nfpb=true&_&ERICExtSearch_SearchValue_0=ED397532&ERICExtSearch_SearchType_0=no&accno=ED397532.

② Partnership for 21st Century Skills. P21 Common Core Toolkit: A Guide to Aligning the Common Core State Standards with the Framework for 21st Century Skills [EB/OL]. [2022-04-30]. https://eric.ed.gov/?id=ED543030.

③ Darling-Hammond, L. Developing and Measuring Higher Order Skills: Models for State Performance Assessment Systems [M]. Washington, DC: Council of Chief State School Officers, 2017: 5.

④ Adair-Hauck, B., Glisan, E. W., Keiko, K., Swender, E. B., & Sandrock, P. The Integrated Performance Assessment (IPA): Connecting Assessment to Instruction and Learning [J]. Foreign Language Annals, 2006, 39(3): 359-382.

⑤ 科林·马什. 初任教师手册[M]. 吴刚平,何立群,译. 北京: 教育科学出版社, 2005: 276.

现性评价更能对学生的学习和课堂的教学构成积极的影响,促进学生素养的形成。正如斯坦福大学评价、学习与公平中心(SCALE)主任雷·佩切诺(Ray Pecheone)所言:"我们选择表现性评价是因为这种评价方式更好地评价了学生的思维,无论是学科领域还是跨学科领域。表现性评价也为教师提供了有用的反馈,帮助教师改善他们的教学实践。这就是我们如此重视表现性评价的原因。"①

二、指向素养的表现性评价设计

指向核心素养的表现性评价旨在检测高水平的、复杂的思维能力,并在这个过程中促进学生获得这些能力。实施这样的评价,首先面临的是评价的设计问题。完整的表现性评价由三部分组成:一是目标,设计表现性评价从表述希望学习者达成什么高阶学习目标开始;二是任务,这是学习者需要完成的任务/作业,所完成的产品/作品或表现提供了指向目标达成的直接证据;三是评分规则,成功的标准通常以评分规则的形式出现,必须在学习者创作产品/作品或进行表现前就制定好。

(一) 具体化素养目标

核心素养作为课程与评价的概念,是教育目的与学习结果的重要中介。要想把核心素养作为课程目标并发挥目标的功能,需要采用专业的技术路径,在教育目的与学习结果之间设置一定的层级,并对每一层级的目标作出可理解、可传播、可实施、可评价的陈述。② 从整体描绘未来社会所需人才形象的核心素养到具体陈述可测可评的评价目标,这需要一个一个层级地使核心素养具体化。在这点上,美国新罕布什尔州的做法可以给我们一些借鉴和启发。美国的"21世纪学习结果与支持系统"彩虹图界定了学生为了面对21世纪挑战而需要掌握的知识与技能:学习与创新技能(4Cs),生活与职业技能,信息、媒介与技术素养,核心科目与21世纪主题。③ 如何将这些高度概括的、共性的21世纪技能落实到具体的课程教学与评价中? 首先,美国各州制定共同核心标准(CCSS),为具体化21世纪技能做出了非常重要的工作,很好地将21世纪技能落实到了

---

① 周文叶,陈铭洲.指向深度学习的表现性评价[J].全球教育展望,2017(7):3—9.
② 崔允漷.追问"核心素养"[J].全球教育展望,2016,45(5):3—10.
③ Partnership for 21st Century Skills. Framework for 21st Century Learning [EB/OL]. [2022-04-30]. http://www.p21.org/our-work/p21-framework.

学科课程中。① 在此基础上,新罕布什尔州进一步具体化共同核心标准。2014年,新罕布什尔州教育部门确立了与共同核心标准相匹配的素养(Common Core State Standards-Aligned Competencies)②,实现了从共同核心标准到新罕布什尔州素养(statewide competencies)转化的第一步。而后,新罕布什尔州又公布了素养效度评价工具③(表7-1),目的就是确保新罕布什尔州各地区学校自主开发的课程层面的素养(course level competency)与共同核心标准、州素养的一致性,从而使素养落实到具体的课程层面。最后,老师们便可以根据具体课程所要求的素养与学生的实际情况进一步设定目标。

表7-1 素养效度评价工具④

	4 ←良好的素养陈述	3	2	1 不良的素养陈述→
内容领域的相关性 素养陈述在多大程度上与标准一致,引导学生对内容概念性的理解?	与国家、州和/或当地标准/框架一致;为了促进学习,可能会对内容领域进行组合或集中。 用一种清晰和描述性的方式表述了理解内容领域最重要的是什么。 将内容与更上位的概念联系起来。			少量的证据表明与标准/框架的一致性。 集中于事实性内容,没有概念的关联。
持久性概念 素养陈述在多大程度上反映了持久性概念?	包含了在内容领域间可迁移的并且能运用到真实生活情境中的技能。要求理解原理、原则和/或概念间的关系。 要求深度理解内容和知识在各种情境中的应用。			局限于教材/项目/资源的范围和顺序。 是非常具体的内容。 常规或机械的思考,或基本的回忆,并缺乏应用知识的机会。

---

① Partnership for 21st Century Skills. P21 Common Core Toolkit: A Guide to Aligning the Common Core State Standards with the Framework for 21st Century Skills [EB/OL]. [2022-04-30]. https://eric.ed.gov/?id=ED543030.

② New Hampshire Department of Education. State Model Competencies [EB/OL]. (2016-07-05)[2022-04-30]. http://education.nh.gov/innovations/hs_redesign/competencies.htm.

③ New Hampshire Department of Education. Competency Validation Rubric [EB/OL]. (2016-07-05)[2022-04-30]. http://education.nh.gov/innovations/hs_redesign/documents/validation_rubric_for_course-level-competencies.pdf.

④ 由于篇幅关系,此工具中的2和3等级的具体内容没有在本文中呈现,详见参考文献:New Hampshire Department of Education. Competency Validation Rubric [EB/OL]. (2016-07-05)[2022-04-30]. http://education.nh.gov/innovations/hs_redesign/documents/validation_rubric_for_course-level-competencies.pdf.

续　表

	4 ←良好的素养陈述	3	2	1 不良的素养陈述→
认知要求 素养陈述促进了何种深度的知识？	要求学生创造概念性的连接，表现出超出既定事实或字面解释的理解水平，通过内容的运用来支持他们的立场或观点。 通过创造、分析、设计、证明、发展或制定，促进复杂的联系。			用简单的方式展示所学。 回忆信息、事实、定义和术语（如背诵、陈述、识别、列表、复述、记忆），或执行简单的任务。
评价 素养陈述在多大程度上给了学生展示学习证据的机会？	用清晰和描述性的语言定义了被评价的内容。 用跨学科的方式提供了多种多样的展示学习证据的机会。			缺乏被评价内容的描述。 限制了展示学习证据的机会。

对于具体的课程而言，课程标准描述了该门课程学生要形成的素养目标。老师们首先要依据课程标准的素养目标来确定学期课程目标，接着规划一个学期的单元，明确并叙写单元学习目标。无论是学期目标还是单元目标，都应当考虑与课程标准的一致性，明确核心概念，并与上位概念建立联系。在目标的叙写上，每条目标需要三维叙写，将知识与技能、过程与方法、情感态度与价值观整合呈现，指向核心素养；同时，用清晰和描述性的语言定义被评价的内容。总之，具体化素养目标，一方面要基于课标，指向素养；另一方面要清晰、可测、可评。

（二）设计聚焦核心概念的任务

从上述具体化素养的各项要求中，我们已经清晰地看到，指向核心素养的评价要为学生提供展示指向素养的学习证据的机会。这里的机会，不是常规或机械的思考，不是回忆信息、事实、定义和术语或执行简单的任务，而是要求深度理解内容和知识在各种情境中的应用，要求创造概念性的连接。因此，这就要求评价设计者研制出聚焦核心概念的表现性任务，让学生有机会展示对概念间关系的理解，并将其运用于真实生活情境，而不仅仅呈现对具体的、琐碎的事实或信息的记忆，缺乏在真实情境中应用知识的机会。

同时，"'核心素养'不是直接由教师教出来的，而是在问题情境中借助问题解决的实践培育起来的。比如，语文的阅读能力和写作能力不是靠语文教师教出来的，而是在阅读实践与写作实践中培育起来的。因此，与其直接训练思维能力与社会能力之类的素养与能力，不如优先设定有助于自发地产生思维与沟通互动的课题及其情境的设计"[①]。

---

① 钟启泉.基于核心素养的课程发展：挑战与课题[J].全球教育展望，2016(1)：3—25.

而设计的情境要求将学生在完成学习任务中所需的能力直接与生活中复杂的能力连接,以提高学生将习得的能力迁移至学校学术情境之外的生活中的程度。这也正是基于核心素养的课程改革的初衷——为学生适应未来复杂的社会生活作准备。

学生只有在真实的情境中体现出的能力才是真实的能力。在英语四六级考试中得高分,但在真实的英语情境中却不能进行基本的交际,是很多人的切身之痛。唯有把学习任务与真实世界进行关联,才有可能为学生培养"带得走"的能力。真实性是基于核心素养的表现性任务在情境设计上的关键。它应当能最大限度地反映知识、技能在实际中应用的方式。"当有机会将课堂所学知识应用于真实问题、需要持续投入时间与精力展开合作以完成一个项目时,学生可更为深入地理解所学内容。"[1]并且,"任务的真实性程度越高,学习者的学习动机也就越高,随之学习效果也会越好"[2]。同时,任务的情境还应当尽可能地对学生个体具有意义。情境应当对学生参与这个任务具有吸引力,对学生参与这个任务具有"邀请性"。情境应当使学生既感受到挑战,又愿意为之投入到探究中去。

在传统的教学设计中,我们关注的是传授知识或是讲完教材的日程表/进度表。于是,"没有类似于'熟练使用软件'或'娴熟的滑雪技能'的清楚的核心表现性任务要求,我们依赖的方法是组织知识——而不是根据策略和标准来组织可以引起知识建构并揭示知识意义的任务——因此学生认为科学是一种有固定答案的问答集"[3]。相反,基于核心素养的表现性任务需要关注的是,什么活动使学生具备完成目标所要求的能力或素养,学生什么样的表现是证明已经理解所学内容的有效证据。从期望的学生表现出发,基于学生的已有经验,为学生提供富有建构特色的学习经历。这样的学习经历需要有充分的机会去发掘、体验重要观点,以及接受教学辅导来达成所要求的表现;需要有足够的机会接受及时反馈,以反思、练习、修改和加工作品;需要有机会评价作品,反思学习和制定的目标。因此,为学生设计的学习经验不是单一的,要在深度和广度上都有所体现。那些具备深度的经验会要求学生去发掘、分析、质疑、证明和归纳;那些具备广度的经验则要求学生联想、勾勒(复述或模仿)和拓展(超越)。

---

[1] Trilling, B. & Fadel, C. 21st Century skills: Learning for life in our times [M]. San Francisco, CA: Jossey-Bass, 2009: 104.

[2] Kovacs, M. & Văcăreţu, A-S. Authentic Assessment in the In-service Teacher Training System: Guidebook for Training Providers, 2010(6). [EB/OL]. (2015-10-08)[2022-04-30]. http://www.alsdgc.ro/userfiles/GUIDEBOOK%20FOR%20AUTHENTIC%20ASSESSMENT%20THROUGH%20ACTION%20RESEARCH(1).pdf.

[3] Wiggins, Grant. 教育性评价[M]. 国家基础教育课程改革"促进教师发展与学生成长的评价研究"项目组,译. 北京:中国轻工业出版社,2005:201.

表现性任务与传统的纸笔测验的试题不一样,它有着自身的质量要求。① 第一,聚焦核心概念——聚焦单元或课程中的大观念、核心概念或技能,且与教学一致。第二,强调学生参与——聚焦课程的重要内容,解决教室以外世界中的真实性问题;为学生提供多种方式和决策的机会。第三,注重公平——评价的条件对所有学生都是相同的,所有学生都能获得所需资源;任务在语言和设计上不含偏见,素材对于不同文化、性别、语言和群体的学生而言都是熟悉的;任务是开放的。同时,任务设计还要遵循一些基本的原则:指导语清晰简洁,没有无关的信息;指导语中没有学生难以理解的词汇;呈现方式聚焦于期望的任务和产品;问题和提示语表述清楚且格式统一。

(三) 开发描述素养表现水平的评分规则

在表现性评价中,学生完成任务的过程和结果都没有唯一标准的答案,因此,我们要开发评价工具去记录和衡量学生解决任务所表现出来的素养水平。记录和衡量学生素养表现水平的工具有很多,包括核查表、等级量表、整体性评分规则、分析性评分规则等。其中,分析性评分规则对学生素养表现的描述最具体。从理论上说,分析性评分规则最具促进学习的潜能。在这里,我们以分析性评分规则为例来介绍其相关设计问题。

和表现性任务一样,评分规则要清晰地表明与所要评价的素养和标准一致。由于任务的复杂性,评定学生完成任务的表现时,应当从不同维度进行描述;又由于学生表现的多样性,具体评定学生表现水平时,就必须考虑学生的不同水平层级。这样,分析性评分规则就表现为由不同维度和不同水平组成的矩阵(表 7-2),矩阵中的每个格子里具体描述学生在某个维度某个水平上的表现。

表 7-2 分析性评分规则

水平 维度	水平 1	水平 2	水平 3	水平 4
维度 1				
维度 2				
维度 3				
维度 4				

开发评分规则主要有两种方法,一种是从确定评价任务或要素出发,另一种是从分析学生作品着手。第一种方法的程序是:确定评价的任务;明确任务中的要素;确定各

---

① Performance Assessment Resource Bank. Assessment Validation Checklist [EB/OL]. (2017-03-15)[2022-04-30]. http://performanceassessmentresourcebank.org/system/files/QPA_Tool_1_AssessmentValidationChecklist.pdf.

要素的特征;描述代表各要素的不同水平;选择评分规则类型;制定、修改评分规则。第二种方法的程序为:收集并分析学生的作品;分类不同作品;明确分类的依据、要素;确定不同的水平;选择评分规则的类型;制定并修改评分规则。显然,这两种程序的关键都在于确定评价任务中的要素与表现描述,无非第一种程序更多地是从确定要素入手,而且凭借开发者的经验和专业判断事先就描述出不同的表现水平。而第二种开发程序是以学生的作业/作品或表现着手,依据学生的实际表现,提炼出要素,并依据学生作业归纳出代表不同水平的表现标准。无论哪种开发程序,要归纳各种评述,开发者都必须对下述问题做出回答:(1)良好的作品、问题解决、合作、科学思考等,具有什么样的特征?必须寻找什么证据来证明学生能做出精彩的反应?(2)所评价的学习目标有哪些重要特征?(3)区别学生在任务表现中的不足、可接受、优秀水平的特征是什么?

评分规则的质量直接影响着评价的质量。高质量的评分规则是怎样的?对于这个问题,已有很多研究。表7-3主要参照SCALE的研究来呈现高质量评分规则的主要特征。[①] 评分规则的内容要与目标紧密一致,指向素养目标,且可运用于多种任务。评分规则的各个维度要聚焦且相互之间不交叉,各个表现等级的表达清楚易理解,反映了学习进程与学生表现差异。整个评分规则描述的是可观察的行为与技能,在语言表达上对学生是友好的。

表7-3 高质量评分规则的特征

维度	具 体 描 述
内容	与目标紧密一致;测量有价值的素养目标;不是任务特定的,而是可运用于多种任务的。
结构与组织	简洁、方便使用且聚焦重点;维度项目之间可区分且聚焦重点,每个维度包含一两个准则或指标;维度按一定的逻辑顺序排列;指标不能在不同的维度中重复。
等级	等级要能反映出学习进程,并且反映出学生表现的真正差异;要有足够多的等级,以便捕捉学生在一年内或一个学段内的进步情况;"熟练水平"不是根据常模确定的,而是根据已达成的一致意见,基于标准来确定的。
语言	对各个等级的具体描述在语言色彩上是中性的,避免使用羞辱性语言;描述那些在作品样本中可观察到的行为和技能,描述学生会做什么,不要描述学生不会做什么;语言要简单、清晰且各等级区别明显,对学生友好;表明学生如何进入下一个等级;是定性的而非定量的;是描述性的,而不是价值负载的。

---

① Performance Assessment Resource Bank . SCLAE checklist for quality rubric design [EB/OL].(2017 - 03 - 15)[2022 - 04 - 30]. http://performanceassessmentresourcebank. org/system/files/QPA_Tool_1_ SCLAE checklist for quality rubric design.pdf.

三、在实施表现性评价过程中促使素养落地

表现性评价能检测指向素养的目标,评量学生在完成任务过程中和结果时的表现水平;而且更重要的是,表现性评价能促进教与学,促使素养落地。那么,如何实施表现性评价才能更好地促进学生素养养成呢?

(一)将表现性评价嵌入课程与教学

我们认识到表现性评价的重要性,认识到它对于落实基于核心素养的课程改革的必要性。但是,当我们了解它的内涵和基本样子之后,首先冒出来的问题是,哪有那么多课时去做这样的事?国际上项目式学习研究与实践做得非常好的机构——巴克教育研究院,其主任鲍勃(Bob Lenz)在新近出版的《变革学校:项目式学习、表现性评价和共同核心标准》一书中指出,表现性评价虽然不是一件新事物,但却越来越有用,其中一个原因是它正在快速地成为唯一一个能满足当今不断变化的世界之需求的教学法。[1] 我们该怎么理解和处理表现性评价与课程和教学的关系呢?

创设真实的情境,让学生综合运用知识和技能解决问题,完成任务,这需要花很多的时间,本来课程就很紧张,怎么可能实施?我们不能在原来的教学安排之外,再给学生添加一些所谓的表现性评价,而是要想办法把课程、教学和表现性评价统整在一起。表现性评价本身的特质也使得它具有统整课程与教学的潜力。[2] 它聚焦大观念的评价目标,正是课程与教学的关键目标;详细描述的评分规则,让教师和学生更加清楚地知道努力的方向;让学生综合运用知识来解决真实世界问题的评价任务,既是学习任务,又能更深层次更全面地了解学生的所知与所能。

表现性评价与教学的统整,需要教师在设计教学活动之前设计表现性任务,也即"逆向设计"。具体的做法是:首先,在设计和教学一个单元或主题开始之前,确定这个单元或主题的关键目标。之所以要在单元或主题开始设计之前就思考这个问题,是因为有些表现性任务贯穿整个单元或主题,甚至贯穿整个学期,是跨越很长时间的。SCALE中心主任雷·佩切诺教授指出,需要提前准确地知道学生需要学习什么,不仅仅是这节课或这个单元,而是整学年。在确定了对学生而言什么是重要的基础上,进行

---

[1] Lenz, B., Wells, J., & Kingston, S. Transforming school: Using project-based learning, performance assessment and common core standards [M]. San Francisco, CA: Jossey-Bass, 2015.

[2] 周文叶.中小学表现性评价的理论与技术[M].上海:华东师范大学出版社,2014:53—59.

课程的设计。① 接着,针对选定的关键目标设计表现性评价任务。然后,将评价任务镶嵌在教学活动中,使其成为教学活动的一部分。这样就确保表现性评价在课堂教学中的实施,它就是课程教学本身,而不是额外的添加。理想的表现性评价同时也是一项有效的教学活动。②

这就要求我们改变原来"教教材"——一个一个知识点、一节一节课分散处理——的教学模式,走向大任务、大主题、大单元的课程设计与实施。这也正是基于学科核心素养的新教学的要求。具体来讲,我们可以从两个层面展开,嵌入表现性评价的学期课程纲要和嵌入表现性评价的单元学习设计与实施。表7-4呈现的是嵌入表现性评价的学期课程纲要的框架:提炼本课程本学期的关键目标——设计能检测这些关键目标的表现性评价——选择课程内容并设计学生学习经历(重要学习活动)。表现性评价一方面检测目标落实,同时引领着学习过程的设计。表7-5呈现的是嵌入表现性评价的单元学习设计,与上述思路相同,首先提炼并明确本单元学生需要掌握的关键学习结果,接着设计能检测这些关键结果的表现性评价,然后把相关的表现性任务镶嵌在学习活动中。评价设计和课程设计是同时展开的,而不是相分离的;或者说表现性评价统领着课程与教学的设计。

表7-4 嵌入表现性评价的学期课程纲要

检测	一、课程目标 本学期关键学习结果(核心素养在本学期本门课程中的体现)
镶嵌于教学过程	二、课程评价 表现性评价(评分规则)、其他评价;如何实施;结果如何呈现/处理
	三、课程内容 根据目标与学习经验选择与组织内容;分享课程纲要
	四、课程实施 学习方式的多样化、任务情境化(表现性任务);指向目标达成

---

① 周文叶,陈铭洲.指向深度学习的表现性评价[J].全球教育展望,2017(7):3—9.
② Borich, G. D. & Tombari, M. L.中小学教育评价[M].国家基础教育课程改革"促进教师发展与学生成长的评价研究"项目组,译.北京:中国轻工业出版社,2004:180.

表7-5 嵌入表现性评价的单元学习设计

1. 单元名称
2. 单元目标(指向核心素养)
3. 评价设计：单元大任务+评分规则、其他评价
4. 学习过程：分任务1　分任务2　分任务N
5. 作业与检测
6. 反思

（表格右侧标注："检测"↑↓"镶嵌于教学过程"）

就具体实施而言，首先，在学期开学第一课、单元学习第一课上，教师就要向学生介绍本学期、本单元的评价，让学生一开始就清楚要能做什么才意味着学会了，引导学生积极主动地参与到任务的情境中，并为此做好准备；而不是在学完之后才知道老师要拿什么来评价。其次，按照前面教学评统整设计的课程方案加以实施，在这个过程中，教师不仅是"教"者，同时要履行质量监测员的责任，也即及时收集学生在评价任务中的表现信息，判断其表现水平，并依据这些信息作出下一步的教学决策。最后，也是最重要的一点，评价的过程实际上也是一个学习过程，在这个过程中，要充分发挥学生的主体作用，促进学生对学习的管理与反思，这点将在后面展开讨论。

（二）确保学生深度卷入评价全过程

在教学中实施表现性评价，一个很重要的方面是如何运用评价帮助学生成为学习的主人。一方面，表现性评价的特点具有这个潜能：学生完成评价任务的过程，也就是经历真实情境中的任务解决过程，在这个过程中，学生需要进行建构，进行创造，指向的是深度理解与学习；同时，学生可以利用评分规则引导自己进行自我主导的学习，对学习本身进行反思，从而促进和改善表现。另一方面，只有学生深度参与其中，发挥学习主体作用，指向素养的学习才有可能发生。

1. 超越肤浅的"点式"评价

当前的课堂教学虽然打破了原来"满堂灌""教师一讲到底"的局面，但仍更多地停留在"点式课堂"上[①]：整个教学过程是以"点对点"的方式推进的，"一问一答"，"推进教案"。从课堂评价的视角来看，"点式"首先体现在课堂评价方式上，主要由课堂问答组

---

① 张菊荣.表现性评价："点式课堂"突围的一种路径[J].江苏教育，2012(4)：30—33.

成。课堂问答是很重要的一种课堂评价方式,问题在于一方面我们滥用了这种方式,另一方面是问题本身质量需要考虑,即便有些问题也指向课堂的核心目标,但学生却没有足够的时间来深入地思考和完整地回答问题,于是就造成了课堂上频繁的、肤浅的"一问一答"的状况。其次,所评价的目标是零碎的知识点。"一问一答",以及一问急着要答案的"课堂推进"形式,也就决定了学生表现的学习信息只能是指向低层次的、零散的知识点。学生在课堂上没有完成一个完整任务的经历,没有经历知识深度建构的过程,也就谈不上指向高级、复杂的学习目标的表现。再次,是评价主体的点对点。教师问一个问题,请一位或几位学生回答,面对的是"一个""一个"学生,所谓的"好课",往往也就取决于教师与几个"优秀学生"之间的精彩"对话",大部分学生由于没有具体的学习任务而游离于课堂学习之外。这样一来,"点式"课堂评价获取的评价信息也非常有限,一是信息类型有限,二是涉及学生的范围有限。

2. 让学生沉浸在表现性任务中

表现性评价是对学生完成任务的能力的展示,而不是停留在对知识的回忆上;学生需要经历、展示任务完成的整个过程,而不是仅仅给出一个答案。这样的任务是真实或模拟真实的,要求将评价所测的能力直接与生活中复杂的能力连接,以提高学生将习得的能力迁移至学校学术情境之外生活中的程度,为培养学生"带得走"的能力提供各种各样的机会。这样的任务需要学生的建构反应,他们必须综合而又灵活地运用所学知识,进行思维加工和判断,进行各种探究活动,有个性地展现自己的才能,从而创造性地解决问题。因此,课堂中的表现性评价驱使着学生进行深度学习。"当有机会将课堂所学知识应用于真实问题,需要持续投入时间与精力展开合作以完成一个项目时,学生可更为深入地理解所学内容。"[1]

在表现性评价的实施过程中,为了能更好地驱动学生进行深度学习,我们首先要确信学生知道自己将要完成什么样的任务,也就是清楚任务要求。只有学生理解了任务的要求,才有可能作出一致的表现。不然,我们就不能说我们评价了我们想要评价的东西。其次,我们要创造条件确保学生有机会做选择,从而深度参与整个过程,比如,选择研究问题、选择资料、决定如何展示其结果等,学生有机会对自己的学习进行自主计划、自我监控和自我管理。再次,关注不同学生的不同学习经历,为每一个学生的知识建构提供可行的路径。

---

[1] Trilling, B. & Fadel, C. 21st Century skills: Learning for life in our times [M]. San Francisco, CA: Jossey-Bass, 2009: 104.

3. 引导学生进行自我评价与自我反思

自我评价和自我反思是深度学习的重要组成部分,但是在当前的实践中还没有引起足够重视,同时表现性评价在这方面有着特别的优势,因此有必要进行重点讨论。表现性评价引领并促进学生的自我评价与自我反思,关键是在实施的过程中发挥评分规则的作用。一套评分规则不仅仅是一个评价工具,更本质地讲,它是一个交流工具,是学生与自己、学生与他人就学习质量展开交流的工具。

为了最有效的交流,我们在实施表现性评价的时候,要充分利用评分规则。首先,学生利用评分规则开展自我引导学习,监测并改进任务表现的质量。在完成任务的过程中,学生参照评分规则了解自己的进程,评判自己的成果,监控任务表现的质量,也即清楚自己"要到哪里去","现在在哪里","下一步的目标是什么"……逐步内化评分规则,逐渐明晰自己的弱点和长处,并充分利用自己的已有经验和所学知识进行反思,并改善自己的表现。这个过程,也就是自我评价、自我反思、自我改进的过程。其次,学生利用评分规则进行结果的交流。有了可以共享的评分规则,学生可以根据表现信息进行互评。因为要评价别人,学生需要更准确、更细致地来理解评分规则,促进对表现内涵的更深理解。同时,在互评的过程中,学生也更加清楚地看到自己的表现在评分规则中的位置。再次,教师利用评分规则对学生的表现作出描述性反馈。[①] 基于评分规则的反馈改变了教师提供反馈信息的传统形式,诸如评分、分等和简单的表扬等,而是为学生提供频繁的、持续的、经过证实的、有帮助的、关系到意图的描述性证据,能使学生把当前表现与欲达到的结果进行比较。这些描述性的反馈明确地告知学生学习上的优缺点,用学生能理解的语言描述学生表现的质量。有了及时而具体的反馈,再比较评分规则,就更有利于学生的自我评价与自我反思,学生就更加明确"我现在在哪里","离目标还有多远"。慢慢地,不断地自我评价与自我反思就有助于学生养成为自己的学习负责的能力和习惯。

诚然,表现性评价的设计与实施并非易事。表现性评价的每个阶段都很耗时,但它是值得的。高质量的表现性评价的设计很不容易,但一个整合的、设计良好的表现性评价能将学习者所学的意义传递给他们,这比任何方法都更强有力。表现性评价也很难进行非常可靠的评分,但设计与实施表现性评价是教师最好的专业发展之道。[②]

[①] 周文叶.学生表现性评价研究[D].华东师范大学博士毕业论文,2009:133.
[②] Lenz, B., Wells, J., & Kingston, S. Transforming school: Using project-based learning, performance assessment and common core standards [M]. San Francisco, CA: Jossey-Bass, 2015.

第 8 章

《义务教育道德与法治课程标准(2022年版)》解读

石 芳 王世光

作者简介：石芳/北京师范大学马克思主义学院副教授；《义务教育道德与法治课程标准(2022年版)》修订组核心成员(北京 100875)。王世光/人民教育出版社小学德育室编审；《义务教育道德与法治课程标准(2022年版)》修订组核心成员(北京 100081)

2011年版的义务教育品德与生活、品德与社会和思想品德课程标准,在十年来推进义务教育阶段课程改革和素质教育的实践中发挥了重要作用,但是,面对新时代我国政治、经济、文化、社会等领域发生的巨大变化和人才培养的更高要求,以及国际形势的变化,还存在一些不相适应和亟待改进之处,需要基于我国教育的成功经验,同时汲取世界教育发展的有益成果,进行一体化修订。修订后的课程标准称为《义务教育道德与法治课程标准(2022年版)》。下面从背景与问题、基础与进展、传承与变化、挑战与建议四个方面,对《义务教育道德与法治课程标准(2022年版)》进行解读,以便广大一线中小学老师、教研员和管理者更好地加以理解和落实。

一、背景与问题

（一）修订背景

1. 时代背景

道德与法治课程标准的修订有深刻的时代背景。我国已如期全面建成小康社会，实现了第一个百年奋斗目标，正在向着建成社会主义现代化强国的第二个百年奋斗目标迈进。我们培养的人要完成这一伟业，必须具备相应的道德素养、法治素养等一系列基本素养。《新时代公民道德建设实施纲要》指出："在国际国内形势深刻变化、我国经济社会深刻变革的大背景下，由于市场经济规则、政策法规、社会治理还不够健全，受不良思想文化侵蚀和网络有害信息影响，道德领域依然存在不少问题。一些地方、一些领域不同程度存在道德失范现象，拜金主义、享乐主义、极端个人主义仍然比较突出；一些社会成员道德观念模糊甚至缺失，是非、善恶、美丑不分，见利忘义，唯利是图，损人利己、损公肥私；造假欺诈、不讲信用的现象久治不绝，突破公序良俗底线、妨害人民幸福生活、伤害国家尊严和民族感情的事件时有发生。这些问题必须引起全党全社会高度重视，采取有力措施切实加以解决。"义务教育阶段的道德与法治课程建设是新时代公民道德建设的重要一环，道德与法治课程标准的修订和完善将有力推动新时代公民道德建设。

2. 社会背景

道德与法治课程标准的修订有深刻的社会背景。2012年，中国社会科学院发布《城市蓝皮书：中国城市发展报告NO.5》。该蓝皮书显示，2011年，中国城镇常住人口首次超过了农村常住人口。根据第七次全国人口普查数据，2020年居住在城镇的人口已经占全国人口的63.89%。[①] 这表明，近十年来，我国社会结构发生了历史性变化，已经结束了以乡村型社会为主体的时代，进入到以城市型社会为主体的时代。在以乡村型社会为主体的时代，人们的生活空间相对稳定，人与人之间相对熟悉，传统习俗、道德习惯在维持社会秩序方面发挥了主导作用。但在以城市型社会为主体的时代，特别是伴随信息技术的发展，人们的生活空间越来越大，越来越不稳定，人与人之间相对陌生，虽然传统习俗、道德习惯在维持社会秩序方面依旧发挥着重要作用，但是也必须在重视道德

---

① 国务院第七次全国人口普查领导小组办公室.第七次全国人口普查公报（第七号）——城乡人口和流动人口情况［EB/OL］.（2021-05-11）［2022-04-16］.http://www.gov.cn/shuju/2021-05/11/content_5605791.htm.

建设的同时,加强法治建设,实现社会治理的现代化,这就要求把道德教育与法治教育结合起来,加强法治教育,进一步提高人们的法治素养。

3. 思政课建设背景

道德与法治课程标准的修订是在新时代思政课建设的大背景下展开的。2019 年 3 月 18 日,习近平总书记在学校思想政治理论课教师座谈会上指出,"思政课是落实立德树人根本任务的关键课程","当前形势下,办好思政课,要放在世界百年未有之大变局、党和国家事业发展全局中来看待,要从坚持和发展中国特色社会主义、建设社会主义现代化强国、实现中华民族伟大复兴的高度来对待"。这就要求从学校抓起,从娃娃抓起。近些年来,思政课建设虽然取得了显著成效,但也存在一些问题。"有的地方和学校对思政课重要性认识还不够到位;课堂教学效果还需要提升,教学研究力度需要加大、思路需要拓展;教材内容还不够鲜活,针对性、可读性、实效性有待增强;教师选配和培养工作还存在短板,队伍结构还要优化,整体素质还要提升;体制机制还有待完善,评价和支持体系有待健全,大中小学思政课一体化建设需要深化;民办学校、中外合作办学思政课建设还相对薄弱;各类课程同思政课建设的协同效应还有待增强,教师的教书育人意识和能力还有待提高,学校、家庭、社会协同推动思政课建设的合力没有完全形成,全党全社会关心支持思政课建设的氛围不够浓厚。"[①]思政课目前整体上存在的这些问题,在道德与法治课程建设中也同样存在,其中一些问题,需要通过道德与法治课程标准的修订来解决。

(二)存在问题

2011 年版义务教育阶段的课程标准已经实施十余年了,从实施的效果和社会各界的反馈意见来看,也存在一些问题。

1. 课程内容更新的问题

党的十八大以来,我国各项事业发生了历史性变革,取得了历史性成就,中国特色社会主义进入新时代。时代的变化、社会的发展,必然要求课程标准进行相应的变革,要求课程标准与党的理论创新同步前进,以落实党和国家有关教育的重要精神。

2. 课程内容的螺旋上升问题

2011 版课程标准的个别主题存在内容简单重复、不同学段之间层次不清的问题,从而导致教材编写、教学实践上的困惑,例如,个人成长主题、家庭主题、家乡主题等不同程度地存在这一现象。

---

① 习近平.思政课是落实立德树人根本任务的关键课程[M].北京:人民出版社,2020:6.

3. 与其他学科内容的重复问题

2011年版的三个课标规定的课程内容与其他学科之间存在一定的交叉重复。例如,《义务教育思想品德课程标准(2011年版)》与《义务教育历史课程标准(2011年版)》《义务教育历史与社会课程标准(2011年版)》,在现代史方面有一些内容存在重复的问题。

4. 课程评价的问题

2011年版课程标准缺少学业质量标准。质量标准规定了学生经过一个阶段的学习后应该达到的水平。质量标准的主要目的是表征学生素养达到的程度,同时为国家进行教育质量评估和教育决策提供参考依据。2011年版课程标准重视内容标准的界定,但缺乏具体、可观察、可测量的水平质量标准。

二、基础与进展

(一)实践基础与进展

道德与法治课程标准的修订,是建立在近十年来义务教育课程改革探索所积累的实践经验与改革创新成果之上的。这些实践经验和创新成果主要体现在以下几个方面。

1. 课程标准方面

本次课程标准的修订是2011年版课程标准基础上的继续前行。2011年版课程标准坚持正确的方向,以马克思主义为指导思想,贯彻党和国家的教育方针,既符合我国社会发展与中小学生发展的现状,又与国际上同类课程的改革趋势相呼应,为培养具有良好道德修养的社会主义接班人发挥了重要作用。

对于2011年版课程标准所倡导的课程理念,广大一线教师和教研员普遍认同并付诸实践。第一,在课程目标的设置上,不仅重视知识与能力,而且强调情感态度与价值观。三维目标的设置,改变了以知识传授为中心的课程观念。第二,重视学生的生活实际。道德教育围绕学生生活中的现实问题展开,围绕时代所面临的机遇与挑战展开,把道德教育与学生成长、社会发展紧密联系起来。第三,注重课程内容的综合。课程内容包括道德教育、法治教育、心理健康教育、国情教育、传统文化教育、环境教育等多个方面,在课程综合化方面取得了显著的进展。第四,重视活动。活动既包括课堂中的活动,也包括课外活动;既包括学生的思维活动,也包括学生的实践活动。第五,重视课程评价。倡导对学生进行多种形式的评价,强调评价主体的多元化。

2. 教材建设方面

2017年，统编教材《道德与法治》开始在全国推开使用。这套教材集中体现了过去十年义务教育教材建设的成就。第一，构建起了基于主题的教材内容体系。教材直面学生在小学、初中面临的生活主题，综合组织知识内容，改变了传统的纯粹基于知识逻辑的内容体系，这样的教材无疑具有更强的针对性和实效性。第二，构建起了基于典型情境的教材呈现体系。教材不再是抽象地进行德育教育，而是通过设置贴近学生生活的典型情境，通过在典型情境中体验、探究、反思、思考来发展道德认知，做出正确的道德选择。第三，合理规划课程内容的螺旋上升。比如依照课标，保证社会主义核心价值观教育贯穿于统编《道德与法治》教材始终，全程不断线，循序渐进，螺旋上升。第四，创新法治教育内容的呈现方式。教材以集中呈现和分散渗透的方式进行法治教育，编写了法治教育专册——六年级上册和八年级下册。法治教育专册以宪法为中心进行编写，它们提供的不是零碎的法律知识，而是着眼于法治教育与道德教育的统一，从学生的视角切入进行设计，教学适切性强。

3. 教师教学方面

广大一线道德与法治教师积极进行教学改革，明确自己不再是单纯的知识传授者，而是儿童、青少年学习与道德自我发展的支持者、合作者、指导者。活动教学、情境教学、案例教学、探究教学等不同教学方式在教学实践中得到应用。一些教师还根据当地学情、教情，重新整合教材主题，创设情境，设计活动，教师的主动性得到了较好的发挥。

4. 学生学习方面

在2011年版课程标准的指导下，学生学习方式发生了较大变革。通过各种类型的主动学习方式，如自主学习、合作学习、探究学习等，学生的学习态度、学习兴趣等都发生了积极的改变。除了阅读教材、听教师讲授，学生还通过交流、讨论、游戏、搜集资料、社会实践和成果汇报等形式进行学习，学习效果有了明显的提升。

5. 课程评价方面

十余年来，课程评价方面也发生了深刻的变化。第一，树立评价是为了促进学生发展的目的观，不再把评价本身视为目的。第二，形成差异化评价方式，强调评价要尊重学生的个性，不再追求唯一的标准答案，给学生表达个人见解的空间。第三，采取多种评价方式与手段，既有定量评价，也有质性评价；既有传统的纸笔测试，也有观察、访谈、成长档案袋等评价方式。第四，纸笔测试发生了一定的变化。纸笔测试不再是单纯考查学生对书本知识的记忆，而是结合社会生活实际，引导学生运用所学知识分析和解决现实问题。

我国义务教育改革的实践经验和创新成就,是本轮课程标准修订的重要基础,同时也为课程标准修订提供了重要参考:要继续坚持与时俱进,及时反映社会发展、教育发展对课程的要求;要继续坚持贴近学生的生活实际;要继续坚持在活动中进行探究、体验和促进思想品德发展的理念;要继续坚持改革教学方式和学习方式,改进课程评价。

(二) 国际动态与经验

1. 主要国际组织、部分国家和地区对核心素养的研究

自 20 世纪末以来,整体上看,不同国际组织、国家和地区都加大了对核心素养的研究力度,进而指导课程改革,以达到全面提升教育质量的目的。这些关于核心素养研究的成果,为我们修订义务教育课程标准提供了有益的参考。

联合国教科文组织、经济合作与发展组织、欧盟、美国、法国、澳大利亚、芬兰、日本等均深入探索了核心素养的内涵,通过科学组织和有序推进,创造性地提出符合本国、本地区实际情况的素养框架模型,比如经合组织的交叉互动三角结构、美国的彩虹结构、日本的同心圆学力模型等。[①] 在理论研究的基础上,为了将核心素养在实践中落地,他们纷纷启动了以发展学生核心素养为目标的课程、教学和考试评价的综合改革。法国 2006 年颁布的《共同基础法令》,以教育法的形式将发展学生核心素养确定为国家课程的基本目标。美国通过相当于国家课程标准的"共同核心标准"制定了学业能力质量标准,这一质量标准以促进学生"21 世纪技能"发展为核心,而不是以传统的学科内容为核心。在考试评价方面,各国、地区和组织开展实验研究,尝试开发新型的评价工具,探索参与性评价、表现性评价等新方法,开发诸如 PISA 等大型国际素养评价项目,试图建构科学规范的核心素养评价体系,以促进学生核心素养的发展。

从世界范围来看,尽管各国、地区和组织的核心素养框架模型在表现形式上各不相同,但是它们在基本理念和内容上存在很多相同之处。

(1) 各核心素养体系都强调为学生终身学习服务,为学生未来生活、职业发展作准备。各国、地区和组织都特别强调了自我管理、学会学习、人生规划、沟通交流、团队合作、问题解决、实践探究等适应个人终身发展的核心素养。核心素养的遴选上也都反映了经济社会科技发展的最新要求,体现了鲜明的时代性。比如,创新能力、全球视野、信息素养、环境意识等受到很多国家、地区和组织的重视,这些都是迎接 21 世纪挑战所需要的核心素养。

---

① 左璜.基础教育课程改革的国际趋势:走向核心素养为本[J].课程·教材·教法,2016(2):39—46.

(2) 各核心素养体系都兼顾了个人层面、社会层面、国家层面的需要。一方面,力求通过核心素养的培育,奠定个人生活成功、有机融入社会、胜任职业需要的基础,促进个体的全面发展;另一方面,这些核心素养充分考虑了社会、企业、国家对人才发展的需要,使学生成为合格公民。兼顾个人与社会的双重维度,有机协调个人发展与社会需求的关系。[1]

(3) 各核心素养体系都将基础领域素养、新兴领域素养、综合性的通用素养相结合。综观不同国家、地区和组织的素养指标,尽管数量不同,呈现形式不同,但是基本上都包含三类素养:一是传统基础领域的素养,包括读、写、算等。虽然核心素养是面向21世纪的新挑战,但是读、写、算这些基本素养是人学习和生活所必备的基础能力。所以,联合国教科文组织、经合组织、欧盟、美国、中国在素养内容体系中都关注了这些基础素养。二是内容体系中也都包含了随着全球化、信息化时代发展所需要的新的素养要求,比如信息素养、环境保护素养、全球素养、跨文化素养、灵活性与适应性等。三是超越特定领域,重视跨学科主题的通用性、普遍性、综合性素养。比如批判性思维、学会学习、勇于探究、创新意识、问题解决、规划人生、健全人格、沟通交往、团队合作等,这些素养具有广泛的迁移性。

(4) 各核心素养框架都具有清晰的结构与层次。虽然各国、地区和组织的素养框架在形态上呈现出较大差异,比如彩虹结构、交叉互动三角结构等,但是它们都力求展现一个完整的结构和体系,即模型内部层次分明,逻辑清晰,自成一体,形成一个各领域、各要素、各层次、各环节紧密联系、相辅相成的有机系统。

2. 部分国家与中小学德育课程相关的课程标准

(1) 美国的相关课程标准

20世纪90年代,美国各门学科相继制定全国性的课程标准,社会科也不例外。1994年,美国社会科协会(National Council for the Social Studies,简称NCSS)推出《美国国家社会科课程标准:追求卓越》(Curriculum Standards for Social Studies: Expectations of Excellence),其中包括十大主题:①文化;②时间、连续与变化;③人、地域与环境;④个体发展与自我认同;⑤个体、群体与公共机构;⑥权力、权威与管理;⑦生产、分配与消费;⑧科学、技术与社会;⑨全球关联;⑩公民理想与实践。这个课程标准对其他国家的社会科教育和道德教育产生了广泛的影响。2002年,美国颁布《不让一个孩子掉队法》,旨在有效提高中小学教育的整体质量。21世纪初,美国社会科协会对课

---

[1] 林崇德.21世纪学生发展核心素养研究[M].北京:北京师范大学出版社,2016:109.

程标准进行了修订,于 2010 年推出《美国国家社会科课程标准:教授、学习和评估标准》(National Curriculum Standard for Social Studies: A Framework for Teaching, Learning and Assessment)。与 1994 年版相比,修订版的内涵更为丰富,表述更为具体,更有利于日常教学的指导和评价,尤其是在"学习期望"方面进行了较大的改进。修订后,十大主题中的学习期望有三大特点:其一,精心选择核心范畴,包括核心知识、基本学习能力和价值观导向。这些核心范畴都是学生社会性发展所必不可少的。其二,把学习期望细分为"探究主题""知识""过程"和"形式或成果"四个组成部分,具体、明确、分门类地提出了学生的学习要求,极大地方便了教学过程中教育目标的贯彻与落实。其三,对低年级、中年级和高年级都提出了上述四方面的学习期望,并且这些学习期望都是呈阶梯向上发展的,因而组成了严密的目标体系。①

2013 年,美国社会科协会又推出了《为大学、职业及公民生活作准备的社会科州立标准框架:提高 K-12 年级公民、经济、地理和历史学科严谨性的指导》(The College, Career, and Civic Life(C3) Framework for Social Studies State Standards: Guidance for Enhancing the Rigor of K-12 Civics, Economics, Geography and History,简称《C3 框架》),这是继 1994 年和 2010 年美国国家社会科课程标准后又一个具有历史意义的纲领性文件。②

《C3 框架》聚焦社会科教育中的四门核心学科——公民、经济、地理、历史,旨在传递美国的政治、道德和文化方面的核心价值观,让学生通过多学科工具与概念的运用,在探究和实践过程中形成升学、职业和生活方面的必备技能和素养。

美国中小学课程中,与我国中小学道德与法治课程大致相当的课程除了作为综合课程的社会科课程外,还有一种是分科的公民课程。1994 年,美国公民教育中心颁布了《公民与政府国家标准》(National Standards for Civics and Government),为施行教育分权的各州开展公民与政府课程教学提供指导,为不同地区学校公民教育的课程内容提供参考,目的在于明确国家公民教育目标,解析美国社会中公民应掌握的知识和技能。直至 2018 年,美国国家教育进步评估体系(National Assessment of Educational Progress)仍然参照该标准对公民知识和技能的描述,评价学生的成绩水平和学校的教育成就。

---

① 任京民.美国学校公民教育课程的三次变革及其启示[J].外国中小学教育,2013(8):32.
② National Council for the Social Studies(NCSS). The college, career, and civic life(C3) framework for social studies state standards: Guidance for enhancing the rigor of K-12 civics, economics, geography, and history [M]. Silver Spring, MD: NCSS, 2013.

（2）英国的相关课程标准

21世纪初，英国将公民课程作为独立的课程纳入国家课程体系，并颁布了相应的国家课程标准。在课程实施过程中，英国的政府、知识界也关注和研究本国青少年在公民素养方面存在的问题。这些问题主要表现在三个方面：一是青少年的政治参与意识不高，反社会行为增多；二是青少年的道德问题增多，如少女怀孕、滥用毒品、犯罪率上升，等等；三是青少年的经济素养令人担忧，理财能力存在很大问题。由此，英国在最近一轮课程改革中，对公民课程内容也进行了相应的调整。

2014年英国教育部公布的《英国国家课程框架文件》(The National Curriculum in England：Framework Document)中，将中小学分四个关键阶段（Key stage 1—Key stage 4），分别对应小学1～2年级、小学3～6年级、中学7～9年级、中学10～11年级。在小学阶段，公民教育作为非法定课程，不一定要按照国家课程标准来实施，各学校可以根据自己的实际情况制定课程计划。但英国教育部于2015年发布了《公民学习计划：关键阶段1和关键阶段2》(Citizenship Programmes of Study：Key Stages 1 and 2)，为小学阶段开展教学活动提供参考。

在中学阶段，公民课程是国家课程。《英国国家课程框架文件》中关于公民课程作了如下规定。在关键阶段3，"教学应培养学生对民主、政府以及公民权利和责任的理解。学生应该运用和应用他们的知识和理解，同时发展技能来研究和质疑证据，辩论和评估观点，提出合理的论点并采取知情的行动"。在关键阶段4，"教学应以关键阶段3的学习计划为基础，加深学生对民主、政府以及公民权利和责任的理解。学生应该发展他们的技能，以便能够使用一系列的研究策略，权衡证据，提出有说服力的论点，并证实他们的结论。他们应该体验和评估公民能够共同行动起来解决问题和为社会作出贡献的不同方式"。①

除了公民课程之外，英国中小学还开设宗教课程(Religious Education in English Schools)，以及个人、社会、健康和经济课程(Personal，Social，Health and Economic Education)等，协同进行公民教育。

（3）新加坡的相关课程标准

品格与公民教育一向是新加坡教育体系的核心。21世纪初，新加坡根据新趋势和世界走向，包括社会结构的变化、环球化和科技发展，规划品格与公民课程。课程标准

---

① Citizenship programmes of study：key stages 1 and 2 [EB/OL]. (2015-02-16)[2022-04-27]. https://assets.publishing.service.gov.uk/government/uploads/system/uploads/attachment_data/file/402173/Programme_of_Study_KS1_and_2.pdf.

规划的指导原则有四条：一是以学生为本，以价值观为导向；二是品格教育与公民教育并重；三是从个人延伸至世界；四是以学生的生活经验为学习情境。新修订的品格与公民教育课程标准于 2014 年颁布。①

该标准立足于 21 世纪技能框架，认为品格与公民教育是 21 世纪技能框架和学生学习成果的核心，强调核心价值观、社交与情绪管理技能、公民意识、环球意识与跨文化沟通技能的内在联系。该标准把核心价值观的培养放在首要位置，认为一个具有良好品格并对社会有所贡献的新加坡公民，必须以核心价值观（尊重、责任感、坚毅不屈、正直、关爱与和谐）为基础。这些核心价值观能够指引学生明辨是非，帮助他们作出负责任的决定，并认清自己在社会上所扮演的角色。

该标准将身份、人际关系和抉择作为品格与公民教育的三大核心概念。三大概念各有侧重点，教师可通过首要关键性问题引导学生进行讨论，帮助学生理解三大概念。

除了首要关键性问题，该标准在个人、家庭、学校、社区、国家、世界这几个层面都设有不同的关键性问题，以便教师进一步引导学生，帮助他们在处理生活中各种问题时进行思考，并正视本身的习惯、价值观、态度和技能。

（4）日本的相关课程标准

第二次世界大战后至 21 世纪初，日本的道德教育在中小学里一直没有成为校内的一门正式课程，而是坚持在全部教育活动中开展道德教育，同时设定"道德时间"，对学校全部教育活动中的道德教育进行补充、深化或整合。设置"道德时间"进行道德教育有其合理性，但在实施中也出现了一些问题。例如，"道德时间"不是正式的学科，在中小学校整体教育活动中不被重视，常常被其他学科占用；在课堂教学指导方法上，强调理论灌输，缺乏道德实践能力的培养；道德教育过分强调对"个性"的尊重，而疏于对规范意识和公德心的指导；等等。特别是近年来，日本校园欺凌等道德缺失的现象屡屡发生，"道德时间"的德育实效性呈现弱化的趋势，日本政府开始着手对德育课程教学进行改革。②

2015 年 3 月 27 日，日本文部科学省正式宣布将在日本义务教育阶段的中小学实行"道德学科化"，将"道德时间"转变为正式的德育课程，使之成为与国语、数学等具有同

---

① 新加坡教育部.品格与公民课程标准·小学(2014 年实施)[EB/OL].[2022-04-27].https://www.moe.gov.sg/-/media/files/primary/characterandcitizenshipeducationprimarysyllbuschinese.pdf?la=en&hash=99467939466469CE91DFE41C1C492849A8584AF3.

② 李晓红.日本德育的新路径："道德学科化"的背景、内涵与挑战[J].外国教育研究,2016(6)：119—128.

等地位的课程,以期扭转传统德育散碎化、虚无化的态势。日本的小学于2018年、中学于2019年开始在全国全面实施"道德学科化"政策。从文部科学省新修订公布的中小学《学习指导要领》中关于道德教育课程的内容来看,道德教育课程继承了之前"道德时间"的基本架构,把部分主题的顺序进行了调整,各学段均从"与自身相关""与他人相关""与自然界环境相关""与社会集体相关"四个方面建构课程内容。

从对部分国家中小学德育课程相关课程标准的梳理中可以看出,它们具有以下几点共性。第一,立足于本国所面临的现实问题,着眼于世界,依照学习主题或探究主题构建课程内容;第二,以核心素养为中心构建课程内容,并将核心素养贯穿于课程目标、课程内容、课程评价等领域;第三,根据不同学段学生的认知发展特点螺旋上升地设置课程内容;第四,注重实践,倡导在真实问题情境中学习和解决问题。这些对于我国道德与法治课程标准的修订具有借鉴意义。

三、传承与变化

（一）修订原则与思路

1. 体现新时代新要求

道德与法治课程坚持以习近平新时代中国特色社会主义思想为指导,全面贯彻党的教育方针,引导学生理解用马克思主义的立场、观点、方法观察时代、把握时代、引领时代的意义,践行和弘扬社会主义核心价值观,坚定理想信念,厚植爱国主义情怀,增进对伟大祖国、中华民族、中华文化、中国共产党、中国特色社会主义的高度认同,把爱国情、强国志、报国行自觉融入坚持和发展中国特色社会主义事业、建设社会主义现代化强国、实现中华民族伟大复兴的奋斗之中。发挥道德与法治课程在落实立德树人根本任务中的关键作用,培养学生成为担当民族复兴大任的时代新人。

2. 以核心素养为导向

核心素养是课程育人价值的集中体现,是学生通过课程学习逐步形成的正确价值观、必备品格和关键能力。道德与法治课程立足于发展学生核心素养,以引导学生学习和掌握道德与法律的基本规范,提升思想政治素质、道德修养、法治素养和人格修养为主旨。

3. 注重整合和统筹

整合2011年版义务教育品德与生活、品德与社会、思想品德三个课程标准,进行一体化设计,使课程标准既体现不同学段的特殊性和适切性,又是一个前后一致、有机统一的整体。

(二) 修订内容变化与突破

1. 凝练了核心素养

2011年版课程标准没有凝练核心素养,而本次修订,基于义务教育育人目标的要求及中国学生发展核心素养和课程性质,提出了道德与法治课程要培养的学生核心素养,主要包括政治认同、道德修养、法治观念、健全人格、责任意识等方面。这五个方面的核心素养既各有侧重,又相互联系,不可相互替代。政治认同是社会主义建设者和接班人必须具备的思想前提,道德修养是立身成人之本,法治观念是行为的指引,健全人格是身心健康的体现,责任意识是担当民族复兴大任的时代新人的内在要求。

2. 明确了课程目标

道德与法治课程围绕核心素养,体现课程性质,反映课程理念,确立了课程目标。课程总目标与五个方面的核心素养对应,修订后的课程标准按照"二二二三制"(1~2年级,3~4年级,5~6年级,7~9年级),根据每个学段学生的年龄特征,分别阐述了四个学段的具体目标,各学段课程目标之间呈现连续性和进阶性。"五四"学制第二学段(3~5年级)目标主要参照"六三"学制第三学段(5~6年级)目标确定,适当降低要求。"五四"学制第三学段(6~7年级)目标在"六三"学制第三学段(5~6年级)目标基础上合理提高要求,结合"六三"学制第四学段(7~9年级)目标确定,使"五四"学制6~9年级目标进阶更加科学。

3. 更新了课程内容

与2011年版课程标准相比,修订后的课程内容有较大变化,主要体现在以下三个方面。

(1) 明线与暗线交织

以主题组织课程内容,课程主题包括国情教育、道德教育、法治教育、中华优秀传统文化与革命传统教育、生命安全与健康教育、入学教育等,强化中华传统美德、革命传统和法治教育,有机融入国家安全、劳动教育以及信息素养、金融素养教育等相关主题。同时,以"成长中的我"为原点,体现学生不断扩大的生活和交往范围,依据我与自身,我与自然、家庭、他人、社会,我与国家和人类文明关系的逻辑,组织和呈现教育主题。

(2) 内容选取突出政治性和时代性

内容选择体现社会发展要求,特别是中国特色社会主义进入新时代对道德与法治教育提出的新要求,突出中华民族传统美德、革命传统和法治教育。根据经济社会发展新变化、科学技术进步新成果,及时更新课程内容,反映新时代中国特色社会主义理论和建设新成就。将伟大建党精神、我国全过程人民民主制度的优越性等党和国家发展中的重大理论创新、实践创新和制度创新成果纳入课程内容中。

（3）内容设计体现一体化思路

课程标准统筹小学与初中的课程内容，进行一体化设计。遵循大中小学德育一体化的思想，与高中思想政治课在课程内容和学习水平上保持一致性和进阶性；基于核心素养，对1~9年级课程内容进行一体化设计，根据不同阶段学生发展特点和生活经验，分学段设置课程主题，构建学段衔接、循序渐进、螺旋上升的课程内容体系（如表8-1所示）。

表8-1 道德与法治课程内容安排

学段	1~2年级	3~4年级	5~6年级	7~9年级
内容主题	1. 入学教育 2. 道德教育 3. 生命安全与健康教育 4. 法治教育 5. 中华优秀传统文化与革命传统教育	1. 道德教育 2. 生命安全与健康教育 3. 法治教育 4. 中华优秀传统文化与革命传统教育 5. 国情教育	1. 道德教育 2. 生命安全与健康教育 3. 法治教育 4. 中华优秀传统文化与革命传统教育 5. 国情教育	1. 生命安全与健康教育 2. 法治教育 3. 中华优秀传统文化教育 4. 革命传统教育 5. 国情教育

4. 研制了学业质量标准

本次义务教育课程标准修订的亮点之一是研制了道德与法治课程的学业质量标准，明确界定了学业质量的内涵，阐明了学业质量标准的功能，并分阶段对学业质量标准进行了描述。

第一，界定了学业质量的内涵。课程标准指出："学业质量是学生在完成课程阶段性学习后的学业成就表现，反映核心素养要求。学业质量标准是以核心素养为主要维度，结合课程内容，对学生学业成就具体表现特征的整体刻画。"因此，要在学业质量与核心素养、课程内容、学生学业成就的关系体系中把握学业质量的内涵。

第二，阐明了学业质量标准的功能。学业质量标准能够引导教师转变育人方式，树立科学的学业质量观，也是指导评价与考试命题的基本依据，还用于指导教材编写、教学与课程资源建设。

第三，对学业质量标准进行了描述。学业质量标准呈现的是学生学习成效的典型特征，也就是通过描述学生学习课程后能够做什么的关键特征，反映课程目标的达成度。道德与法治课程标准对学业质量进行了分阶段的描述，按照四个学段呈现，四个学段之间形成水平的梯度差异。

5. 完善了教学建议

课程标准强调贯彻落实习近平总书记在学校思想政治理论课教师座谈会上提出的思政课教学"八个相统一"要求,增强道德与法治课程的思想性、理论性、针对性和亲和力。

第一,在教学目标的制定上,强调要从发展学生核心素养的角度制定教学目标,将核心素养的培育作为教学的出发点和落脚点。教师在确立教学目标时,要做到政治立场鲜明,价值导向清晰,知行要求明确。

第二,在教学内容的把握上,强调要及时充实教学内容,跟进社会发展进程,关注国内外大事,将党和国家重大实践和理论创新成果引入课堂,并且密切联系社会生活和学生生活实际。

第三,在教学方法的运用上,强调将说理教育与启发引导有机结合起来,既要发挥教师的主导作用,把教学内容讲清楚讲透彻,也要注重启发学生,按照灌输性和启发性相统一的原则,做到"灌中有启""启中有灌"。

第四,在突出课程的实践性上,强调教学要与社会实践活动相结合,丰富学生实践体验,促进知行合一。此外,还提出案例教学,议题式、体验式、项目式教学,以及参观访问、现场观摩、志愿服务、生产劳动、研学旅行等方式。

6. 增加了评价与考试命题的内容

课程标准增加了关于评价与考试命题的内容,给出了具体的评价建议,还专门论述了学业水平考试的命题要求,强调充分发挥评价的诊断、激励和改善功能,促进学生发展,推动教师改进教学。

第一,给出了具体的评价建议。在基本原则上,课程标准强调评价要坚持素养导向,从学生理想信念、爱国情怀、担当精神、品德修养、法治观念和品行日常表现等方面进行全面、综合的评价,坚持以评促学、以评促教,重视表现性评价,坚持多主体评价,发挥育人合力。在评价内容上,强调要对学生核心素养的综合发展状况进行评价。在评价方法上,强调综合运用观察、访谈、作业、纸笔测试等方法全面获取和掌握学生核心素养发展的相关信息。在主要环节的评价上,对课堂评价、作业评价、期终评价等主要环节的评价内容、评价方法、基本特点,以及实践中的注意事项等方面进行了具体说明。在评价结果的呈现上,强调要避免单纯以分数评价学生,可以采用等级加评语的方式,并针对不同学生的特点进行个性化的解释和反馈指导。

第二,明确了学业水平考试的命题要求。课程标准明确了考试性质与目的、命题原则、命题规划、题目命制的要求,并给出了三道样题示例及其具体说明。在这部分内容中,强调学业水平考试要严格依标命题,坚持正确的政治方向和价值导向,探索素养导向的命题方式,要从整体上把握课程内容的结构性和关联性,避免考查孤立的、过细的知识点,提高综合性、开放性、应用型、探究性试题比例,体现考试促进学生发展的功能。

四、挑战与建议

（一）教学挑战与建议

教师需要更新教育理念。课程标准反映时代发展要求,体现先进的教育思想,着力发展学生的核心素养,促进人才培养模式的转变。这要求教师改变传统的知识中心和考试导向的教育理念,关注学生的发展,发挥学生在学习中的主体地位,深入了解学生的成长规律和认知规律,不断提升学生的思想政治素质、道德修养、法治素养和人格修养等。

教师需要研究课程内容。教师要注重把握课程内容的整体结构和设计思想。一要把握内容主题,道德与法治课程内容涵盖面广,有机整合了社会主义先进文化教育、革命传统教育、中华优秀传统文化教育、国家安全教育、生命安全与健康教育、劳动教育等相关主题。二要抓住逻辑暗线,懂得课程内容体现学生不断扩大的生活和交往范围,抓住我与自身,我与自然、家庭、他人、社会,我与国家和人类文明的逻辑关系。三要有纵向贯穿意识,从一体化的角度,把握学段间主题内容的有机衔接和螺旋上升。四要将课程内容的主题学习与学生真实生活相结合,坚持学科逻辑与生活逻辑的有机统一。

教师需要优化教学方式。教师要鼓励学生参与实践探究和体验活动,促进学以致用,知行合一,强化学生的社会责任感;注重启发式、互动式、探究式教学,开展研究型、项目化、合作式学习,促进学生学习方式的变革;开展议题式教学,创设多样化的问题情境,促进深度学习和学生创新能力的发展。

（二）教研挑战与建议

"经师易求,人师难得。"上好思政课的关键在教师。习近平总书记在学校思想政治理论课教师座谈会上对思政课教师提出政治要强、情怀要深、思维要新、视野要广、自律要严、人格要正的要求。本次道德与法治课程标准将过去的三个课标整合为一个课标,变化比较大,需要加强教研和对教师的培训,需要认真学习和研讨。

在教师培训方面,课程标准强调要注重整体设计培训内容,着力加强教师专业知识的学习、坚定理想信念的教育,以及课程理念的培训,引导教师深入领会新时代对道德与法治课程铸魂育人的新要求;要强化培训组织管理,组建结构合理的培训团队,适应各级各类培训需求,完善各级教研组织的管理机构和管理制度,丰富培训资源;要采用多样化培训方式,可采用专家引领、全员参与、分级培训、集中培训与远程培训相结合等形式,通过案例示范、专题研讨、工作坊研修、跟岗研修、现场教学等方式,增强培训的实效性。

在教学研究指导方面,课程标准强调要加强整体规划,做好统筹安排和设计;要聚焦关键问题,开展主题教研;要采用多样化教研方式,如名师示范课、教学主题微论坛等,促进交流共享。此外,还对校本教研指导提出一些具体建议。

（三）考评挑战与建议

课程标准中"评价与考试命题"的内容,对于"双减"背景下促进学生健康成长,扭转不科学的教育评价导向,加快建立以发展素质教育为导向的义务教育质量评价体系,具有积极作用。

课程标准强调在评价实践活动中,要避免仅凭考试分数判断学生水平的传统单一评价方式,应全面关注知识、情感和行为的发展,关注学生在学校、家庭和社会生活中的日常品行表现,注重发挥评价的激励和促进学生发展的功能;要综合运用观察、访谈、作业、纸笔测试等方法,全面获取和掌握学生核心素养发展的相关信息,这要求教师努力提高自身的评价素养,能够根据学生核心素养发展的要求,做好课堂观察,设计高质量的练习、作业和测试题,并进行个性化指导;要求建立健全学生、教师、家长、社会积极参与评价的有效机制,采用定性和定量的多种评价方法,提升道德与法治课程评价的科学性与实效性。

第 9 章

义务教育语文课程标准修订：背景、内容与实施

申宣成

作者简介：申宣成/杭州师范大学人文学院教授；《义务教育语文课程标准（2022年版）》修订组核心成员（杭州　311121）

我国义务教育语文课程标准自2001年颁布实验稿以来，已历经两次修订，相比2011年版，本次修订的幅度很大。准确理解和把握这些变化，是深化语文课程改革的前提和保证。以下从《义务教育语文课程标准（2022年版）》（以下简称"义教语文课标"）的修订背景、修订内容、实施策略三个方面进行研读。

一、义务教育语文课标修订的背景

（一）落实党和国家深化教育改革的新要求

党的十八大以来，我国改革与发展进入崭新的历史时期，中国特色社会主义迈入新时代。面对百年未有之大变局，党和国家对教育提出了新要求，进一步强调教育的政治方向和育人导向。习近平总书记在2018年召开的全国教育大会上指出，教育必须在引导学生坚定理想信念、厚植爱国情怀、加强品德修养方面下功夫。语文学科的教学内容是蕴含着深厚文化内涵的汉语言文字、文章、文学，特定的学科内容决定了其在立德树人中的重要地位和作用。课程教材作为教育思想、教育目标和教育内容的核心载体，集

中体现了党和国家意志,为重要的国家事权,因此,理所当然地成为党和国家推进教育改革的"前沿阵地"和"基础工程"。仅2019年以来,教育部就陆续印发了《革命传统进中小学课程教材指南》《中华优秀传统文化进中小学课程教材指南》《大中小学劳动教育指导纲要(试行)》等文件,国家教材委员会也印发了《习近平新时代中国特色社会主义思想进课程教材指南》。这些文件对课程目标的确定、课程内容的选择、教材的编写等都提出了具体而详细的指导性意见,为将这些文件的精神和要求落实到课程教材中,就必须启动课程方案和学科课程标准的修订工作。

(二)适应国际母语教育变革的新趋势

进入21世纪,为适应政治、经济的发展变化,世界各国都试图通过教育变革提升自己的竞争力。母语教育作为基础教育的主干学科,成为变革的优先选项和重点领域。国际母语教育变革的发展动向主要体现在三个方面。一是强调以核心素养引领语言学习。我们生活在一个信息高度发达、知识急速增长的时代。随着学科分化的加速和学科知识的累积,学生面临的认知负担和学习挑战也越来越大。为应对这一问题,进入新世纪以来,一些国家、地区和国际组织开始关注"核心素养"的研究,力图从日益细密的学科中筛选出那些对学生最为重要的知识。例如,1997年,世界经济合作与发展组织启动了"素养的界定与遴选"项目,并于2003年提出了三个方面的核心素养:能互动地使用工具、能在异质社会团体中互动及能自主地行动。2007年,美国21世纪学习合作组织发布了修订后的《21世纪学习框架》(Framework for 21st Century Learning),提出了中小学生需要具备的三大核心素养:学习和创新素养,信息、媒介和技术素养,生活和职业素养。[①] 2013年,日本国立教育研究所发布《培养适应社会变化的素质与能力的教育课程编制的基本原理》报告,提出包括实践力、思考力、基础力三项能力。[②] 通观这些有关核心素养的文本,尽管其分类视角有所不同,但指标却大同小异,即都强调自主学习能力、社会沟通能力和信息技术能力。在国际"核心素养"研究的推动下,我国于2016年发布了《中国学生发展核心素养》,从文化基础、自主学习、社会参与三个方面勾画了中国学生的发展样貌,为包括语文学科在内的各学科课程标准的修订提供了指导。二是强调以情境任务驱动语言学习。20世纪80年代,欧洲提出了"任务型语言教学法",该方法强调在真实的交际情境中开展语言教学,倡导"用语言做事"。之后,欧洲理事会一直致力于推广这种教学方法,该组织在其发布的《欧洲语言学习、教学、评价共同参考

[①] Partnership for 21st Century Skills. Framework for 21st Century Learning [EB/OL]. [2022-04-27]. http://www.p21.org/our-work/p21-framework.

[②] 邓莉.美国21世纪技能教育改革研究[D].华东师范大学,2018:49.

框架》(Common European Framework of Reference for Languages: Learning, Teaching, Assessment)中强调,语言使用者和学习者首先是一个"社会人"(social agent),是一个需要在特定的条件和情境中、在特定的领域内完成各种任务(不一定只是语言活动)的社会成员。① 进入新世纪,以情境任务驱动语言学习成为国际母语教育的热点。以美国为例。为提高学生的学业成绩和国际竞争力,促进教育机会公平并为学生就业做好准备,2010 年,美国发布《英语语言文学学科州共同核心标准》(Common Core State Standards for English Language Arts),突破了传统的序列性知识体系,强调以任务为导向,引导学生在实践运用中提升读写听说能力。② 通过让学生阅读这些生活情境中常见的实用性文本类型,明确其不同的表达目的、表达对象和表达特征,从而更好地满足学生未来的学习和就业需求。三是强调母语教学与其他学科的整合融通。在核心素养的引领下,国际母语教学日益关注与其他学科的整合融通。例如,芬兰于 2014 年发布《基础教育国家核心课程标准》(National Core Curriculum for Basic Education),明确将跨学科学习作为课程标准的一个领域,提出了七大横贯能力,具体为"思考与学会学习的能力;文化、交流与表达的能力;照顾自我、经营与管理日常生活的能力;多模态识读能力③;ICT 相关能力;工作与创业能力;参与并创造可持续性未来的能力"④。同时要求学生每年拿出一周或者数周的时间,基于生活中的某一现象,确定研究主题,开展跨学科探究,并将这种学习方式称为"基于现象的教学"(Phenomenon-based Teaching)。

(三) 符合语文课程改革发展的内在逻辑

我国语文课程独立设科百余年来,走过了一条曲折的发展之路。新中国成立后,关于语文教育就经历过几次激烈的讨论。⑤ 尤其是 20 世纪末的那场讨论,更是引发了整个社会的关注,各界人士对语文教育提出了激烈批评。如,过于注重知识点的传授,忽视语言实践和语感的培养;过于注重技术性分析,忽视文学作品的熏陶感染功能;过于

---

① The Council of European. Common European Framework of Reference for Languages: Learning, Teaching, Assessment [R]. 2001: 9-10.
② 何致文.美国"各州共同核心标准"之阅读标准(K-5 年级)的特点及启示[J].基础教育课程,2019(05):75.
③ "多模态识读能力"又称为"多元识读能力",指的是学生能够从多个角度、多个层次、多个学科领域理解分析问题的能力。
④ 冯惠敏,郭洪瑞.芬兰国家核心课程改革中横贯能力的培养对我国的启示[J].外国中小学教育,2017(10):9.
⑤ 有关讨论的具体背景和内容请参见郑桂华的论文:《从我国语文课程的百年演进逻辑看语文核心素养的价值期待》,刊发于《全球教育展望》2018 第 9 期第 3—16 页.

注重机械训练,忽视学生的独立思考和个性表达;等等。为解决这些问题,2017年修订的《普通高中语文课程标准》提炼了语文学科核心素养,建构了以语文学习任务群为组织形态的课程内容。普通高中语文课程标准的修订对整个基础教育阶段的语文教育产生了巨大影响。如今,很多义务教育阶段的语文教师对语文学科核心素养已经耳熟能详,并尝试以项目式学习、大单元等方式组织实施语文教学。在这样的背景下,修订义务教育语文课程标准就成为势在必行的事情。

二、义务教育语文课标修订的主要内容

(一)确定了素养型课程目标

"课程标准反映了国家对学生学习结果的统一的基本要求。"[①]这种结果性的要求集中体现在课标文本的"课程目标"部分,其变化主要体现在以下两个方面。

1. 对接核心素养,突出育人导向

培养学生的核心素养是全面深化课程改革、落实立德树人根本任务的关键举措。在启动本次课程方案和各门学科课程标准修订时,教育部明确要求各门学科均需提炼、描绘本学科核心素养的表现样态,建构素养型的目标体系,以突出学科的育人导向。为回应这一要求,语文课标修订稿在"课程理念"的第一条即明确提出:"以促进学生核心素养发展为目的,以识字与写字、阅读与鉴赏、表达与交流、梳理与探究等语文实践活动为主线,综合构建素养型课程目标体系。"那么,在语文课程中,核心素养的内涵和样态到底是怎样的呢?

为回答这一问题,语文课标修订稿在"课程目标"部分新增了"核心素养"这一全新内容,并对其做了这样的界定:"义务教育语文课程培养的核心素养,是学生在积极的语文实践活动中积累、建构并在真实的语言运用情境中表现出来的,是文化自信和语言运用、思维能力、审美创造的综合体现。"这一定义主要包含了三层意思。

第一,语文课程核心素养的四个方面是彼此融合而又各有侧重的关系。课标修订稿强调,语文课程培育的核心素养是"文化自信、语言运用、思维能力、审美创造的综合体现"。其中"综合体现"四个字非常重要,它意在提醒我们:核心素养四个方面之间是彼此融合而又各有侧重的辩证关系。从实际的教学活动来看,四者是动态地融合于同一个语文活动之中的,犹如盐溶于水,你中有我,我中有你,难以分离。而从课程的功能

---

① 崔允漷.课程实施的新取向:基于课程标准的教学[J].教育研究,2009(1):76.

来看,语言运用和其他三者又不可等量齐观。在四者之中,语言运用是语文课程的专有职责和独有功能,是思维能力、审美创造、文化自信的载体和基础;其他三者是各门课程均要关注的内容,其外延大于语言运用。

第二,语文课程核心素养产生于"积极的语文实践活动"。为了彰显语文课程的实践性,课标修订稿进一步强调了"语文实践活动"的重要性。"实践"一词在课标修订稿中出现了53次之多,远高于2011版的19次。所谓语文实践活动,从操作层面说,就是"让学生从使用语言中学习语言,从说话中学习说话,从聆听中学习聆听,从阅读中学习阅读,从习作中学习习作"①。而本次修订之所以要加上"积极"一词,意在强调它是由教师精心设计和组织的,具有强烈目标指向和学习兴味的学习活动。同纯粹自然状态下的语文学习活动相比,它能够更容易、更快速地引导学生借助积累形成语言的直觉,即所谓的语感;借助建构领悟语言的规律,即所谓的语理。最终达成语言直觉和理性的有机统一。

第三,语文课程核心素养需要依托"真实的语言运用情境"。普通高中语文课程标准修订组组长王宁先生认为:"所谓'情境',指的是课堂教学内容涉及的语境。所谓'真实',指的是这种语境对学生而言是真实的,是他们在继续学习和今后生活中能够遇到的,也就是能引起他们联想,启发他们往下思考,从而在这个思考过程中获得需要的方法,积累必要的资源,丰富语言文字运用的经验。"②王宁先生用"语境"来解释"情境",一是强调情境的"语言本位",即它必须要能够诱导学生在文字中走上几个来回;二是强调它必须指向实际问题的解决,而不是"花拳绣腿"。

综上,语文课程核心素养的四个方面以及语言运用的语理、语感和语境三个因素,共同构成了一个外延逐渐扩大的"彩虹模型"(见图9-1)。

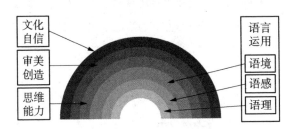

图9-1 语文课程中的核心素养彩虹结构图

---

① 王尚文,王诗客.语文课是语文实践活动课[J].课程·教材·教法,2009,29(4):28.
② 《语文建设》编辑部.语文学习任务群的"是"与"非"——北京师范大学王宁教授访谈[J].语文建设,2019(1):5.

2. 课程总目标和学段目标的主要变化

相比学段目标的修订,总目标部分的改动幅度较大。2011版的课程标准总目标共有十条,其中前五条分别从审美、文化、语言和思维四个方面提出了语文素养的总要求。后五条分别针对识字与写字、阅读、写作、口语交际、综合性学习五大学习领域,逐一提出本领域的总要求。本次课程标准修订的总目标则聚焦语文课程中的核心素养,将其四个方面进行丰富扩充,形成了九条总目标。其中,第一、二、三条为文化自信方面的要求;第四、五条为语言运用方面的要求;第六、七条为思维能力方面的要求;第八、九条为审美创造方面的要求。这样,总目标内部的逻辑就更为清晰了。

本次修订的学段目标要求与2011版的课标学段目标基本保持一致,修订幅度较小。变化主要体现为学习领域的归并和目标条目的整合两个方面。从学习领域的归并来看,课标修订稿将2011版的识字与写字、阅读、写作、口语交际、综合性学习五个领域整合为四个:识字与写字、阅读与鉴赏、表达与交流、梳理与探究。之所以做出这样的改变,主要出于两点考虑。一是本次课程方案和课程标准修订特别重视课程的综合性和生活化,学习领域的归并有利于体现这一要求。例如,将写作和口语交际合并为"表达与交流",可以将书面表达与口头表达整合在一起。二是可以更好地与普通高中课程标准对接。

(二)建构了结构化的课程内容

2001年的义务教育语文课标实验稿和2011版的修订稿,都没有独立设置课程内容,而是将课程内容内隐于课程目标的条目之中,导致语文课程内容的显示度不够。为此,本次课标修订将课程内容的研制作为重点,确定了其主题和载体形式,并承接《普通高中语文课程标准(2017年版)》,提出了语文学习任务群这一课程内容的组织形态,在语文课程内容结构化方面取得重要进展。

关于语文学习任务群,课标修订稿没有用专门的语段对其本质属性进行界定,而是采用类似描述性定义的方式,在"课程理念"的第二条和"课程内容"部分的"内容组织与呈现形式"中,对其形态、要素、分类、功能等进行了阐释。综合这些描述,可以将"语文学习任务群"定义如下:

语文学习任务群是按照学生身心发展规律和核心素养形成的内在逻辑,以生活为基础,以语文实践活动为主线,以主题为引领,以学习任务为载体,整合目标与内容、情境与活动、过程与策略、资源与技术支持等相关要素而形成的一种动态化、结构化的课程内容组织形态。

说它动态化,主要原因在于它是以"任务"的形式组织的。一直以来,我国的语文课程内容主要由抽象的线性排列的语文知识点和能力点组成,这些知识点和能力点虽然具有较强的清晰性和序列性,但也因为脱离了生活实践和语言运用的情境,容易造成语文知识逐点解析和语文技能机械训练的弊端。而与知识点和能力点相比,任务则具有很强的活动性。它可以将语文知识、技能与学生的生活实践编织在一起,使课程内容从静态变为动态,从僵硬变为鲜活,从"事实"变为"关系",从冰冷变为温润。

说它结构化,是因为语文学习任务群在建构课程内容时,采用了学科逻辑和生活逻辑相结合的方式,因而其结构具有复杂性、多向度的特征。本次课标修订提炼了六个学习任务群,分为三个层面:第一层设"语言文字积累与梳理",为基础型学习任务群;第二层设"实用性阅读与交流""文学阅读与创意表达""思辨性阅读与表达",为发展型学习任务群;第三层设"整本书阅读""跨学科学习",为拓展型学习任务群。具体而言,实用性阅读与交流、文学阅读与创意表达、思辨性阅读与表达主要从语篇类型角度来建构,是基于学科逻辑的;其他三个则从日常生活中语文实践活动的不同形态出发,是基于生活逻辑的。而从学习内容与学习目标的关系来看,六个学习任务群与语文课程核心素养体现为既有所侧重又多重对应的关系。其中语言文字积累与梳理、实用性阅读与交流侧重对应语言运用,思辨性阅读与表达侧重对应思维能力,文学阅读与创意表达侧重对应审美创造,整本书阅读侧重对应文化传承与理解(即文化自信)。与此同时,各个学习任务群对语文课程核心素养的四个方面又都有所贡献。这种多向度的建构方式,从思维模式来看,体现的是一种实践操作取向的筹划型思维模式;从哲学观念来看,体现的是中国哲学"以事观之"的理念,即"基于人的现实活动及其结果以理解世界和变革世界"。① 以上三个层面六大学习任务群,可以用一个"金字塔模型"隐喻彼此之间的逻辑关系(见图9-2)。

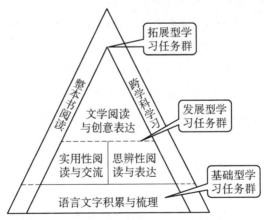

图9-2 语文学习任务群金字塔模型图

---

① 杨国荣.中国哲学视域中人与世界关系的构建:基于"事"的考察[J].哲学动态,2019(8):15.

（三）开发了表现性的学业质量

语文学业质量是本次课程标准修订新增加的内容，是本次修订另一个重要的突破和创新。它以语文课程核心素养为主要开发维度，将其四个方面分别细化为三个维度进行具体描述。其中，语言运用的三个表现维度为：积累与整合、发现与领悟、应对与交流；思维能力的三个表现维度为：感知与体味、联想与想象、辨识与推理；审美创造的三个表现维度为：体验与感悟、欣赏与评价、表现与创造；文化自信的三个表现维度为：体认与传承、关注与参与、理解与借鉴。

学业质量标准对应课程目标和课程内容，刻画了不同学段语文学业质量的具体特征和典型表现，是课程目标的具体化和细化。例如，针对第四学段"阅读与鉴赏"目标中的"理清思路，理解、分析主要内容"的目标，第四学段的学业质量标准将其具体细化为"在阅读过程中能获取主要内容，能通过朗读、概括、讲述等方式，表达对作品的理解；能理清行文思路，用多种形式介绍所读作品的基本脉络"。针对第四学段"阅读与鉴赏"目标中的"体味和推敲重要词句在语言环境中的意义和作用"的目标，第四学段的学业质量标准将其具体细化为"能从多角度揣摩、品味经典作品中的重要词句和富有表现力的语言，通过圈点、批注等多种方法呈现对作品中语言、形象、情感、主题的理解。能分类整理富有表现力的词语、精彩段落和经典诗文名句，分析作品表现手法的作用；能从作品中找出值得借鉴的地方，对照他人的语言表达反思自己的语言实践"。

学业质量标准提炼了语文课程核心素养的关键特征，并据此划分出不同学段学生的学业水平与程度，体现了清晰的学段进阶。以思维能力为例，学业质量标准对四个学段有关"辨识与推理"能力表现的描述如下。

- 在阅读过程中能根据提示提取文本的显性信息，通过关键词句说出事物的特点，作简单推测。（第一学段）
- 注意图文关联……能用表现事物特征的词语描摹形象。……能按照童话、寓言等文体样式，运用联想、想象续讲或续写故事。（第二学段）
- 能根据积累的知识和经验初步判断信息真伪，感知情感倾向，形成自己对社会热点问题的初步认识。（第三学段）
- 能解释观点与材料之间的联系；能运用实证材料对他人观点作出价值判断。（第四学段）

从上面的描述中可以看出，思维能力的发展原本是一个抽象的过程，但是因为其与语言的发展紧密相关，课程标准就用语言发展程度来描述不同学段的学生在语文课程学习后思维发展的关键特征，使其体现出清晰性、可测性和进阶性。

三、义务教育语文课标的实施策略

由于本次语文课程标准修订的幅度较大,落实中不免会遇到一些困难和挑战。从《普通高中语文课程标准(2017年版)》的实施情况来看,最大的挑战是语文学习任务群的设计与实施,这里提供相关实施建议。

(一)语文学习任务群的三种教学形态

自《普通高中语文课程标准(2017年版)》颁布以来,理论和实践界对语文学习任务群的设计与实施作了深入的探讨,总结了一些行之有效的做法,这些都为义务教育阶段语文学习任务群的设计与实施提供了借鉴,但也存在一些理解的误区。以阅读教学为例,可能是因为看到了"语文学习任务群"中的"群"字,很多人认为实施语文学习任务群就意味着要淡化甚至放弃单篇教学,这其实是一种误解。事实上,就阅读教学而言,开展多文本阅读的最终目的还是为了培养学生更为准确和深入地理解单篇文本。语文学习任务群强调的是"任务"的群而不是"文本"的群。由此,语文学习任务群的设计与实施就可以分为三种形态:一是基于单篇的语文学习任务设计与实施;二是基于多篇的语文学习任务设计与实施;三是基于项目的语文学习任务设计与实施(见图9-3)。

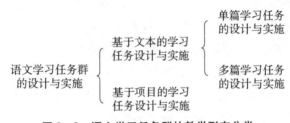

图9-3 语文学习任务群的教学形态分类

基于单篇的语文学习任务设计就是围绕某一篇文本确定学习任务,设计若干个语文学习活动。当然,在活动设计中,也可能会补充一些相关文本作为学习资源,但是,补充这些文本的目的还是为了所学的这个单篇。

基于多篇的语文学习任务设计就是同时围绕多篇文本确定学习任务,设计若干个语文学习活动。这类学习任务又可以分为两种:第一种是依托教材中的某个单元,通过聚焦某个主题的任务将各篇串联起来实施大单元教学;第二种是教师打乱自然单元,围绕某个主题将教材中不同单元的文本重新组合成一个新的学习单元进行设计与实施。

基于项目的语文学习任务设计是围绕某一个语文问题或者某一种语文实践活动展

开的,这类任务往往需要较长的实施时间,有时需要持续数周甚至一个学期。

(二)语文学习任务群设计的"六要素模型"

虽然不同教学形态的语文学习任务群具有各自不同的特点,也有不同的内容指向,但是,就基本的设计要素和实施路径而言,它们还是有共性的。事实上,课标对语文学习任务群所作的描述性定义中就已经包括了主要的设计要素,如目标、情境、活动、过程、资源等,只不过因为政策文本的特殊性,没有对这些要素进行系统化安排。结合课程标准修订稿的描述,在设计与实施语文学习任务群时,可以考虑采用"六要素模型"。

1. 六要素模型的结构系统

顾名思义,六要素模型是由六个要素,即学习目标、真实情境、活动过程、学习支架、评价工具、实践反思构成的任务设计系统。这六大要素彼此关联,环环相扣,形成一个完整的闭环结构(见图9-4)。它就像一张"施工图纸",清晰地规划出了语文学习任务的"四梁八柱",教师只要依据这六个要素"按图索骥",就可以形成一个结构完整、操作性强的设计方案。

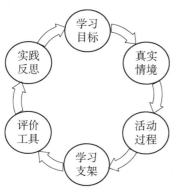

图9-4 语文学习任务群设计的六要素模型图

2. 六要素模型的设计要领

限于篇幅,这里仅以学习目标为例,简述模型要素的设计要领。如上所述,学习目标是教学的起点和归宿,也是教学设计首先需要考虑的问题。尤其是在课标修订稿以动态的语文学习任务群代替了静态的知识能力点之后,教学就更容易出现学习目标的游移,因为热闹的"活动"更容易转移师生的注意力,让师生只顾活动的热闹而忽略了学习的目标。这就要求教师在设计学习任务时必须树立清晰的目标意识。

确定学习目标,要坚持"基于课程标准"的原则,但课程标准规定的只是学段目标,其内容相对概括和宏观,很多条目并不适合直接运用到单元或课时教学中。与课程目标相比,学业质量标准刻画的是典型的学业表现,内容相对具体,因此也是目标确定的重要依据。除此之外,还要统筹考虑学情、教材、资源等因素,形成适合自己学校和班级的目标序列,实现国家课程的校本化建构。

(本文系浙江省第一批省级课程思政教学研究项目"综合性学习设计模型在语文学科教学类课程思政教育中的应用研究"阶段性成果)

第 10 章

素养立意的数学课程
——《义务教育数学课程标准(2022 年版)》解读

唐彩斌　史宁中

作者简介：唐彩斌/华东师范大学教师教育学院教育博士研究生；浙江省杭州市钱学森学校、时代小学校长，特级教师、正高级教师；《义务教育数学课程标准(2022 年版)》修订组核心成员（杭州　310009）。史宁中/东北师范大学教授；《义务教育数学课程标准(2022 年版)》修订组组长（长春　130024）

十年修一回，按照国家有关部门的统一部署，一般国家课程标准以十年为周期修订更新，成为一种政策机制和工作惯例。从 2001 年研制《义务教育数学课程标准(实验稿)》(以下简称 2001 数学课标)开始，经历修订后的《义务教育数学课程标准(2011 年版)》(以下简称 2011 数学课标)，再到最新修订的《义务教育数学课程标准(2022 年版)》(以下简称 2022 数学课标)，与时俱进，迭代更新。与过去的课标相比，最新的课标到底做了哪些改变？作为义务教育阶段的基础学科，数学课程将发生哪些变化？哪些得到了扬弃，哪些得到了革新？基于核心素养的数学课程目标如何确立？数学课程的结构做了哪些调整？数学课程的主题和内容做了哪些"增、删、改"？在新时代评价改革的背景下，学业要求和学业评价将有哪些新提法？新标准对教材编写和教师教学、教研又有哪些同步的要求，信息技术、人工智能等新技术给数学带来了怎样的挑战和机遇？课程标准本身的体例又做了哪些优化？本文并非官方的全面解读，笔者精选对广大数学教育工作者来说特别重要的方面予以梳理阐释，权当导读。

一、背景与问题

（一）修订背景

十八大以来，党中央提出"把立德树人作为教育的根本任务"。教育部在 2014 年发布了《关于全面深化课程改革　落实立德树人根本任务的意见》，提出研制我国学生发展核心素养体系，并要求依据学生发展核心素养体系，进一步明确各学段、各学科具体的育人目标和任务，完善高校和中小学课程教学有关标准。把学生发展核心素养落实在数学课程中，就成了修订"2022 数学课标"的一个重要目标和任务。

进入 21 世纪以来，信息技术得到了迅猛发展，大数据、云计算、物联网和人工智能成为新时代的发展特征，而在这些新技术发展背后，数学发挥着越来越重要的基础性作用。人们越来越真切强烈地感受到：数学的应用已渗透到现代社会的各个方面，无处不在，无时不有，无人不需，数学直接融入到日常的现实世界中，影响着人们的生活和工作，为社会创造价值，推动社会的进步和发展。数学在现代社会的地位也影响着数学在基础教育中的定位。

教育，国之大计。我们身处的时代，正处在"两个一百年"奋斗目标的历史交汇点，正全力奋进实现中华民族伟大复兴的中国梦，把科技创新摆在更加重要的位置，坚持走"中国特色自主创新"道路，吹响建设"世界科技强国"的号角。自全国教育大会召开以来，中共中央、国务院出台了《关于深化教育教学改革全面提高义务教育质量的意见》等一系列重要的、指向义务教育的文件，为新时期的义务教育提出了系列重要的要求，对每一门学科的教育起到了深远的影响。这要求包括数学教师在内的每一位学科老师在日常教育教学中落实落细，为党育人，为国育才。

近年来，国家有关部门联合出台《关于加强数学科学研究工作方案》，足见数学的基础性和独特的重要性。数学作为自然科学的基础，作为义务教育的基础学科，在形成人的理性思维、科学精神和促进个人智力发展中有着不可替代的作用。数学素养是现代社会每一个公民应当具备的基本素养。数学教育具有落实立德树人根本任务、实施素质教育的功能，这进一步提高了人们对数学学习的要求和期待。基于此，新课标的修订希望在新时代背景下能够为未来公民的发展打下坚实的基础，使其具备更强的竞争力、更多发展的可能性。

（二）存在问题

进入新世纪以来，义务教育数学新课程改革取得了较好的成果，但也存在一些问题。从数学课程目标来看，尽管开始从双基到四基转变，但囿于基础知识和基本技能的训练的现象常有发生；数学教学长期以来"学科为本"，未能跳出学科，站在学科育人更广阔的视角实现全面育人，离"学生为本"还有差距。在课程结构和主题内容方面，通过新世纪以来课程改革，繁难偏旧的内容得到了改善，但数学学习的四个领域的内容不够均衡，传统的"数与代数"依然占据大比例，有些板块内容单薄以至于难以"螺旋上升"，甚至在实际教学中只是"蜻蜓点水"；具体的课程内容还需要优化，尤其是贴近学生现实生活的真实问题、跨学科综合性的实践活动还需要进一步更新。在教学方式方面，倡导独立思考和小组合作，但在日常的教学中"老师讲学生听，学生做老师评"成了常态。在数学学习评价方面，"唯分数"倾向客观存在，兼顾过程和结果、多维度、立体化地评价学生数学学习表现的还是少数。此外，数学课外培训市场活跃，"学习数学的校外负担偏重"的现象普遍存在，对此国家出台了《关于进一步减轻义务教育阶段学生作业负担和校外培训负担的意见》等系列文件，强调学校应该发挥数学教育教学的主阵地作用，减少校外数学培训，减轻数学学科作业负担，在校内实现人人获得良好的数学教育，不同的人在数学上获得不同发展的目标。

为了更好完成义务教育数学课程标准的修订工作，2019 年 3 月，教育部成立专项调研组，在全国抽取 6 个省 54 个区县的 3 250 名中小学数学教师和教研员，对"2011 数学课标"的实施情况作了调研。结果显示存在如下具体问题。

1. 考试评价与课标要求不一致

在调研过程中，很多教师认为现行数学教学中，存在考试要求高于课标要求和教材要求的现象，为了应对考试，教师需要补充一些内容，导致课时紧，教学任务完成有难度；一些教材习题部分的要求相对于例题来说难度过大，习题中出现的新解法与思路促使教师不得不在规定的教学内容之外增加额外的内容。此外，教育管理部门和学校的考核过于频繁，这与学科核心素养的养成需要循序渐进推进的现实不一致。

2. 小学阶段与初中、幼儿学段衔接不够

有部分教师反映，小学与初中内容存在衔接不够的现象，一些概念和方法在小学和初中都有出现，但小学和初中的层次性不明确。例如，鸡兔同笼问题、三角形内角和等内容，小学和初中的衔接不够清晰。一些内容领域的能力目标，如运算能力，在中小学的要求层次也不明晰。还有教师反映，小学教学内容较以前有所减少，造成学生运算能力下降，甚至影响初中的进一步学习。从幼儿阶段到小学阶段的过渡不够自然，造成学生有厌学的情绪和倾向。

3. 综合与实践领域没有得到有效落实

课程标准中对综合与实践的描述比较宏观，内容不具体，要求不明确，因此，大部分教师没有把综合与实践活动纳入到教学活动中。比如，课标中要求"在实践活动中，了解要解决的问题和解决问题的办法"，因为没有具体的内容作为依托，也没有评价的要求和具体实施的建议，所以缺乏可操作性。大部分教师认为，课程标准应该给出具体的综合与实践内容的目标要求、教学操作的具体建议以及评价要求或建议。

不同版本的教材虽然以不同形式编写了综合与实践的内容，比如数学广角、数学活动、课题学习、综合与实践等，但由于考试不考这些内容，大部分教师也都不教这些内容。由上述可见，综合与实践领域没有得到有效的落实。

4. 课程标准与当前信息技术发展水平不适应

随着信息技术的发展，人工智能、大数据等已经渗透到人们生活的方方面面。电子产品、各类软件、网络平台等为人们的生活和学习提供了更加便利的工具。相比之下，现行课标中有关信息技术的内容已滞后于信息技术的发展，不能满足学生的需求，并且教材中使用的信息技术种类单一，与当前信息技术发展水平不适应，需要对课标中信息技术的内容进行调整。应当鼓励有条件的地区和学校在信息技术以及新的智能技术方面先行先试，技术赋能，提升数学教育的现代化程度和水平。

二、基础与进展

（一）实践基础与进展

从 2001 到 2011，从 2011 到 2022，数学课程标准十年修一版，融入了广大数学教育工作者的实践智慧。数学课标的每一次迭代更新都彰显了数学教育教学理念的深刻变化，促进了教育工作者对数学教育功能的理解和把握，改进了数学课程结构与内容设计，引领了广大一线数学教师教育教学理念的转变，引发了数学课堂教学形式的变革，推动了数学教学评价和数学教材编写的发展，提升了我国义务教育数学教育教学的整体水平。

1. 课程目标逐渐清晰

课程改革的核心是强调学生的全面发展，强调"立德树人"根本任务的落实。我国基础教育阶段数学教育的传统和特色是"双基"，强调基础知识扎实、基本技能熟练。数学课程改革的课程目标，在强调具有结果属性的"双基"的基础上，进一步强调具有过程属性的基本思想和基本活动经验，这样就把课程目标由"双基"变为"四基"，实现了结果性目标与过程性目标的统一。同时,在传统的培养分析和解决问题能力的基础上,进一步强调培养发现和提出问题的能力,这样就把"两能"变为"四能",适应了培养创新性人才的需要。

2. 教学方式逐渐优化

为了上述课程目标的达成,就必须改变传统的以教师讲授为主的数学教学活动模式。在数学教学活动中,不仅要关注教师如何教,更要关注学生如何学;要设计合理的教学情境,提出合适的数学问题,引导学生独立思考,鼓励学生与他人交流;要让学生在掌握数学知识和技能的同时,感悟数学的基本思想,积累数学思维与实践的活动经验。

各级教师培训和教研部门积极组织和推进培训与研修相结合,线上与线下相结合,使得教师专业能力得到了很大提升。广大一线中小学数学教师对用"四基""四能""三会"表述的课程目标耳熟能详,并且积极实践基于课程目标的数学教学活动,对促进我国基础教育阶段数学教育水平的提高起到了巨大的作用。探究学习、合作学习、自主学习等多元方式已经被教师运用于日常教学活动,并得到了学生的认可。这样的教学活动,能够促进学生独立思考、质疑探究、合作交流,在掌握数学知识技能的同时,积累数学的思维和实践的经验,形成和发展创新意识与能力。

3. 课程结构趋向合理

与20世纪末实施的教学大纲比较,"2001数学课标"将九年义务教育划分为三个学段,即1~3年级、4~6年级、7~9年级,每个学段设置四个学习领域,即在"数与代数""空间与图形""统计与概率"三个知识领域的基础上,三个学段还分别设置了实践活动、综合应用、课题学习。其中,将统计与概率作为一个单独的学习领域设置在我国义务教育数学课程中尚属首次,并且尝试用活动的形式关注数学内容的相互联系以及数学知识的综合运用。

"2011数学课标"将三个知识领域修订为"数与代数""图形与几何""统计与概率",其中把"空间与图形"修订为"图形与几何"是为了强调基于基本事实的逻辑推理;用"综合与实践"统一原来三个学段分别设置的实践活动、综合应用、课题学习,使得义务教育阶段数学课程结构统一为四个领域。

4. 课程内容逐渐完善

随着课标的修订,对四个领域的内容不断进行调整,最终形成比较完善的内容体系。

在"数与代数"领域,"2001数学课标"中"数与代数"是一个独立的领域,除了学习数与运算的基本知识和技能,还强调增强应用意识,渗透数学模型思想。在第一、二学段都设置了探索规律的内容要求,目的是加强学生的自主活动,学会探索模式,发现规律,而不是死记结论,死套公式和法则。"2011数学课标"中,第一、二学段内容略有增加,特别是增加了"在具体情境中,了解常见的数量关系:总价=单价×数量、路程=速度×时间,并能解决简单的实际问题"。让学生了解一些常见数量关系,特别是运用这些数量关系解决问题,是小学阶段问题解决的核心。标准中增加这一要求,为小学数学课程中发展学生问题解决能力目标的实现提供了重要基础。

初中"数与代数"领域的内容总体上经历了逐步精简、适当增加、系统整合、注重应用的发展历程。主题划分围绕"数与式""方程与不等式""函数"等三大部分不断调整,减少了笔算、技巧性的有关计算问题,增加了符号意识、运算通法等内容;降低了对运算的复杂程度、熟练程度、运算难度的要求,但强化了近似计算和估算技能。建立方程和不等式的数学模型分析解决实际问题,以及建立函数模型解决简单实际问题等内容更是在不断增强。

"图形与几何"领域的内容发生了较大变化,"2001数学课标"以实验几何为主,采用先实验几何后论证几何的方法,即先通过直观观察、画图、折叠等发现几何图形的性质与关系,选择已经发现的几何命题作为基本事实证明其他几何命题;对于计算长度、面积和体积的过于繁琐的度量单位,比如亩等,尽量保持精简。"2011数学课标"中,初中阶段加强几何证明,仍然采用论证几何与实验几何结合的方法,但以论证几何为主,对于大部分几何命题都要求探索发现、说理证明。

"统计与概率"领域的内容,大多数是"2001数学课标"中新增设的,尤其是小学阶段也有了与概率相关的内容,如可能性等。"2011数学课标"做了适度调整,在第一学段基本上就没有单独的有关概率的内容,使得内容更加符合学生的认识水平。在平均数的教学上增强统计的意义,将概率的内容都移到初中阶段进行教学。

(二)国际动态与经验

"他山之石,可以攻玉。"修订组专家组织翻译、出版了《十三国数学课程标准评介(小学、初中卷)》,并在世界范围内选取美国、英国、芬兰、中国、新加坡、澳大利亚六个国家的数学课程标准作为研究对象,进行文本比较研究。

1. 在课程理念与目标方面,世界各国的数学课程标准都强调教育的公平性问题,都关注每一个学习者个体在学习数学的过程中应享受到公平的机会和资源。

2. 在课程学段划分方面,美国、澳大利亚、新加坡的数学课程标准均未划分学段,而是以年级为单位,逐级依次规定数学课程内容标准。而英国、芬兰和我国的数学课标中的内容标准部分,都将小学及初中的学业划分为若干学段,并分别对每一学段统一作出相应规定,而非对每个年级——展开描述。

3. 在课程内容分布方面,六国数学课标在内容总体分布上都一致呈现出以下情况:"数与运算"和"几何"内容所占比重较大,"代数""测量""统计与概率"及"其他"内容相对分布较少。相较而言,我国的"几何"内容所占比重偏大。

4. 在具体的认知要求方面,各国都提出重视"问题解决",特别是新加坡,还将"问题解决"放在数学学习的中心位置。很多国家还强调"推理""表达""联系"。尽管分科课程的设置一直是学校课程设置的主要形式,但是"将分隔开的学习科目紧密联系在一起,形成综合课程"的观点也同时存在。当今社会,学科之间的界限越来越模糊,学科之间的联系越来越紧密。很多国家已将跨学科内容融入到数学课程标准中,重视"联系"类要求,特别注重数学学科内部、跨学科以及数学与社会生产生活的联系。

5. 在信息技术方面,在信息科技高度发达并且日益发展变化的21世纪,对于信息与通信技术的掌握与应用也显得尤为重要。数学学科与信息通信技术的联系相比其他学科更为紧密。

6. 在国际测评方面,除了数学课程标准的国际比较,近年来,中国的数学教育也以各种方式融入到全球教育中。中国多次参加经济合作与发展组织(OECD)组织的PISA测试,还在上海成功举办了第十四届国际数学教育大会,能够更为直接地感受到国际数学教育关注的热点。2021 PISA测评框架依然是以"数学素养"作为主要测评项。新版的测评标准以"21世纪技能"替代原来的"关键能力",并提出了8项"21世纪技能",其中与数学相关的主要包含"创造和创新力""批判性思维与问题解决""交流与合作""信息素养"。

7. 在学习方式方面,近年来,主要有美国兴起的STEAM课程,综合了技术、工程、艺术、数学等学科,风靡全球。欧美一些国家旗帜鲜明地提出,知识经济时代的教育目标之一是培养具有STEAM素养的人才,并称其为全球竞争力的关键。由此,跨学科的综合实践活动、主题学习和项目化学习也随之引发关注和实践。2019年,《关于新时代推进普通高中育人方式改革的指导意见》中提出要注重"项目设计"等跨学科综合性教学;同年发布的《关于深化教育教学改革全面提高义务教育质量的意见》中提到,"要探索基于学科的课程综合化教学,开展研究型、项目化、合作式学习",项目化学习受到空前关注。

为更全面地掌握项目化学习近年来在国内的研究现状,修订组专家做了文献分析,在中国知网(CNKI)上以"项目学习"为主题进行检索。结果显示,1991年至2021年间共有相关文献 2 790 篇,其中与教育相关的有 1 609 篇,占 57.67%(图 10-1);从纵向来看,文献数量呈逐年上升趋势,自 2008 年起增长尤为显著(图 10-2)。

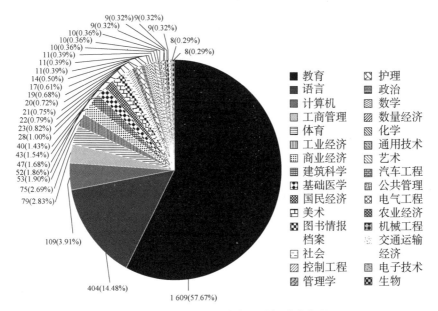

图 10-1 项目化学习发表文献领域分布图

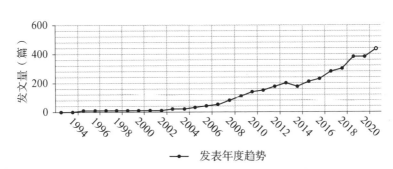

图 10-2 项目化学习历年发表文献数量统计

三、传承与变化

(一)修订原则与思路

义务教育数学课程以习近平新时代中国特色社会主义思想为指导,落实立德树人根本任务,致力于实现义务教育阶段的培养目标,反映数学的本质和发展动态,适应现代社会和科学技术的发展要求,面向全体学生,使学生通过数学学科的学习,形成和发展面向未来社会生活所需要的核心素养。

课程目标以核心素养为导向,体现学生的数学基础知识、基本技能、基本思想和基本活动经验(以下简称"四基")的获得与发展,明确运用数学知识与方法发现、提出、分析和解决问题的能力(以下简称"四能"),形成正确的情感、态度和价值观。核心素养是在数学学习过程中逐渐形成和发展的,针对不同学段学生的发展水平提出不同要求。

这次修订的数学课程标准遵循了两个基本原则:一是保留"2011数学课标"的合理内核;二是延续《普通高中数学课程标准(2017年版)》所倡导的数学核心素养。这既是对过去十年数学课程的经验传承,同时也是为实现义务教育阶段和高中阶段的有序衔接,彰显整体性、一致性和发展性。

修订的主导思路是问题导向和结果导向相结合,自上而下与自下而上相结合,国际先进教育理念和国内基层实践创新经验相结合。修订过程中依据国家相关的重要政策和文件精神,参考借鉴国际教育改革的先进理论和经验,充分考量数学课程的具体特点。修订过程中也尊重来自基层,包括教材编写者、教研员和广大一线教师的实践经验和建议,充分考虑学生的年龄特征和教师教学的可操作性,保持稳中求进的总基调。

(二)内容变化与突破

从整体上来说,课程标准的文本分为课程性质、课程理念与设计思路、核心素养与课程目标、课程内容、学业质量、课程实施、附录等。相对来说,学业质量,是修订后增加的新板块。原来的课程标准指明教什么,现在有了"学业质量",还将明确"教到什么程度"。为了方便广大数学教育工作者理解和应用,新修订的课程标准新增了很多案例,篇幅由原来的6万多字,增加到约10万字,保持简洁,纲举目张,同时易于学懂弄通。

1. 课程目标:从"三维目标"到"核心素养",立意全面发展

本次数学课标的修订,确立了基于核心素养的课程目标。拟定义务教育阶段数学课程的总目标:通过义务教育阶段的数学学习,学生逐步会用数学的眼光观察现实世界,会用数学的思维思考现实世界,会用数学的语言表达现实世界。学生能获得适应未来生活和进一步发展所必需的数学基础知识、基本技能、基本思想、基本活动经验;体会数学知识之间、数学与其他学科之间、数学与生活之间的联系,在探索真实情境所蕴含的关系中,发现问题和提出问题,运用数学和其他学科的知识与方法分析问题和解决问题;对数学具有好奇心和求知欲,了解数学的价值,欣赏数学美,提高学习数学的兴趣,建立学好数学的信心,养成良好的学习习惯,形成质疑问难、自我反思和勇于探索的科

学精神。① 既包括了"四基",也涵盖了"四能",在原来"三维目标"的基础上凝练了"核心素养"导向的课程目标,以更好地落实"立德树人"根本任务。

本次修订将数学核心素养分为三个方面(简称"三会"):会用数学的眼光观察现实世界;会用数学的思维思考现实世界;会用数学的语言表达现实世界。在此基础上进一步阐述了核心素养在各个学段的具体表现,既和《普通高中数学课程标准(2017 年版)》的"三会"②保持一致,也从具体的学段表现上蕴含"2011 数学课标"的十个"核心词"。目前的表述方式从内涵上将小学、初中、高中的核心素养表现贯通起来,使得整个基础教育阶段的数学课程标准达成统一,表现出整体性、一致性和发展性(图 10-3)。

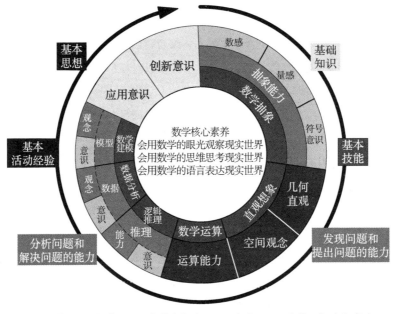

图 10-3 数学核心素养与各学段具体表现对应图

在义务教育阶段,数学眼光主要表现为抽象能力(包括数感、量感、符号意识)、几何直观、空间观念与创新意识。数学思维主要表现为运算能力、推理意识或推理能力。数学语言主要表现为数据意识或数据观念、模型意识或模型观念、应用意识。

---

① 中华人民共和国教育部.义务教育数学课程标准(2022 年版)[S].北京:北京师范大学出版社,2022:11.
② 中华人民共和国教育部.普通高中数学课程标准(2017 年版)[S].北京:人民教育出版社,2018:2.

学生在小学阶段和初中阶段的认知发展具有明显的阶段特征，与之对应的数学课程要求也存在差异，因此数学核心素养的表现分为小学与初中两个层次。小学阶段，数学核心素养具体表现为：数感、量感、符号意识、运算能力、几何直观、空间观念、推理意识、数据意识、模型意识、应用意识、创新意识。这样，小学阶段学生的思维以具象为主，核心素养的表现侧重于意识，即基于经验的感悟。初中阶段学生具备了一定的抽象能力，核心素养的表现侧重于观念，即基于概念的理解；高中阶段学生已经具有较强的抽象能力，核心素养的表现侧重于能力，即基于理解的掌握。

无论是课程的总目标还是分阶段目标，在描述课程目标的时候，都要和核心素养及具体表现紧密关联，这样才便于将核心素养真正落地落实。

2. 学段划分：学段细分调整，更关注学生心理特征

为体现义务教育数学课程的整体性与发展性，根据学生数学学习的心理特征和认知规律，充分考虑幼小衔接的需要，将九年的学习时间划分为四个学段：1~2年级为第一学段，3~4年级为第二学段，5~6年级为第三学段，7~9年级为第四学段。

之前对于小学阶段，不同学科课程标准的学段划分标准也不尽相同，在这一次调整中，各学科的学段划分基本一致。同时，从数学学习的实际情况来分析，一、二年级和三、四年级的差异比较大，能够把学段分得更细一点，也有利于关照到这一阶段学生学习和生活的实际，而且将一、二年级作为单独的一个学段，也更能充分地考虑到幼小衔接的开展，更利于学生健康全面成长。

九年义务教育可以采用"六三"学制，也可以采用"五四"学制。根据各自特点，合理组织与安排课程内容。"五四"学制第二学段（3~5年级）目标主要参照"六三"学制第三学段（5~6年级）目标确定，适当降低要求。"五四"学制第三学段（6~7年级）目标在"六三"学制第三学段（5~6年级）目标基础上合理提高要求，结合"六三"学制第四学段（7~9年级）目标确定，使"五四"学制6~9年级目标进阶更加科学。

虽然课程标准以"六三"学制为主要参照进行描述，但并不意味着全国统一"六三"学制。相反，在当前的教育形式下，尤其是九年一贯制的办学条件下，鼓励部分地区部分学校在"五四"学制方面作出新的探索。

3. 领域主题：从知识点到主题块，取向整合综合

"2022数学课标"包括"数与代数""图形与几何""统计与概率""综合与实践"四个领域。与修订前相比，四个领域的名称保持不变；为了更好地融入数学核心素养，更好地体现数学的整体性和一致性，对领域下的主题进行了结构化调整。

表 10-1 各学段数学主题分布图

领域	主题			
	第一学段 (1~2年级)	第二学段 (3~4年级)	第三学段 (5~6年级)	第四学段 (7~9年级)
数与代数	● 数与运算 ● 数量关系	● 数与运算 ● 数量关系	● 数与运算 ● 数量关系	● 数与式 ● 方程与不等式 ● 函数
图形与几何	● 图形的认识与测量	● 图形的认识与测量 ● 图形的位置与运动	● 图形的认识与测量 ● 图形的位置与运动	● 图形的性质 ● 图形的变化 ● 图形与坐标
统计与概率	● 数据分类	● 数据的收集、整理与表达	● 数据的收集、整理与表达 ● 随机现象发生的可能性	● 抽样与数据分析 ● 随机事件的概率
综合与实践	以解决实际问题和跨学科实践为主,主要分为主题活动和项目学习。第一、二、三学段主要采用主题式学习,将部分知识内容融入主题活动;第四学段主要采用项目式学习。			

比如,小学阶段的"数与代数"领域原来有"数的认识""数的运算""常见的量""式与方程""正比例与反比例"和"探索规律"等主题,修订后整合为"数与运算""数量关系"两个主题。"图形与几何"领域原来有"图形的认识""测量""图形的运动""图形与位置"等主题,修订后整合为"图形的认识与测量""图形的位置与运动"两个主题。"统计与概率"领域把"分类"调整为"数据分类",突显对学生数据意识的培养;原来的"简单数据统计"调整为"数据的收集、整理与表达";主题"随机现象发生的可能性"不变。"综合与实践"领域充实了具体内容,使得课程结构更加突显数学学科的整体性和一致性,与其他学科的融合则体现跨学科学习的设计理念,提高学生综合运用所学知识解决问题的能力,提升学生核心素养。

"数与代数""图形与几何""统计与概率""综合与实践"四个领域,贯穿义务教育阶段的四个学段。其中,"数与代数""图形与几何""统计与概率"以数学核心内容和基本思想为主线循序渐进,对每个学段的主题进行了结构化调整;"综合与实践"领域更加突显数学学科与其他学科的融合,以主题式学习或项目式学习的方式呈现。第一至第三学段以主题式学习为主,将部分知识内容融入主题活动,高年级可适当开展项目式学习;第四学段以项目式学习为主。

4. 课程内容：从学科本位到学生立场，适当增减调整

新修订的课程标准，在描述每个领域的课程内容时从"内容要求""学业要求""教学提示"三个方面呈现。内容要求主要描述学习的范围和要求；学业要求主要明确学段结束时学习内容与相关核心素养所要达到的程度；教学提示主要是针对学习内容和相关核心素养达成的教学建议。三个方面充分描述了"学什么""怎么学""学到什么程度"，能够发挥更好的指导作用。

（1）数与代数领域

"2022 数学课标"中的"数与代数"部分，面向小学阶段，把原来"数的认识""数的运算""常见的量""式与方程""正反比例""探索规律"等多个主题，浓缩为"数与运算""数量关系"两个主题，使得数学概念的认知与数学概念的性质和关系融合，有利于学生认知数学的本质，形成数学的直观；把简易方程和反比例的内容移到初中，是为了强化学生的符号意识，使学生感悟用数学符号表达数量关系的合理性与必要性，形成和发展数学抽象的核心素养；课标第一次明确提出"数量关系"主题，明确了小学阶段常见的数量关系：总量＝分量＋分量、总价＝单价×数量、路程＝速度×时间，使学生能解决简单的实际问题。这些调整对教材编写和日常教学有着直接的指导意义。

明确"数量关系"方面的学业要求，使学生能在熟悉的生活情境中运用数和数的运算，合理表达简单的数量关系，解决简单的问题；能在解决问题的过程中，体会解决问题的道理，解释计算结果的实际意义，感悟数学与现实世界的关联，形成初步的模型意识、几何直观和应用意识。在学生已经了解四则运算含义的基础上，进一步认识数量关系与解决问题。设计合适的问题情境，引导学生分析情境中的数量及数量之间的关系，合理运用常见数量关系的形式予以表达。在这样的过程中，启发学生用数学的语言表达实际情境中的数量关系，形成初步的模型意识，提升学生问题解决能力。

本次修订把"常见的量"的许多内容充实到"综合与实践"中，以强调跨学科学习，强化学生对现实世界真实问题的探索。

小学阶段做足"用字母表示数"的文章，不急于呈现"方程"概念，一方面是减轻学生认识新概念的认知负担，另一方面也是为了更能突显"方程"这个数学概念的本质属性。小学阶段虽然没有出现方程，但加强了"用字母表示数"的含义，强调用字母表示数量的关系、性质和规律。同时，也可以用字母表示数来解决问题。在重视代数思维的今天，修订本身也是旨在加强代数思维的启蒙。在小学阶段教好"用字母表示数"的内容，将来到中学学习方程时，就水到渠成，并更能显示方程的意义。

在第二学段的数量关系"学业要求"中，特别提到"能在日常生活的推理中，理解并且合理运用基本事实",其中"等量的等量相等"可以作为一个基本事实,作为解决实际问题过程中推理的依据,帮助学生形成初步的推理意识。这部分内容,原来处于一种默会的状态,新修订后的课标要求能够把事实明晰化,把推理显性化。

初中阶段,仍然保持"数与式""方程与不等式""函数"三个领域。但是,数的认识与运算是小学阶段的正有理数认知与运算的扩充,代数式、方程、函数是小学阶段数量关系的发展。在扩充和发展的过程中,启发学生感悟数学概念和方法的意义,特别是感知产生新概念和新方法的合理性与必要性。"2022数学课标"还有一个明显特征,就是强调代数的逻辑证明,明确给出了若干个代数的基本事实,用于代数结论的证明,并且把与"韦达定理"有关的选修内容变为必修。

(2) 图形与几何领域

在"2022数学课标"中,小学阶段把"图形的认识""测量""图形的运动""图形与位置"四个主题整合为"图形的认识与测量""图形的位置与运动"两个主题,也是为了把几何概念的认知融入到概念的性质、关系与规律的认知中。在小学阶段增加了"尺规作图"的内容,不仅有利于学生认识和理解几何概念,也有利于培养学生建立几何直观,增强空间想象力和推理意识。结合当下儿童的年龄特征和学习心理特点,以及新时期数学教育的新要求,修订后的课标在小学阶段增加一些动手做数学的学习活动,多一些用直尺和圆规作图的经历,增强空间观念和几何直观,引导学生把头脑中想象的图形用数学语言表达出来。积累活动经验,增强学生对数学的感觉,改变学生学习方式,丰富活动经验,感悟数学思想,为后续学习作准备。

在具体教学中,小学阶段增加用直尺和圆规作图的内容,本意是在"图形与几何"部分加强直观,不强调作图法,强调动手和直观。作图也是数学学科核心素养中提到的"会用数学的语言表达现实世界"的直观表达方式之一。

严格的演绎推理在中学阶段会系统展开,在小学阶段也尽量让学生有这样的经历和体验。在教学三角形的三边关系时,可以培养学生在具体操作过程中发现一般规律的能力。例如,给出几组三条线段,有的能够构成三角形,有的不能构成三角形,启发学生在操作过程中思考三角形三条边长之间的关系,感悟命题"两边之和大于第三边"的意义;然后,可以引导学生用"两点之间线段最短"这个基本事实说理数学命题的正确性,形成推理意识。小学阶段,这种严谨的推理不多,对此也不作过高的要求,但经历这种推理过程,对学生的思维方式会有"从无到有"的积极意义。

初中阶段,仍然保持"图形的性质""图形的变化""图形与坐标"三个领域,但强调几何直观与代数表达的关联,特别是对于"尺规作图"教学,要求启发学生感知如何想到要这样作图。

（3）统计与概率领域

在"2022数学课标"中，小学的三个阶段内容主题依次设置为"数据分类""数据的收集、整理与表达""随机现象发生的可能性"，初中阶段设置"抽样与数据分析""随机事件的概率"两个主题。为了适应大数据时代的发展，在小学阶段把百分数移到"统计与概率"领域。

引进百分数的学习，是让数据在同样单位下利于比较。百分数是两个数量倍数关系的表达，既可以表达确定数据，如饮料中果汁的含量，以及税率、利息和折扣等，也可以表达随机数据，如某位职业篮球运动员罚球命中率、某城市雾霾天数所占比例等，引导学生了解利用百分数可以作出判断和预测。同时，结合统计图的学习，让学生知道用扇形统计图能更清楚地表示百分数中部分与整体的关系。在具体教学时，建议利用现实问题中的随机数据引入百分数的学习，让学生感悟百分数的统计意义。

在初中阶段，增加了数据分类、百分数和平均数的分布式计算以及四分位数与箱线图等内容。

（4）综合与实践领域

经过课标修订的多次调整，"综合与实践"领域的内涵逐渐清晰，具体内容也得到充实。

修订后的"综合与实践"分为两类。第一类是融入数学知识学习的主题活动，在这类活动中，学生将学习和理解数学知识，感悟知识的意义，比如：年月日时分秒的认识，东南西北方向的认识，以及负数等；第二类是应用数学知识及其他学科知识的主题活动，在这类活动中，学生将综合应用数学知识解决问题，体会数学知识的价值以及数学学科与其他学科知识的关联。之前综合与实践的内容，可学可不学，但现在是必学必考了。当然，不是考知识，关键是要评测出综合与实践背后的素养。

综合与实践领域更加突显数学学科与其他学科的融合，现在各学科都要有不少于10%的课时用来开展跨学科主题活动，以主题式学习或项目式学习的方式呈现。为了便于理解，修订后的课标分别列举了主题活动名称及具体的活动内容，以供参考。在教材编写或教学设计时，可以使用不同的主题名称，设计不同的活动内容，但要关注主题内容的选取和学生的接受能力，达到主题活动的内容要求和学业要求。在实际组织教学活动过程中，因地制宜，因校而异，百花齐放。从实际的教学活动经验来看，学生的潜力无限，只要给学生时间和空间，他们的表现总不会让我们失望，总给我们带来惊喜。据实践研究发现，后进生在主题学习或项目活动中常常有更多"令人惊喜"的表现，为了促进不同的人学习不同的数学,在学习数学上也要尽可能地多一些方式。

5. 学业质量:从知识技能到核心素养,多元多样评估

学业质量是学生完成相应学段数学课程学习任务后,在数学核心素养方面应该达到的水平及其表现。学业质量标准以核心素养及其表现,课程总目标以及学段课程内容要求、学业要求为依据,是对学生学业成就表现的总体刻画,反映学段课程目标与核心素养要求的达成度。

数学学业质量标准主要从以下三个方面来评估学生核心素养的达成及其发展:(1)以结构化数学知识主题为统领,在形成与发展"四基"的过程中所达成的运算能力、空间观念、几何直观、抽象能力和推理能力;(2)从学生熟悉的生活与社会情境,以及符合学生认知发展规律的数学与科技情境中,在经历"用数学的眼光发现和提出问题,用数学的思维与语言分析和解决问题"的过程中所达成的数据观念、模型观念、应用意识和创新意识;(3)让学生通过经历数学的学习和运用以及实践探索活动的积累,逐步产生对数学的好奇心、求知欲,以及对数学学习的兴趣和自信心,初步养成认真勤奋、独立思考、合作交流、反思质疑的学习习惯,初步形成自我反思的意识。

修订后的课标强调以数学核心素养测评为导向,以学业质量标准为依据,建立目标多元、方式多样、重视过程、促进人人发展的评价体系。日常教学活动评价,要以教学目标达成为依据,全面评价学生在核心素养各方面的综合表现。命题应全面贯彻党的教育方针,落实立德树人根本任务,健全落实机制,全面提高教育质量,发挥科学的教育评价的导向作用。坚持以核心素养为导向,充分体现数学学科的育人价值和功能,引导学生求知问学、增长见识、丰富学识,不断探索学业水平考试命题的改革创新。

四、挑战与建议

做好标准实施的各层次、各方面的组织工作,才能发挥标准修订的真正价值。做好教科书编写、教师培训、校本研修、教学评价等工作,是标准有效落地的基本保障。

1. 教科书编写者需要准确把握数学课程标准修订的新理念与新思想

数学课程必须落实立德树人的根本任务,成为贯彻德、智、体、美、劳全面发展教育方针的重要载体。教材编写者要切实理解数学课程的理念,全面理解和实现核心素养导向的课程目标,以"三会"为统领,融入"四基""四能""情感态度与价值观"的总目标,使学生通过数学课程的学习,在理解和掌握数学知识技能的同时,积累数学思维与实践的经验,逐步形成和发展数学核心素养。认真分析每一个主题的内容要求、学业要求,

把握数学内容的本质和关联的核心素养,选择恰当的问题情境,创设和实施合适的教学活动,把课程的理念和目标落实在具体的教材中。

2. 教师培训与教研人员需要组织系列研训活动,将课标的理念入脑入心

教师是标准的最终实施者,因此,有效的教师培训以及目标明确的校本研修非常重要。数学核心素养的形成不是一朝一夕的,也不是通过个别知识点的学习获得的,因此教师要开展区域层面和学校层面的整体研修、集体备课。中小学校的教学部门应引导教师"整体把握教学内容,注重教学内容与数学核心素养的联系",基于整体备课"制定指向数学核心素养的教学目标,体现全面性、阶段性和可操作性",在具体实践中"创新教学方式,在教学活动中注重真实情境的创设和探究问题的设计",同时"以跨学科主题式学习为载体,促进数学学科育人方式和学习方式的变革",形成和发展数学核心素养。教学管理部门可以组织课堂教学实践研究,创新培训和教研的方式,形成并推广有效的典型案例。

2022 数学课标的颁布和实施对于义务教育阶段数学教学提出了新的挑战,也提供了深入研究和实践的良好契机,必将促进义务教育阶段数学教学改革更加深入,在全面提升学生数学素养的同时,促进中小学数学教师的专业发展。

3. 教师要领会课标修订精神并落实在日常的课堂中

十多年来,广大的中小学一线教师已经在教学实践中积累了丰富的经验,数学教育工作者也进行了许多有意义的研究。2022 数学课标通过基于"三会"的数学核心素养的引入,更加强化了这样的教学理念和方法,即指向核心素养的整体教学。每一位教师都应当清楚教学内容的来龙去脉,以及与数学核心素养的融合,还应当清楚教学内容与前后年级学习内容的关联,使得数学核心素养的达成既有总体目标,又有课堂目标。

作为教师,还要理解标准对各领域主题进行的结构化重组和对部分内容的调整,并将课程与课堂实施有效链接,组织学生开展有深度有意义的学习,实践以素养为导向的数学教育教学。比如,小学阶段的变化有:新设定的"数量关系"主题,新增加的尺规作图的内容,领域调整的百分数内容,以及调整简易方程概念,强化用字母表示数,等等。这样的变化也将对初中教学带来影响,比如,小学阶段调整简易方程概念之后,初中阶段在统筹表述方程的内容上会受到影响;小学阶段增加尺规作图之后,初中阶段在起始尺规作图的教学上也需要重新考量。再比如,"综合与实践"领域被赋予了具体内容之后,课程实施者需要认真理解主题式和项目式学习活动,落实跨学科内容学习和解决真实问题的教学活动。

4. 教学评价设计要以数学课标中的学业质量为依据

课标中新增设的"学业质量"是"学业水平考试命题及评价的依据",因此,"对学生的学习活动、教师的教学活动、教材的编写等具有重要的指导作用"。虽然"学业质量是学生完成相应学段数学课程学习任务后,在数学核心素养方面应该达到的水平及其表现",但"2022数学课标"制定学业质量的基本理念是把数学核心素养的要求与广大教师已经具有的实践经验有机融合,也就是与基于"四基""四能"的教学和评价有机结合。

学业质量的要求与课程总目标是一致的,描述较为整体宏观,与"内容要求""学业要求"相比,更为一般,更指向核心。比如,学业质量提出的"能结合具体情境,认识万以内的数及大小关系,描述四则运算的含义,能进行简单的整数四则运算,形成初步的数感、运算能力和符号意识;能结合现实生活中的事物,认识并描述常见的立体图形和平面图形特征,会对常见物体的长度进行测量,形成初步的空间观念和量感;能对物体、图形或数据按照一定的标准分类,形成初步的数据意识",这不仅融合了"数与代数""图形与几何""统计与概率"三个领域的内容要求,并且描述了与内容相应的数学核心素养在这个学段达成的表现。这样的表述方式旨在指导教师整体把握每一个学段的教学与评价,更具有整体性和发展性。

如果用数学上的图形来直观表达"数学课程标准"的修订,那么每一次修订是一个"点",实施的过程才是两点之间长长的"线",不同数学教育工作者在不同层面和维度的工作将数学教育的事业形成一个"体"。课标文本是静态的,但是修订的过程是动态的,广大的教育工作者可以用实践丰富其内涵,用创新厚实其价值。修订是为了更好地实践,实践也是为了更好地修订,这是数学课程标准的迭代更新,也是教育事业的创新超越。

第 11 章

《义务教育英语课程标准(2022年版)》解读

赵尚华

作者简介：赵尚华/上海市教育委员会教学研究室教研员(上海　200041)

一、修订背景

　　课程标准的颁布和修订反映时代发展的需求和课程改革的要求。十余年来，国际社会和中国在经济、文化、教育等方面经历了巨大的变革，对新时代英语基础教育提出了新的要求，也带来了新的机遇和挑战。《教育部关于全面深化课程改革落实立德树人根本任务的意见》提出了"学生发展核心素养"的概念，要求把核心素养和学业质量要求落实到学科教学中。《普通高中英语课程标准(2017年版)》把核心素养的培育作为英语课程的重要目标，这一目标将下沉到《义务教育英语课程标准(2022年版)》(以下简称"新版课程标准")中。

　　《国家中长期教育改革和发展规划纲要(2010—2020年)》提出，要"培养大批具有国际视野、通晓国际规则、能够参与国际事务与国际竞争的国际化人才"。教育部2014年印发的《教育部关于全面深化课程改革落实立德树人根本任务的意见》指出"立德树人是发展中国特色社会主义教育事业的核心所在，是培养德智体美全面发展的社会主义建设者和接班人的本质要求"。这些重要文件明确了英语课程的育人导向，回答英语课程应"为谁培养人"和"培养怎样的人"的问题。

英语课程的定位和理念也在不断更新。英语课程是培养学生的家国情怀、全球意识和跨文化沟通能力的重要课程。英语课程要有利于学生学习科学文化知识，促进多元思维发展，了解英语国家社会和文化，增进与英语国家人民的友谊和交往。英语课程应培养立足中国国情、具有世界眼光、了解国际社会和英语国家文化的双语人才。

十余年来，义务教育阶段英语教学理念不断更新，各层级教研与培训扎实推进，在很大程度上提升了教学效益，但仍存在诸多问题，如"基于标准的教学"落实不够，教师整体教学设计的意识和能力不均，教学、作业与评价相互割裂，教学方式和学习方式仍较为单一，部分地区学生的学习负担和考试负担仍较重，部分学生没有形成可持续学习能力，各地区英语教研和资源差异较为明显，等等。这些都是"新版课程标准"需要面对和解决的问题。

二、主要变化

"新版课程标准"在 2011 版的基础上，更注重英语课程的育人价值，在课程性质、课程理念与设计思路、课程目标、课程内容、课程实施、课程评价等方面均有较为明显的变化，强化了课程育人导向，优化了课程内容结构，研制了学业质量标准，增强了课程实施的指导，强调了学段衔接。

（一）课程理念与设计思路围绕核心素养培育

"新版课程标准"从课程目标、课程结构、课程设计、课程实施、课程评价、课程资源等六个方面呈现课程理念与设计思路，如表 11-1 所示。

表 11-1 新版《课程标准》的课程理念与设计思路

维度	课程理念与设计思路
课程目标	发挥核心素养的统领作用
课程结构	构建基于分级体系的课程结构
课程设计	以主题为引领选择和组织课程内容
课程实施	践行学思结合、用创为本的英语学习活动观
课程评价	注重"教—学—评"一体化设计
课程资源	推进信息技术与英语教学的深度融合

课程目标更突出英语课程的育人价值,培养学生核心素养,落实立德树人根本任务,培养有理想、有本领、有担当的时代新人。课程结构更强调九年义务教育英语分级体系的建立,以满足不同学生学习起点、学习时限和学习条件的需求。同时提出,"六三学制"和"五四学制"可根据实际需求对接相应级别,为上海等地区义务教育英语课程实施留有空间。课程设计强调"单元整体教学",突出主题引领、语篇依托,在意义探究中整合语言知识学习、语言技能发展、学习策略运用、思维品质提升和文化意识的构建。课程实施倡导指向核心素养发展的英语学习活动观,引导学生围绕真实情境和真实问题,激活已知,学习和运用语言,参与到学习理解、应用实践和迁移创新的语言学习和实践活动中。"教—学—评"一体化倡导形成性评价与终结性评价相结合的评价理念,探索评价主体多元、评价方式多样、素养导向的评价体系。语言知识不仅要考查学生语言能力,还要考查学生的文化意识、思维品质和价值取向。"新版课程标准"重视教育信息化背景下英语教学方式和学习方式的变革,鼓励教师合理利用并创新使用数字技术和在线教学平台以及信息化教育手段,为学生提供个性化的英语学习数字资源,并强调线上教学与线下教学的融合,依托信息技术开展因材施教和精准施教。

以上六个方面紧紧围绕核心素养的培育,以"课程目标"的设计为起点,联系紧密、逻辑严谨,是"新版课程标准"的核心。

(二)课程目标突出"核心素养"的培育

1. 提出"核心素养"的概念

"核心素养"体现了"新版课程标准"与"2017版高中课程标准"的对接。英语课程要培养的核心素养包括语言能力、文化意识、思维品质和学习能力。其中语言能力是基础要素,文化意识是价值取向,思维品质是心智特征,学习能力是发展条件。四要素相互渗透,融合互动,协调发展。语言能力和文化意识在"2011版课程标准"中属于"课程目标"的范畴,语言能力基本对应语言技能和语言知识;学习能力包含2011版中的学习策略,而思维品质是新增内容。在"新版课程标准"中,核心素养不是课程目标,但核心素养体现课程性质,反映课程理念,是课程目标的上位要求,其学段特征和分项特征是确定义务教育课程目标的重要依据。

2. 课程目标从"五级"浓缩为"三级"

义务教育英语课程总目标对接核心素养四要素,即发展语言能力、培育文化意识、提升思维品质和提高学习能力。

"2011版课程标准"课程总目标下为"分级目标",共分为一至五个级别,先是从整体角度描述各级别的综合行为表现,然后分五级描述语言技能和语言知识的具体要求,分二级、五级描述情感态度、学习策略和文化意识的具体要求。

"新版课程标准"课程总目标下为三个"学段目标",各学段目标设有相应的级别,即一级为3~4年级学段应达到的目标,二级为5~6年级学段应达到的目标,三级为7~9年级学段应达到的目标。三个学段分别从语言能力、文化意识、思维品质和学习能力在各学段的表现进行分级描述。核心素养各维度的三个表现指标彼此并列,并呈现要求的递增。上海等"五四学制"地区5年级的课程目标建议参考二级(5~6年级学段)的较低要求,6年级的课程目标建议参考二级(5~6年级学段)的较高要求。

需要指出的是,语篇类型、语篇知识和语言技能的内容要求出现了"级别+",如表11-2所示。

表11-2 "级别+"内容要求

内容	级别	内容要求
语篇类型	三级+	简单的说理类文章
语言知识	三级+	围绕相关主题接触并使用约1800个单词进行交流与表达,另外可以根据实际情况接触并学习相关主题范围内约200个单词,以及一定数量的习惯用语或固定搭配
语篇知识	三级+	理解说理类语篇的主要写作目的、结构特征、论证方法、基本语言特点和信息组织方式
语言技能	一级+	在画面的提示下,为所学对话、故事或动画片配音; 口头描述事件或讲述小故事
语言技能 ——理解性技能	二级+	阅读有配图的简单章节书,理解大意,对所读内容进行简单的口头概括或描述
语言技能 ——表达性技能	二级+	结合相关主题进行简短的主题演讲,做到观点基本明确、逻辑比较清晰、语音正确、语调自然; 结合主题图或连环画,口头创编故事,有一定的情节,语言基本准确
语言技能 ——理解性技能	三级+	理解语篇中显性或隐性的逻辑关系; 根据话语中的重复、解释、停顿等现象,理解话语的意义; 理解多模态语篇中非文字资源传达的意义
语言技能 ——表达性技能	三级+	根据交际需要发起谈话并维持交谈; 使用文字和非文字手段描述个人经历、事件和事物特征; 恰当质疑语篇的内容、观点,解释不合理之处

"级别+"体现了"课程标准"学习内容的弹性。"级别+"属于略超出相应级别要求的内容,为特定地域学生的英语学习留出空间。但根据《义务教育课程方案(2022年版)》,义务教育阶段英语课程所占课时较以往有了降低,如何用更少的课时落实以上

"级别+"的内容要求,应引起足够的重视。如果将"级别+"纳入教学内容,应结合教材,体现"用教材落实课程标准的要求"。一旦将"级别+"纳入教学内容,还应设计相应的教学评价。

(三)课程内容"六要素"的提出

1. 课程"六要素"

"课程内容"是"新版课程标准"的新增内容,"2011年版课程标准"没有明确列出课程内容。义务教育英语课程的内容结构由课程内容和学习活动共同构成。课程内容由主题、语篇、语言知识、文化知识、语言技能和学习策略六要素构成。

"新版课程标准"对课程内容六要素中的学习范围和学习要求按照三个级别进行了描述,每一个级别呈现具体的内容要求。其中,主题分为人与自我、人与社会和人与自然三大块。人与自我包含生活与学习、做人与做事两个主题群;人与社会包含社会服务与人际沟通,文学、艺术与体育,历史、社会与文化三个主题群;人与自然包含自然生态和环境保护两个主题群。主题在六要素中具有联结和统领其他内容要素的作用。语言知识细分为语音知识、词汇知识、语法知识、语篇知识和语用知识,其中语用知识基本对应"功能意念"。每个级别的语言技能分理解性技能和表达性技能具体描述,其中一级和二级为概述,7~9年级分年级描述。每个级别的学习策略从元认知策略、认知策略、交际策略和情感管理策略四个方面呈现具体的内容要求。元认知策略基本对应"2011版课程标准"中的调控策略,情感管理策略基本对应资源策略。

2. 提出"英语学科活动观"

"新版课程标准"提出,学习活动包含学习理解、应用实践和迁移创新三类活动。课程内容的学习以单元为载体,通过整合课程内容和相互关联、层层递进的学习活动,推动学生英语课程核心素养的发展。

3. 针对课程内容给出"教学提示"

"新版课程标准"还针对预备级、一级、二级、三级四个级别分别给出了"教学提示"。"教学提示"增强了课程标准的指导性,是"新版课程标准"的亮点之一。这些教学提示指向"教什么""如何教"和"如何学",学段特征明显,操作性强,为基层教师开展教学设计、教学实施和教学研究提供了指导。

(四)"学业质量标准"的研制

学业质量是学生在完成课程阶段性学习后的学业成就表现,反映课程核心素养的要求。"课程标准"详细描述了三个学段的学业质量标准,并用表格呈现,其中一级有12条标准,二级有15条标准,三级有17条标准。每一条质量标准对应核心素养的要素之一,即语言能力、思维品质、文化意识和学习能力。三个学段共44条学业质量标准,为各学段开展教学设计和评价设计提供了依据。

学业质量标准是"新版课程标准"的亮点之一。需要提出的是,上海等"五四学制"地区的小学4至5年级和初中6年级可以同时参考"第二学段"(5~6年级)学业质量标准。

(五)课程实施建议聚焦核心素养、更具操作性

与"2011版课程标准"一样,新版"课程标准"的课程实施建议包括教学建议、评价建议、教材编写建议、课程资源开发与利用建议,但具体内容有所变化。

1. 教学建议围绕核心素养培育

教学建议由2011版的八条减为七条,没有将语言能力、学习能力、文化意识等割裂开,而是将核心素养的各要素有机融入各条建议中。新增了针对教学内容、活动设计、教学评价等的建议。具体如下:

(1)坚持育人为本。这是理念层面的建议,凸显英语课程的育人价值。

(2)加强单元教学的整体性。指向教学内容的确定,强调单元和整体设计在教学设计中的地位。

(3)深入开展语篇研读。针对教学设计,强调语篇研读(文本解读)在教学设计中的地位和作用。

(4)秉持英语学习活动观组织和实施教学。指向教学设计与教学实施,强调学习活动设计的原则和方法。

(5)引导学生乐学善学。指向学习能力的培养。"乐学善学"是培养学生学习能力的基础。

(6)推动"教—学—评"一体化设计与实施。指向评价,强调整体设计教师的教、学生的学和评价的育人观念。

(7)提升信息技术使用效益。指向课程资源,新增了"互联网+"融入教学、线上与线下教学相融合等内容。

以上教学建议针对义务教育各学段,体现核心素养的要求,呼应各学段"教学提示"。

2. 评价建议突出"教—学—评"一致的评价理念

评价建议包含教学评价和学业水平考试两部分。

教学评价部分包含教学评价的作用、基本原则、内容和方式。教学评价对促进学生核心素养的发展具有重要作用,其5条基本原则为"要以学生核心素养的全面发展为出发点和落脚点,应充分发挥学生的主体作用,应采用多种评价方式和手段,应充分关注学生的持续发展,应充分关注学生的个体差异"。

教学评价的内容和方式分为课堂评价、作业评价、单元评价和期末评价。课堂评价主要指对学生课堂学习行为、学习方式和学习表现进行评价。课堂活动是开展课堂评价的载体。为体现"教—学—评"的一致性,教师在设计课堂活动时要同时设计评价方式,针对学生在每个活动中的参与情况、表达表现情况进行观察、统计、分析,也可以设计"评价表",引导学生开展自我评价和相互评价。

作业评价提出要发挥作业的评价功能,坚持能力为重、素养导向。要以单元为单位整体设计作业,作业类型涵盖复习巩固类、拓展延伸类和综合实践类。要提高作业的内容、难度和数量等的解释性。作业评价要充分发挥作业讲评和辅导的作用。

单元评价提出要发挥单元评价的诊断功能,要以学生能否运用知识、技能解释和解决问题评价学生的基本能力,重点评价学生核心素养的综合表现。期末评价要综合考虑课程目标、课程内容和和学业质量要求,采用不同类型的综合性和表现性评价方式,全面评价学生在学期结束时核心素养的实际情况。

学业水平考试命题要求明确了义务教育英语学业水平考试的性质和目的,提出了命题原则,即导向性原则、科学性原则、规范性原则、适宜性原则,提出命题要进行规划,即要科学制定命题框架、合理选择测评形式、整体规划测评结构。针对学习水平考试提供了6个样题,涵盖听、说、读、写,指向核心素养的测评。与2011版相比,"新版课程标准"提供的考试样题数量更少,但综合性更强,并注重对核心素养的评价。

3. 教材编写建议更为具体、更具指导性

"2011版课程标准"的相应内容是"教材编写建议",给出了比较上位的四条教材编写的原则,即思想性原则、科学性原则、趣味性原则和灵活性原则。"新版课程标准"更加强化教材编写的重要性,以"要求"的形式具体地给出了9条教材编写要求,更具指导性。

4. 提出教学研究与教师培训建议

这是"新版课程标准"新增加的内容。培训建议明确了教师是确保英语课程有效实施的关键要素,强调了教学研究与教师培训对提升教师专业化水平的重要作用,从教研、理念、教材、课例、反思、课堂和机制七个方面给出了具体指导。

(六) 附录的变化

"新版课程标准"共有五个附录:附录1为核心素养学段特征,附录2为语音项目表,附录3为词汇表,附录4为语法项目表,附录5为教学案例。

附录1为新增项目,分3~4年级、5~6年级和7~9年级三个学段描述核心素养的

"综合特征",同时对语言能力、文化意识、思维品质和学习能力等分三个学段描述其"分项特征"。

表 11-3 呈现了"新版课程标准"与 2011 版语音项目和语法项目的主要变化。

表 11-3 "新版课程标准"和 2011 版"附录 2""附录 4"的主要变化

附录	条　目	类型
语音项目表	成节音的读音	删除
	"语调与节奏"拆分为"节奏"和"语调"	修改
	"元音字母在单词中的基本读音"改为"字母在单词中的基本读音"	修改
语法项目表	分为"词类""构词法"和"句法"三部分	修改
	感叹词	＋
	缩写和简写	＋
	介词短语	删除
	冠词、感叹句、动词的-ing 形式、动词的-ed 形式	＋
	主谓一致	＋

注：＋表示新增内容或较高要求。

附录 3 为"词汇表"。"新版课程标准"列出的"二级词汇表"和"三级词汇表"相当于 2011 版的"二级词汇表"和"五级词汇表",主要变化有：

词汇总量有增加。2011 版二级词汇 423 个,2022 版 495 个。2011 版要求各地根据当地情况自行选择其他 200—300 词(选择五级词汇),2022 版的要求是 100—300 词。2011 版五级词汇 1 500 词,各地根据实际情况可增加 100 词,2022 版的两个数字分别是 1 575 和 200—300。与 2011 版相比,二级词汇新增 63 个,删减 9 个。

与 2011 版相比,五级词汇新增 220 个,删减 141 个。被删减的词汇大致属于以下类型：一是数字,如 two, second, hundred;二是国家、城市名及相应的形容词形式,如 Britain, British, London;三是月份、星期,如 May, Thursday;四是根据构词法规则能推导出的派生词,如 development, northern, visitor;五是义务教育阶段不太常用的词,如 crayon, stupid。前三类被删除的词出现在"数词表""月份、星期词汇表""部分国家与城市等地理名称及相关信息""重要组织机构缩略词"等附表中。

需要指出的是,派生词仍是重要的学习内容,教师要能将构词法列为重要的教学内容,引导学生运用构词法学习派生词、扩大词汇量。

另外,在"词汇表"部分,还列出了"部分重要节日、中国文化专有名词",包括"节日"

13个,"地名景点"8个,"其他专有名词"12个。

附录5为教学案例。共提供了8个教学案例,主要信息如表11-4所示。

表11-4 附录中的教学案例

序号	名称	类型	适用年级
1	单元整体教学设计	单元教学	3~4年级
2	单元整体教学设计	单元教学	5~6年级
3	对话语篇教学设计	课时教学	5~6年级
4	英语综合实践活动教学设计	综合实践活动	5~6年级
5	单元整体教学设计	单元教学	7~9年级
6	读写结合教学设计	阅读、写作教学	8年级
7	对话语篇教学设计	课时教学	8年级
8	阅读语篇研读及教学设计	阅读教学	9年级

三、实施建议

课程标准的落实体现在教学设计与实施的各环节,具体实施建议可分以下几个方面展开。

(一)基于大观念开展单元整体教学设计

单元整体教学设计是指以教材自然单元为教学内容开展的教学设计。单元是落实课程核心素养的基本单位。单元整体教学设计以课程核心素养为指导,在单元大观念的引导下整体设计单元教学目标,依据单元教学目标划分课时、确定课型,设计并实施课时教学。单元教学目标是课程标准和课时教学设计之间的桥梁,应指向课程核心素养的各个维度,并整合单元内的语言知识和语言技能。

大观念是单元中课程核心素养的整合体现,是学生完成一个单元学习后形成的正确的价值观念,体现一个单元的学习价值。单元大观念是开展单元整体教学设计的基础。课程核心素养、单元大观念、单元教学目标、课时等之间的关系如图11-1所示。

以《牛津(上海版)》八年级第一学期第五单元 *Encyclopedias*[①] 为例呈现基于大观念

[①] 案例提供者:上海市曹杨二中附属江桥实验中学许文君。有改动。

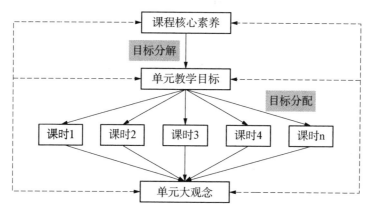

图 11-1 课程核心素养、单元大观念等要素之间的关系

开展单元整体教学设计的过程：

第1步：确定单元大观念

观念即"价值观"，单元大观念反映一个单元的育人价值，是学生学完一个单元后在认知世界、提升自我层面的改变或收获。一般而言，单元大观念与单元的主题相关。单元大观念的表述一般为一个动宾搭配。本单元大观念为：在阅读和听说活动中了解百科全书的特点，拓宽获取信息的渠道；通过学习有关中山陵、恐龙和大熊猫的语篇，加深对中国建筑文化的了解，增强保护珍稀动物的意识。

第2步：设计单元教学目标

以单元大观念为引导，在语篇分析和学情分析（具体过程略）的基础上设计单元教学目标：

① 巩固可数名词复数形式构成规则与数量表达方式，并在表达中恰当运用。

② 把握百科全书类说明文的基本结构和信息，会根据需要查阅百科全书，并从中获取信息。

③ 判断如列数字、作比较等常用的说明方法，体会说明文内容的科学性和严谨性，结构的清晰性以及语言的准确性。

④ 听懂介绍典型建筑的说明文，获取数字等关键信息，并能用自己的话进行描述。

⑤ 通过对恐龙以及大熊猫说明文的阅读，增强保护珍稀动物的责任感。

第3步：划分课时，设计课时教学目标①。

---

① 案例来源：上海市空中课堂，设计者：杨浦区教育学院卢璐。有改动。

表 11-5　课时教学目标

课时	课型/内容	教学目标
1	阅读/Look it up	通过文本阅读,理解部分核心词汇的含义及用法并能使用恰当的词汇描述百科全书的查询过程; 通过阅读活动,分析语篇结构,获取主要信息。
2	阅读/Look it up	通过文本阅读,了解少儿百科全书类文本常用的说明方法; 通过与词典中词条的比较,理解少儿百科全书类文本的语篇特征。
3	补充阅读/The giant panda	通过文本阅读,理解列数字和作比较的说明方法,并在修改文本的过程中运用已学的说明方法; 正确思考人类行为对濒危动物的影响,树立保护濒危动物的意识。
4	语法/可数与不可数名词等	分辨可数名词与不可数名词,掌握可数名词复数形式的构成方式及规则可数名词复数词尾的发音,准确表达名词的数量; 理解 another、other(s)、the other(s)在用法上的区别。
5	听力/Dr Sun Yat-sen's Mausoleum	在听的过程中,运用一定的记录方法,做好笔记,把握景点介绍的主旨和细节内容; 根据语篇类型分析并把握语篇特点,分辨事实信息与观点信息; 能通过合作学习把所记信息转化为百科全书中的词条。
6	口语/Discussing your favourite cartoon character	通过听力活动捕捉重要细节信息,准确把握说话者的观点、态度和意图; 通过提问和追问,对最喜欢的卡通角色进行描述。
7	写作/A short story competition	通过讨论,明确看图写话的基本思路和记叙文写作的基本要素; 能依托图片,合理预测,为文章撰写合理的结尾。

第 4 步:开展课时教学设计。课时教学设计依据课时教学目标开展,核心是学习活动的设计,学习活动的设计要基于英语学习活动观。不同课型教学设计的要点有以下几个方面:

(1) 阅读课要强化整体阅读教学设计。读前活动要激活学生有关文本话题的背景知识,并充分利用文本特征;读中活动要引导学生整体阅读文本,第一遍阅读要能把握文本大意和文本结构,第二遍读要能获取关键信息,第三遍读要能对文本的特定内容形成解释;读后活动要能推断作者的写作意图,并能对相关内容作出评价。需要注意的是,每一节阅读课都应重视新的阅读技能和策略的教授,并注重引导学生自主阅读、运用已学技能或策略读懂文本。此外,根据情况,阅读教学往往可以设计两个课时,要注意将单元阅读教学目标合理分配到两个课时中。

(2) 听说课要注重听说微技能的培养。要注重听、看、说技能的融合,并注重把语音知识融入到听说课中。听力活动要注重听力微技能的教授，并引导学生在听前根据所给信息对所听内容进行预测，听中环节要把握整体和细节之间的关系，第一遍听注重场景、人物、话题等的判断，第二遍听注重关键信息的获取，第三遍听可以对所听文本的相关内容进行推断或评价。听后环节往往是口语活动，要注意情境的创设和任务的设计，引导学生基于所听文本、结合自我实际，以结对或小组形式开展口头活动，并注重引导学生运用语言知识和语用知识。

（3）语法课要重视引导学生自主探究和应用实践。要重视引导学生观察语法现象、探究语法规则；要引导学生结合旧知学习新知，并辨析相关语法现象；要重视情境的创设和任务的设计，引导学生运用语法规则完成交际任务。要秉持英语学习活动观设计语法学习活动。

（4）写作课要注重过程性指导和评价标准的应用。要基于教学目标设计写作题目和评价标准，依据评价标准设计写前活动，注重引导学生正确审题，合理构建内容，准确使用语言。写后活动要与学生一起依据评价标准对范文开展评价，让学生加深对标准的理解，并能对自己的习作作出评价与修改。

（5）复习课要注重依据单元大观念融合语言知识与语言技能。依据单元大观念和单元教学目标设计复习课目标，依据主题、把握单元留白创设情境，引导学生夯实单元所学知识与技能，并运用这些知识与技能在完成交际任务的过程中培养分析问题、解决问题的能力。

（二）基于"六要素"设计单元复习课

义务教育英语课程内容由主题、语篇、语言知识、文化知识、语言技能和学习策略等六要素构成。主题为语言学习和学科育人提供选题范围。语篇是语言学习和学科育人的载体。语言知识包括语音、词汇、语法、语篇和语用知识，是发展语言技能的重要基础。文化知识不仅包括物质方面和精神方面的知识，也包括价值观、道德修养、审美情趣、安全意识、劳动意识、社会规约和风俗习惯等，是实现课程育人目标的重要基础。语言技能包括听、说、读、看、写等技能，是语言学习的重要目标。学习策略包括元认知策略、认知策略、交际策略和情感管理策略，学习策略能提升语言学习的效益，有助于促进学生终身学习能力的发展。

"六要素"为单元教学内容的确定提供了依据和途径。在进行单元整体教学设计的过程中，六要素不可或缺，但具体到某一课时时，可以聚焦其中特定的要素。单元复习课具有综合的特征，其教学内容一般涵盖"六要素"。单元复习课"六要素"之间的关系如图11-2所示。

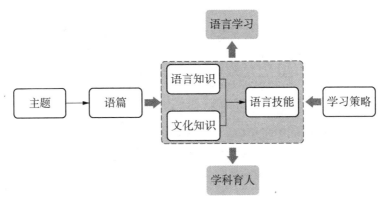

图 11-2　单元复习课"六要素"关系

以下以《牛津(上海版)》六年级下册第九单元①为例,呈现单元复习课的教学设计。

1. 根据单元教学目标设计复习课目标

本单元教学目标为:

(1) 理解与"水资源"话题相关的核心词汇、短语和句型;

(2) 在与"水资源"相关的语境中,理解 if 引导的条件状语从句的基本结构及其意义和用法;

(3) 通过阅读与"水资源"有关的语篇,了解说明文的基本特征,获取相关的信息;

(4) 通过学习与"水资源"有关的介绍自然资源的语篇和音、视频,获取相关信息,提升节约和保护自然资源的意识。

单元复习课的教学目标:

(1) 巩固与自然资源语境相关的词汇、短语和句型;

(2) 运用恰当的语言描述自然资源在生活中的作用,提出保护自然资源的建议,提升保护自然资源的意识。

2. 依据语言知识、文化知识和语言技能确定复习内容

复习内容如表 11-6 所示。

表 11-6　六年级第二学期第九单元复习课复习内容

		复习内容	学习水平
语言知识	词汇知识	词汇知识与自然资源主题语境相关的词汇	C
	语用知识	与自然资源主题语境相关的句型	C

---

① 案例来源:上海市空中课堂,设计者:上海市兴陇中学吴丹。

续 表

		复 习 内 容	学习水平
	语法知识	形容词比较级、最高级	B
		if 引导的条件状语从句	C
	语篇知识	识别与自然资源相关的说明文文体	B
文化知识		了解世界、中国和上海的大河,增强河流保护意识	A
语言技能	理解性技能	提取自然资源主题语境语篇的关键信息	B
	表达性技能	就自然资源保护表达观点	C

需要注意的是,单元围绕"雨水"和"海洋"的主题语境展开,复习课把握了单元主题语境的"留白",围绕"河流"的主题语境开展复习活动,适当增加"跨学科"知识——地理知识的内容,引导学生运用、迁移单元所学的语言知识和语言技能,在复习活动中进一步了解河流,谈论河流,激发对河流的关注和爱护。

3. 根据复习目标和专题语境选择复习资源

资源是开展复习活动的重要保障。所谓复习资源,指的是为达成复习目标、开展复习活动而采用的文本、视频、音频、图片等资料。本节复习课根据复习目标和单元主题选择了以下资源:

(1) 非连续性文本。目的是增加学生阅读摄入、补充跨学科——地理知识,引导学生"了解世界和中国的大河",并在表达中巩固"形容词最高级"的用法。文本如图 11-3 所示。

Look at the table and talk about the two famous rivers in China.

Name	Length (km)	Drainage area (流域) (km²)
the Nile	About 6,600	About 3.3 million
the Amazon	About 6,400	About 6.9 million
the Yangtze River	About 6,300	About 1.8 million
the Mississippi River	About 6,000	About 2.9 million
the Yenisei River	About 5,500	About 2.6 million
the Yellow River	About 5,400	About 750 thousand

图 11-3 复习资源(非连续性文本)

(2) 幻灯片。本资源旨在引导学生通过阅读了解"河流的重要性","观看"幻灯片能提高活动的趣味性。幻灯片的具体内容如图 11-4 所示。

(3) 音频、图片。为了激活学生有关"上海的大河"的知识,引导学生关注苏州河的

图 11-4 复习资源(幻灯片)

过去和现在,感受苏州河的变迁折射上海改革开放以来的变化,教师为学生提供了苏州河的过去与现在两组照片,并配以画外音(让学生听),引发学生关注河流保护的问题。图 11-5 为图片和录音文字:

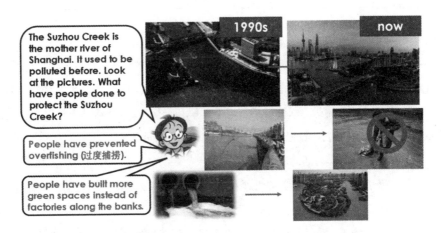

图 11-5 图片和录音文字

4. 根据单元大观念设计输出活动

单元大观念为:提高对水资源重要性的认识,关注水资源短缺和污染问题,引发保护水资源的意识和行动。输出活动是检测教学目标达成的关键环节,输出活动的设计应先于输入活动。根据单元大观念,结合复习课的目标,教师设计了以下输出活动:

Kitty would like to give a speech to her classmates. Suppose you are Kitty, make a speech about protecting rivers.

该活动为口头输出，但可以先要求学生进行书面准备。该活动为学生个人活动，根据情况也可以设计为小组活动。

5. 设计输入活动情境

必要的输入是输出的基础。本节复习课依据输出活动和复习内容设计了三个输入活动。情境创设是活动的重要要素。三个输入活动的情境如表11-7所示。

表11-7 三个输入活动的情境创设

序号	活动名称	情境创设（含学生任务）
1	Read the table and complete	呈现世界主要大河和中国主要大河的数据（表格）。要求学生用形容词最高级完成有关长江和黄河的介绍。
2	Watch the slide show and help Kitty complete her notes	呈现介绍河流重要性的幻灯片，要求学生观看并完成笔记（记录关键信息）。
3	Think and say	给出开放性问题：What will happen if there is no river? 要求学生运用 If there is… 的句型至少说5句话。

6. 针对学习策略的要求优化教学过程

学习策略指学生为促进语言学习和语言运用而采取的各种行动和步骤，包括元认知策略、认知策略、交际策略和情感管理策略。本节复习课大多注重学生对认知策略的运用，如：在学习中利用听、看、读等感官增强理解和记忆；在听读活动中记录关键信息或要点；在口头和书面表达过程中模仿课文，尝试表达不同意义。

（三）实践英语学习活动观

实践英语学习活动观是落实英语课程核心素养的重要途径。学生围绕主题意义，以语篇为载体，学习和运用语言知识和语言技能，获取文化知识，理解文化内涵，比较文化异同，汲取文化精华，发展逻辑思维、批判思维和创新思维，涵养内在精神，作出正确的价值判断。学生在基于英语学习活动观设计的学习活动过程中发展语言能力，提升思维品质，构建文化意识，并学会学习。

基于英语学习活动观设计的活动包含三个层次的相互关联、层层递进的活动类型，即学习理解类、应用实践类和迁移创新类活动。学习理解类活动的特点是基于语篇学习，包括感知与注意、获取与梳理、概括与整合等学习活动。应用实践类活动的特点是深入语篇学习，包括描述与阐释、分析与判断、内化与运用等学习活动。迁移创新类活动的特点是超越语篇学习，包括推理与论证、批判与评价、想象与创造等学习活动。一般而言，三类活动基本对应阅读课，也对应单元复习课，学习理解类活动和应用实践类活动对应语法课和听说课,应用实践类和迁移创新类活动对应写作课。表 11-8 呈现的是基于英语学习活动观的活动举例。

表 11-8 基于英语学习活动观的活动举例

活动类型	活动特征	活动举例
学习理解	感知与注意	感知语音现象; 感知语法现象; 对所听内容作出预测; 激活与文本话题相关的背景知识; 对文本内容作出预测。
	获取与梳理	在听力中获取关键信息; 对所听信息进行梳理; 在阅读中获取关键信息; 对所读信息进行梳理。
	概括与整合	归纳语音规律; 归纳语法规则; 概括所听内容的大意; 概括阅读文本的大意。
应用实践	描述与阐释	解释语法规则; 理解生词、句子和语篇的意义; 复述语篇内容。
	分析与判断	判断说话人的意图和态度; 判断语篇中的句际逻辑关系; 分析语篇结构。
	内化与运用	与他人就特定话题进行沟通; 用语法规则表达观点、态度; 围绕特定话题发表观点; 介绍中外文化现象。
迁移创新	推理与论证	赏析语篇的文体特征和写作手法; 反驳他人观点,论证自己的观点。
	批判与评价	评价语篇中的人物、行为与观点; 辩证地表达观点、情感与态度。
	想象与创造	运用语篇知识解决所给问题; 创造性地解决陌生情境中的问题。

以下以"《牛津》(上海版)"八年级下册第五单元主课文 *Blind man and eyes in fire drama* 为例。课文为"杂志文章",属于"故事"范畴,讲述主人公约翰入住酒店遇到的重重困难并在他的导盲犬查理和他人的帮助下战胜困难的经历。课文分为两个部分,第

一部分讲述约翰入住酒店遇到的困难,第二部分讲述约翰所住的宾馆发生火灾和约翰如何在火灾中逃生,以及消防员起初不愿意救他的导盲犬,最终导盲犬获救。课文有两个主题,一个是"人与社会"下的"人际沟通",另一个是"人与自然"下的"自然生态"和"灾害防范"。阅读课的教学目标为:

(1) 理解杂志文章的特征;

(2) 把握文章结构,概括文章大意,获取并梳理关键信息;

(3) 通过对人物、事件的评价,增强应对困境、尊重盲人、尊重生命和爱护动物的意识。

课文的阅读分为两个课时,表 11-9 和表 11-10 分别呈现了基于英语学习活动观的两节阅读课的活动设计。

表 11-9 阅读课第一课时活动设计

活动类型	学生活动	活动内容及设计意图
学习理解	根据课文第一句话提出问题	课文第一句话为 John Dancer's troubles began as soon as he walked into the Dragon Hotel with his friend, Charlie。这句话信息量大,学生能提出很多问题。该活动旨在激活学生思维,激发学会阅读兴趣。教师板书学生所提问题要点,并追问句中 as soon as 的语用功能。该活动的设计意图是培养学生"感知与注意"的能力。
学习理解	通读全文,回答问题	问题:1. What kind of text is it? 2. What is the text mainly about? 3. Why is the text divided into two parts? 该活动旨在培养学生"概括与整合"的能力。
学习理解	阅读课文第一部分,获取关键信息	要求学生阅读后获取"主人公约翰遇到了什么困难"和"困难是如何得以解决"的关键信息。该活动的设计意图是基于语篇培养学生"获取与梳理"的能力。
学习理解 应用实践	阅读课文第二部分,完成两个任务。梳理主人公应对困难的行为动作	学生完成的第一个任务是找出约翰遇到的两个困难;第二个任务是 John 解决第一个困难时的行为动作,并回答为何要做这些动作。该活动的设计意图是基于语篇培养学生"获取与梳理"和"描述与阐释"的能力。
迁移创新	评价课文中的角色	要求学生评价主人公约翰,也可以对课文中的其他人物进行评价,如 the clerk, the hotel manager, the fireman。该活动的设计意图是引导学生超越语篇,培养"批判与评价"的能力。
应用实践	评价课文标题	要求学生在整体理解课文的基础上理解课文标题 Blind man and eyes in fire drama,推断 drama 的意思,说出 eyes 为何要用斜体,并说出"杂志类文章"标题的特征。该活动旨在引导学生深入语篇,培养"内化与运用"的能力。

表 11-10 阅读课第二课时活动设计①

活动类型	学生活动	活动内容及设计意图
应用实践	阅读全文，分析对话的作用	给出课文中的对话，要求学生判断说话人是谁，探究这些对话的作用。课文中对话占据一定篇幅。对话是杂志类语篇的特征之一。对话增加了课文的可读性，显示了故事中人物的思想、情感、性格和态度。该活动的设计意图是引导学生深入语篇，培养"分析与判断"的能力。
应用实践	探究作者如何设置悬念	要求学生找出悬念，并分析这些悬念的作用。"悬念"能激发读者的阅读兴趣。课文标题中的 eyes 和第一句话中的 troubles 等都起到了设置悬念的作用。该活动的设计意图是引导学生深入语篇，培养"分析与判断"的能力。
应用实践	探究夸张、习语、重复等写作手法的作用	课文中的 Ten minutes seemed like hours. 采用了"夸张"的写作手法；It was music to my ears. 属于"习语"；而 Charlie barked. 一句重复多次出现。要求学生理解上述写作手法，探究其作用。该活动旨在引导学生深入语篇，培养"分析与判断"的能力。
应用实践	探究不同表达口吻的作用	文章的第一部分采用了第三人称的叙事视角，第二部分采用了第一人称的叙事视角。要求学生探究为何使用不同的叙事视角。该活动旨在引导学生深入语篇，培养"内化与运用"的能力。
迁移创新	讨论作者的写作意图	要求学生通过小组讨论探究写作意图。该活动旨在引导学生超越语篇，培养"批判与评价"的能力，让学生通过主题意义的探究，逐渐构建单元大观念，即应对困境、关爱盲人、尊重生命、爱护动物。

（四）以单元为单位设计综合实践活动

单元综合实践活动指在单元主题语境下，依托单元语篇开展的探究式学习。单元综合实践活动具有"项目化学习"(project-based learning)的特点，以项目(project)来呈现学习任务，并具有以下特征：首先，单元综合实践活动是以单元为单位的大活动，活动任务分解到不同课时，有时还须学生在课外完成。其次，学生在完成单元综合实践活动时，要将单元语言知识与语言技能进行融合，并要综合运用学习策略，选择学习资源。第三，综合实践活动往往以"问题解决"呈现学习任务，学生所要解决的不仅仅是语言的问题，而是生活或学习中的问题，学习结果往往以口头或书面输出的形式呈现，如调查报告、演讲、课本剧表演、海报、视频等。学习过程往往包含听、说、读、写等语言活动。单元综合实践活动的完成还对学习方式提出了更高的要求，鼓励学生在独立思考的基础上与他人进行团队合作。此外，有些单元综合实践活动需要学生调动"跨学科"知识。如某些单元综合实践活动需要学生通过合作编排课本剧，该任务需要学生综合运用音

---

① 本设计参考了上海市"空中课堂"教学设计，设计教师：复旦大学第二附属中学陈希禹。

乐、戏剧、美术等知识。

单元综合实践活动不是一节课，也不是作业，是一个整体性的活动，该活动包含名称、目标、情境、语用、形式等要素，也包含评价。单元综合实践活动的设计流程包括以下五个步骤。

1. 确定单元大观念

单元大观念的确定应基于单元教学内容。单元大观念融合话题语境与语用，体现单元教学内容的教育价值。以《牛津(上海版)》七年级下册第八单元 *A more enjoyable school life* 为例①，单元大观念为：反思校园生活，对校园生活提出改进建议，并描绘理想的校园。

2. 确定单元综合实践活动目标

单元综合实践活动的目标呼应单元大观念，是对单元学习结果的描述。目标的表述一般采用分项的形式。该单元综合实践活动设计了以下四个目标：

(1) 通过课文学习，对本校的校园生活提出不同方面的建议；

(2) 通过小组合作，使用调查问卷开展调查，绘制图表呈现结果；

(3) 对不同的建议表达自己的观点，综合考虑建议的合理性、必要性与可行性，并通过讨论选出最终呈现给校长的建议；

(4) 能撰写一封给校长的建议书。

3. 确定单元综合实践活动名称

该单元综合实践活动的名称是："更好的学校、更好的自己"——给校长的一封建议书(*Better school，better me — A proposal to the headmistress*)。

4. 划分课时

单元综合实践活动要分配到各课时，每个课时的学习任务应尽可能明确。该单元综合实践活动的课时分配如表 11-11 所示。

表 11-11 单元综合实践活动课时分配

课时/课型	活 动 任 务	活动形式	课内/课外
1/阅读	学习与"校园生活的改变"以及"提建议"相关的词汇与句型	■自主　□合作 □探究	■课内　□课外
2/听说	讨论对我校校园生活的改进建议；探究如何设计问卷；各小组课后开展问卷调查并统计数据	■自主　■合作 ■探究	■课内　■课外

---

① 案例提供者：上海民办兰生复旦中学黄磊。有改动。

续 表

课时/课型	活动任务	活动形式	课内/课外
3/听说	学习如何对建议表达观点,并从必要性、合理性和可行性等角度给出支持的理由;小组讨论,决定要呈现给校长的建议	■自主 ■合作 ■探究	■课内 ■课外
4、5/口语	项目中期答辩:各小组汇报调查结果,呈现将要递交给校长的建议;接受同伴提问并答辩;同伴相互提出改进建议	■自主 ■合作 ■探究	■课内 □课外
6/写作	学习如何撰写给校长的建议书;课后独立完成建议书	■自主 □合作 ■探究	■课内 ■课外

5. 填写单元综合实践活动属性表

单元综合实践活动设计后要能填写属性表,如表11-12所示。

表11-12 单元综合实践活动属性表

单元名称	
单元大观念	
活动名称	
活动目标	
课时划分	共( )课时 □有单元综合实践课
如何体现"综合"?	
如何体现"实践"?	

在填写属性表后,还可以用"问题链"来进行检核:

(1) 活动名称中,单元或模块特征是否明显?

(2) 综合实践活动的特征是否凸显?

(3) 活动的目标是否清晰?是否指向综合、实践与活动?

(4) 活动的目标是否合理、可达成、可检测?

(5) 课时划分与任务分解是否合理?

(6) 情境设置与语用设计是否清晰?

(7) 活动是否体现自主、探究与合作?

评价是单元综合实践活动设计的重要组成部分,须关注以下几点:

(1) 确定评价内容与时机

单元综合实践活动的评价不仅针对语言,还针对学习策略。评价不仅发生在"单元综合评价课",也发生在各课时的学习过程。换言之,单元综合实践活动评价学生的学习过程和学习结果,评价学生的语言和策略运用。评价内容依据活动目标。如《牛津(上海版)》八年级第四单元 *A new newspaper* 的单元综合实践活动①,要求学生制作英语班报——Peers and Love。该活动的目标是:

① 能在实践中综合运用所学语言知识,并在实践过程中将习得的知识转换成运用这些知识的能力;

② 能从收集到的报纸上获取有关资料,并加以分析,准确有效地运用到实践中;

③ 能通过资料收集和学习,了解时事热点,学会观察身边的人和事以及学会如何发表观点和科学评价项目,发现问题并提出有效的解决方案;

④ 能在活动的过程中,通过合作探究、实践体验,将知识内化吸收,从而使语言实际应用能力得到锻炼。

(2) 设计评价工具

评价工具有助于教师对学生活动的评价,也有利于学生开展自评和相互评价。评价工具的设计依据活动目标。上述案例中,教师针对评价内容设计的评价工具如表11-13所示。

表 11-13　综合实践活动内容评价工具

评 价 内 容	赋分(1—10)
1. 能正确使用与报纸模块和报社架构相关的词汇表达	
2. 能使用情态动词和宾语从句进行讨论	
3. 能表达祝贺、评论和同情,并且学会如何组织一次采访	
4. 能恰当地发表观点并对他人的活动进行科学评价	

该评价工具中,指标1和2指向语言,指标3和4指向学习策略。针对活动的学习结果,教师设计了评价工具,如表11-14所示。

表 11-14　英语报纸制作评价工具

评价内容	评 价 标 准	自评	组内互评
报纸进度	1. 时间点和人员分工明确,按节点准时完成		
	2. 有简单的时间点和人员分工,基本按节点完成		

---

① 案例提供者:上海民办尚德实验学校方楠。

续 表

评价内容	评 价 标 准	自评	组内互评
	3. 时间点不清晰,人员分工不明确,到节点未能完成任务		
报纸设计初稿	4. 主题丰富,内容丰富,表现形式丰富多样		
	5. 有主题,有内容,有一定的表现形式		
	6. 主题不明确,内容杂乱,表现形式混乱		

（3）合理呈现并运用评价结果

首先要合理呈现评价结果。单元综合实践活动以学生个人和小组的形式完成,因此要对学生个人和小组进行评价,并借助评价工具,对活动的过程和结果进行评价,兼顾学生语言运用和策略运用。评价结果要综合教师评价、学生自我评价和学生相互评价的结果,给出明确的结论。评价结果要能发挥评价的激励作用,保护和鼓励学生参与学习与实践的积极性。

（五）培养学生阅读素养

"新版课程标准"的"教学提示"(三级)中提到,要指导学生坚持开展课外阅读,注重培养和发展阅读素养。要帮助学生发展各种阅读技能和策略,保持广泛的阅读兴趣,养成良好的阅读习惯,发展阅读能力,培养阅读品格,提升阅读素养。

根据"新版课程标准",义务教育英语阅读技能和策略(三级)如表 11-15 所示。

表 11-15 义务教育英语阅读技能和策略(三级)

编号	阅读技能和策略
R1	分析和梳理常见语篇的基本结构特征和主次关系
R2	判断和归纳作者的观点,以及语篇的主旨要义
R3	根据上下文和构词法推断语篇中生词的含义
R4	针对语篇的内容选择性记录信息和要点
R5	根据不同的目的,运用各种阅读策略有效获取信息
R6	整体理解名人传记和报刊文章,对所读内容进行简要的概括、描述与评价
R7	理解语篇中显性或隐性的逻辑关系
R8	理解多模态语篇中的非文字资源传达的意义

另外,义务教育英语阅读习惯(三级)包括以下内容：

1. 阅读时不出声；

2. 阅读时不逐字读；

3. 会根据需要反复读；

4. 会根据需要运用"略读"(skimming)和"扫读"(scanning)；

5. 课外阅读活动每周不少于30分钟；

6. 课外阅读量累计达到15万词以上。

根据"新版课程标准"，课外阅读是发展学生阅读素养的途径之一。除此之外，还有以下途径与方法：

1. 用好教材。阅读能力和阅读素养培养的主阵地是课堂。教材一般以语篇来组织单元，每个单元内的多模态语篇都是教学内容，都要进行教学设计。教材语篇的阅读教学是培养学生阅读素养的重要载体。要把各学段阅读技能和阅读策略分解到各年级、各单元、各语篇的阅读教学中。

2. 明确单元阅读教学目标。要依据学段阅读技能和阅读策略（参考"理解性技能"）和单元语篇的特点设计单元阅读目标，充分发挥不同语篇类型的作用，既要关注单元内核心阅读目标的和复现的阅读目标的设计，也要把握同一阅读目标在不同单元的复现和具体要求。

3. 基于英语学习活动观设计阅读活动。在单元阅读目标的引导下，把握读前、读中和读后活动的特点，以英语学习活动观为引导，设计学习理解类活动、应用实践类活动和迁移创新类活动。

4. 设计激活学生思维的阅读活动。思维品质指人的思维个性特征，反映学生在理解、分析、比较、推断、评价、创造等方面的层次和水平。阅读教学是培养学生思维品质的重要载体。要依据阅读教学目标，在设计三类阅读活动时充分关注学生逻辑思维、批判思维和创新思维的培养。在设计学生语篇研读的任务时，提高问题的思维容量尤为重要。

5. 培养学生自主阅读能力。阅读教学也是培养学生学习能力的重要载体。阅读教学要把培养学生自主阅读能力作为终极目标。教会学生阅读技能和阅读策略，让学生经历运用这些技能和策略去读懂不同类型的语篇，并学会迁移和举一反三。阅读教学设计要充分考虑学生已学和语篇研读之间的关系，依据学情确定阅读教学的重点和难点，尽量减少"脚手架"，减少"控制"，引导学生通过自主、探究与合作读懂语篇。

对教师来说，语篇解读是阅读教学设计的起点。语篇解读一般回答两个问题，一是用语篇来教授什么阅读技能或阅读策略，二是学生独立阅读的困难是什么。第二个问题实际上也是"学情分析"的一部分,在回答这个问题时要能追问:学生为何读不懂特定内容?哪些内容可以自己读懂?对于学生自己能读懂的,要设计活动检测学生的理解,而学生读不懂的地方,要设计活动帮助他们读懂,这恰恰是阅读教学设计的空间。

对学生来说,语篇研读是重要的学习经历。教师要重视语篇研读,把握教学核心内容,在语言学习与意义探究中实现育人。

以下以《牛津(上海版)》九年级第二单元 Go for it! 的语篇研读为例,呈现"指向思维激活的问题设计"。

语篇研读目标:通过把握语篇文体特征与结构特点、概括语篇主旨,增强对"圣诞精神"的理解,并迁移到对节日文化的理解之中。

语篇研读活动和问题设计如表 11-16 所示。活动的每个问题指向思维品质的某要素:理解、分析、比较、推断、评价、创造。

表 11-16 语篇研读活动和问题设计

阶段	活动	问题设计	技能或策略	思维品质
读前	Free talk.	What does Christmas make you think of?	R1	/
读中	Skim the text.	What text type is it?	R1	分析
		What is the spirit of Christmas?	R2	分析
	Read the text carefully.	What role does the last sentence in the first paragraph play?	R1	分析
	Read paragraphs two to four.	What is the structure of the text?	R7	分析
		What is the story mainly about?	R2	分析
		What is special about the names of the Ghosts?	R5	分析
		Can you work out the meanings of the following words and phrase: mean, end up, expect?	R3	推断
读后	Answer questions.	Is the story in the article true?	R6	评价
		Why does the writer tell the story?	R2	评价
		What is the spirit of the Chinese New Year?	R2	创造

注:"技能或策略"对应表 11-15 中的编码。

附:阅读语篇与更多激活学生思维的问题:

The spirit of Christmas

Many would agree that when we think of Christmas, we probably think of gifts,

Christmas trees and Santa Claus. But behind all these things lies the true meanings of Christmas: the importance of sharing and giving love and joy to people around us ①. The story in A Christmas Carol② is perhaps the best example of this③.

A Christmas Carol is a famous short novel written by Charles Dickens④. It is about an old man named Scrooge⑤ who never laughs or smiles⑥. He is mean and only thinks about himself. He doesn't treat others nicely. He just cares about whether he can make more money and he hates Christmas. One Christmas Eve, Scrooge sees the ghost of Jacob Marley, his dead business partner. Marley used to be just like Scrooge, so he was punished after he died. He warns Scrooge to change his ways if he doesn't want to end up like him. He also tells Scrooge to expect three spirits to visit him.

That night, three ghosts visit⑦ Scrooge. First, the Ghost of Christmas Past takes him back to his childhood and reminds him of his happier days as a child. Then the second spirit, the Ghost of Christmas Present, takes him to see how others are spending Christmas this year. Everyone is happy, even poor people. The last one, the Ghost of Christmas Yet to Come, takes him to the future. Scrooge sees that he is dead, but nobody cares. He is so scared that he wakes up in his bed and finds out it is only the next morning-Christmas Day!

He decides to change his life⑧ and promises to be a better person. He happily celebrates Christmas with his relatives. He also gives gifts to people in need. He now treats everyone with kindness and warmth, spreading love and joy everywhere he goes. And that⑨ is the true spirit of Christmas!

More questions for students:

① *Can you analyze the sentence?*

② *What does "Carol" mean?*

③ *What does "this" refer to?*

④ *Do you know the writer? Do you know any other stories he wrote?*

⑤ *What kind of person is Scrooge?*

⑥ *Can you translate this sentence?*

⑦ *Why is the story told in the simple present tense?*

⑧ *What makes him change his life?*

⑨ *What does "that" refer to?*

（六）落实"教—学—评"一体化设计

"新版课程标准"指出，基于英语课程核心素养的评价应以课堂教学的评价为主。教学评价应以学生课程核心素养的全面发展为出发点和落脚点。课程实施中的评价活动有多种，如课堂评价、作业评价、单元评价与期末评价。课堂评价、作业评价、单元评价和期末评价要体现一致性，几者间的关系如图 11-6 所示。

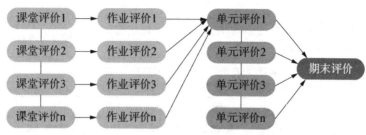

图 11-6　课堂评价、作业评价等之间的关系

以下重点聚焦作业评价和单元评价的设计。

1．作业评价的设计

（1）规范作业设计的流程

作业设计应以单元为单位，并遵循科学的流程，如图 11-7 所示。

图 11-7　作业设计流程

作业设计的第一步是"规划单元"，如果确定了教材单元，则无需规划。第二步是"设计单元教学目标"。第三步依据单元教学目标"设计单元作业目标"。一般而言，单元教学目标向单元作业目标的转换有三种办法，一是直接转换，二是部分转换，三是几条单元教学目标合并后转换。以《牛津（上海版）》六年级下册第九单元为例（单元目标见前文），单元作业目标如表 11-17 所示。

表 11-17　六年级下册第九单元作业目标

序号	单元作业目标	内容指向	学习水平
1	巩固与"水资源"话题相关的核心词汇、短语和句型	语言知识	B
2	在与"水资源"相关的语境中，巩固 if 引导的条件状语从句、祈使句和情态动词 can 的基本结构及其意义和用法	核心语法	B

续 表

序号	单元作业目标	内容指向	学习水平
3	通过阅读与"水资源"有关的语篇,巩固说明文的基本特征,获取相关信息	主题阅读	B
4	运用本单元所学语言知识和语言技能,就"如何节约用水""水资源的利用"及"水资源紧张带来的危害"等进行听说交际和书面表达	语言运用	C
5	收集信息,运用本单元所学语言知识,开展主题为"保护水资源"的综合实践活动	综合实践	C
6	通过学习与"水资源"有关的介绍自然资源的语篇和音频、视频,获取相关信息,提升节约和保护自然资源的意识	单元大观念	C

第四步是依据单元作业目标"规划单元作业结构",包括内容结构、水平结构、类型结构、形式结构、难度结构和时间结构。内容结构指一个单元内的作业应呼应课程标准的内容维度,特别是语言知识和语言技能。水平结构指各内容维度的作业在一个单元内的学习水平要呈现递进的过程。类型结构指一个单元内的作业要覆盖书面作业和非书面作业,非书面作业要兼顾听力和口语作业,有时还包括实践类作业。形式结构指一个单元内的作业既要有要求学生独立完成的作业,也应设计鼓励学生通过合作来完成的作业。难度结构指一个单元内的作业应注重难度的比例。时间结构指一个单元内的作业要整体控制总量。单元作业规划并非设计具体的作业,而是明确单元作业结构,为课时作业设计奠定基础。以上述单元为例,其作业结构如表 11-18 所示。

表 11-18　七年级上册第一单元作业结构规划(部分)

序号	结构	规　　划
1	内容结构	词汇、词法、语篇、话题;综合(听说读写)
2	水平结构	词法的水平为 A"识记"和 B"理解",分布在不同课时中
3	类型结构	书面;口头
4	形式结构	独立;合作
5	难度结构	词汇为"容易";综合为"较难";其他为"适中"
6	时间结构	总量为 90 分钟

第五步是"设计课时作业"。以单元作业规划为引导开展课时作业设计,并提高作业设计的解释性。作业的解释性包含目标、类型、形式、水平、难度、时间等要素,其中作

业目标是每一道作业题最为重要的属性。作业类型一般包含书面和非书面两大类,非书面还包括听说、观看和综合实践类作业。作业形式指的是学生独立完成,还是结对或通过小组合作来完成。作业水平一般包含四个级别,即知道、理解、运用和综合。一般而言,一道作业题的水平不超过"运用",但"综合实践类"作业的水平可以达到"综合"的水平。作业难度一般包含容易、一般和较难三个级别。水平高、难度低的作业要多设计,而水平低、难度高的作业要尽量避免。作业时间指的是普通学生完成每一道作业题所需的时间总量,应符合国家的相关规定。作业设计的最后一步是"实施作业",包括作业的批改、作业的讲评和作业的辅导。

作业的批改。作业的批改是作业评价的重要环节。作业批改时,要借助一定的"批改符号",提示学生作业中的问题,也可以借用"批语"与学生进行"对话"。要用分数或等第呈现批改的结果,并用简短的"评语"对结果进行解释,明示作业中的亮点和问题,为学生订正或修改提供方向。在批改作业时,要做好相应的统计,记录每一位学生的表现,作为过程性评价的依据,记录班级学生在每道作业题中的表现,为作业讲评提供数据。

作业的讲评和辅导。依据作业批改时的统计确定讲评的内容,一般而言是学生的共性问题。作业讲评时,要充分调动学生的积极性,让学生参与讲评。讲评时,要引导学生举一反三,并为学生提供跟进练习,以巩固作业讲评的效果,进一步发挥作业的评价功能。作业讲评一般在课堂教学的引入阶段进行,体现"作业是课时之间的纽带"。此外,对于学生在作业中表现出的个性化的问题,则要进行个别化的辅导。作业辅导一般在非教学时间进行。除了针对学生的个性化的问题以外,还可以安排对部分学生进行作业的面批,尤其是作文的批改。

(2) 运用工具

建议用作业属性表(如表11-19所示)对每一道作业题进行分析。作业属性表也能指导作业的设计。也可以设计单元作业统计表对各课时作业进行统计,以整体把控单元各课时作业的结构。

表 11-19 作业属性表

单元名称	
作业目标	
作业内容	□语音 □词汇 □语法 □听说 □阅读 □写作 □其他
作业类型	□填空 □选择 □回答问题 □翻译 □配对 □排序 □表达 □听力 □口头 □综合实践
作业形式	□个人 □结对 □小组

续 表

作业水平	□知道 □理解 □运用 □综合
作业难度	□容易 □一般 □较难
作业时间	( )分钟

对于设计好的作业,要借助作业评价标准进行自我评价。单条作业评价标准如表 11-20 所示,单元作业评价标准如表 11-21 所示。

表 11-20　单条作业评价标准

指标	赋分(0—5 分,5 分最高)	赋分理由
作业目标明确		
题干无科学性问题		
作业水平适切		
作业要求清晰		

表 11-21　单元作业评价标准

指标	赋分(0—5 分,5 分最高)	赋分理由
题干无科学性问题		
作业总量适中		
作业类型丰富		
作业完成形式多样		
作业水平分布合理		
作业难度比例恰当		
作业要求清晰		

2. 单元评价的设计

单元评价一般包含课堂评价和作业评价,也包括单元学习后的综合性的评价,该评价由纸笔评价和针对听说的评价组成。纸笔评价的要点有以下几个方面。

(1) 目标导向。以单元教学目标为依据设计单元评价目标,单元评价目标要体现单元大观念,指向核心素养的维度。以《牛津(上海版)》八年级第二学期第六单元为例[①],单元大观念为:通过阅读与听感知异国与中国旅游景点的魅力,通过口头和笔头表达增强

---

① 案例来源:上海市风华初级中学万萍等。

异国地理知识和中华景点等文化意识。单元评价目标如表 11-22 所示。

表 11-22　八年级第二学期第六单元评价目标

序号	目标	核心素养
1	了解定冠词 the 特指某人或某物用法	语言能力
2	运用并列连词 and，but，so 连接句子	语言能力
3	借助构词法和语境，猜测词意	语言能力
4	听懂、读懂有关"旅游景点"话题的说明文，获取介绍旅游景点的关键信息	语言能力
5	根据情境，运用所给句型，编制问路、指路的对话，在交际中运用升调表达委婉语气	学习策略
6	掌握"介绍旅游景点"类说明文的内容框架和常用句型，运用所给句型写旅游明信片、介绍景点	语言能力 文化意识

（2）题型丰富。依据考核目标设计题型，题型不应拘泥于学业考试，并体现单元特征和年级特征。上述单元评价包含的题型如表 11-23 所示。

表 11-23　八年级第二学期第六单元评价题型

序号	题型	内容	考核目标
1	Listen to the passage and complete the sentences.	听力/听一段有关意大利的短文，获取关键信息完成句子	在听的过程中获取并记录关键信息
2	Choose the best answer.	阅读/根据所给地图和对话情境，选择恰当的答案	在地图和对话情境中完成语言任务
3	Choose the best answer.	语法/选择恰当的并列连词完成句子	在句子语境中判断并列连词
4	Complete the passage with proper articles.	语法/用恰当的冠词完成短文	在语境中运用冠词
5	Complete the sentences with the given words in their proper forms.	词汇/用构词法知识完成句子	在语境中判断词性和词义
6	Read and complete the notes.	阅读/阅读短文，完成笔记	在语篇阅读中归纳大意，获取并处理信息
7	Write a postcard according to the situation.	写作/根据情境撰写一张明信片	在"旅游"的主题下表达观点，描述事件

（3）素材合理。上表中的题型需要借助一定的语境来设计题目。其中题型3和5的语境是单句，1、2、4、6为语篇，7为情境。语篇的选择呼应本单元的语篇类型，题型1的语篇呼应单元主课文 France is calling，题型2的语篇呼应听说的文本，题型4的语篇介绍"卢浮宫"，内容呼应主课文，文体呼应听力语篇（"中山陵"），题型6的语篇介绍 London Bridge，文体呼应听力语篇。上述语篇均选自原版，但对篇幅和其中的词汇和语法现象进行了处理，使其符合学生的学习基础。题型7提供了英文情境、相关句型和 Postcard 的样例，其中情境为：

Imagine you are abroad on holiday. You send the postcard below to your pen-friend Jack. Write the passage, telling your friend when you arrived, how you got there, what you are doing and what you are going to do. Choose one scenic spot and give more details. Complete the postcard with at least 50 words.

（4）总量适中。一般而言，纸笔形式的单元评价以一节课为宜。上述案例的单元评价平均完成时间为36分钟。

针对听说的评价要注重结合单元听说教学目标确定评价的内容，选取恰当的听说资源，关注对听的技能、说的技能以及语音知识和语用知识的考查。

参考文献：

1. 九年义务教育课本英语（牛津上海版）[M]，上海：上海教育出版社，2007.

2. 上海市教育委员会教学研究室.初中英语单元教学设计指南[M]，北京：人民教育出版社，2018.

3. 中华人民共和国教育部.义务教育英语课程标准（2011年版）[M]，北京：北京师范大学出版社，2011.

4. 中华人民共和国教育部.高中英语课程标准（2020年版）[M]，北京：人民教育出版社，2020.

5. 中华人民共和国教育部.义务教育英语课程标准（2022年版）[M]，北京：北京师范大学出版社，2022.

6. 王蔷，周密，蔡铭珂.基于大观念的高中英语单元整体教学设计[J]，中小学外语教学（中学篇），2021，44(1)：1-7.

7. 赵尚华.初中英语课堂教学关键问题研究，上海：上海教育出版社，2020.

第 12 章

《义务教育历史课程标准(2022年版)》解读

郑 林

作者简介:郑 林/北京师范大学历史学院教授;《义务教育历史课程标准(2022年版)》修订组核心成员(北京 100875)

2022年4月21日,教育部召开新闻发布会,正式颁布《义务教育历史课程标准(2022年版)》。该版历史课程标准总结21世纪以来我国历史课程改革的经验,反映国际历史课程改革的新趋势,回应新时代对历史教育的新要求,在课程理念、课程目标、课程内容、学业质量、课程实施诸多方面都有所创新。本章从义务教育历史课程标准的沿革,《义务教育历史课程标准(2022年版)》的变化与创新等方面对新版课程标准做了分析解读,帮助教师理解新课标,用好新课标。

一、义务教育历史课程标准诞生的背景与沿革

义务教育历史课程标准是我国21世纪初开始的基础教育课程改革的重要成果。2001年,教育部颁布《全日制义务教育历史课程标准(实验稿)》。之后,在总结实验经验、吸收实验稿颁布后我国社会发展新成就、党和国家新政策以及国际教育发展新成果基础上,于2012年颁布《义务教育历史课程标准(2011年版)》。《义务教育历史课程标准(2022年版)》是在2011年版基础上修订而成的。三版义务教育历史课

程标准回应了所处时代社会发展对历史教育的要求,在继承中创新,不断修订完善。

(一) 21 世纪初我国基础教育课程改革的背景、目的与基本思路

在人类社会即将进入 21 世纪之际,随着世界多极化和经济全球化不断发展,国家之间的国力竞争日趋激烈,基础教育的改革与发展成为各国提高国际竞争力的重要战略。1999 年 6 月,《中共中央国务院关于深化教育改革、全面推进素质教育的决定》颁布,提出要全面推进素质教育,培养适应 21 世纪现代化建设需要的社会主义新人;调整和改革课程体系、结构、内容,建立新的基础教育课程体系,改变课程过分强调学科体系、脱离时代和社会发展以及学生实际的状况;改革人才培养模式,积极实行启发式和讨论式教学,激发学生独立思考和创新的意识,让学生感受、理解知识产生和发展的过程,培养学生的科学精神和创新思维习惯,重视培养学生收集处理信息的能力、获取新知识的能力、分析和解决问题的能力、语言文字表达能力以及团结协作和社会活动的能力。[1] 2001 年,《国务院关于基础教育改革与发展的决定》进一步提出"加快构建符合素质教育要求的基础教育课程体系"的任务,[2]我国的新一轮基础教育课程改革正式启动。

2001 年 6 月,教育部制定了《基础教育课程改革纲要(试行)》,对课程改革的总体目的进行了阐述,提出了新一轮基础教育课程改革的基本思路:第一,改变课程过于注重知识传授的倾向,强调形成积极主动的学习态度,使获得基础知识与基本技能的过程同时成为学会学习和形成正确价值观的过程。第二,改变课程结构过于强调学科本位、科目过多和缺乏整合的现状,整体设计九年一贯的课程门类和课时比例,并设置综合课程,以适应不同地区和学生发展的需求,体现课程结构的均衡性、综合性和选择性。第三,改变课程内容"难、繁、偏、旧"和过于注重书本知识的现状,加强课程内容与学生生活、现代社会和科技发展的联系,关注学生的学习兴趣和经验,精选终身学习必备的基础知识和技能。第四,改变课程实施过于强调接受学习、死记硬背、机械训练的现状,倡导学生主动参与、乐于探究、勤于动手,培养学生搜集和处理信息的能力、获取新知识的能力、分析和解决问题的能力以及交流与合作的能力。第五,改变课程

---

[1] 中共中央国务院.关于深化教育改革、全面推进素质教育的决定[EB/OL].(1999-06-23)[2022-04-08]. http://www.moe.gov.cn/jyb_xxgk/moe_1777/moe_1778/201907/t20190708_389416.html.

[2] 国务院.关于基础教育改革与发展的决定[EB/OL].(2001-05-29)[2022-04-08]. http://www.moe.gov.cn/jyb_xxgk/moe_1777/moe_1778/201412/t20141217_181775.html.

评价过分强调甄别与选拔功能的现状，发挥评价促进学生发展、教师提高和改进教学实践的功能。第六，改变课程管理过于集中的状况，实行国家、地方、学校三级课程管理，增强课程对地方、学校及学生的适应性。① 历史课程标准就是在这样的背景下诞生的。

（二）"历史课程标准（实验稿）"的颁布、实施及修订

根据新一轮基础教育课程改革的要求，教育部制定了《全日制义务教育历史课程标准（实验稿）》（以下简称"历史课程标准（实验稿）"），并于2001年颁布。"历史课程标准（实验稿）"进一步明确课程的定位，突出了历史课程在素质教育中的地位与作用，从知识与能力、过程与方法、情感态度与价值观三个方面较为全面地阐释了历史课程目标；精选内容按主题建构了新的历史教学知识体系，在改变历史课程"难、繁、偏、旧"问题上有很大突破；提倡改变教学和评价方式，以学生为主体，"倡导学生积极主动的参与教学过程，勇于提出问题，学习分析问题和解决问题的方法，改变学生死记硬背和被动接受知识的学习方式"，"采用灵活多样的评价方法，注重学生学习过程和学习结果的全程评价，充分发挥历史教学评价的教育功能"。② "历史课程标准（实验稿）"取代了以往的"历史教学大纲"，成为初中历史教学的指导性文件。

2001年9月开始，历史新课程进入实验阶段。根据"先实验后推广"的原则，首先在国家级实验区实施新课程，之后逐步扩大范围，在全国各地推广。随着"历史课程标准（实验稿）"的实施，历史教师的教学理念和教学方式都发生了变化，学生的主体地位得到了重视，教学方式"从以往的注重教师传授历史知识转变为更加关注学生的学习"，"采用多种多样的教学方式和教学方法，如通过讨论、交流、合作、小组学习等方式，使教学形成师生互动、生生互动的局面"。③ 与此同时，一些问题也逐渐显现。首先，"历史课程标准（实验稿）"按照"学习主题"编排课程内容，理性偏强，历史的时序性受到一定影响，与初中学生的认知能力有一定的距离。其次，课程目标和内容标准的表述比较笼统，水平层次不好区分，指导性和可操作性还需进一步提高。第三，课程容量和难度还需要作进一步调整。

---

① 中华人民共和国教育部.基础教育课程改革纲要（试行）[EB/OL].(2001-06-08)[2022-04-08]. http://www.moe.gov.cn/srcsite/A26/jcj_kcjcgh/200106/t20010608_167343.html

② 中华人民共和国教育部.全日制义务教育历史课程标准（实验稿）[S].北京：北京师范大学出版社,2001：2.

③ 齐世荣,徐蓝.义务教育历史课程标准（2011年版）解读[M].北京：北京师范大学出版社,2012：18.

2003年，教育部启动对"历史课程标准（实验稿）"的修订工作，先后组织了两次大规模的调研，根据对调研意见的分析形成了以下修订策略：第一，突出时序和历史发展的主线。历史学科的基本特征是时序性和线索性，课程内容应按照时间顺序编排，突出历史发展的主线。第二，符合学生认识水平。初中学生是13—15岁的青少年，应根据这个年龄段学生的认知特点选择内容，以感知为主，在了解历史上重要的人和事的基础上，适当增加理性要求。第三，在继承中发展。吸收和借鉴"历史课程标准（实验稿）"在改变"难、繁、偏、旧"等方面的经验，进一步减轻学生的学业负担。第四，与时俱进。根据中国共产党第十七次代表大会的精神，积极贯彻"教育规划纲要"的要求，进一步将社会主义核心价值体系融入其中；适当地吸收近年来已经被学术界基本认同的新的研究成果；进一步提高课程标准的指导性和可操作性。[①] 2011年，教育部完成了课程标准的修订工作，颁布《义务教育历史课程标准（2011年版）》。

（三）《义务教育历史课程标准（2011年版）》的成就

《义务教育历史课程标准（2011年版）》（以下简称"历史课程标准（2011年版）"）坚持了2001年至2011年这十年新一轮基础教育课程改革的正确方向，基本保持了"历史课程标准（实验稿）"的文本结构形式，对具体内容做了较大调整。"历史课程标准（2011年版）"明确义务教育阶段的历史课程是人文社会科学中的一门基础课程，具有思想性、基础性、人文性和综合性；充分体现育人为本的教育理念，将正确的价值判断融入对历史的叙述和评判中，鼓励自主、合作、探究式学习，倡导教学和评价方式的创新。[②] "历史课程标准（2011年版）"的课程目标表述更为清晰、明确，与课程内容结合得更为紧密。课程内容仍划分为中国古代史、中国近代史、中国现代史、世界古代史、世界近代史、世界现代史六大板块，但是弱化了学习主题，按照历史发展时序采用"点—线"结合的方式呈现，以历史发展的基本线索串连具体、生动的历史事实，凸显历史发展的主线；精选最基本、最重要的史事，删除过难、过偏、过多的知识点，进一步减轻了学生的学习负担。实施建议进一步明确了教师的主导作用和学生的主体作用，为教学活动、评价实施、教材编写、资源开发留有更大的创新空间。

"历史课程标准（2011年版）"进一步加强了社会主义核心价值观体系的渗透，进一步强化中国优秀文化传统、爱国主义、民族团结精神的教育，注重培养学生的社会意识

---

① 齐世荣，徐蓝.义务教育历史课程标准（2011年版）解读[M].北京：北京师范大学出版社，2012：21.
② 中华人民共和国教育部.义务教育历史课程标准（2011年版）[S].北京：北京师范大学出版社，2012：1—3.

和社会责任感,注重使全体学生都得到发展,育人功能显著提升。

二、《义务教育历史课程标准(2011年版)》的修订

《义务教育历史课程标准(2011年版)》的实施进一步推动了历史课程改革,历史教师在历史教学和评价等方面做了有益的探索。经过多年努力,在转变教学方式和评价方式等方面积累了一些经验。与此同时,时代发展对历史教育又提出了新的要求,需要对课程标准再次修订,以适应新形势。

(一) 新时代对基础教育课程改革提出新要求

《义务教育历史课程标准(2011年版)》实施的十年期间,国内外的形势又有了巨大变化,特别是党的十八大以来,中国特色社会主义进入新时代,中华民族迎来了从站起来、富起来到强起来的伟大飞跃,迎来了实现中华民族伟大复兴的光明前景。我国教育总体水平进入世界中上行列,九年义务教育全面普及,高中阶段教育基本普及,城乡和区域教育发展差距进一步缩小,育人方式正在变革,课程体系进一步完善,三科统编教材正在推进使用,习近平新时代中国特色社会主义思想有机融入了课程教材中。在新形势下,党和国家进一步明确了立德树人是教育的根本任务,我国的教育要培养德智体美劳全面发展的社会主义建设者和接班人。新时代学校教育把爱国主义教育有机融入了教育教学各环节,贯穿国民教育全过程。历史教育特别是党史、国史、改革开放史、社会主义发展史教育的地位大幅度提高。

党的第十八届五中全会在《中共中央关于制定国民经济和社会发展第十三个五年规划的建议》中明确指出:"我国发展仍处于可以大有作为的重要战略机遇期,也面临诸多矛盾叠加、风险隐患增多的严峻挑战。"当今国内外发展环境错综复杂,世界多极化、经济全球化、文化多样化、社会信息化深入发展,国际竞争日趋激烈,人才培养成为焦点。优先发展教育,构建现代教育体系,建设学习型社会,培养大批创新人才,已成为人类共同面临的重大课题和应对诸多复杂挑战、实现可持续发展的关键。[①] 一些国家和国际组织相继提出面向未来的教育方案,以培养适应未来社会需要的人才。例如经济合

[①] 中国共产党第十八届中央委员会.中共中央关于制定国民经济和社会发展第十三个五年规划的建议[EB/OL].(2015-10-29)[2022-04-08].http://www.gov.cn/xinwen/2015-11/03/content_5004093.htm.

作与发展组织研究开发的OCED学习框架2030①,从知识、技能、态度和价值观四个维度描述了学生应具备的关键能力,强调学习过程的主体是学生,这种主体性可以让学生获得成就感。学生的学习离不开外部环境的支持,所以家长、教师、政府管理者等群体都要为学生发展提供良性帮助。面对未来的世界,教育界要拓宽对教育目标的认识。教育要促进个人和社会的幸福,而幸福涉及的不仅仅是获取物质资源,它还与生活质量有关,包括健康、公民参与、社会关系、教育、安全、生活满意度和环境。教育不仅是职业培训,学生通过教育,也要学习如何成为负责任的社会公民,学习形成明确而有目的的目标,与不同观点的人合作,发现未开发的机会,并找出解决大问题的多种方法,这在未来几年将是至关重要的。②

世界教育正在发生革命性变化,确保包容、公平和有质量的教育,促进全民享有终身学习机会,成为世界教育发展新目标。教育与经济社会发展的结合更加紧密,以学习者为中心,注重能力培养,促进人的全面发展,全民学习、终身学习、个性化学习的理念日益深入人心。教育模式、形态、内容和学习方式正在发生深刻变革,教育治理呈现出多方合作、广泛参与的特点。

我国教育改革虽然取得了显著成就,但尚不能完全适应人的全面发展和经济社会发展需要。2017年1月,国家教育事业发展"十三五"规划中提出以新理念引领教育现代化建设,必须紧紧围绕全面提高教育质量这个主题,把立德树人作为根本任务,全面实施素质教育,积极培育和践行社会主义核心价值观,更新育人理念,创新育人方式,改善育人生态,提高教师素质,建立健全各级各类教育质量保障体系,全面提升育人水平。2019年2月,中共中央、国务院印发《中国教育现代化2035》,提出推进教育现代化要更加注重以德为先,更加注重全面发展,更加注重面向人人,更加注重终身学习,更加注重因材施教,更加注重知行合一,更加注重融合发展,更加注重共建共享。为此,要完善教育质量标准体系,制定覆盖全学段、体现世界先进水平、符合不同层次类型教育特点的教育质量标准,明确学生发展核心素养要求,建立健全中小学各学科学业质量标准和体质健康标准;加强课程教材体系建设,科学规划大中小学课程,分类制定课程标准,充分

---

① 2015年,经济合作与发展组织(Organization for Economic Co-operation and Development,OECD)启动了题为"未来的教育与技能2030"(The Future of Education and Skills 2030 project)的项目。该项目旨在与各国共同探讨两个问题:一是今天的学生需要什么样的知识、技能、态度与价值观,才能茁壮成长并塑造未来世界;二是教育系统如何有效地培养这些知识、技能、态度与价值观。
② 孟宏伟.OECD学习框架2030[R].开放学习研究,2018(3).

利用现代信息技术,丰富并创新课程形式;创新人才培养方式,推行启发式、探究式、参与式、合作式等教学方式以及走班制、选课制等教学组织模式,培养学生创新精神与实践能力;构建教育质量评估监测机制,建立更加科学公正的考试评价制度,建立全过程、全方位人才培养质量反馈监控体系。① 同年,《中共中央国务院关于深化教育教学改革全面提高义务教育质量的意见》提出要着力培养学生认知能力,促进思维发展,激发创新意识;各级各类学校应严格按照国家课程方案和课程标准实施教学,确保学生达到国家规定学业质量标准。强调坚持"五育"并举,全面发展素质教育。②

（二）历史学科核心素养目标的提出

2014年,教育部在《教育部关于全面深化课程改革　落实立德树人根本任务的意见》中提出,修订课程标准时,必须依据学生发展核心素养体系,进一步明确各学段、各学科具体的育人目标和任务,指导教师准确把握教学的深度和广度,使课程更加准确反映人才培养要求。③ 为贯彻落实"立德树人"根本任务,《普通高中历史课程标准(2017年版)》在深入总结21世纪以来历史课程改革经验,借鉴国外课程改革的优秀成果的基础上提出:历史课程要将培养和提高学生的历史学科核心素养作为目标,课程结构的设计、课程内容的选择、课程的实施等,都要始终贯穿发展学生历史学科核心素养这一任务,并从唯物史观、时空观念、史料实证、历史解释、家国情怀五个方面对历史学科核心素养的内涵进行了阐释。④ 历史课程从强调"双基目标"到"三维目标",再到"历史学科核心素养目标",是对建国以来教育改革成果的继承和发展,体现了国家在新时期育人目标的要求,有助于贯彻落实立德树人的根本任务,将实现从学科本位、知识本位到育人本位、学生素养发展本位的根本转型。

历史学科核心素养目标的提出,进一步促进了教学方式和评价方式的变革。历史教师在单元教学、深度学习、项目式学习、跨学科主题学习、教学评一体化等方面积极探索,取得初步成效。教学和评价都更加注重学生的主体地位,以促进学生的全面发展为

---

① 中共中央国务院.中国教育现代化2035[EB/OL].(2019-02-23)[2022-04-09]. http://www.moe.gov.cn/jyb_xwfb/s6052/moe_838/201902/t20190223_370857.html.

② 中共中央国务院.关于深化教育教学改革全面提高义务教育质量的意见[EB/OL].(2019-06-23)[2022-04-09]. http://www.moe.gov.cn/jyb_xxgk/moe_1777/moe_1778/201907/t20190708_389416.html.

③ 中华人民共和国教育部.教育部关于全面深化课程改革落实立德树人根本任务的意见[EB/OL].(2014-04-08)[2022-04-09]. http://www.moe.gov.cn/srcsite/A26/jcj_kcjcgh/201404/t20140408_167226.html.

④ 中华人民共和国教育部.普通高中历史课程标准(2017年版2020年修订)[M].北京:人民教育出版社,2020:2—5.

目标。

（三）《义务教育历史课程标准（2011年版）》的局限性

从2011年至今，党的十八大、十九大相继召开，中国特色社会主义进入新时代。十八大以来，祖国建设突飞猛进，各行各业各个领域又取得了长足进步。课程标准在反映社会发展的新成就、教育改革的新趋势方面，需要及时补充新内容；课程标准在使用过程中发现的问题也需要通过修订加以改进。

第一，课程标准内容滞后于时代发展。《义务教育历史课程标准（2011年版）》是2012年初公布的，其内容无法反映新时期党和国家的教育方针、我国社会发展的新成就、历史研究的新成果，以及国际教育发展的新趋势。例如，2018年习近平在全国教育大会上强调坚持中国特色社会主义教育发展道路，培养德智体美劳全面发展的社会主义建设者和接班人，2019年《中国教育现代化2035》《中共中央国务院关于深化教育教学改革全面提高义务教育质量的意见》等讲话、文件对教育的要求需要在课程标准中体现。

第二，课程目标和内容要求对教学和评价的指导作用不明显。教师反映课程内容陈述中所用行为动词"知道""了解""认识""理解"等层次要求和指向性不够明确，教师不好理解，容易把知识点挖掘过深或讲得太浅，命题难易程度比较难把控。也有教师反映知识与能力、过程与方法、情感态度价值观三维目标之间的关系和结构不太清晰，在实际的操作中不太容易把握。教学建议与课程内容有些笼统、重难点不够突出。

第三，课程标准的新理念较抽象，不好在教学中落实。课程标准提出改革教学方式、评价方式，但是没有提供具体的实施路径。教师希望能够给出贯彻课标理念的案例，帮助教师更好落实课标。例如增加教学设计样本与评价案例，用实例帮助教师理解课程标准的相关要求。

第四，课程内容较散，结构性不强。课程内容分中国古代史、中国近代史、中国现代史、世界古代史、世界近代史、世界现代史六个板块，其中除了中国古代史按照历史时期组织知识点外，其他板块都是直接罗列知识点，看不出历史发展阶段、发展脉络。

第五，评价建议实践性不强，不好操作。评价建议理念成分多，只提供努力方向，在具体操作的指导上，没有具体的标准与水平层次，也没有以此为基础的量化评价指标体系。教师希望能够提供操作性较强的命题指导和样题，加强教师对评价内容、形式等各方面的把控。

为了适应新时代的要求，总结课程改革取得的成功经验，解决课程标准使用过程中发现的问题，教育部于2019年初启动包括《义务教育历史课程标准（2011年版）》在内的各科课程标准的修订工作,并于2022年初完成修订,修订后的课程标准命名为《义务教育历史课程标准(2022年版)》。

三、《义务教育历史课程标准(2022年版)》的变化与突破

《义务教育历史课程标准(2022年版)》(以下简称新课程标准)与《义务教育历史课程标准(2011年版)》相比,在课程理念与设计思路、课程目标、课程内容、学业质量与课程实施方面有较大的变化和突破。新课程标准指向学生核心素养的培养,希望学生通过课程学习逐步形成正确价值观、必备品格和关键能力,体现了新课程由知识与能力本位向素养本位的转变。

(一)课程理念与设计思路的变化与突破

新课程标准在课程理念与设计思路上做了较大的修订。从呈现方式上看,"历史课程标准(2011年版)"是将课程理念与设计思路分别表述,先阐述课程理念,再说明课程设计思路。而新课程标准则将两者合二为一,从课程目标、课程结构、课程内容、教学建议、学业评价五个方面阐述课程理念,明确课程设计思路。从内容上看,新课程标准的课程设计理念呈现出如下特点。

第一,注重核心素养的培养。新课程标准在课程目标上注重培育学生的核心素养。"历史课程标准(2011年版)"在课程基本理念中提出"以培养和提高学生的历史素养为宗旨",但是对历史素养是什么没有做界定,在课程标准其他部分也未见素养的要求。新课程标准明确提出"立足学生核心素养发展,充分发挥历史课程的育人功能"。立德树人是历史课程的根本任务,培养学生核心素养则是历史教育实现立德树人根本任务的重要途径。新课程标准对核心素养的内涵做了界定,从核心素养的五个方面陈述历史课程目标,对历史课程的设计聚焦于发展学生核心素养,将核心素养贯穿历史课程的始终。

第二,突出历史发展的阶段性特征。新课程标准在课程内容的组织结构上以中外历史进程及其规律为基本线索,突出历史发展的阶段性特征。中国古代史、中国近代史、中国现代史、世界古代史、世界近代史、世界现代史六个板块延续了"历史课程标准(2011年版)"的设计思路,通过"点一线"结合的方式呈现中外历史,使课程内容依照人类历史发展的时序,循序渐进地展开。同时,也吸收了"历史课程标准(实验稿)"的优点,每个板块分阶段按历史时期或主题组织内容,突出历史发展的阶段性特征。古代史主要按时期组织内容,如"史前时期""夏商西周与春秋战国时期""秦汉时期"等;近现代

史主要按主题组织内容，如"晚清时期的内忧外患与救亡图存""辛亥革命与中华民国的建立""近代社会生活变化"等。这样将零散的历史知识点结构化，有助于学生认识历史发展的规律，培育学生的唯物史观。此外，新课程标准中还增加了跨学科主题学习板块。该板块要求学生用贯通古今中外的综合性主题，将分散在前六个板块不同地方的内容整合在一起，有助于学生以历史为线索，综合运用其他学科的知识分析解决历史与现实问题，促进学生核心素养的发展。

第三，进一步突出思想性、基础性。新课程标准在课程内容的选择上坚持正确的思想导向和价值引领，课程内容不在多，而在精，要有教育价值，突出思想性。坚持以唯物史观为指导，贯彻习近平新时代中国特色社会主义思想，精选有助于引导学生形成正确的历史观、世界观、人生观、价值观的课程内容，弘扬中华优秀传统文化，继承革命文化，发展社会主义先进文化，增强学生对中华民族的归属感、认同感、尊严感和荣誉感，坚定学生的文化自觉和文化自信；积极借鉴世界其他国家和地区的优秀文化，加强文化交流、文明互鉴，推动人类命运共同体理念深入人心。课程内容的选择要注重基础性，精选基本的、重要的、典型的史事，减少繁、难、偏、旧的知识，适应学生的学习水平。同时，要增强课程内容的生动性，使课程内容贴近学生、贴近社会、贴近生活，激发学生的学习兴趣。

第四，强调学生的主体地位。新课程标准在教学方式上强调树立以学生为主体的教学观念，注重学生自主探究的学习活动。坚持以学生为本，关注学生的学习需求，重视对学生的学法指导。这种以学生为本的课程理念充分体现了历史课程育人方式的变革。新课程标准鼓励学生自主探究学习，进行独立思考，强调每课问题的提出、活动的设计都应服务于学生的自主学习。教材所选内容也要有一定的知识拓展空间，以利于学生的自主探究，激发学生的创新精神，使学生爱读、乐学，使不同水平的学生都能够进行自主学习。新课程标准强调学生的主体地位，注重激发学生的学习积极性，挖掘学生学习的潜力，促进学生的个性化发展与全面发展；将学生看作是独立的个体、有能力的学习者，将学习的掌控权归还给学生，充分发挥学生的主观能动性，激发学生的好奇心和学习兴趣，使学生真正成为学习的主人，根据自身的知识基础和认知风格自主选择适合自己的学习内容和方法，实现个性化发展，使学生能够适应信息化、学习化社会的要求，成为一个终身学习者。

第五，发挥评价促进学习和改进教学的功能。新课程标准指出要综合运用多种评价方式和方法，发挥评价促进学习和改进教学的功能。提倡"教—学—评"一体，将对核心素养的考查贯彻在学生学习的全部过程之中，综合运用诊断性评价、形成性评价和终结性评价,诊断学生的核心素养水平。同时注重评价主体的多元化,在传统的教师评价基础上,强调学生自评和学生互评。

考试评价要考虑如何有效考查学生核心素养的落实程度。以往的课程评价更多的是注重对知识的考查,是狭义的评价。而核心素养视域下的课程评价则是要立足于历史课程的育人功能,通过课程评价体系促进人的全面发展。新课程标准特别关注过程性评价,强调充分发挥评价改进教学、促进学生学习的功能。

(二)课程目标的变化与突破

新课程标准提出,历史课程的目标是落实立德树人根本任务,培养学生的核心素养,初步树立正确的历史观、民族观、国家观、文化观,明理、增信、崇德、力行,并采用新的目标分类陈述课程目标。"历史课程标准(2011年版)"是将课程目标分为知识与能力、过程与方法、情感态度与价值观三个维度陈述,而新课程标准是按照核心素养的五个方面,即唯物史观、时空观念、史料实证、历史解释、家国情怀陈述课程目标。新课程标准首先对核心素养概念做了界定:核心素养是学生通过课程学习逐步形成的正确价值观、必备品格和关键能力,是课程育人价值的集中体现。历史学科要培养的学生核心素养主要是指唯物史观、时空观念、史料实证、历史解释、家国情怀五个方面。然后,从这五个方面阐述核心素养的内涵。唯物史观是揭示人类社会历史客观基础及发展规律的科学的历史观和方法论,是其他素养得以达成的理论保证;时空观念是在特定的时间联系和空间联系中对事物进行观察、分析的意识和思维方式,是其他素养得以达成的基础条件;史料实证是指对获取的史料进行辨析,并运用可信史料努力重现历史真实的态度与方法,是其他素养得以达成的必要途径;历史解释是指以史料为依据,客观地认识和评判历史的态度和方法,是其他素养得以达成的集中体现;家国情怀是学习和探究历史应具有的人文追求与社会责任,是其他素养得以达成的情感基础和理想目标。

在此基础上,新课程标准从五个方面提出了具体的目标要求,使核心素养目标清晰,具有可操作性。

培养学生的核心素养是时代发展的需求、国家发展的需求,也是个体发展的需求。当今世界是一个科技发展日新月异、全球化进程明显加快的世界,只有具备核心素养的高素质人才,才能适应社会发展的需要,更好地为社会创造价值,更好地在社会中实现个人价值。

核心素养的提出是落实立德树人根本任务,实现历史课程育人功能的重要保证,是对学科育人价值的概括性、专业化表述,体现了历史教育从知识与能力本位向育人本位和素养本位的转型。核心素养目标是对知识与能力、过程与方法、情感态度与价值观三维目标的继承与发展。它在三维目标的基础上进行了提炼与升华。核心素养的提出使得知识传授不再是历史教学的核心任务，学生也不再是装载历史知识的容器。它对学生发展提出了更上位的要求，即掌握历史学习的思维方法，形成对历史的正确理解，并在此基础上树立正确的人生观、世界观和价值观。

将核心素养作为义务教育阶段历史课程目标也是实现初高中历史课程有效衔接的重要一步。《普通高中历史课程标准（2017年版）》提出了历史学科核心素养，即唯物史观、时空观念、史料实证、历史解释、家国情怀。新课程标准也从这五个方面陈述历史课程目标，体现了初高中课程目标的衔接。

（三）课程内容的变化与突破

在课程内容部分，新课程标准增加了导语，对课程内容做整体说明，指出初中历史课程是以马克思主义唯物史观的基本观点为指导，按照历史时序，展示中外历史发展的基本过程，并用课程内容结构示意图说明了中国古代史、中国近代史、中国现代史、世界古代史、世界近代史、世界现代史和跨学科主题学习七个板块之间的逻辑关系，以及七个板块与核心素养的关系。中国历史从古代到近代再到现代，是统一多民族国家的形成与发展，争取民族独立、人民解放，以及社会主义现代化建设的历程；世界历史从古代到近代再到现代，是区域文明的多元发展，资本主义发展、社会主义运动和民族解放运动，战争与革命、和平与发展的历程。中国历史和世界历史从古代到现代的历程，展现人类社会的不断演进。学生在学习中国历史和世界历史的基础上，进行跨学科主题学习，立足时空，运用史料，认识历史，形成唯物史观，涵养家国情怀。

新课程标准的课程内容做了较大的修订，主要体现在如下几个方面。

1. 新增跨学科主题学习板块

新课程标准课程内容最大的变化之一是增设了跨学科主题学习板块。跨学科主题学习是指在学生历史学习的基础上，将所学的历史课程与其他课程的知识、技能、方法及课题研究等结合起来，围绕某一研究主题，开展深入探究、解决问题的综合实践活动。新课程标准阐述了跨学科主题学习活动的设计思路、情境素材和教学策略，并整合中国历史和世界历史六个板块的内容，设计了十个跨学科主题学习活动示例。

跨学科主题学习活动的设计旨在发展学生的核心素养，提高学生学会学习、实践创新、责任担当等各学科共通性的素养，促进学生历史学习方式的转变，加强学生运用多学科的知识与技能进行更贴近社会、贴近生活的综合探究。跨学科主题学习活动各个主题涉及的内容，都来自中国历史和世界历史六个板块，从特定的问题意识出发，将分散在不同地方的内容整合在一起，有助于学生形成在时段上纵通、在领域上横通的通史意识;同时借助不同课程所学的知识和方法,初步养成多角度分析问题和解决问题的能力。课程内容中的前六个板块是历史学习的基础,跨学科主题学习活动板块是学习的提升和拓展。

2. 新增学业要求和教学提示

新课程标准删去了"历史课程标准(2011年版)"中的教学活动建议,新增了学业要求和教学提示两个部分。学业要求结合每个板块的具体内容和核心素养的要求,对学生需要在每个板块的学习中形成的价值观、必备品格和关键能力做了规定。教学提示则是从学情出发,结合各个学习板块的知识特点对教师进行了教法指导,并列举了相应的培养核心素养的教学活动。

新增的学业要求和教学提示是落实核心素养的重要举措。学业要求主要针对学生的学习,而教学提示针对的是教师教学,结合每个学习板块的具体内容分别对学生学习和教师教学提供要求和建议,能够为教与学提供有效指导。而在教与学的过程中融入核心素养则有助于课程目标的落实。

3. 新增体现唯物史观的内容

新课程标准的课程内容更注重对唯物史观的落实。以中国古代史部分为例,"史前时期"增加了"了解私有制、阶级和早期国家的产生"这一内容要求。私有制产生、阶级分化和早期国家形成是生产力与生产关系等因素相互作用的结果。生产工具的进步推动了社会生产力的发展,进而带来了私有制、阶级和国家的产生。教学中教师需要指导学生用唯物史观,对原始社会的历史事实进行分析,对这一问题形成正确的认识。在"夏商西周与春秋战国时期"增加了"通过了解这一时期的生产力水平和社会关系的变化,初步理解春秋时期诸侯争霸局面的形成、战国时期商鞅变法等改革和'百家争鸣'局面的产生"。"历史课程标准(2011年版)"只是让学生知道诸侯之间的战争,商鞅变法使秦国逐渐强大起来,初步理解百家争鸣对后世的深远影响,没有要求学生根据生产力水平和社会关系的变化来理解相关的历史事件。总之,新课程标准的课程内容选择更突出了对唯物史观课程目标的落实。

4. 增加新时代的内容

新课程标准在中国现代史部分增加了"中国特色社会主义进入新时代"这一内容。党的十八大以来,中国特色社会主义进入新时代。在中国共产党的正确领导之下,新时代中国在经济、政治、文化、社会、生态文明各方面都取得突出的建设成就。中国特色社会主义建设为中国社会发展以及世界发展都作出了突出贡献。在课程标准中加入这部分的内容,可以使学生更好地认识国情,坚定四个自信。世界现代史部分增加了资源、环境、传染病、社会治理等人类发展面临的共同问题,以及构建人类命运共同体理念等,帮助学生形成面向世界的意识,认识中国在世界的地位。

5. 凸显历史发展的线索和阶段特征

"历史课程标准(2011年版)"将中国古代史板块按照时序分为从史前到明清七个历史时期,每个时期下罗列相关知识,而其他板块则直接罗列知识,看不出历史发展线索和阶段特征。新课程标准中国古代史板块基本继承了"历史课程标准(2011年版)"对时代的划分,其他学习板块增加了主题,按主题组织内容,凸显了历史发展线索和阶段特征。比如把中国近代史板块分成了"晚清时期的内忧外患与救亡图存""辛亥革命与中华民国的建立""近代社会生活变化""中国共产党成立与新民主主义革命的兴起""中华民族的抗日战争""人民解放战争"六个主题。将这六个主题串联起来,就形成了中国近代史的发展脉络:自1840年鸦片战争开始,列强的侵略使中国逐渐沦为半殖民地半封建社会,中华民族对外反抗外来侵略,对内反对封建专制统治,最终在中国共产党的带领下取得了新民主主义革命的伟大胜利。这样分主题按时序组织课程内容,有利于学生掌握历史发展的主线,在时空框架下形成对历史的正确认识。

(四)新增学业质量

新课程标准在课程内容之后增设了与之平级的学业质量,包括学业质量内涵与学业质量描述两部分。学业质量内涵对学业质量和学业质量标准两个概念做了界定,认为学业质量是学生在完成历史课程一个阶段的学习后的学业成就表现,而学业质量标准则是以核心素养及其表现水平为主要维度,结合课程内容,对学生学业成就表现的总体刻画,用以反映课程目标的达成度。学业质量描述对历史课程7~9年级这个学段的学业质量标准做了描述。

学业质量标准从掌握历史发展过程中的重要史事、了解历史发展过程中的各种联系、认识历史发展的基本规律和大趋势三个维度,描述学生面对真实情境,在完成相应的学习任务过程中,表现出的解决问题的态度和能力,由此体现核心素养的达成情况以及课程目标的实现程度。

学业质量标准的三个维度之间相互联系,层层递进。学生认识历史首先要掌握历史发展过程中的重要史事,才能进一步了解重要史事之间的相互联系,最后从重要史事以及它们之间的相互联系之中抽象出历史发展的基本规律和大趋势。

在学业质量标准的每个维度之下,结合历史内容描述了学生应达到的核心素养目标的具体表现。如对中国历史上的江南开发、西欧封建社会的兴衰、活字印刷术的发明等,运用唯物史观作出合理的解释与简要评价;以秦统一中国、秦末农民大起义、西汉建立、"文景之治"为例,简要说明在阶级社会中阶级斗争是历史发展的动力;通过中国近代史上争取民族独立、人民解放的斗争历史,知道民族民主革命的艰巨性,认识没有中国共产党就没有新中国的道理,学习仁人志士为救国救民而英勇斗争的精神。这样用学生完成任务的表现描述学业质量标准,明确具体,便于教学和评价。

（五）课程实施的变化与突破

这部分内容在"历史课程标准（2011年版）"中叫"课程实施建议",包括"教学建议""评价建议""教材编写建议""课程资源开发与利用建议"。新课程标准将这部分改为"课程实施",之下的二级标题,"教学建议""评价建议""教材编写建议"继续延用,"课程资源开发与利用建议",删除了"建议"二字。另外增加了一个标题"教学研究与教师培训"。新课程标准在这部分更多的是提出课程实施的要求和建议,与课程标准的其他几个部分具有同样重要的地位,具体内容也有变化和突破。

1. 围绕发展学生的核心素养提出教学建议

新课程标准指出历史课程的教学要力求体现课程标准的基本理念,以发展学生的核心素养为目标,并依据目标对教学内容进行适当的选择与整合,精心设计以学生为主体的教学过程和教学活动。为落实核心素养目标,新课程标准增加了"以正确的思想统领历史课程的教学""确立基于核心素养的教学目标""以核心素养为导向整合教学内容""设计有助于核心素养形成和发展的教学过程"等教学建议,并提出了设计教学目标的注意要点、整合教学内容的基本方法以及设计教学过程的核心要素。新课程标准对教学建议作出的修订体现了核心素养视野下新的教学理念。新理念下的历史教学注重情境创设、问题引领和史料研习,倡导单元教学、大概念教学。新课程标准围绕核心素养提出较为全面、系统的教学建议,能够有效帮助教师适应新的教学理念,提高教学质量,达成核心素养目标。

2. 强化过程性评价,增设学业水平考试命题要求

新课程标准的"评价建议"下设两个三级标题"教学评价""学业水平考试"。"教学评价"指向过程性评价,提出了明确的评价原则、评价内容、评价方法,以及评价结果使用建议。将学生的学习态度、学习参与程度、学习内容掌握程度、核心素养的发展状况等纳入评价内容,对评价进行整体规划和设计,重点关注课堂评价、作业评价、单元评价、跨学科主题学习评价以及期末评价。根据不同的学习阶段推荐相应的评价方法,使教学评价更加贴合教学需求,发挥改进教学的作用。评价最终的目的是改进教师的教与学生的学,而评价结果的反馈与使用是发挥评价教学改进功能的关键环节。因此,新课程标准对评价结果使用做了具体的要求。

"学业水平考试"指向终结性评价，指明了学业水平考试的定位，提出了学业水平考试的命题原则，并对命题规划内容、命题注意事项做了说明。新课程标准指出，历史课程学业水平考试，是依据课程标准中的内容要求、学业要求和学业质量标准，对学生完成历史课程后的课程目标达成度进行终结性评价的考试。义务教育学业水平考试命题应遵循导向性、科学性和规范性的原则，并从研制命题框架、规划试卷结构和试卷要求两个方面对命题进行规划。新课程标准还介绍了试题命制流程和注意事项，提供了选择题和非选择题的考试样题，并对样题做了详细的说明。新课程标准增设学业水平考试命题要求，并提供命题样例，加强了对学业水平考试的指导，有利于提高试题命制的质量，有效考查学生的核心素养目标达成度，使学业水平考试更好地为评价区域和学校的教学质量服务，为促进学生核心素养发展服务。

3. 对教材编写提出更高的要求

新课程标准从编写原则、内容选择、内容的编排与呈现三个方面对教材编写提出要求。

在教材编写的原则方面，提出要坚持正确的政治方向和价值导向，坚持科学性和系统性、坚持适宜性、可操作性和指导性，并进一步提高教材的可读性，激发学生的学习兴趣。在教材内容的选择上，要求从发展学生核心素养出发精选内容。同时提出了突出重大主题教育、体现历史发展的整体性、反映时代发展和史学研究的新成果、促进跨学科学习能力的培养等要求。在教材内容的编排和呈现方面，要注重整体设计，注重每课内容的合理安排，注意教材内容的弹性与递进性，注意与教学实际有机衔接。通过这些要求，确保教材编写能够更加全面、系统地反映历史课程目标，为发展学生的核心素养提供内容支撑。

4. 新增教学研究与教师培训的内容

新课程标准聚焦历史教师专业成长，增加了"教学研究与教师培训"的内容。在教学研究方面针对区域教研和校本教研给出了指导建议；教师培训方面则给出了培训内容建议和培训实施建议。高水平的历史教师是高质量历史教学的前提，提高历史教师的专业素养是确保新课程标准顺利实施的基本条件。在课程标准中加入教师发展指导建议，体现了新课程改革对于教师专业发展的重视，也有利于从源头上解决历史教学质量问题，为落实核心素养目标提供师资保障。

总之，新课程标准以发展学生的核心素养作为历史课程目标，并将核心素养融入课程内容及课程实施之中，以核心素养为主线，将教、学、评有机结合，促进学生的全面发展，落实历史课程立德树人的根本任务。

四、历史教师面临的挑战与应对

新课程标准的变化与突破顺应了时代发展对人才培养的要求,也给历史教师带来了挑战。教师需要根据新课程标准的特点做好应对的准备。

(一)历史专业知识的挑战与应对

新课程标准以培养学生的核心素养为目标,历史学科要培养的核心素养包括五个方面:唯物史观、时空观念、史料实证、历史解释、家国情怀,这与高中的历史学科核心素养一致。为了避免课程目标的学科化倾向,本次初中历史课程标准的修订刻意回避了"学科"二字,不使用"历史学科核心素养"。但是从新课程标准对核心素养这五个方面内涵的阐释来看,与高中基本一样,实质上还是历史学科核心素养。历史学科核心素养这五个方面本质上看是历史学科思想方法,属于历史专业知识中的"历史学理论与方法",这类知识对于中学历史教师来说是短板。以往的历史教学主要是学习历史学家认识历史的成果,如中国历史、世界历史、政治史、经济史、文化史,等等。教师的历史专业知识积累,也主要侧重这类知识。现在的历史教学要让学生掌握历史学科思想方法,并用于分析解决历史和现实问题。教师本身这方面知识和能力不足,要指导学生就力不从心。因此,当前有些名为小组合作探究的历史课,形式上看是在探究,实质上是用探究的形式促使学生读教材,背诵教材。要让合作学习、探究学习在历史课落地,前提是教师掌握了历史研究的方法,会用历史学科思想方法探究历史。因此,为了应对新课程标准带来的挑战,教师需要重温大学时代"史学概论""史学导论""历史学理论与方法"等课程的内容。与此同时,还应做一些史学研究。当然不是像历史学家那样做纯学术研究,而是对与中学历史课程内容相关的历史问题进行研究,撰写论文,加深对教学内容的认识,锻炼探究历史问题的能力。教师只有自己具备了研究历史问题的能力,才有可能指导学生探究历史,否则只能做一些表演,有形而无实。

(二)历史教学设计的挑战与应对

新课程标准下的历史教学以发展学生的核心素养为目标,要求教师依据目标对教学内容进行适当的选择与整合,设计以学生为主体的教学过程和教学活动,组织学生探究历史,在特定的历史情境下发现问题、解决问题,形成对历史的正确认识。这种探究式历史教学需要选择最重要的知识展开深度学习,是否敢于对教材内容做大胆的取舍是深度学习得以开展的前提。虽然新课程改革以来教师们在教学方式的改变方面做了很多努力,但是知识本位的教学并没有根本的改变。大部分教师在教学中还是面面俱到,不敢对教材中的知识作出取舍,不管采用什么方式教学,最终还是要落实教材中的知识点。限于课时等因素,要把每个知识都讲到,就不可能展开深入探究,因此出现一些历史探究课有形无实,只是让学生以小组合作探究的形式读课文,从教材中找答案的现象。

在教学中落实核心素养目标需要改变教学理念,从知识本位转向素养本位,侧重对学生进行探究历史问题的方法指导,让学生用历史学科思想方法分析解决问题;需要将传统教学设计中传授知识的教学过程,转变为发展学生核心素养的教学过程。这不仅要考虑教学内容的逻辑、教学过程的环节和学生的认知特点等,更重要的是要树立以学生的学习与发展为本的教学理念,注重学生自主探究活动的设计,调动学生学习的积极性、主动性和创造性。这对教师教学设计能力提出了更高的要求,教师应更新教学理念,主动学习学生为本的教学设计理论与方法,掌握探究式教学设计的要领。

(三)历史课程评价的挑战与应对

新课程标准提出,要综合运用诊断性评价、形成性评价、终结性评价等多种方式考查学生核心素养的发展成就。重点关注课堂评价、作业评价、单元评价、跨学科主题学习评价以及期末评价,注重评价主体多元化,让学生在自评、互评的过程中学会反思和自我改进;倡导将评价融入教学设计,实现"教—学—评"一体,发挥评价促进学习和改进教学的功能。如何测评学生核心素养的发展成就?如何将评价贯穿教学的全过程,实现教学评一体?这是教师使用新课程标准面临的重大挑战。

自 21 世纪初新课程改革以来,历史教师在教学评价特别是学生表现性评价方面也做了一些探索,开发出了一些评价量规。但是,这种表现性评价通常只是在公开课或研究课上偶尔展示一下,并没有成为评价的常态。大部分老师还是习惯于找现成的试题组合成小测验进行随堂评价或期中期末评价。新课程标准要求将评价融入教学过程,成为教学的常态,这就要求教师具备开发多种测评工具的能力。测评工具的开发需要多方面的素养,包括教育目标分类的知识、命题技术、历史专业知识等。历史教师除了阅读历史专业书籍之外,还要阅读教育目标分类学、学业成就测评、课堂教学评价等方面的书籍,系统掌握课程评价的理论和方法。只有这样,才能自主开发设计各种评价核心素养的工具,并将其融入教学设计,贯穿教学的全过程。

第 13 章

《义务教育地理课程标准(2022年版)》解读

段玉山

作者简介:段玉山/华东师范大学地理科学学院教授;《义务教育地理课程标准(2022年版)》修订组核心成员(上海 200241)

随着《义务教育地理课程标准(2022年版)》的颁布与实施,义务教育地理课程改革已经进入了一个新的阶段。正确解读地理课程标准,是地理课程改革顺利、深入开展的保障。本章研读将从《义务教育地理课程标准(2022年版)》修订背景、存在问题、理论基础、国际经验、修订内容、教—学—评挑战等方面进行,帮助一线中小学地理教师、教研员和管理者建立对课程标准多角度、全方位的理解。

一、背景与问题

(一) 修订背景

随着全球化、信息化时代与知识社会的来临,各国综合国力的竞争日益加剧,各国之间已从表层的生产力水平竞争转化为深层的以人才为中心的竞争。以经济发展为核心、致力于公民素养的提升,已成为世界各国发展的共同主题。党的十八大提出"立德树人"的根本要求,是在新的历史条件下提高国民素质、建设人力资源强国的重要举措。与此同时,随着时代的发展,青少年的成长环境发生着深刻的变化,意识更加自主,价值追求更加多样,个性特点更加鲜明。国际竞争日趋激烈,人才强国战略深入实施,时代和社会发展需要进一步提高国民的综合素质,培养创新人才。这些变化和需求对课程改革提出了新的更高要求。

提高国民素质是我国基础教育的宗旨。地理基础教育的价值主要体现在学科性质内涵的价值、社会的客观需求和学生成长的心理适应性等方面。从国内外的教育实践看,地理课程是基础教育阶段学生认识地理环境、掌握地理技能和形成可持续发展观念的一门必修课程,兼有社会学科和自然学科的性质。21世纪是以教育为核心的知识时代,需要培养具有国际意识、创新意识的新时代人才。地理课程标准作为地理教学的引领性文件,其发展演变应该满足不同时期地理学科的育人需求。

《义务教育地理课程标准(2011年版)》颁布已有十年的时间,在此期间,我国的社会经济发展的快速发展,无论是国内外政治形势,还是国家对于人才培育的需求,都发生了巨大变化。在新时代背景下,国务院和教育部等相关部门相继颁发了《教育部关于全面深化课程改革落实立德树人根本任务的意见》《国家教育事业发展"十三五"规划》《中小学综合实践活动课程指导纲要》《中共中央 国务院关于深化教育教学改革全面提高义务教育质量的意见》《关于进一步减轻义务教育阶段学生作业负担和校外培训负担的意见》等重要教育文件。因此,新修订的《义务教育地理课程标准(2022年版)》在全面贯彻党的教育方针、落实教育立德树人的根本任务的基础上,致力于培养新时代全面发展的终身学习者。

(二)存在问题

20世纪以来,我国义务教育地理课程进行了三次卓有成效的改革,这些改革举措使地理课程教材更加贴近时代发展的要求,反映了现代地理学的发展趋势与特点。但同时应该看到,随着素质教育的逐步推行,在此之前的地理课程标准改革在许多方面与地理素质的要求还不相适应,主要表现在:

1. 义务教育地理课程缺乏充分的地球科学教育

我国中学地理课程设置的特点是:初中阶段以区域地理为主,高中阶段以系统地理为主。地球科学教育的内容主要集中在高中阶段,加之其课程难度较大,导致初中阶段地理课程的地球科学教育仅是蜻蜓点水,对于学生地球科学思想启蒙的效果并不明显。青少年接受一定的地球科学知识的教育,有利于培养学生尊重自然的情感,增进他们对自然的兴趣,加深对地球上自然事物现象的理解,有利于从小树立与自然界和谐共处的意识,树立科学的自然观、世界观,培养科学的工作态度和思维方法。地球科学普及教育已成为当代中小学教学改革的共同趋势。我国中小学除了地理学科与小学自然课外,其他学科很少编排地球科学教育的内容,因而地理是进行地球科学普及教育的主阵地,义务教育阶段学生缺乏较系统的地球科学教育,对他们科学素质的形成、人格塑造是一种缺憾。

2. 义务教育地理课程与高中地理课程缺乏有效衔接

学习是一个循序渐进的过程,需由浅入深、由简单到复杂地进行。许多国际地理课程标准基于学习进阶理论,设置符合学生认知发展规律、体现长期的学习提升过程的地理课程内容及难度,通过学习进阶历程,帮助教师合理安排教学内容和策略,优化教学效果,促进初高中教学的有效衔接。目前我国初高中地理课程缺乏有效连接两个阶段的桥梁或者共同的培养目标,初高中地理教学处于一个脱节的状态。

3. 义务教育地理课程过分注重学科本位思想

进入21世纪,全球化发展、向信息化社会过渡、生态和社会发展过快导致许多问题只能通过跨学科方法来解决。跨学科强调两门或两门以上的学科之间的紧密联系和相互作用。地理学科兼具社会学科和自然学科的性质,有着天然的跨学科优势。但是现有的地理课程标准完全从学科本位的思想出发,仅立足于本学科的知识内容,缺乏多学科知识的融合,不利于达成新时代地理课程人才培养的目标。

二、理论基础

党的十八大和十八届三中全会提出了"立德树人"的根本任务,为教育的进一步深化改革确定了方向。2014年3月教育部发布了《教育部关于全面深化课程改革落实立德树人根本任务的意见》,强调依据学生发展核心素养体系,进一步明确各学段、各学科具体的育人目标和任务,培养学生地理核心素养成为高中地理课程的改革方向与重要任务。把党的教育方针具体化、细化,转化为学生应该具备的核心素养,更有利于其在具体的教育教学过程中贯彻落实。

以"核心素养"为纲是基础教育课程改革的国际趋势。我们面临的是一个全球化、信息化的社会,以经济发展为核心,致力于公民素养的提升,已经成为世界各国教育面对的共同主题。有很多学者研究了世界课程改革的进展,总结了世界不同组织或国家基于不同的价值理念,构建的不同"核心素养"体系。例如,经济合作与发展组织(OECD)从分析社会的愿景和个人生活的需要出发,整合知识、技能、态度、情感与价值观,并将其视为一个动态发展过程,遴选和建构起核心素养体系:能动地使用工具、能在异质社会团体中互动、能自主地行动。联合国教科文、欧盟等组织,以及一些国家,或以终身学习为取向,或以个人发展为取向,或以综合性为取向,构建了不同的核心素养体系。

核心素养是学生应具备的适应终身发展和社会发展的必备品格和关键能力。经过系统研究,我国的学生核心素养框架包括:第一,自主发展,即自主性,包括培养和发展身体、心理、学习等方面的素养;第二,社会参与,即社会性,包括处理好个体与群体、社会与国家等之间的关系;第三,文化素养,即工具性,包括掌握应用人类智慧文明各种成果。基于此,课程标准修订组明确提出了地理核心素养,包括综合思维、区域认知、人地协调观和地理实践力。这四个地理核心素养体现地理学科和地理课程的"综合性""区域性"和"人地关系"等基本属性。

1. 人地协调观

人地协调观是现代公民应具备的重要价值观。人地协调观从"关系"的角度看,可以概括为地理环境对人类的影响、人类对地理环境的作用,以及协调人类与环境的关系三个重点。

地理环境对人类的影响。人类的生产和生活都是以地球为基础进行的。到现在为止,人们还没有发现适合人类生存的其他天体。地球上的自然条件和自然资源是人类赖以生存的基本条件,虽然随着社会发展,人对地球依赖的形式和程度会发生变化,但是,这种"依赖"不会从根本上发生改变。自然环境的作用,特别是它通过生产力和参与生产过程表现的作用,决定了它能够对社会发展起到的巨大的正面或负面影响,甚至起到决定作用。在人地关系中,人类与自然相互作用,自然界具有优先地位,人类依赖自然而生存,地理环境通过社会物质生产表现了它的决定作用。我们要承认这种作用,对自然界表示感激和尊重。

人类对地理环境的作用。人类活动已经影响到整个地球表面的变化,其影响的方式、强度和后果各有不同。例如,人类活动已经完全改变了地球的面貌,如城市、工厂和乡村建设;各种人工生态系统代替天然生态系统,改变了地球上动植物的位置以及生物的地理分布和丰富程度;修筑运河、水渠和大坝,改变了地表水的水文状态,甚至改变了水系和水流的地理分布。我们要认识到人类因素已经成为一种星球级别的地质作用力,更要以科学的态度运用这个作用力,不能滥用。

协调人类与地理环境的关系。从价值观的层面看,协调人类与环境关系,要求我们正确认识和处理自然价值与文化价值的关系。以往人类活动,以损害自然价值的方式实现文化价值,甚至使人类走到不可持续发展的地步。我们只有保护自然价值,才会有健康的文化。以不损害自然价值的方式实现文化价值,实现人与自然的"双赢",是协调人地关系最重要的目标。

培养学生人地协调观,旨在使学生面对不断出现的人口、资源、环境和发展问题时,理解和认识到,人类社会要更好地发展,必须尊重自然规律,协调好人类活动与地理环境的关系。据此,课程标准给出了针对人地协调观的培养目标:学生能够从"地对人的影响""人对地的影响""人与地如何协调"等多个方面理解所包含的见解和观点,在分析解决各种地理问题时,认识到人地协调观是我们必须秉持的基本观点,同时它也为分析和解决地理问题提供了有效的途径。

2. 综合思维

综合思维是一种认识地理环境整体性的思维方式,强调整体观念(要素关联)、空间观念(区域特性)和时间观念(发展变化),为此,总结概括为要素的综合、时空的综合和地方的综合。

要素的综合。地理环境是由多要素组成的,对要素的综合分析,往往是我们认识地理环境特点或地理现象成因的最基本的方法。要素综合研究有不同的层次:两个要素相互关系(如气候和水文的关系,或土壤和植被的关系等)的综合研究,是低层次的综合研究;多个要素相互关系(如地貌、水文、气候、植被和土壤的关系,或聚落、城市、交通、政治等关系)的综合研究,是中层次的综合型研究;地球表面全部要素(包括自然、经济、政治、社会文化)之间相互关系的综合研究,是高层次的研究。

时空的综合。地理事物和现象的发生一定是在特定的时空框架中。为什么某地理事物在这个时间发生在这个地方,而不是那个地方?为什么某地理事物会朝着这个方向发展变化,而不向别的方向发展变化?这些问题都关乎时空之间的相关性。时空的综合分析观照了地理学研究的动态性特点。地理事物和现象无论是自然的或是人文的,都是不断变化的。用动态的观点研究地理事物和现象,发现其发生、发展及其演变规律,不仅是地理学本身发展的需要,也是地理学在国家建设、区域开发中发挥重要作用的需要。

地方的综合。地理学家在使用"地方"这个概念时通常包含三重含义:地点或区位,即地球表面的一个点;地方意识,即人们对某个地点的主观感受;场所,即人们日常交往和活动的场所。理解这个地方这个概念,有两点非常重要:其一,"地方"虽有弹性,但主要指人们日常所熟悉的空间范围,可以相对于另一个地方来谈论,也可以在更大背景(如全球和国家)下来谈论;其二,"地方"表达了经济地理学最根本的假设,即现实世界不是均一的,每个地方都有其独特性。

培养和训练学生的综合思维,旨在使学生能够多要素、多角度,而非孤立、绝对、静止地分析地理事物和现象;能够辩证地,而非僵化地分析人地关系问题。据此,课程标准给出了针对综合思维的培养目标:学生能够从多个维度对地理事物和现象进行分析,认识各要素之间相互作用的关系,并在一定程度上解释其发生、发展的过程,从而较全面地观察、分析和认识不同地方的地理环境特点,辩证地看待地理问题。

3. 区域认知

区域认知是一种认识地球表面复杂性的思维方式,是指人们运用区域的观点(或视角)和方法认识地球表面复杂多样性的思维品质与能力。从"空间"来看,相对于区域或地方,如果说空间是一张"网",区域或地方是其中的"节点",若干"地方"组合在一起就构成了"空间"。透过某个地理要素的空间分布,我们往往看到的是它的空间秩序或空间规律。比如,我们说世界年平均气温的空间分布,由低纬度向高纬度递减。世界年降水量的空间分布,赤道附近地带降水多,两极地区降水少;南北回归线两侧,大陆西岸降水少,大陆东岸降水多;中纬度沿海地区降水多,内陆地区降水少。这里虽不涉及具体的区域或地方,但是非常明确表述了气温和降水的空间分布规律。其实,表述中用到的"低纬度、高纬度、大陆东岸、大陆西岸、沿海、内陆"等,也有大尺度区域的意蕴。

从"区域"或"地方"来看,它们是有具体地点、方位的概念。地球是一个表面积达5.1亿平方千米的巨大星球,"地球表面没有两个地方是完全相同的",这形象地告诉人们地球表面是极其复杂多样的。如何认识如此巨大、复杂多样的地球表面呢?地理学家们认识到,虽然"地球表面没有两个地方是完全相同的","但整个世界的组成部分的某些重要特性有其内在的相似性,又有不同于周围地区的独特性",因此,可"将地球表面复杂的现实状况分类成可以处理的各个部分"来分别加以认识。

"区域认知"蕴含价值判断的成分的含义是,对人们所提出的区域开发利用的措施、对策等,要秉持正确的地理观念及一定的评价依据对其合理性或不足作出自己的价值判断。对地理教学的指向性要求是,要在教学过程中,注重创设针对区域发展的条件、问题与发展方向的区域开发利用的对策、措施的情境,引导学生评析这些对策措施的合理性与不足,培育不仅仅指向"认知"层面的区域认知素养。

对学生而言,虽然不要求他们"划分区域",但在认识地理事物和现象时,具有将认识对象置于特定空间进行认识的意识与习惯是非常重要的。有或没有这种意识,形成或未形成这种习惯与思维方式,是衡量和判断区域认知是否形成和达到何种素养水平的基本依据。因此,课程标准将"具有从区域的视角认识地理现象的意识与习惯"列为是否具有"区域认知"素养的一个基本表现,提示我们应将此作为培养学生区域认知素养的重点与方向。

4. 地理实践力

地理实践力是在真实的情境中运用所学的地理知识和技能,观察、感悟、理解地理环境和人地关系的能力。既内化为隐性的素质,又外显为具体的行为。隐性素质是一种意识、态度、精神等,外显的行为则是通过实践体现出来的、可操作的、能够应对现实问题的能力。它包括收集和处理地理信息的能力、设计地理实践活动方案的能力、实施地理实践活动的能力。

收集和处理地理信息的能力。在这个能力内涵中,有三个关键词。一是使用方法。使用方法是指收集和处理地理信息所应用的方法。获得信息的方法包括利用图书、网络等检索获得间接信息;通过实地考察、调研访谈等获得直接信息;动手实验获得探究和验证信息;通过现代技术获得更多远视信息和复杂关联信息等。关于如何训练学生"使用方法",建议在教学中通过布置任务、引导学生完成任务,有效评价任务的完成质量等环节,让学生在承担任务、完成任务中获得收集和处理地理信息能力的提升。二是信息意识。信息意识是一种敏锐的眼光,是能够从司空见惯的生活现象及复杂变化的现实世界中发现不平常,把握变化韵律。如何训练信息意识,建议在引导学生获取信息过程中有意识地对信息进行分类,进一步对不同类信息特点进行概括,帮助学生构建特色分明的信息分类体系,与此同时,要有意识地将信息与现实生活有机结合,融会贯通,从而不断地增强生活处处皆信息,信息取舍增价值的信息意识。三是问题意识。问题意识是提出问题的习惯,是质疑、批判、逆向等思维形成的前提,训练问题意识有助于发现现象背后的本质。关于如何训练学生的问题意识,建议在教育教学过程中,创设多样的情境,鼓励学生生疑、质疑,唤醒好奇心,刺激想象力,激发创意,逐步形成问题意识。

设计地理实践活动方案的能力。在这个能力内涵中,有三个关键词。一是合作,地理实践活动主要以团队的形式完成,这需要有与他人团结协作的态度和能力,如何与他人交流与分享,是完成实践活动方案的第一步。二是设计,地理实践活动方案的设计,要从问题出发,有目标、有步骤,而且要切实可行。三是工具,可以使用的地理工具很多,如传统的地理图表、模型等,当下更提倡使用地理信息技术。地理信息技术为地理实践活动的开展提供了有力的支持条件。运用地理信息技术辅助信息解读和应用,科学、高效、便捷,因此选择合适的地理信息技术,分析、判断地理问题,寻找解决方案,正逐渐成为一种数字时代必备的能力。

实施地理实践活动的能力。在这个能力内涵中有两个关键词。一是实施活动。实施活动是指根据实践设计方案实地操作完成的过程。落实实施活动,需要教师提升自身的实践指导力,在实践过程中,能示范、会讲解,更重要的是能够通过引导和评价,激发学生自主行动的热情和行为。实施活动有助于提升学生的实践操作能力,建立静态接受与动态实操统一的行动能力系统。二是体验和反思。体验和反思是指实践活动过程中的感悟和完成后的思考。实施能力的提升需要在实施过程中用心感悟,感悟是通过深入体验获得的,因此,体验越细致、越深入,获得的感悟越多,实施能力就越强。训练感悟力,很重要的环节是体验后的思考,这种思考,是反思性的思考,是理性的总结性的思考。思考方向主要是评价实施操作的利与弊,进一步找到弥补不足的策略以备下一步行动。体验有助于更深刻地理解实践活动的环节,反思则有助于调整地理实践活动实施的策略,从而改善活动质量,提升实施活动能力。

通过高中地理课程的学习,学生可以形成这些必备的基本地理观念、意识和能力。学生通过进一步学习自然地理和人文地理知识及有关地理学方法,强化人类与环境协调发展的意识;提升地理综合思维能力、区域认知能力和地理实践能力;具备家国情怀和世界眼光,能够经常关注地方、国家和全球的地理问题及可持续发展问题。

三、国际动态与经验

地理学科在很多国家都作为独立的学科存在,因此各个国家都有自己相应的地理课程标准(教学大纲、教学指导纲要),不同国家课程标准文件出台形式不同。例如美国、英国、德国、新加坡的初中地理课程标准文件是单独存在的,日本的课程标准文件与其他学科相融合,地理与历史、公民学科组成社会科。这些国家初中地理课程标准的课程理念、学科核心素养、课程目标、课程内容、学业质量标准及教学要求均有其各自特点,同时又存在着共同指向。

(一)国际地理课程标准基本内容

1. 课程内容

初中地理课程标准强调,在教学时尤其要注重突出地理学科特点,灵活运用多种教学方式方法,充分重视地理信息资源和信息技术的利用,关注培养学生的学习兴趣、学习能力、创新意识和实践能力。

美国作为联邦国家,各州有自己的教育模式,而且地理教师有很大自主性,可以自由安排地理教学活动,并没有明确规定教学要求,其地理课程标准具有以下特征:①重视地理技能的培养;②主要采用合作型探究式地理调查教学方法;③充分借助地理信息技术,指导学生获取、运用信息数据;④注重发展学生的地理观点,而不是单一地接受书本以及教师教授的知识。

英国地理新课程标准强调区位知识、地方知识、人文地理和自然地理及其相互作用的知识、地理技能与野外考察。

法国地理课程标准注重案例教学，课标中每个主题都给出了案例建议，有助于帮助学生从鲜活的现实案例中更深刻地认识地理问题，同时可以通过不同案例进行对比教学，加强学生对于地理概念的理解；另外在课程标准中注重问题式教学与跨学科教学，通过提问的形式引发学生的思考，充分利用历史和地理的学科互补性，设置地理和历史混合案例。

2. 课程评价

评价是几乎所有课程标准中都非常关注的部分。依据评价主体、评价对象、评价方法等不同关注点，评价部分的内容往往非常多样，即使有的国家没有在地理课程标准中单独强调评价内容，也在跨学科的课程方案或课程纲要中给予了详细呈现。

美国国家地理课程标准在设计时考虑到了评价，而以前的标准则是明确地与任何评价分开，其评价内容能够清晰呈现不同年级阶段学生的学业质量，即知识目标和活动操作目标。德国初中地理课程标准通过三个水平来划分难度等级：①水平Ⅰ（再现），包括从明确界定的领域和学习背景中对具体实践内容的描述，以及在学习过程中对工作技术和程序的使用，主要涉及再现能力；②水平Ⅱ（重组和转移），包括对具体学科内容的独立解释、适应和排序，以及对其他问题的学习内容、方法和程序的适当应用，主要技能是重组和转移；③水平Ⅲ（反思和问题解决），包括运用方法、程序，通过独立思考产生解释性说明、演绎、推断和行为选择，以面对新问题，这就需要反思和问题解决的能力。将上述水平等级划分标准应用于六个能力领域，得到不同等级的能力领域列表。

澳大利亚对F-10各年级的学业成就标准都进行了描述。学业成就标准是指学生在每个年级学习结束后应该达到的学习水平，在每个年级的内容描述之后，以学业成就标准的形式列出了学生学习质量的预期表现，从地理知识和理解、地理探究和技能两个维度来描述，与内容描述相呼应，这些成就标准强调概念理解的深度、技能应用的复杂程度和学生期望运用知识的能力。

新加坡课程标准的评价目标包括知识、批判性理解和建构性解释、解释和评估地理数据三部分，其评价理念包括三个：①评估是学习过程中不可或缺的一部分；②评估始于明确的目标；③评估应收集信息以便于未来使用。因此，评价将包括对为了学习的评价和学习评价。前一种评价活动的目的是提供信息作为反馈，以帮助教师完善教学实践和帮助学生提高他们的学习。后一种评价活动的目的是对学生在教学大纲中达到预期学习成果的情况作出判断。从以上可以看出，不同国家和地区对于评价要求都格外重视,评价目标正逐渐丰富完善且分层级,不同层级呈现螺旋型上升趋势,评价方式也由单一评价方式向多种方式结合转变。

3. 学科素养

从1997年开始,经济合作与发展组织在瑞士联邦统计局的领导和美国教育部教育统计中心的大力协助下,启动核心素养框架项目,即"素养界定与选择:理论与概念基础",简称"迪斯科"计划(DeSeCo)。除了OECD的核心素养框架外,欧盟、美国也相继提出了各自的核心素养框架,对世界教育发展产生了巨大影响力。自此关于核心素养的研究开始风靡全世界,不论怎样的核心素养框架,均指向于21世纪信息时代公民生活、职业世界和个人自我实现。因此,"核心素养"的别称即为"21世纪素养"或"21世纪技能",OECD的核心素养总框架的名称即为"为了新千年学习者的21世纪技能和素养"。基于对核心素养、学科核心素养的研究,针对其下位的和基础的核心概念、地理能力、地理技能等也出现了研究热潮,在各个国家和地区的课程标准文件中均有不同程度的体现。

例如,澳大利亚国家课程确定七个一般能力(general capabilities)是学生在21世纪生活和学习中成功所需的知识、技能和品格(dispositions)。它们分别是读写能力(literacy)、运算能力(numeracy)、信息统计技术能力(information and communication technology capability)、批判和创新性思维能力(critical and creative thinking)、个人与社会能力(personal and social capability)、道德行为(ethical behavior)、跨文化理解力(intercultural understanding)。通过学校教育,学生能够在跨课程,综合课程项目以及校外生活中开发和使用这些技能。基本能力和学习领域是一个互惠互利的关系。学习领域为学生提供机会来开发和使用这些一般能力。同样地,在学习领域中明确一般能力,能丰富和加深学习并帮助学生理解它们之间的联系。澳大利亚地理课程中,七个一般能力被融入内容描述或解读中。

爱尔兰初中地理课标中鲜明地提出了地理素养的概念。课标认为,地理素养通过地理思维和推理形成深远决策的能力,地理素养提供了理解地理的框架,并贯穿于整个地理学习和教学中。地理素养的核心组成是三个I,分别为交互(interactions)、联系(interconnections)和影响(implications)。在地理素养之下,有三条相互联系的主线,分别为探索自然世界,探索我们如何与自然世界互动,探索人、地方和变化。在素养与主线之下,爱尔兰初中地理课程标准还规定了三个元素,元素将告知学生如何在主线中体验到学习结果,学生将透过以下元素来达到学习成果。这三个元素分别为:过程、模式、系统和尺度,地理技能,可持续发展。

芬兰课程标准中没有专门学科核心素养、核心概念、核心能力的表述，其地理课程内容按照六大部分划分和组织：C1 地图及世界的区域；C2 当前不断变化的世界；C3 地球上生命的基本条件；C4 变化的景观和生活环境；C5 地球上的人和文化；C6 可持续的生活方式和自然资源的可持续利用。其特色是强调跨学科的核心素养，芬兰跨学科的核心素养被分为七大方面，作为一个人和公民发展必备的素养内容，分别是 C1 对学习的思考；C2 文化素养、交互和表达；C3 关心自己和他人，管理日常活动、安全；C4 多种读写能力；C5 信息通信技术素养；C6 企业家和职业的素养；C7 参与和授权，责任。

4. **课程综合性**

地理学的综合性是其重要的学科特征，在众多国际地理课程标准中，对于综合性的表述各有侧重。在考虑地理课程的综合性问题时，不是从学科本身考虑综合性，即地理学研究对象的综合性，而是从地理学科培养一个人的思维、实践能力的角度考察地理学科的综合性。

例如，美国初中地理课程的综合性首先体现在该课程要求培养学生的全球视角，即要求学生树立空间视角和生态视角，并辅以许多其他视角，学会从多角度看待世界问题，激发学生的好奇心，从而构建一种独特的地理视角来看待整个世界。其次，课程的综合性体现在该课程要求学生具有批判性思维的技能。要求学生从地理学的视角发现问题、提出问题并提出解决问题的方法，在此过程中，注重对地理信息的收集及地理知识的应用。最后，课程的综合性体现在课程教学方法上。该课程的教学方法囊括地理实践、地理调查、借助地理信息技术等多种教学方法，帮助学生获得地理的知识，掌握地理技能，培养学生的地理视角。

英国初中地理课程的综合性首先体现在该课程要求培养学生对世界及生活在其中的人们持续一生的好奇心，关注不同地方、人类、资源、自然和人文环境的知识，并对重要的自然过程及人文过程有深刻的理解。其次，该课程的综合性体现在要求学生掌握收集、分析和交流地理数据（主要指地理野外考察所获取的一系列数据）；解释一系列地理信息资源；运用不同方法交流地理信息等地理技能，使得学生在地理野外考察中，加深对地理过程的理解。

日本初中地理课程的综合性首先体现在地理技能上。该课程要求学生掌握收集、获取、归纳地理信息，开展区域调查，阅读并制作地图，区分区域等技能，并运用以上技能加深对地理知识及地理技能的理解，以培养学生所必须具备的公民素养和能力基础。其次，该课程的教学方法体现了综合性。该课程注重对区域的考察和调查，因此要求学生根据地理现象的分布、意义、特色，着眼于人与自然环境、人与空间之间的相互关系，运用地理考察、区域调查、野外观察、文献调查等方法,多方面、多角度地思考问题,以培养学生的思辨能力。同时也可培养学生对国土的热爱,加深对尊重世界各地区多样生活文化的重要性的认识。

法国初中地理课程的综合性首先表现在该课程着重强调各学科对整个学生技能发展的贡献。该课程强调五个共同基础技能,即思考和沟通的语言、学习方法和工具、人和公民的培养、自然和技术系统,以及展示世界和人类活动,且历史和地理科的技能分别对这五个技能有不同的贡献。其次,课程采用案例教学、跨学科教学等教学方法,运用上述教学方法使地理与历史两个学科互补。第三,该课程的综合性体现在该课程突出事物的"时间性"与"空间性"。

新加坡初中地理课程的综合性首先体现在该课程为学生提供了 21 世纪取得成功所需的知识、技能和价值观。通过学习地理课程,把学生培养成为培养充满自信的人、能主动学习的人、积极奉献的人和心系祖国的公民,为新加坡整个教育成果系统作出显著贡献。其次,课程重视技能的培养体现了综合性课程强调交流合作和信息技能、公民素养、全球意识和跨文化交流技能、批判性、创造性思维等技能为 21 世纪能力作出的巨大的贡献。第三,课程的评价方式也体现了综合性。该课程采用"对地理问题的反应""简短回答问题""结构性问题"及"地理调查"等评价方式,在呈现各个主题时,以学习结果的形式呈现学生在学习完该部分内容后达到的要求。

总体来看,这些课程标准都突出了地理学科的价值,提出了培养人的综合框架、跨学科素养和能力、共通基础技能、关键能力等各种跨学科素养、能力框架,强调地理学科对跨学科素养、共通能力的贡献。

四、传承与变化

(一) 修订原则与思路

《义务教育地理课程标准(2022 年版)》首先澄清地理课程性质:地理课程以提升学生核心素养为宗旨,引导学生学习对生活有用的地理、对终身发展有用的地理,为培养具有生态文明理念的时代新人打下基础。修订义务教育地理课程标准既要体现国家的意志和正确的课程改革方向,又要考虑中小学地理教学的实际需要,更要有一种与时俱进的态度来引领未来我国地理课程的改革和发展。修订义务教育地理课程标准需要先确立修订的基本原则,才能使其在实验稿的基础上改进和完善,才能使我国地理课程继续在正确的方向上前行。

1. 坚持与时俱进的精神

《义务教育地理课程标准(2022年版)》充分体现了与时俱进的精神,高度重视"教育要面向现代化,面向世界,面向未来"的思想。十年来,地理课程标准改革是一个边实验、边调查、边总结、边修订的过程,体现了与时俱进的精神。例如,为做好义务教育课程标准修订工作,根据教育部工作部署,相关人员开展了义务教育地理课程修订调研。调研方式包括问卷调查和访谈,调研对象有地理教研员、地理教师以及义务教育阶段地理教材编写人员、中考命题人员、大学地理学科专家等;访谈对象包括高校地理教育专家与初中一线地理教师。此外,修订组同时展开了关于党和国家的有关政策、地理科学新进展、地理教育发展等方面的文献研究,以及多个国家和地区初中地理课程标准的比较研究。这次修订还强调要贯彻《关于进一步减轻义务教育阶段学生作业负担和校外培训负担的意见》的精神,进一步减轻义务教育阶段学生作业负担和校外培训负担。教育部特别强调关于课程标准修订要关注"社会主义核心价值体系在本学科中的渗透,对新一轮课程改革理念的巩固和深化,合理地设计课程内容、科学控制课程容量、减轻学生过重学业负担,与本学科相关的热点问题",以及"坚持德育为先、以人为本、能力为重、全面发展、与时俱进"的精神和原则。同时,《义务教育地理课程标准(2022年版)》的修订以《中小学综合实践活动课程指导纲要》《中共中央国务院关于深化教育教学改革全面提高义务教育质量的意见》以及国际地理课程的最新发展趋势为依据,充分发挥地理课程在立德树人中的重要作用,提出培养担当民族复兴大任的时代新人、全面发展素质教育、提高课堂教学质量等意见。由上可见,对《义务教育地理课程标准》的修订体现了与时俱进的精神,努力使之更加完善,更加符合时代发展的要求,更加贴近义务教育阶段地理教学的实际。

2. 坚持课程标准是指导性文件的思想

2001年,教育部统一以课程标准取代教学大纲,教学大纲主要关注和规定具体的知识点,强调统一性,这是历史的必然结果,对推动我国基础教育地理课程的建设和发展起到了促进作用。由于我国地大物博,各地经济、文化、教育差异很大,用统一的教育教学模式,对各地、各校的适应性较差,不能有效解决各地、各校复杂的实际问题和困难,更不可能体现教育教学特色和创新。基于这样的考虑,《义务教育地理课程标准(2022年版)》更加重视对课程基本理念和设计思路的表达,更加强调课程目标及其对教学内容、教学方法、教学过程和学习评价等的引领,更加重视对某一水平学生所应达到的基本标准和学习结果的描述,更加关注学生学习的过程和方法以及伴随着学习过程所产生的积极的情感态度和正确的价值观,更加重视对教学实施过程提出建设性的意见。

因此，《义务教育地理课程标准（2022年版）》为教师教学的创造性、学生学习和发展的个性化和差异性等提供了良好的环境和广阔的空间。《义务教育地理课程标准（2022年版）》作为国家性的指导性文件，应以共同性和原则性的内容为主，不能过多地涉及具体的课堂教学问题，具体的课堂教学问题应由课程标准解读、教科书、教学指导用书等资料来解决，更重要的是靠学校和教师来解决。一线地理教师应根据本校的教学实际需要，深入地进行思考和再设计，从课程的被动执行者和实施者向课程的主动设计者和建设者转变，促进自己的专业化成长和发展，上出受学生欢迎、使学生满意的地理课。

3. 坚持面向学科核心素养课程目标

《义务教育地理课程标准（2022年版）》是在综合考虑地理学科核心素养和学科大概念的基础上，按照学生认知能力所确定的学科育人目标，是学生在地理学科学习过程中形成的基础知识、关键能力和情感态度与价值观等方面的综合表现。依据义务教育培养目标，地理课程核心素养将中国学生发展核心素养与课程内容相联系，以科学性、时代性和民族性为基本原则，充分反映新时期经济社会发展对人才培养的新要求，高度重视中华优秀传统文化的传承与发展，系统落实社会主义核心价值观，体现了地理课程在培育"全面发展的人"中的独特价值。地理核心素养是体现地理学科价值的关键素养，是学科固有的、最有用的地理知识、最关键的地理能力、最需要满足终身发展所必备的地理思维，包括人地协调观、综合思维、区域认知和地理实践力。地理学科核心素养的提出，标志着中学地理课程改革的深化，也预示着中学地理教学"话语体系"的整体转换。

（二）改革延续与深化

2000年教育部颁布执行的《九年义务教育全日制初级中学地理教学大纲（试用修订版）》提出：全面推行素质教育，培养适应21世纪现代化建设需要的社会主义新人。2001年6月，教育部颁布《基础课程改革纲要（试行）》指出：基础教育课程改革要全面推进素质教育；新课程的培养目标应体现时代要求。在此基础上，教育部在2001年7月颁布了《全日制义务教育地理课程标准（实验稿）》，这是中国改革开放以来的第一版地理课程标准，取代此前的地理教学大纲或教学纲要。它在之前地理教学大纲的基础上，创造性地将地理课程标准内容划分为前言（课程性质、课程理念、设计思路）、课程目标、内容标准、实施建议（教学建议、评价建议、课程资源的开发与利用）四大部分、八个板块。其结构更加完整、内容更加翔实，这也为未来地理课程标准的编写奠定了基础。

面对社会主要矛盾的变化、社会多样化的发展以及社会发展对高素质人才的需要，2004年国务院印发了《2003—2007年教育振兴行动计划》，提出实施"新世纪素质教育工程",继续全面实施素质教育。在此期间,教育部对义务教育地理课程标准先后进行了两次修订,第一次修订于2003—2004年完成,但修订文本未正式颁布;第二次修订于2007年启动,此次修订共提出了四百多条意见。经两次修订后,教育部于2011年正式颁布《义务教育地理课程标准(2011年版)》,此次颁布的课程标准总体上保留了先前课程标准的设计,课程整体结构体系保持不变,主要侧重于"内容标准"的修订,提高其准确性和有效性。

自党的十八大以来,中共中央、国务院先后出台了一系列重大教育改革发展的政策文件,其中,2019年2月中共中央、国务院印发了《中国教育现代化2035》,2019年6月印发了《中共中央 国务院关于深化教育教学改革全面提高义务教育质量的意见》。在这些政策基础之上,2021年7月,中共中央办公厅、国务院办公厅印发《关于进一步减轻义务教育阶段学生作业负担和校外培训负担的意见》(以下简称《意见》)。《意见》明确进一步减轻义务教育阶段学生作业负担和校外培训负担(以下简称"双减")的主要任务和重大措施。其中,"双减"措施之一是大力提升教育教学质量,确保学生在校内学足学好。当前,需要审视国家发展中教育与人、社会、经济等关系问题,科学落实"双减"政策。为做好义务教育课程修订工作,根据教育部工作部署,相关人员开展了义务教育地理课程标准修订的调研。2022年教育部颁布了《义务教育地理课程标准(2022年版)》,其在结构组成、内容要求方面更加细化、有层次。课程目标围绕地理学科核心素养四个方面展开,课程内容贯彻落实"双减"政策要求,充分结合地理学科的特性与需求,能更好地完成立德树人根本任务的要求。

(三)修订内容变化与突破

课程标准文件应当肩负起全面规范教育教学质量,应对当前社会对学生素养的新需求的责任。近年来,基于核心素养的教育教学改革要求改进教育教学方法,引导学生在乐中学、从实践中学、从审美中学、从劳动中学,实现自主学习,使教学效果最大化。"学"为中心始终是中国基础教育的核心要求。课程标准文件要以"学"为本,以学生全面发展与综合素养提高为中心,将过去以"传授"为主的教学方式改为以"引导"为主的教学方式。因此,"双减"政策的实施可以让学生腾出时间与精力,去参加各种感兴趣的学习与实践活动,发现和激活自身的潜能与天赋,并在活动与实践中将潜能转化为外显能力,引导学生的专业选择和职业发展。2022年版课程标准新增的内容标准围绕学科核心素养的培养,着力于发展学生的实践能力、激发学生的好奇心,实现多方位培养学生技能和能力的目标。

依据课程方案的要求,高中地理课程标准的修订主要从三个方面进行:第一,充分体现学生发展核心素养的统领作用,课程目标的确定、课程内容的选择以及课程实施建议等方面,全面体现学生发展核心素养的总体要求;第二,将学业质量标准纳入新课程标准之中,修订后的课程标准将增加学业质量标准,用以检验和衡量学生学习的程度和水平,直接指导教学与评价工作;第三,操作实施的指导和建议更加全面而具体,修订后的课程标准将结合学科内容特点以及该学科所要培养的学生核心素养,用大量典型案例,具体说明在实施教学和评价过程中如何落实核心素养和课程目标。

1. 指向核心素养的课程理念与目标

新课标在课程理念部分提出:从地理课程性质出发,地理课程以提升学生核心素养为要旨,引导学生学习对生活有用的地理、对终身发展有用的地理。地理核心素养是现代公民必备的素养之一,通过强化学生地理核心素养的培养,能够落实"立德树人"的根本任务,培养作为现代公民的地理学科方面的必备品格和关键能力;地理核心素养具有实践性、主体建构性和学科性等属性,以发展核心素养为导向的学习方式应顺应以上属性,学习方式选择强调学生主体性,以自主、合作、探究为主,开展多样化的地理实践活动。

在课程目标方面,修订后课程目标不再使用三维目标,而是从核心素养角度设立,聚焦学生发展的关键品格和必备能力,基于人地协调观、综合思维、区域认知和地理实践力四大核心素养,提出四大方面培养目标。修订后课程目标是与三维目标相比,强化知识与技能、过程与方法、情感态度与价值观的整合,是教育目标的具体化。具体来看,课程目标的陈述是分别从地理核心素养的四个组成要素进行陈述的。以核心素养为课程目标,使义务教育阶段地理课程与高中地理课程保持一致的培养方向,能够更好地与高中地理课程衔接。

2. 课程内容标准的增减与修订

2022年版课标内容标准由地球的宇宙环境、地球的运动、地球的表层、认识世界、认识中国五大主题组成,课程标准中的内容标准条目数量由2011年版课标的100条精简至2022年版课标的67条,课标内容标准数量大幅减少。同时,课标修订中关注了降低内容要求和学业质量水平难度,将繁琐的内容要求化繁为简,具体修订内容如下。

(1) 主题一:地球的宇宙环境

本主题课标内容在2011年版课标基础上进行了大幅度扩展与深入,在涵盖原有要求的基础上,注重学生能力培养和科学素养培育。本主题包括地球的基本特征、地球的宇宙环境,以及人类太空探索的历程等内容,设计的重点在于实现学生做中学的培养要求。因此,本主题增加了两条内容教学要以激发学生探索宇宙奥秘的好奇心,使用如人类探月、火星探测、载人航天等素材,充分利用天文馆、天文台等科普和科研机构,拓展学生的认知渠道;充分利用信息技术手段,包括遥感影像、音像素材、数据可视化动图,以及软件平台等,引导学生观察地球的宇宙环境、太阳系的组成等,丰富学生的学习体验,增强学生学习兴趣,培养学生的空间感、科学探究精神,形成科学的宇宙观,着力提高智育水平,培养学生的认知能力,促进思维发展,激发创新意识,坚决防止学生学业负担过重。学习本主题后,学生能够借助相关教具、数字资源等,叙述人类认识地球形状的过程,领悟求真、创新的科学精神;能够将地球置于宇宙环境中,说明地球在宇宙环境中的位置和地球的大小,初步建立科学的宇宙观;能够通过影视资料、科学故事,尤其是中国太空探索取得的成就,认识人类太空探索的意义和价值,形成科学探索的兴趣与情怀。

(2) 主题二:地球的运动

本主题共有4条内容要求,可分为"地球的自转"和"地球的公转"2组。本主题内容标准在继承2011年版课标的基础上,增加了两条内容要求,旨在丰富学生理解地球运动的形式,例如,将"简单的方法"细化为"用地球仪演示""模拟""结合示例"等,使本主题课标要求更具指向性与操作性,让学生乐学善学。学习本主题后,学生能够通过自主演示地球的自转和公转运动,归纳地球的运动规律,并用现实世界中的事例证明地球的运动存在,形成尊重客观事实的科学态度;能够举例说明地球运动所产生的自然现象对人们生产生活的影响,以及人们顺应自然规律进行各种社会活动所展现出的智慧,树立尊重自然、顺应自然的观念。

(3) 主题三:地球的表层

本主题内容分为自然环境和人文环境两大层面。自然环境层面包括全球陆地与海洋、地形、气候等内容,人文环境层面包括人口、聚落、文化、经济发展等内容,总体内容并无大幅删减或增补,而是在前者基础上进行整合与细化。例如,在陆地与海洋一节中,将"运用地图和数据,说出地球表面海、陆所占比例,描述海陆分布特点"与"运用世界地图说出七大洲、四大洋的分布"两条要求整合为"阅读世界地图,描述世界海陆分布状况,说出七大洲、四大洋的分布";将"在地形图上识别五种主要的地形类型"细化分解为"通过阅读地形图、图像,观看影视资料,观察地形模型或实地考察等,区别山地、丘陵、高原、平原、盆地的形态特征"以及"在世界地形图上指出陆地主要地形和海底主要地形的分布,观察地形分布大势",使教学形式多样化,教学内容更加充实。学习本主题后,学生能够运用地图及其他地理工具,观察、描述地球表层陆地、海洋的基本面貌,说明地形、气候等自然环境要素的基本状况,以及自然环境要素对人类生产生活的影响;能够观察、描述地球表层人口、城乡、文化等人文环境要素的基本状况,并举例说明人类活动对自然环境的影响;能够比较不同地区与国家的发展水平差异,认识全球经济合作的重要意义,初步形成人类命运共同体意识。

(4) 主题四:认识世界

本主题包括认识大洲、地区、国家等尺度的区域,涵盖这些不同尺度区域的地理位置、空间分布、地理特征、区域差异等内容。从大洲、地区、国家等不同尺度的区域入手,运用多种地理工具,帮助学生更加全面地理解世界不同区域自然环境的差异性以及人文的多样性,树立人类命运共同体的观念。同时,在主题学习中,需要创设一定的情境、问题和任务开展教学活动,例如,"以某地区的一种自然资源为例,说出该资源的分布状况和输出地区"。

本主题内容要求在 2011 年版课标基础上进行了整合、增补与删减。整合方面,2022 年版课标将原多条要求整合为一条,例如,将"在地图上找出某地区的位置、范围、主要国家及其首都,读图说出该地区地理位置的特点""运用地形图和地形剖面图,归纳某地区地势及地形特点,解释地形与当地人类活动的关系""运用图表说出某地区气候的特点以及气候对当地农业生产和生活的影响""运用地形图说明某地区河流对城市分布的影响"4 条要求整合为"运用地图和相关资料,描述某地区的地理位置,简要归纳自然地理特征,说明该特征对当地人们生产生活的影响",使课标更具综合性与灵活性。增补方面,本主题增加的两条课标分别为"运用地图和相关资料,比较大洲间自然和人文地理特征的主要差异""结合某国家的实例,简要说明一个国家对自然环境的改造活动对其他地方自然环境的影响",增强本主题培养核心素养的情境设计功能。删减方面,本主题重点删除了一些过时、重复的内容,例如,"运用资料描述某地区富有地理特色的文化习俗""用实例说明某国家自然环境对民俗的影响"中习俗或民俗是一定区域内人文地理特征的一个表现形式,因此,本处删减的有关区域文化习俗与民俗的内容要求,降低了学习难度,具体可见 2022 年版课标主题四中"运用地图和相关资料,说出某国家人文地理主要特点及其与自然地理环境的联系"的内容要求。"用实例说明高新技术产业对某国家经济发展的作用"中,由于全球高新技术产业的快速发展,对于国家经济发展的作用具有较大的普遍性,未来高新技术产业也将面临产业转型。因此,在课程目标修订中,不再将高新技术产业单独列出,而是将其作为区域发展中的重要因素,化繁为简,具体可见 2022 年版课标主题五中"结合实例,描述不同区域的差异,说明区域联系和协同发展对经济发展的意义"的内容要求。"根据地图归纳某国家交通运输线路分布的特点"与 2022 年版课标主题五中"运用地图和相关资料,说明中国交通运输线的分布特征,以及高速公路、高速铁路的快速发展对人们生产生活的影响"的内容要求存在部分重叠的内容,因此在修订中予以删减。

学习本主题后,学生能够运用地图及其他地理工具,从地理位置、地理事物和现象的空间分布、人与自然的关系,以及区域差异和区域联系等角度,描述和初步解释某大洲、地区和国家的主要地理特征,能够结合世界政治、经济、社会、文化事物和现象,运用所学的分析区域的方法,简要分析这些事物和现象发生的区域地理背景,表现出对现实世界的关心,以及积极探究的意识和能力,初步具备一定的全球视野和社会责任感。

(5)主题五:认识中国

本主题包括认识中国全貌、认识中国分区和认识家乡三部分,重在指导学生运用区域分析的方法,探究中国及其内部不同区域的自然和人文环境。本主题内容要求在2011年版课标基础上进行小部分的整合、增补。例如,将"运用中国地形图概括我国地形、地势的主要特征""运用资料说出我国气候的主要特征以及影响我国气候的主要因素""在地图上找出我国主要的河流,归纳我国外流河、内流河的分布特征"3条要求整合为"运用地图和相关资料,简要归纳中国地形、气候、河湖等的特征;简要分析影响中国气候的主要因素";增加"运用地图和相关资料,描述某区域城乡分布和变化,推测该区域城乡发展图景""与他人交流各自对家乡的看法并说明理由,感悟人们在不同体验和感知背景下对家乡形成的不同看法"两条要求。

此外,本主题删减了12条与其他课标内容重叠的内容要求,例如,"结合实例说出我国跨流域调水的必要性"与2022年版课标主题五中"运用地图和相关资料,描述中国水资源、土地资源、矿产资源和海洋资源等自然资源的主要特征,举例说明自然资源与人们生产生活的关系,认识开发、利用、保护自然资源的重要意义"的内容重叠;"结合有关资料说明我国地方文化特色对旅游业发展的影响"与2022年版课标主题五中"结合实例,说明某地区发展旅游业的优势"的内容重叠;"根据资料,分析某区域内存在的自然灾害与环境问题,了解区域环境保护与资源开发利用的成功经验"与2022年版课标主题三中"运用地图和相关资料,描述中国主要的自然灾害和环境问题;针对某一自然灾害或环境问题提出合理的防治建议;掌握一定的气象灾害和地质灾害安全防护技能"以及地理工具与地理实践中"结合实例,描述数字地图在城市管理、资源调查、灾害监测等方面的应用"的内容重叠;"以某区域为例,说明我国西部开发的地理条件以及保护生态环境的重要性"与2022年版课标主题四中"运用地图和相关资料,简要分析某国家在资源开发、环境保护方面的经验和教训"的内容重叠。

本主题修订重点在于删减一些重复的内容要求,并将多条内容要求进行融合,使课程标准更加精简,从而减轻学生的课程学习负担。同时,课标修订中关注了降低内容要求的学业质量水平难度,将烦琐的内容要求化繁为简,通过探究问题的形式完成课程学习,达到减轻思维与理解负担的目的。学习本主题后,学生能够运用地图及其他地理工具,从不同媒体及生活体验中获取并运用有关中国地理的信息资料,认识中国基本的地理面貌;能够描述中国不同地区的主要地理特征,比较区域差异,从区域的视角说明人类活动与自然环境和资源的关系,初步形成因地制宜发展的观念;能够观察、描述、解释家乡生活中的地理事物和现象,表现出主动学习及问题探究的意识和能力;能够在生活、学习中积极参与相关的公益活动,具备一定的家国情怀和社会责任感。

3. 学业质量标准纳入课程标准

地理学业质量标准是依据地理课程标准的目标、内容,以及学生身心发展规律和认知水平特点所设定的具体质量指标。这些质量指标是学生完成相应模块课程内容学习后应达到的知识掌握程度、基本素养、能力发展水平。地理学业质量标准是国家进行地理学业质量监测与评估的具体规定和标准参照,用以监测、分析、评估学生地理学业质量状况,也是衡量学校教育绩效的准则之一;同时它也是学生个体用以自我评估的依据,反映了国家对初中生在地理知识学习、地理能力培养、身心发展水平等方面的综合素质要求。课程标准侧重于内容标准,是学生该知道和掌握什么地理知识及如何获得这些地理知识,而地理学业质量标准主要是表现标准,主要指掌握的程度和水平及运用知识的能力。课程方案中提出将地理学业质量标准纳入新课程标准之中,用以直接指导教学与评价工作,将学业质量标准纳入课程标准,将地理核心素养与课程内容标准与表现标准进行了有机统一。

4. 操作实施的指导和建议将更加全面而具体

现行课程标准的实施建议相对较笼统,缺乏如何培养学生具体学科能力的相关建议。修订后的课程标准将结合学生核心素养、内容标准和学业质量标准,提出更具针对性、可行性的实施建议,并提供典型案例具体说明在实施教学和评价过程中如何落实核心素养和课程目标,包括教学与评价建议、学业水平考试命题建议、教科书编写建议以及地方和学校实施课程的建议等内容。在教学与评价建议部分,重视问题式教学、加强地理实践、深化信息技术应用、关注表现性评价等诸多教学建议,每一建议都提出了具体的操作程序、注意事项,并列举了多个典型案例进行说明与提示。在学业水平考试命题部分,首先提出评价目标的确定均应定位在"地理核心素养"形成状况的测试与考查上;其次制定评估框架,以地理学科核心素养、测试内容、具体任务、情境四个关键维度来架构,测查学生地理核心素养的形成状况,并给出案例与样题进行说明;最后提供标准参照的、具有实质内容的结果反馈。为了充分体现高中地理课程的基本理念,使教科书成为教师创造性教学和学生主动学习的重要资源,内容选择上以地理核心素养为指引,结构上遵循学生的认知规律,呈现方式上强化学生能力培养,教科书的形式以地理信息技术为支撑。

五、挑战与建议

21世纪信息时代来临,国际竞争加剧的同时,国际合作也得到了加强。面对激烈变动着的国际形势,以及国内经济、文化、社会的快速发展,21世纪现代公民的要求体现出新的时代特征,义务教育地理课程面临着挑战与机遇。因此,设计出能够应对迎接信息时代的挑战,能够促进学生素养发展的义务教育地理课程成为一项紧迫的工作。

(一)面临的挑战

1. 面对信息时代对地理课程改革提出的新挑战

进入21世纪以来,信息通信技术快速发展并得到了广泛的运用。人类由工业文明时代进入了信息时代。21世纪所要求的人的素养是对应的信息时代的素养,体现新的时代特征。信息时代改变人类工作与生活方式,当今的经济发展是知识驱动型的,知识、思想和技术成为商品,形成知识经济社会,信息、贸易和人才的快速流动又推动了全球经济一体化,信息时代多元文化的混合与冲突,如何成为信息时代的"数字公民",成为世界教育面临的新课题。此外,社会的快速变动带来了前所未有的挑战,为了立足于不断变化的社会,协作、交流、批判性与创造性的思维与能力成为必要条件。面对信息时代的生活、工作方式以及个人发展的这些新特点与新需求,基于核心素养的地理教育成为全球地理课程改革的新方向。

2. 课程改革缺乏思维方式的转变

课程改革的前提是变革思维方式,重建话语系统。长期以来,我国基础教育课程的发展,在课程规划、基础理论、课堂教学等方面占主导地位的是"非此即彼"的二元对立的思维方式。我国以往课程改革,大多是学科范围内的知识系统的调整,缺乏高屋建瓴的总体设计,造成分科主义课程的格局。这是因为我们缺乏"课程意识",把课程理解为少数人研制、多数人被动实施的过程,自然不需要对课程进行规划和反思。国际教育界从20世纪80年代以来就经历了教育研究范式的转换,经历了"概念重建"的过程,有关课程与教学的话语系统更新了,并且有相当丰富的研究积累。

3. 缺少地理学科核心素养学习进阶体系

20世纪90年代,经合组织提出核心素养的概念就是为了PISA测试项目搭建理论框架基础,将不同核心素养分级并将其不同级别素养的表现描述出来,成为 PISA 具体任务命制的主要依据。就地理学科课程标准而言,它也是需要对核心素养进行分级,并且会同课程内容一同编制成为学业质量标准,以求能非常鲜明地指导地理教学实践和地理评价。核心素养分级评价的基础在于其背后的学习进阶研究,即什么年级的学生应掌握知识和技能到何种程度。我国关于地理学科核心素养和核心概念的学习进阶研究偏弱,尚未研制出较为科学和得到公认的学习进阶体系。

(二)反思与建议

1. 构建地理学科核心概念体系,为学科核心素养落地做好铺垫

学科核心素养是大观念,体现学科的综合素养,不论是教科书编写还是考试评价,其与教育实践之间总是存在"缝隙",其落地需要一定的抓手。从国际初中地理教育的趋势和实践来看,学科核心概念是学科核心素养落地的主要手段。当前我国的基础教育推行以培养学生"核心素养"为目的的改革,而地理的"核心概念"之于地理核心素养,犹如骨架之于人,地理核心素养要落地,需要围绕地理核心素养的核心概念的引领,并以此组织课程内容。地理课程标准所确定的人地协调观、综合思维、区域认知、地理实践力四大核心素养能够概括地理学的基本属性和思维方法,反映了学生应具备的基本学科素养,应该作为整个中学阶段的地理学科核心素养统领课程。因此,在核心素养之下选择合适的核心概念作为课程内容的抓手是当务之急。梳理我国中学地理课程的发展历史,借鉴国外主要国家中学地理课程的组织经验,从地理学的传统和现代发展中汲取精华,着重考虑学生的认知规律和需求,总结能够统领初中地理课程内容的核心概念。

2. 倡导地理探究、地理调查、案例学习、信息技术辅助教学等方式

地理探究和地理调查是地理学研究的重要方法。在中学阶段倡导地理探究和地理调查,不仅有利于学生地理实践力的培养和学生地理思维的加强,更能锻炼学生在发现问题、解决问题过程中的合作、交流等能力。地理探究和地理调查方式遵循一定的方式、方法和规范,引导学生像科学家一样解决问题,是各个国家都推崇的教学方式。案例学习则类似于高中课程标准所倡导的问题式教学,以具体问题、具体案例的形式引导学生对一个问题进行深入思考,有利于学生地理思维的培养。信息技术辅助教学要求应用地理信息技术软件、新兴多媒体工具和地理媒体,使得地理教学内容情境化、具体化,认识地理信息技术发展的日新月异,体验地理信息技术作为地理问题解决工具的独特价值。

3. 倡导多元化学习评价方式

明确评价的目的在于帮助学生发展,评价观念应从关于学习的评价转为了学习的

评价。传统的纸笔测试应该根据现代教育测量理念,设置能够考查学生高层次复杂素养的试题。除纸笔测试外,倡导进行计算机测试,以完成纸笔测试无法完成的实验模拟、情境转换、信息技术呈现等。尝试构建计算机自适应性测评体系,革新测试测评机制。课堂评价基于课堂表现,观察、搜集课堂表现证据,注重学生表现性评价。大多数国际地理课程标准文件也涉及到了评价的内容,这些评价的内容往往针对课堂教学、田野教学提出不同的评价原则和理念,追求不同的评价方法。各国的评价方式除了笔试评价外,还包括通过面试、讨论、论述、观察、活动报告书等进行多样的评价。评价理念也有多种类型,有为了学习的评估、作为学习的评估和关于学习的评估,等等。从前到后,其选拔、甄别功能越来越强,诊断、反馈功能越来越弱。当然也有较为传统的成绩表等评价方式。义务教育地理课程标准强调学习评价的多元化,以取代过去注重考试分数的单一化结果取向评价。多元化的学习评价是过程性与结果性并重的,能够充分发挥学习评价的诊断、激励和促进学生发展的作用。日常教学中教师们已经开始采用成长档案袋、调查问卷等评价方法,来关注学生的地理学习过程、学习方法与学习差异等,同时促进学生地理学习潜能的充分发展,考试命题遵循课程标准的基本理念、规定的学科内容、倡导的学习方式等,从知识本位转向能力立意。

第 14 章

修订义务教育科学课程标准　支撑科技创新后备人才成长
——《义务教育科学课程标准(2022年版)》解读

胡卫平

作者简介：胡卫平/陕西师范大学现代教学技术教育部重点实验室主任；《义务教育科学课程标准(2022年版)》修订组组长（西安　710062）

《义务教育科学课程标准(2022年版)》提出了科学课程要培养的核心素养，体现了科技创新后备人才的心理特征；聚焦核心概念，整合课程内容，进一步凸显了综合性，反映了科技创新对知识结构的基本要求；合理安排进阶，进一步凸显了适宜性，为科技创新后备人才培养方案的系统设计提供了依据；加强探究实践，进一步凸显了实践性，为科技创新后备人才的培养提供了可操作的方法。

21世纪以来，党中央、国务院高度重视科学教育，培养了大批高素质的科技人才，支撑了经济和社会的发展。当前，新一轮科技革命、产业革命和教育革命加速发展，世界创新格局深度调整，大国博弈日趋激烈，各国都在加强科学教育，重视科技创新后备人才的培养，在此背景下，我国也需要制定一个能够支撑全民科学素质提升和科技创新后备人才成长的义务教育科学课程标准。

一、立足素养发展

核心素养是实现立德树人根本任务的重要抓手，把促进学生核心素养的发展作为科学课程的目标,既是党和国家的根本要求,也反映了国际科学课程改革的趋势。凝练能够反映科学课程独特育人价值的核心素养,是本次义务教育科学课程标准修订的基础性工作。科学课程要培养的学生核心素养,主要是指学生在学习科学课程的过程中,逐步形成的适应个人终身发展和社会发展所需要的正确价值观、必备品格和关键能力;是科学课程育人价值的集中体现,包括科学观念、科学思维、探究实践、态度责任等。

科学观念是在理解科学概念、规律、原理的基础上,所形成的对客观事物的总体认识,是科学概念、规律、原理等在头脑中的提炼和升华。由于核心素养是在真实情境中解决问题时才能表现出来的,因此,科学观念不仅包括科学、技术、工程领域的一些具体的观念,以及对科学本质的认识,还包括其在解释自然现象和解决实际问题中的应用。将科学观念作为科学课程要培养的学生核心素养,主要是从两个方面考虑:一是科学教育研究一直重视概念学习。从20世纪重视概念发展、概念转变,到21世纪重视核心概念,世界各国的课程标准都将核心概念、或大概念、或关键概念、或知识理解与应用、或工程实践等作为重要的科学素养。二是科学观念是科学本质和属性的集中体现,是科技创新的基础。知识是能力的基础,科学教育领域关于科学知识的表述有核心概念、关键概念、大概念、科学原理等多种方式。在应试教育的背景下,我国特别重视知识和原理本身的教学,而素养强调知识和原理的深度理解与灵活应用。最新的国际科学教育研究与实践强调核心概念、大概念等,而在中国的文化中,概念是指一类事物的共同属性与本质特征在大脑中的反映,是抽象的,这与国际科学教育中关于概念的内涵并不一致。因此,在建构核心素养时,没有使用科学知识,也没有使用科学概念,而使用了科学观念。一方面,科学观念是科学概念和规律等在头脑中的内化与升华;另一方面,中国文化中的科学观念与国际上核心概念的内涵基本一致。

科学思维是从科学的视角对客观事物的本质属性、内在规律及相互关系的认识方式。自然科学以自然现象为研究对象,其目的在于揭示自然界各种现象的本质,认识它们的运动规律。自然科学的研究对象具有客观性,我们要认识它们,就要对观察过的自然现象、科学事实、科学过程等在大脑中形成清晰的科学图景,并反复加工、合理改造、去粗取精,从感性认识上升到理性认识,此即科学思维。将科学思维作为科学学科的核心素养,主要依据有如下几个方面:一是观察、实验与思维相结合,这是科学学科的基本特征;二是学会学习、批判性思维与创新是学生发展核心素养的重要成分;三是21世纪以来的科学教育研究,特别重视模型建构、科学推理、科学论证、创新思维;四是大部分国家的课程标准都会将科学思维与创新列为课程目标;五是模型建构、推理论证、创新思维不仅是进行科学实践所必备的关键能力,也是技术与工程实践的核心思维方式,而且还可以迁移到所有的领域,特别是对于学生树立辩证唯物主义和历史唯物主义思想,形成实事求是的科学态度,提升品德素养等都具有重要价值。因此,科学思维始终是国际科学教育的研究热点和科学教育普遍关注的重要目标,是科学课程育人价值的重要体现。

探究实践是在了解和探索自然、获得科学知识、解决科学问题,以及进行技术与工程实践过程中,形成的科学探究能力、技术与工程实践能力和自主学习能力。为了突出科学课程的实践性,凸显技术与工程实践的育人价值,本次修订将科学探究修改为探究实践。同时,为了反映科学课程在培养学生共通的核心素养中的作用,还增加了学习能力。由于作为一种能力,探究、实践和学习都属于核心素养,而作为形成素养的过程,探究、实践和学习都属于学习方式的范畴,因此,将学习能力放在探究实践维度。科学探究是人们探索和了解自然、获得科学知识的主要方法,是提出科学问题,形成猜想和假设,获取和处理信息,基于证据得出结论并作出解释,以及对科学探究过程和结果进行交流、评估、反思的能力。技术与工程实践指能针对实际问题,提出有创意的方案,并根据科学原理或限制条件进行筛选;能利用工具和材料加工制作,并根据实际效果进行修改;能用自制的简单装置或实物模型验证或展示某些原理、现象或设想的能力。自主学习是学习者在内在动机的激发下,激活和控制自身的认知、情感和行为,自主确定学习目标、选择学习策略、监控学习过程、反思学习过程与结果的学习方式或者能力。它不仅可以被看作是一种动态的学习过程或学习活动,也可以被视为一种相对稳定的学习能力。

态度责任是在认识科学本质及规律,理解科学、技术、社会、环境之间关系的基础上,逐渐形成的对科学和技术应有的正确态度与社会责任,包括科学态度和社会责任两个方面。科学态度是个体对自然现象、科学过程、科学事实、科学理论、科学研究等所持有的稳定的心理倾向,主要包括探究兴趣、实事求是、追求创新、合作分享四个方面,对于培养学生"民主、文明、和谐、自由、平等、公正、法治、诚信、友善等"的社会主义核心价值观具有重要价值。社会责任是公民基本的道德规范,主要包括健康生活、人地协调、价值判断、道德规范、家国情怀等方面,体现"爱国、敬业等"社会主义核心价值观。

科技创新后备人才的心理特征有思维、知识、动机和人格四个维度。思维维度包括基本思维(抽象和形象)、批判性思维(能力和倾向)、创造性思维;知识维度包括知识的广博和精深;动机维度包括内部动机和成就动机;人格维度主要是创造性人格。科学课程标准中凝练的四个核心素养相互依存,共同构成一个完整的体系,不仅体现了科学课程的育人价值,而且体现了科技创新后备人才的心理特征,为全民科学素质的提高和科技创新后备人才的培养提供了具体的、可操作的目标。

二、聚焦核心概念

综合性体现了义务教育的基础性特点,它是国际科学课程改革的趋势,还是基于核心素养改革和减轻学生课业负担的必然要求;有利于学生对科学本质的深度理解和系统认识,形成合理的知识结构和认知结构,整合科学和技术与工程,发展创新素质。科学课程内容的组织需要服务于科技创新后备人才的培养,满足国家未来科技自立自强的需要。

科技创新活动是开拓人类科技认知新领域、开创人类科技认识新成果的创造性活动,包括提出新的科学问题、设计新的科学实验、发明新的技术产品、形成新的科学概念、创建新的科学理论、启用新的科学方法、作出新的科学解释,等等。科技创新活动主要包括两方向:一是利用类比、重组、联想和迁移等方法,重新安排、组合已有的科学知识,或者从新的角度去分析已有知识,创造出新的知识和形象;二是突破已有的科学知识,提出崭新的科学见解、设想、思路、观点等。因此,科技创新后备人才的知识特征主要体现在广博和精深两个方面,一是具有较广博的知识基础和合理的知识结构;二是对科学知识的深度理解,掌握学科和跨学科的思想方法,并善于用这些知识和方法解决真实情境中的复杂问题。

科技创新后备人才的知识特征具有综合性,这也被已有的行为和脑科学研究证实。跨学科概念图创作能力有利于学生科学创造力的发展。[1] 灵活的语义记忆网络有利于创造性的表现。[2] 相比低创造力者,高创造力者对领域间概念语义关系的评价更高,呈现出更灵活、连接更紧密的语义记忆结构[3],这表明高创造力者能够更高效地将不同领域之间的元素联系起来,从而有利于新颖联系的生成。在脑成像研究中,最新研究发现,个体语义记忆结构的灵活性在脑网络连接效率和日常创造力表现中起中介作用[4],这表明个体创造力的表现得益于其灵活的知识结构和高效的脑网络功能连

---

[1] 胡卫平,张淳俊.跨学科概念图创造能力与科学创造力的关系[J].心理学报,2007,39(04):697—705.

[2] Bernard, M., Kenett, Y. N., Ovando-Tellez, M., et al. Building Individual Semantic Networks and Exploring their Relationships with Creativity [C]. The 41st Annual Meeting of the Cognitive Science Sociat, 2019.

[3] Kenett, Y. N., David, A., & Miriam, F. Investigating the Structure of Semantic Networks in Low and High Creative Persons [J]. Frontiers in Human Neuroscience, 2014, 407: 1-16.

[4] Ovando-Tellez, M., Kenett, Y. N., Benedek, M., et al. Brain Connectivity-based Prediction of Real-life Creativity is Mediated by Semantic Memory Structure [J]. Science Advances, 2022, 8(05): eabl4294.

接。基于行为学、脑科学等研究对人类学习的深刻理解,国际上大部分国家都在义务教育阶段实施综合科学课程,并且越来越重视学习内容的综合性。

概念研究一直是科学教育的一个重要研究领域,20世纪主要研究概念发展和概念转变。21世纪以来,受建构主义学习理论的影响,开始重视核心概念的研究。核心概念是某个知识领域的中心,是一种教师希望学生理解并能应用的概念性知识,这些知识必须清楚地呈现给学生,以便学生理解与他们生活相关的事件和现象。基于核心概念,整合学科知识,促进学生参与科学与工程实践,实现对重要原理的深入探索,发展学生对科学知识的深度理解,并提升学生的科学素养,已经成为国际科学教育研究者的共识,也是国际科学课程改革的方向。

本次修订的义务教育科学课程标准,进一步突出了综合课程的特点,取消了学科领域,按照核心概念设计课程,聚焦物质的结构与性质、生命系统的构成层次、宇宙中的地球、设计与物化等13个学科核心概念,并通过学科核心概念的学习实现对物质与能量、系统与模型、结构与功能、稳定与变化等跨学科核心概念的学习和核心素养的培养;技术与工程实践部分的学习要基于学生已有知识经验和认知水平,综合利用学科核心概念和跨学科核心概念,通过跨学科综合实践,解决真实情境中的技术与工程实践问题,服务于科技创新后备人才的培养。

三、合理安排进阶

学生对科学概念的理解是不可能一步到位的。同一概念,在不同的年级阶段学习的具体内涵也是不相同的。因此,科学而又系统地安排对核心概念的一些下位概念的学习,最终达到对上位概念的理解与应用,就显得尤为重要。通过学习进阶,整体设计K-12科学课程标准,发展学生对核心概念的理解,帮助学生形成良好的知识结构,深度理解科学概念,提高解决问题的能力,已经成为国际科学课程改革的核心理念和课程设计的又一重要趋势,也是确定课程目标、学业内容、学业质量学段分布的重要依据。

早期的学习进阶研究,主要集中在基于核心概念构建和呈现学习进阶;考察学生理解核心概念的真实路径;脱离科学概念,从思维或能力本身建立进阶层级;强调科学内容与日常生活问题结合,从日常生活情境中建立有关科学能力的学习进阶层级。近年来,以学习进阶整合科学课程的研究在以下方面取得了突破:(1)学习的路径是一个逐渐累积、日臻完善的过程。应突出核心概念在课程中的中心地位,加强课程内容的贯通性。对于课程开发者而言,应围绕核心概念组织"少而精"的课程内容,从而有利于学习者的深度学习以及思维的纵深发展,有利于学习者对核心概念的深度理解,有利于学生建构有效的知识结构,实现知识的有效迁移。(2)学生对科学概念的理解存在多个不同的中间水平,需要经历这些水平才能实现不断进步发展。学习进阶研究整合了以往的研究成果,强调在一定的时间跨度内,借助恰当的教学策略,学生对某一核心知识的理解及运用将会逐渐发展、日趋成熟。(3)强调课程内容、教学过程与测验评价的一致性。学生对科学概念的理解进程并非是线性的,研究者可以通过适当的测验检测学生的知识理解、认知发展情况。

基于学习进阶思想,整体设计义务教育科学课程标准。按照1～2年级、3～4年级、5～6年级、7～9年级的分段,考虑不同学段的进阶,并且努力做到"三适应和两遵循",即适应学生的认知水平、知识经验和兴趣特点,遵循学习规律和学科规律。基于不同学段学生的特征,学习目标由低到高;学习内容由浅入深、由表及里、由易到难;学习活动从简单到综合。特别考虑幼小衔接,合理设计小学1～2年级课程,注重活动化、游戏化、生活化的学习设计。同时,考虑初高衔接,了解高中阶段学生的特点和学科特点,为进一步学习物理、化学、生物、地理等学科奠定基础。

课程标准基于不同年龄学生思维发展的特点和科学学科的特点,分段设计了科学观念的目标。1～2年级学生处于具体形象思维发展阶段,只能认识具体事物的外部特征。根据核心素养学段特征的研究,1～2年级学生知道自然界的事物有一定的外在特征,能在教师指导下,观察和描述日常生活中的常见现象。因此,1～2年级的学段目标就确定为在教师的指导下,能认识具体事物的外部特征。例如,能观察、描述常见物体的基本外部特征,辨别生活中常见的材料;认识周边常见的动物和植物,能简单描述其外部主要特征;观察并描述月亮形状和太阳升落等自然现象,等等。

3～4年级学生处于由具体形象思维向抽象逻辑思维过渡阶段,可以认识事物的性能、作用、分类、条件、原因等。根据核心素养学段特征的研究,3～4年级学生知道自然现象是有规律的,能在教师指导下,使用所学的科学概念描述并解释常见现象的外在特征。因此,3～4年级的学段目标就确定为在教师的指导下,能认识事物的性能、作用、分类等。例如,认识物体有多种运动形式,力可以改变物体的运动状态;能区分植物和动物的主要特征,并对植物和动物进行简单分类;认识植物的某些结构、动物的某些结构与行为具有维持自身生存的功能,等等。

5～6年级学生具有一定的抽象思维能力,这时抽象思维能力还具有较大的经验特征,涉及事物的内在结构、功能、变化与相互关系等。根据核心素养学段特征的研究,5～6年级学生知道自然规律是可以被认识的,能利用所学知识描述现象的变化过程,并解释现象发生的原因。因此,5～6年级学生的学段目标就确定为能够认识事物的内在结构、功能、变化与相互关系。例如,初步认识常见物质的变化,知道物体变化时构成物体的物质可能改变、也可能不改变;认识细胞是生物体的基本结构单位,初步认识生物体的层次结构及其形态结构和功能的关系;认识地球系统的基本要素和圈层结构,了解与地球、月球和太阳的周期性运动相关的自然现象,等等。

7～9年级涉及微观结构,能够从微观的结构解释事物的宏观性质和变化,需要学生具有较高的抽象思维能力。根据核心素养学段特征的研究,7～9年级学生知道自然规律是可以通过多种方法被发现的,能用于预测自然现象;能利用所学知识解决简单的科学问题。因此,7～9年级学生的学段目标就确定为认识物质的微观结构,认识结构决定性质及变化,初步形成基本的科学观念。例如,认识物质由有限种元素组成,由分子、原子等微观粒子构成,不同组成与结构的物质具有不同的性质与用途;能从微观视角初步认识物质及其变化;能运用简单模型描述和解释物体间的相互作用,等等。

科技创新后备人才的成长大致需要经历早期探索阶段、兴趣显露阶段和才干浮现阶段,每个阶段学生的思维能力、知识经验等都不同,需要根据不同阶段学生的特点进阶设计创新素质培养的方案。义务教育科学课程标准的进阶设计满足了科技创新后备人才培养方案系统设计的要求。

四、加强探究实践

科学探究在科学教育改革中有着悠久的历史。受社会发展背景和科学教育价值观的影响,不同历史时期的教育工作者对科学探究的理解也有所不同。目前,关于科学探究的内涵理解可以划归为以下几种:观点一是将科学探究视为一种教学方法,认为教师作为教学过程中的主体,应引导学生通过收集和分析证据等过程来自主建构科学解释。① 观点二是将科学探究视为一种学习过程,强调学习者作为科学探究的主体,在学习活动中主动形成科学观念,理解科学本质。② 观点三是将科学探究视为一种育人目标,强调科

---

① Abd-El-Khalick, F., BouJaoude, S., Duschl, R., Lederman, N. G., Mamlok-Naaman, R., Hofstein, A., Niaz, M., Treagust, D., Tuan, H-l. Inquiry in Science Education: International Perspectives [J]. Science Education, 2004, 88(03): 397-419.

② Anderson, R. D. Inquiry as an Organizing Theme for Science Curricula [A]//Abell, S. K., Lederman, N. G. Handbook of Research on Science Education. New York: Routledge, 2007: 821-844.

学教育要培养学生的科学探究能力,加深学生对科学探究本质的理解。① 由此可见,无论是作为教与学的活动过程的科学探究,还是作为育人目标的科学探究,科学思维都处于其核心地位。

自 2001 年以来,我国就特别强调科学探究,但在之前的教学过程中人们过多地关注科学探究的形式和操作技能的培养,而忽略了在探究过程中学生思维的重要作用。如果想要通过科学探究有效培养学生的核心素养,就必须对思维在探究过程中的应用予以重视。针对存在的问题,基于对科学探究教学、学习理论以及科学教育改革趋势的特征分析,我们提出了思维型科学探究教学理论②,用于指导科学教学。思维型科学探究教学理论注重科学教学的全面育人价值,强调学生能够在开放、民主、真实的学习情境中,通过参加探究与实践活动,发展核心素养,以此服务于科技创新后备人才的培养。因此,我们在学习活动的设计中,强调积极地思维,提出了要设计旨在促进学生自主、探究、思维、合作的教学活动。为了达到这一总体要求,活动设计应反映教学的五大基本原理,即动机激发、认知冲突、自主建构、自我监控和应用迁移;体现教学的六大基本要素,即创设情境、提出问题、自主探究、合作交流、总结反思和应用迁移。课程标准强调以学生为主体,主要从情境创设与问题提出、自主探究与合作交流、总结反思和应用迁移三个方面分别阐述。

物质科学、生命科学、地球与宇宙领域核心概念学习的主导方式是科学探究,让学生经历提出问题、作出假设、制订计划、搜集证据、处理信息、得出结论、表达交流和反思评价等过程,强调"做中学"和"学中思";技术与工程领域核心概念学习的主导方式是技术与工程实践,让学生经历明确问题、设计方案、实施计划、检验作品、改进完善、发布成果等过程,养成通过"动手做"解决问题的习惯,强调工程问题的规范性和学生思维的积极性,培养学生的实践能力。在我国发布的各种文件中,要求实施启发式、探究式、互动式、体验式和项目式等各种教学形式,这些教学形式不是孤立的,而是相互联系的。有些方法不适合在所有科学教学中应用。因此,科学课程标准强调整合这些方式,设计并实施能够促进学生深度学习的思维型探究和实践有三点具体内容:一是让学生经历有效探究和实践过程;二是激发学生在探究和实践中积极思维;三是处理好学生自主和教师指导的关系,加强教师与学生的有效互动。

---

① 钟柏昌,李艺.核心素养如何落地:从横向分类到水平分层的转向[J].华东师范大学学报(教育科学版),2018,36(01):55—63+161—162.
② 胡卫平,郭习佩,季鑫,严国红,张晥.思维型科学探究教学的理论建构[J].课程教材教法,2021,41(06):123—129.

第 15 章

把握物理课程改革新方向
——解读《义务教育物理课程标准(2022年版)》的变化

汤清修

作者简介:汤清修/上海市教育委员会教学研究室教研员(上海 200041)

一、背景与问题

(一) 背景

党的十九大明确提出:"要全面贯彻党的教育方针,落实立德树人根本任务,发展素质教育,推进教育公平,培养德智体美全面发展的社会主义建设者和接班人。"基础教育课程承载着党的教育方针和教育思想,规定了教育目标和教育内容,是国家意志在教育领域的直接体现,在立德树人相关教育中发挥着关键作用。

每一次的基础教育课程改革,都是为了适应科技发展和社会进步对国民素质提出的新要求,而每一次的课程改革都需要先研制适应科技发展和社会进步对人才培养新要求的课程方案和课程标准。当前,经济全球化深入发展,信息网络技术突飞猛进,人工智能、大数据、线上学习等直接影响着学生的成长环境和学习方式。国际竞争日趋激烈,人才强国战略深入实施,需要进一步提高国民的综合素质,培养创新人才。这些变化和需求对课程改革提出了新的更高要求。同时,学生应该具备哪些核心的知识、能力和态度,才能适应社会需要,推动社会健康发展,成为国际组织和世界各国共同面对的课题。经济合作与发展组织(Organization for Economic Co-operation and Development，OECD，简称经合组织)于21世纪初提出了"核心素养"的结构模型。随后，世界各国或地区纷纷启动以"核心素养"为指向的基础教育改革，构建符合本国实际的核心素养模型，以核心素养为基础推动教育和课程改革成为国际趋势。

2014年4月教育部印发的《关于全面深化课程改革 落实立德树人根本任务的意见》中明确全面深化课程改革的总体要求，提出了着力推进的关键领域和改革的主要环节。其中，研制学生发展核心素养体系和学业质量标准是关键领域之一。要根据学生的成长规律和社会对人才的需求，把对学生德智体美全面发展总体要求和社会主义核心价值观的有关内容具体化、细化，深入回答"培养什么人、怎样培养人"的问题。教育部启动新一轮课程改革，这一轮课程改革率先启动对高中课程方案和课程标准的修订，提出各学段学生发展核心素养体系，明确学生应具备的适应终身发展和社会发展需要的必备品格和关键能力，突出强调个人修养、社会关爱、家国情怀，更加注重自主发展、合作参与、创新实践。研究制订中小学各学科学业质量标准和高等学校相关学科专业类教学质量国家标准，根据核心素养体系，明确学生完成不同学段、不同年级、不同学科学习内容后应该达到的程度要求，指导教师准确把握教学的深度和广度，使考试评价更加准确反映人才培养要求。各级各类学校要从实际情况和学生特点出发，把核心素养和学业质量要求落实到各学科教学中。这也成为新一轮普通高中课程方案和各学科课程标准修订的指导思想和主要突破。

2018年初普通高中课程方案和各学科课程标准公布，形成符合我国实际情况，又具有国际视野的纲领性教学文件，构建了具有中国特色的普通高中课程体系。此时，2011年版的义务教育课程方案和各学科课程标准已经无法与高中课程体系对接，这就要求义务教育阶段全面开展课程方案和学科课程标准的修订工作。

(二) 问题

在2000年之前初中物理教学都是依据物理教学大纲开展教学，直到2001年教育部颁发《基础教育课程改革纲要(试行)》，指出基础教育课程改革的具体目标是"改变课程过于注重知识传授的倾向，强调形成积极主动的学习态度，使得基础知识与基本技能的过程同时成为学会学习和形成价值观的过程"。同年颁布《全日制义务教育物理课程标准(实验稿)》，研制了物理课程标准设计框图，展示了课程标准如何将义务教育阶段物理教育培养目标、课程理念和课程目标进行一体化设计和传递的。

2001年版课程标准提出三维课程目标，关注了学习过程对育人的作用。经历近10年的课改实验，结合学习心理理论和时代发展的需求对物理课标进行了一次修订，形成了《义务教育物理课程标准(2011年版)》(以下简称"2011版初中物理课标")。这两个版本的物理课程标准整体结构还是一致的,但是对内容做了一些精简,响应减负的号召,适当调整了一些内容的学习要求。

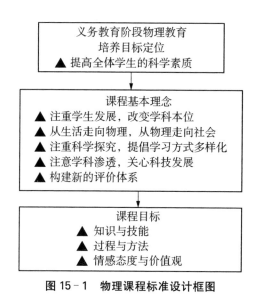

图15-1 物理课程标准设计框图

这一轮的课程改革是以三维课程目标为特征的改革,关注物理学习过程、关注科学探究。但是学业评价研究滞后,社会面单纯追求分数和升学率,导致超前、超纲、重复学习,学生负担过重。碎片化学习、学习时间过长等都导致学生学习效率不高。这些困难和问题直接影响着立德树人的效果,必须引起高度重视,全面深化课程改革,切实加以解决。

二、基础与进展

(一)高中物理课程标准的修订

《普通高中物理课程标准(2017年版)》(以下简称"2017版高中物理课标")实现两个方面的主要突破,一是凝练学科核心素养,凸显物理课程的育人价值;二是划分学业质量水平,促进核心素养的评价探索。

物理学科提出的核心素养四个方面高度凝练,每个方面都有清晰的内涵。例如,"物理观念"是从物理学视角形成的关于物质、运动与相互作用、能量等的基本认识;是物理概念和规律等在头脑中的提炼与升华;是从物理学视角解释自然现象和解决实际问题的基础。第一句表达的是"物理观念"是什么,第二句表达的是"物理观念"在学生头脑中的初步形成,第三句表达的是"物理观念"的运用。后两句描绘了"物理观念"的不同水平(如表15-1所示)。

表15-1 物理核心素养水平示例

	科 学 思 维	说明
水平1	能说出一些所学的简单的物理模型;知道得出结论需要科学推理;能区别观点和证据;知道质疑和创新的重要性	① 科学思维的每个水平描述都是按四个要素展开 ② 加粗的词一般是行为动词,按照布鲁姆的目标分类理论,能区分不同水平 ③ 加下划线的词,主要是修饰词,也可以帮助教师理解水平之间的差异 ④ 5级水平难以记住,也不太容易把握
水平2	能在熟悉的问题情境中应用常见的物理模型;能对比较简单的物理现象进行分析和推理,获得结论;能使用简单和直接的证据表达自己的观点;具有质疑和创新的意识	
水平3	能在熟悉的问题情境中根据需要选用恰当的模型解决简单的物理问题;能对常见的物理现象进行分析和推理,获得结论并作出解释;能恰当使用证据表达自己的观点;能对已有观点提出质疑,从不同角度思考物理问题	
水平4	能将实际问题中的对象和过程转换成物理模型;能对综合性物理问题进行分析和推理,获得结论并作出解释;能恰当使用证据证明物理结论;能对已有结论提出有依据的质疑,采用不同方式分析解决物理问题	
水平5	能将较复杂的实际问题中的对象和过程转换成物理模型;能在新的情境中对综合性物理问题进行分析和推理,获得正确结论并作出解释;能考虑证据的可靠性,合理使用证据;能从多个视角审视检验结论,解决物理问题具有一定的新颖性	

"2017版高中物理课标"中,学业质量按核心素养的四个方面进行描述,并且分成了5级水平,规定了学业质量水平2是高中毕业生应该达到的合格要求,是学业水平合格性考试的命题依据;学业质量水平4是用于高等院校招生录取的学业水平等级性考试的命题依据。表15-1列出了科学思维5级水平的具体描述,可以看出描述的语言非常精炼,主要靠行为动词和限定性修饰词区分学业质量水平。整个高中物理学业质量水平涉及核心素养的4个方面5级水平,共20条。目前,教师面对一个真实问题或者一道具体题目时,很难将其与学业质量水平对应。

(二)"深度学习"教学改进项目研究

2014年9月,教育部基础教育课程教材发展中心组织专家团队在借鉴国内外相关研究成果的基础上,为推动课程方案和课程标准的落实,推进以核心素养为导向的教学改革,设立了"深度学习"教学改进项目。项目研究历时四年,在理论研究、实践模型、学科教学指南、单元教学设计与实践、项目推进策略、项目研修模式、服务实验区等方面取得了丰硕的成果。2018年《深度学习：走向核心素养》理论普及读本和《学科教学指南·初中物理卷》陆续出版。

初中物理"深度学习"教学改进项目立足于物理学科的本质,明确物理学科的性质与特点,了解物理教学改革及其发展的优势与不足,基于深度学习的基本理念,解读初中物理学科深度学习的内涵,明晰实施"深度学习"教学改进以发展和培养学生的物理核心素养为目标,依据单元教学系统理论,构建物理学科深度学习的实践模型(如图15-2所示)。

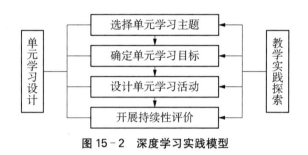

图15-2 深度学习实践模型

基本流程是,确定基于深度学习的物理教学内容主题、组织深度学习的学生活动、实施基于深度学习的物理教学改进及评价,并结合初中物理学科深度学习教学设计指导和相应的教学案例,提出体现深度学习、落实核心素养的教学策略。

(三)《中学物理学科单元教学设计指南》的研制

1988年—1997年是上海市课程改革的第一阶段,简称"一期课改"。1998年—2021年是上海市课程改革的第二阶段,简称"二期课改"。前两期的课程改革,都将课堂教学设计作为推进物理学科课改的突破口,组织全市优秀教师编写每节课的教学设计,旨在为广大教师提供优质资源,保障教学的基本水平。

在提出学科核心素养培育的当下,明确了学科核心素养是学生学习该课程后应达成的正确价值观念、必备品格和关键能力,是学生知识与技能、过程与方法、情感态度与价值观的整合。我们认为推进课堂教学落实学科核心素养的抓手和突破点是单元教学设计。

2015年,上海启动了各学科单元教学设计指南的编制。历时3年,物理学科在指导学校教研组开展单元教学实践,形成案例的基础上,逐步提炼单元教学设计的关键要素,单元设计的各个要素及相互关系如图15-3所示。

单元教学设计包含六个要素,分别是单元教材教法分析、单元目标设计、单元活动

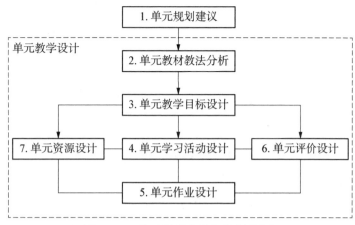

图 15-3 物理学科单元教学设计流程

设计、单元评价设计、单元作业设计和单元资源设计。

物理学科的核心素养包括"物理观念、科学思维、科学探究、科学态度与责任"四个方面,每个方面又包含若干要素。如果教师仅立足课时进行教学设计,由于学生的活动时空有限,致使内容孤立零碎,目标不全面,思维训练不深入,科学探究不充分,从而不能全面有效落实核心素养的各个要素。如果以单元为视角进行结构化、整体性教学设计,则有利于克服上述弊端。

由图15-3可知,单元的结构化、整体性体现在课标、教材、目标、活动、作业、评价、资源等各关键要素的内在一致性,以及要素间的整体协调和逻辑关系中;充分体现基于标准的教学理念,目标的导向性,活动的结构化,评价的针对性和资源的丰富性。

(四)本次修订的总体进展

本次义务教育课程方案和各学科课程标准的修订是在2017年普通高中课程方案和各学科课程标准修订的基础上启动的,结合了近年来许多扎根教学的课程与教学研究成果。2022年4月义务教育课程方案和各学科课程标准公布,课程方案整体进展一是全面落实习近平总书记关于培养担当民族复兴大任时代新人的要求,结合义务教育性质及课程定位,从有理想、有本领、有担当三个方面,明确义务教育阶段时代新人培养的具体要求,完善了培养目标。二是落实党中央、国务院"双减"政策要求,在保持义务教育阶段九年9522总课时数不变的基础上,调整优化课程设置。明确物理学科必须保证10%的课时用于跨学科实践主题的学习,增强学科综合性和实践性。三是增加课程标准编制与教材编写基本要求,明确教学改革方向和评价改革重点,对培训、教科研提出具体要求等,细化了实施要求。各学科课程标准的修订增加了许多整体性、统一性的要求,如:各学科凝练核心素养,增加学科实践和跨学科实践活动,研制了学业质量标准,统一针对"内容要求"提出"学业要求""教学提示"等,在新课标实施后,各学科课程形成合力,发挥课程整体的育人功能。

三、主要变化

(一)构建目标体系,强化课程育人导向

1. 建构初、高中一体的核心素养

《义务教育物理课标准(2022年版)》(以下简称"2022版初中物理课标")和"2017版高中物理课标"都是在"中国学生发展核心素养"的基础上,针对物理学、中学物理课程本质,建构物理课程需要着力培养的核心素养。义务教育阶段的物理课程和高中物理课程是一个不可分割的整体,因此,义务教育阶段物理课程与高中物理课程需要培养的核心素养完全一致,主要包含物理观念、科学思维、科学探究、科学态度与责任。"2022版初中物理课标"中对核心素养的内涵和要素的表述也基本与高中一致,体现了学生学习物理课程后逐步达成的适应个人终身发展和社会发展需要的正确价值观、必备品格和关键能力,是学生通过物理学习内化的带有物理学科特征的品质。目前,初、高中物理课程核心素养的统一,内涵的凝练表述,都利于教师对核心素养的理解和把握。

2. 基于核心素养的教—学—评体系

"2022版初中物理课标"还构建了利于核心素养落实的教、学、评的一体化结构,其结构如图15-4所示。

图15-4 基于核心素养的目标、教学、评价一体化结构

本次课标在提出核心素养及其内涵后,课程目标、每一个主题的学业要求、学业质量都是按核心素养的四个方面分别阐释的,但是侧重各不相同。表15-2是核心素养的"科学思维"维度在课程目标、运动与相互作用主题的学业要求和学业质量中的不同表述比较。

表 15-2 科学思维在课程目标等栏目中的表述分析

栏目	科 学 思 维
课程目标	会用所学模型分析**常见的**物理问题; 能对相关问题和信息进行分析并得出结论,具有**初步的**科学推理能力; **有**利用证据对所研究的问题进行分析和解释的**意识**,能使用**简单和直接的**证据表达自己的观点,具有初步的科学论证能力; 能独立思考,对相关信息、方案和结论提出自己的见解,具**有质疑创新的意识**。
运动与相互作用主题的学业要求	知道匀速直线运动、杠杆、光线等物理模型; 能运用运动和力、声和光、电和磁的一些规律分析简单问题,并获得结论; 能在解释自然现象和解决实际问题时引用证据,具有使用科学证据的意识; 能根据运动和相互作用的知识,指出交流中有关说法的不当之处,并能提出自己的见解。
学业质量	在熟悉的情境中,会用所学模型分析常见的实际问题; 在进行简单的物理实验和其他实践活动中,能对活动中的信息进行归纳推理,得到物理结论,在面对日常生活中的实际问题时,能运用所学物理概念、规律进行简单的演绎推理,得到结论; 能依照证据形成自己的看法,具有利用证据进行论证的意识; 在获取信息时,有判断信息的可靠性和合理性的意识,能从物理学视角对生活中不合理的说法进行质疑并说出理由,发表自己的见解。
分析说明	共同点:每段都是从"科学思维"的四个要素"模型建构""科学推理""科学论证""质疑创新"展开,用";"分隔开来。 不同之处: ① 课程目标体现初中生的认知能力,用"常见的""初步""有……意识""简单和直接"等词语控制课程的目标,成为教学的依据。 ② 主题下的学业要求是学生学习该主题的要求,且结合主题的学习内容。如:匀速直线运动、杠杆、光线等。 ③ 学业质量则是表达学生完成初中物理课程后,在科学思维方面能做什么。但是,它也是有边界的,如:"熟悉的情境""所学模型"等。

其中,课程目标是从目标维度展开,关注了学生认知能力和身心特点;主题的学业要求则结合主题内容,表达教学要求;学业质量是从评价的维度刻画了学生完成物理课程阶段性学习后的学业具体表现。实现用核心素养打通了教、学、评的各个环节,关注课程的实施,有利于核心素养的落实,实现课程育人的目标。

(二)强化实验实践,优化课程内容结构

1. 内容主题保持稳定性

本次"2022 版初中物理课标"的内容框架是在"2011 版初中物理课标"基础上的继承与发展。课标修订前后课程内容框架比较发现,在基本内容主题方面没有大的变化,保持了稳定性,变化主要体现在实验和实践性要求方面(如表 15-3 所示)。

表15-3 课标课程内容对比

2022版初中物理课标		2011版初中物理课标	
一级主题	二级主题	一级主题	二级主题
1. 物质	1.1 物质的形态和变化 1.2 物质的属性 1.3 物质的结构与物体的尺度	1. 物质	1.1 物质的形态和变化 1.2 物质的属性 1.3 物质的结构与物体的尺度 1.4 新材料及其应用
2. 运动和相互作用	2.1 多种多样的运动形式 2.2 机械运动和力 2.3 声和光 2.4 电和磁	2. 运动和相互作用	2.1 多种多样的运动形式 2.2 机械运动和力 2.3 声和光 2.4 电和磁
3. 能量	3.1 能量、能量的转化和转移 3.2 机械能 3.3 内能 3.4 电磁能 3.5 能量守恒 3.6 能源与可持续发展	3. 能量	3.1 能量、能量的转化和转移 3.2 机械能 3.3 内能 3.4 电磁能 3.5 能量守恒 3.6 能源与可持续发展
4. 实验探究	4.1 测量类学生必做实验 4.2 探究类学生必做实验		
5. 跨学科实践	5.1 物理学与日常生活 5.2 物理学与工程实践 5.3 物理学与社会发展		

对比前后两个版本初中物理课标的"课程内容"就可以清晰地发现,一级主题"物质""运动和相互作用""能量"及其下若干二级主题,基本没有变化。说明初中物理的学习内容变化不大,只是在内容要求的表述中,做了更符合目标要求的表述句式。如:2011版课标中的"1.1.4 用水的物态变化说明自然界中的一些水循环现象。了解我国和当地的水资源状况,有关心环境和节约用水的意识",在2022版新课标中表达为"1.1.4 能运用物态变化知识,说明自然界中的水循环现象。了解我国和当地的水资源状况,有节约用水和保护环境的意识"。这一条主要修改的地方是用了"能……,说明……"目标要求的句式;其次,将"节约用水"和"保护环境"换了位置,引导学生从身边的小事做起。内容要求中改动比较大的是穿插其中的"样例"和"活动建议",主要也是因为关注了时代发展,凸显我国的科技成就,引导学生增强文化自信,树立科技强国的远大理想。如二级主题"机械运动和力"后面的活动建议,全部换成了新的内容:①查阅资料,了解我国高速列车的运行速度,以及铁路交通的发展进程。②查阅资料,了解中国空间站在太空中飞行的速度大小。③查阅资料,了解我国"奋斗者"号载人潜水器的

深潜信息,讨论影响其所受液体压强和浮力大小的因素。④查阅资料,了解我国长江三峡水利枢纽工程中船闸是怎样利用连通器特点让轮船通行的。看似形式比较单一,都是查阅资料,但是内容反映了我国最新的科技成就。活动建议也是给教师一个参考,教师可以根据学情做一些调整。如组织班级学生合作完成中国空间站的模型拼装,介绍中国空间站各部分的作用及工作情况。

2. 新增"实验探究"主题

"2011版初中物理课标"中的"课程内容"由科学探究和科学内容两部分组成,明确指出科学探究既是学生的学习目标,又是重要的教学方式。将科学探究列入"课程内容",旨在让学生经历与科学工作者相似的探究过程,主动获取物理知识,领悟科学探究方法,发展科学探究能力,体验科学探究的乐趣,养成实事求是的科学态度和勇于创新的科学精神。这样的结构主要是基于当时的"知识与技能""过程与方法""情感态度与价值观"的三维课程目标提出来的,主要对应"过程与方法"维度和学生科学探究能力的培养。

"2022版初中物理课标"已经提出核心素养的目标,将"科学探究"上升为核心素养的一个方面,直接归入课程目标。这样就会使"科学探究"素养目标对应的载体不明确。为了顺应本次课标修订的总要求,增加学科实践内容,将原来融入科学内容的学生实验独立出来,形成内容框架的第四个一级主题"实验探究"。"2022版初中物理课标"中明确了测量类学生必做实验9个、探究类学生必做实验12个。新增1个探究类实验、调整了3个实验,具体变化见表15-4。

表 15-4 物理实验的变化

2022版新课标学生必做实验		与2011年版旧课标的比较
测量类 (9个)	用托盘天平测量物体的质量	
	测量固体和液体的密度	
	用常见温度计测量温度	
	用刻度尺测量长度、用表测量时间	
	测量物体运动的速度	
	用弹簧测力计测量力	
	用电流表测量电流	
	用电压表测量电压	
	用电压表和电流表测量电阻	调整

续 表

2022版新课标学生必做实验		与2011年版旧课标的比较
探究类（12个）	探究水沸腾时温度变化的特点	
	探究滑动摩擦力大小与哪些因素有关	调整
	探究液体压强与哪些因素有关	新增
	探究浮力大小与哪些因素有关	
	探究杠杆的平衡条件	
	探究光的反射规律	
	探究平面镜成像的特点	
	探究凸透镜成像的规律	
	探究通电螺线管外部磁场的方向	
	探究导体在磁场中运动时产生感应电流的条件	
	探究串联电路和并联电路中电流、电压的特点	调整
	探究电流与电压、电阻的关系	
说明	① 将原来"测小灯泡的电功率"调整为"用电压表和电流表测量电阻"	
	② "测量水平运动物体所受的滑动摩擦力"属于"探究滑动摩擦力大小与哪些因素有关"实验的一部分，将测量实验融入新增的探究实验中，提升了实验的水平	
	③ 新增了"探究液体压强与哪些因素有关"	
	④ 原来的操作练习类实验"连接简单的串联电路和并联电路"实际可以融入电路类所有实验，特别是新增的"探究串联电路和并联电路中电流、电压的特点"需要会连接简单的串联电路和并联电路，因此做了调整	

新增加的"实验探究"主题，突出物理课程实践性的特点，通过主题的"学业要求""教学提示"，符合教材编写中整体设计实验的进阶要求，逐步培养学生发现问题和提出问题的能力、动手操作和收集数据的能力、分析和处理数据的能力、解释数据的能力、表达和交流的能力，侧重于"科学探究"素养的落实。当然，探究过程也是学习新知的过程，还能引导学生学会学习、学会合作，培养学生严谨认真、实事求是的科学态度。

3. 新增"跨学科实践"主题

"2022版初中物理课标"课程内容框架中，最大的变化是新增"跨学科实践"主题。大量研究表明，综合实践活动是从活动课程发展而来、具有跨学科性质的实践性课程，它具有综合性、自主性、实践性、开放性、生成性等特点。它不再局限于书本知识的传授，而是通过为学生营造实践情境，引导他们面对各种现实问题，主动探索、发现、体验，获得解决现实问题的真实经验，从中培养实践能力，尤其是在学会学习、责任担当、实践创新等学生发展核心素养方面具有不可替代的作用。早在2001年教育部印发的《基础教育课程改革纲要（试行）》中就已明确规定了综合实践活动是必修课程，与学科课程并列，当时就已经确立了该课程的独特地位。但是学校在实施过程中还是会出现考试科目随意挤占活动课程时间，专职教师缺乏、无法保证课程的开设等问题。因此，2017年教育部正式颁布《中小学综合实践活动课程指导纲要》（以下简称《指导纲要》）。《指导纲要》明确综合实践活动是从学生的真实生活和发展需要出发，从生活情境中发现问题，转化为活动主题，通过探究、服务、制作、体验等方式，培养学生综合素质的跨学科实践性课程。综合实践活动是国家义务教育和普通高中课程方案规定的必修课程，与学科课程并列设置，是基础教育课程体系的重要组成部分。该课程由地方统筹管理和指导，具体内容以学校开发为主，自小学一年级至高中三年级全面实施。学校也清楚综合实践活动对育人的意义重大，但在实施过程中缺少专职教师、缺少具体内容（以学校开发为主）、时间得不到保证等，都导致这门规定的必修课程还是很难全面实施。

本次义务教育课程方案和各学科课程标准修订中，整体构建课程体系，将一部分综合实践活动直接植入各学科课程标准，强调学科实践和跨学科实践，要求每门课程用不少于10%的课时设计跨学科主题学习，整体解决困扰综合实践课程实施的教师、内容、时间等问题。

"2022版初中物理课标"依据物理学的特点，加强课程与日常生活、工程技术和社会发展的结合，形成"跨学科实践"主题，充分发挥实践的独特育人功能。图15-5是"跨学科"主题中"物理学与日常生活"的内容要求。

5.1 物理学与日常生活

5.1.1 能发现日常生活中与物理学有关的问题，提出解决方案。

例1 调查日常生活用品（如厨房用品）使用中的问题，并提出改进建议，能运用所学的知识论证自己所提建议的合理性。

5.1.2 能运用所学知识分析日常生活中的安全问题，提出解决方案，践行安全与健康生活。

例2 调查生活中（如用电、乘车、住高楼等）存在的安全隐患，提出安全与健康生活的建议。

5.1.3 能运用所学知识指导和规范个人行为，践行低碳生活，具有节能环保意识。

例3 了解当地空气质量状况，并调查相关原因。

例4 拟订《个人低碳生活行为指南》，对个人节能环保行为提出具体要求。

图15-5 跨学科主题"物理学与日常生活"的内容要求

从主题的内容要求来看,主题内容明显具有跨学科特点和实践特点。在课标的最后还附有跨学科案例,指导教材编写人员设计跨学科实践主题,并恰当地编入教材,为教师实施提供参考,同时也鼓励教师开发适合学生的、与物理学科紧密联系的跨学科实践活动,融入自己的教学。"2022版初中物理课标"的附录中提供了两个案例,其中,人体中的杠杆就是一个非常典型的与物理课程中杠杆知识紧密相关的学习主题,在这个主题中,学生可以在任务的驱动下,主动学习杠杆的基本知识、杠杆的平衡条件、省力杠杆等,又可以结合生物学的"结构与功能相适应"的观念,同时通过人体中的杠杆分析,理解如何保护自己,拒做手机"低头族"等,运用所学知识指导和规范自己的行为,养成健康生活的态度和行为习惯。这样的学习主题能够促进学思结合、知行合一,实现物理课程育人方式的变革。

(三)研制质量标准,把握教学、评价基本要求

1. 初、高中物理学业质量描述对比

本次课标修订突破之一就是各学科课程标准依据核心素养研制学业质量标准。本次修订"2022版初中物理课标"按照核心素养的四个方面"物理观念""科学思维""科学探究""科学态度与责任"刻画了学生完成义务教育阶段物理学习后学业成就的具体表现。与《普通高中课程标准(2017年版)》相比,只有一级水平,刻画得更具体、清晰,有利于教师对教学要求的把握(如表15-5所示)。

表15-5 "科学思维"在初中和高中学业质量中的描述

维度要素		义务教育物理学业质量描述	普通高中物理学业质量描述(水平2)
科学思维	模型建构	在熟悉的情境中,会用**所学模型**①分析常见的实际问题	能在熟悉的问题情境中应用所学的常见的模型
	科学推理	在进行简单的物理实验和其他**实践**②活动中,能对活动中的信息进行归纳推理,得到物理结论,在面对日常生活中的实际问题时,能运用所学物理概念、规律进行简单的演绎推理,得到结论	能对比较简单的物理问题进行分析和推理,获得结论
	科学论证	能依照证据形成自己的看法,具有利用证据进行论证的**意识**③	能使用简单和直接的证据表达自己的观点
	质疑创新	在获取信息时,有判断信息的可靠性和合理性的意识,能从物理学视角对**生活中不合理**④的说法进行质疑并说出理由,发表自己的见解	具有质疑和创新的意识

续 表

说明	① 义教课标针对初中学生,用"熟悉""所学模型""常见"等限定模型建构的要求 ② 义教课标非常强调学科实践,用"能……进行归纳推理,……""能运用……进行演绎推理,……"句式,对学生"科学推理"能力的刻画非常清晰、具体 ③ 对于"科学论证"的刻画,适合初中学生的认知能力,用词"有……意识" ④ 注重"知行合一、学以致用",再次体现课程实践性特点 ⑤ 高中学业质量水平 2 是针对全体高中学生完成必修课程后的学业表现

2. 结合主题内容提出"学业要求"

2022 年版新课标中,在每个主题的"内容要求"后,都结合本主题内容提出"学业要求"。主题下的"学业要求"仍然是按核心素养的四个方面来表述的,表 15-6 就是"科学思维"在物质主题下学业要求中的具体描述。

表 15-6 "科学思维"在物质主题下学业要求中的具体描述

维度要素		物质主题的学业要求
科学思维	模型建构	知道建构模型是物理研究的重要方法,了解原子的核式结构模型
	科学推理	能通过实验或实例,归纳总结**物态变化过程中的吸、放热规律**
	科学论证	在归纳或演绎中会引用证据,养成使用证据的习惯
	质疑创新	能运用**物质的弹性、磁性、导电性**等知识,对一些说法进行质疑,发表自己的见解
说明		在物质主题的学业要求中,融入主题内容:原子的核式结构模型、物态变化过程中的吸、放热规律、物质的弹性、磁性、导电性等

与表 15-5 中义务教育阶段学业质量的表述进行比较,可以看出主题下的学业要求是结合主题学习内容的表述,如:模型建构中,明确需要通过了解"原子的核式结构模型",体会建构模型是物理研究的重要方法。教师非常熟悉这类结合内容的表述,也更容易把握其具体要求。

3. **质量标准成为学业水平考试命题的依据**

课程标准明确学业质量标准是学业水平考试命题的依据,但是在课标的"课程实施"中给出了两道考试例题,例题 1 如图 15-6 所示。

考试例题 1,选择了学生熟悉的生活场景——用电热水壶烧水,从不同角度(功率、额定功率、额定电压、额定电流)解决实际问题的能力,题目要求从不同的角度,作出选择并说明理由。需要学生运用逻辑表达能力,涉及科学思维中的科学论证能力。这样的题目很新,能够测评学生的素养水平,但是题目的要求明显提高。

题 1 某市场有甲、乙两种容积相同的电热水壶,额定电压均为 220 V,额定功率分别为 800 W 和 1500 W。请你从下列不同角度,作出选择并说明选购理由。

①从烧水快的角度考虑,应选购哪种电热水壶?说明理由。

②若家庭电路的电压是 220 V,室内插座的额定电流是 5 A,用该插座给电热水壶供电,从安全用电的角度考虑,应选购哪种电热水壶?说明理由。

图 15-6 考试例题 1

(四)提供教学建议,指导教师教学实施

1. 紧跟时代发展,调整活动建议

在"2011 版初中物理课标"课程内容中也有教学建议,主要是紧跟内容要求的样例和活动建议,在"物质""运动与相互作用""能量"三个主题中,63 条内容要求中穿插着 50 条样例和 35 条活动建议。而"2022 版初中物理课标"中同样针对这三个主题(通常意义上的知识内容),59 条内容要求条目中穿插其中 53 条样例和 37 条活动建议,数量没有太多的变化,但是活动建议调整非常大,近 50%的内容作了调整,紧跟时代发展的步伐,更贴近现代社会的生产、生活和科技发展。如表 15-7 所示,以"能源与可持续发展"二级主题为例,比较课标修订前后内容要求、举例和活动建议的具体变化。

表 15-7 2022 版与 2011 版物理课标变化示例

二级主题	2022 版课标	2011 版课标
能源与可持续发展	3.6.1 列举常见的不可再生能源和可再生能源	3.6.1 结合实例,说出能源与人类生存和社会发展的关系 例 1 列举不同历史时期人类利用的主要能源
		3.6.2 列举常见的不可再生能源和可再生能源
	3.6.2 知道核能的特点和核能利用可能带来的问题 例 1 了解处理核废料的常用方法	3.6.3 知道核能等新能源的特点和可能带来的问题 例 2 了解处理核废料的常用办法
	3.6.3 从能源开发与利用的角度体会可持续发展的重要性 例 2 了解太阳能、风能、氢能等能源的开发对可持续发展的意义	3.6.4 了解我国和世界的能源状况。对于能源的开发利用有可持续发展的意识 例 3 了解我国和世界的核能利用新进展

续 表

二级主题	2022 版课标	2011 版课标
	【活动建议】 (1) 查阅资料,举办小型研讨会,讨论能源利用带来的环境影响,如大气污染、酸雨、温室效应等,探讨可采取的应对措施。 (2) 查阅资料,了解我国新能源汽车的发展概况。 (3) 了解有关提倡低碳生活的信息,调查当地使用的主要能源及其对当地经济和环境的影响,提出开发当地可再生能源的建议。 (4) 查阅资料,了解受控核聚变(人造太阳)的研究进展,了解我国在这方面的研究成就。	【活动建议】 (1) 收集资料,举办小型报告会,讨论能源的利用带来的环境影响,如大气污染、酸雨、温室效应等,探讨应采取的对策。 (2) 了解当地空气质量的状况,调查、分析空气质量变化的原因。 (3) 了解有关提倡低碳生活方面的一些信息,调查当地使用的主要能源及其对当地经济和环境的影响,提出开发当地可再生能源的建议。
说明	① 内容要求中原课标中的 3.6.1 与 3.6.4 合并成新课标中的 3.6.3 ② 活动建议中增加了贴近学生生活的"新能源汽车"和"人造太阳",凸显我国科技成就,引导学生增强文化自信	

2. 强化实施指导,新增教学提示

在 2022 版物理课程标准中,课程内容的每个一级主题后都增加了针对主题内容的教学提示,教学提示又分为"教学策略建议""情境素材建议"。这里的教学提示是针对核心素养落实的教学建议,因结合了具体内容的表述,对教学指导意义重大。如:针对"能量"主题的第④条教学策略建议是"设计丰富的实践活动,提高学生的共通性素养。通过调查研究活动,启发学生关注科学、技术、社会、环境之间的关系,引导学生认识环境保护的重要性,认同人与自然和谐共生的理念。例如通过查阅资料等,了解核能的特点和处理核废料的常用方法,讨论核能利用可能带来的问题;调查当地太阳能的利用情况,估算太阳能的转化效率;调查家庭或学校可能存在的安全用电隐患,提高安全用电的意识。通过设计制作等活动,引导学生加深对节约能源与促进可持续发展的认识,提高节能意识,践行低碳生活,促进其科学态度与责任感的养成。"一些内容还呼应了内容要求中的样例和活动建议。针对"能源与可持续发展"这部分内容的情境素材建议是"讨论和分析我国古代的一些机械,列举不同历史时期人类利用的主要能源",提示教师教学可以使用我国古代的水车等作为教学情境,讨论我国古代战国时期,人类就已经开始利用水的动能这一劳动实践,体会劳动人民的实践智慧。

梳理课程内容各主题下的教学策略,树立教学整体观,强化实验探究,丰富教学活动,联系生活实际创设学习情境,渗透科学研究方法,注重问题导向,充分利用物理学史,设计丰富的实践活动,等等。许多都能结合教学内容,体现落实素养目标的教学提示。其次是按二级主题提供主题内相关内容的情境素材,启发和引导教师重视真实情境在落实核心素养教学中的作用。

(五)重视培训教研,助力新课程实施

"2011版初中物理课程标准"在实施建议中,有"教学建议""评价建议""教材编写建议""课程资源开发与利用建议"四个二级标题,说明这四个方面在课程实施中起着举足轻重的作用。课程标准的课程理念通过教学建议、评价建议、教材编写建议等传递下去,最终落实在课堂,让全体学生受益。而课程资源的开发与利用则是课程实施的支持性要素,优质的课程资源可以为教师的课前准备、课堂教学、课后作业与考试评价等环节服务,其中的一部分还可以成为助力学生发展的学习资源。因此"2022版初中物理课标"在课程实施的二级标题前四个与"2011版物理课程标准"完全一致,只是具体内容的撰写更突显核心素养理念下对教学、评价和教材编写的建议,对课程资源开发和利用的建议。本次新修订的物理课程标准中,在课程实施下新增一个二级标题"(五)教师培训和教学研究",这就预示着新课程实施中教师培训和教学研究的作用不可忽视。

百年大计,教育为本;教育大计,教师为本。任何一次课程改革都会给课程标准带来新的变化,本次修订的"2022版初中物理课标"标志着着力培养学生核心素养的时代的到来,规定了义务教育阶段物理课程的性质、理念、目标、内容和学业质量,是物理教材编写、教学实施和教学评价的依据。依据课程标准编写的教材也就成为教师在教学活动中贯彻课程标准的桥梁和载体。这一轮体现核心素养培育的课程改革能否推进和深化,关键在教师。这要求教师必须深刻理解课程改革的理念、开展基于核心素养培养的教学实践,最终实现教学理念转化为课堂教学的自觉行为。课程标准对教师培训的内容、方式、资源、组织等方面给出指导性建议。

教师培训与教学研究实际上是不可分割的,许多地区都是将研修一体化设计,以点带面开展推进课程实施。首先是点的建设,需要组建课程标准研修的骨干团队,深入研修课程标准,开展基于课标的教学实践,形成一系列教学案例,基于大量案例分析,提炼案例背后的教学方法和教学策略,构建从课程标准研修课程到实践案例、教学策略的教学资源。其次是面的推广,参与前期研修的骨干教师成为面上推广的培训者,将培训面不断扩大,完成新课程实施的全员培训。最后,针对新课程推进过程中的难点问题、关键问题,需要开展攻关研究,通过市、区、校不同层面的教研活动,加强交流研讨、分享研究成果。教师的培训、自主研修,参与教学研究、教研活动等与教师的课堂教学实践相结合,不断提升教师的课程执行力,实现义务教育教学质量的提升。

四、面临挑战

2022年4月21日公布的义务教育课程方案和各学科课程标准,在前言中都明确了本次修订的课程方案有三大变化,各学科课程标准有五大变化,这些变化将推进课程改革的进一步深化,当然,变化也给课程改革带来新的问题和挑战。

（一）教材如何促进学生核心素养的培养

本次修订的"2022版初中物理课标"的内容框架是按"物质""运动与相互作用""能量""实验探究""跨学科实践"5个主题展开,前三个主题是物理学科上位的观念,后两个主题则是从学习方式的角度切入。这就要求教材将后两个主题融入前三个主题的学习中,这也就给初中物理教材留下了很大的编写空间。如何安排学习主题(教材的章节)和学习顺序等都可以体现教材编写者对课程标准的理解和学生认知水平的把握。

促进学生核心素养的培养,就要求从学生学习的视角设计教材的结构、精选核心内容、设计学习活动、加强综合性与实践性等方面的思考,教材如能将课程标准的理念、目标、内容要求等准确表达和反映出来,将有利于教师的教学和学生的学习。

（二）评价如何体现素养立意的学业质量

评价一直是课程改革的"牛鼻子"问题,在对前几轮课程改革的总结中,评价一直没有突破性进展。本次修订的"2022版初中物理课标"研制了学业质量标准,意图突破评价的困境,通过核心素养维度将课程目标与学生学习课程后的具体表现建立关联。学业质量标准除了是学业水平考试的命题依据,也对教材活动编写、练习编写,教师教学活动设计等具有指导作用。依据学业质量标准命制的试题能否测评学生的核心素养,课程标准中给出了2道考试例题,通过"考测指标"作出分析。目前,这样权威的分析还太少,急需教研部门和考试部门开展攻关研究。

（三）跨学科实践活动如何融入学科教学

为了解决综合实践活动实施中缺教师、少内容、时间被挤占等问题,将一部分综合实践活动直接进入学科课程标准,成为学科课程的一部分。"2022版初中物理课标"直接将"跨学科实践"作为一个主题,进入内容框架。但是如果教材编写不能将该主题与"物质""运动与相互作用""能量"主题的学习有机融合,那么物理课程中的跨学科实践依然会游离在物理课程学习之外。依据本次修订的新课标编写教材,就要将课程标准内容框架中的5个一级主题充分融合。这将成为本次编写教材的一大亮点,能够切实实现"做中学,用中学"。

跨学科实践主题的教学也不同于其他主题的教学,如何选择适合物理课程的综合性、实践性学习主题,如何设计跨学科实践学习主题的教学设计和实施方案,如何设计能力进阶的跨学科实践学习主题,如何设计跨学科实践学习主题评价方案等都是课程实施的关键问题,也是教研的主攻方向。

2022版初中物理课标的上述五个方面的变化,将推动新一轮的课程改革,由此产生许多教学研究的关键问题,需要教材编写组、区域教研部门、学校教研组聚焦课程改革的关键问题,进行攻坚克难,深化课程改革,落实立德树人根本任务。

第 16 章

《义务教育化学课程标准（2022 年版）》解读

王祖浩

作者简介：王祖浩/华东师范大学教师教育学院教授；《义务教育化学课程标准（2022 年版）》修订组核心成员（上海　200062）

一、义务教育化学课程标准修订的背景

（一）化学学科全面育人的现实需要

长期以来，人们把化学视为一门包含丰富知识和方法的自然科学，化学课程体系中最重要的就是化学概念、元素和化合物、化学实验和化学计算等知识，课堂教学和评价大多围绕这些知识落实课程目标。进入 21 世纪，从理论上课程设计从"双基"进入到"三维目标"时代，提出了"增强学生学习化学的兴趣和学好化学的信心，培养终身学习意识和能力，树立为中华民族伟大复兴和社会进步而勤奋学习的志向""为学生创设体现化学、技术、社会、环境相互关系的学习情境，认识化学在实现人与自然和谐共处、促进人类和社会可持续发展方面所发挥的重大作用，相信化学并将为创造人类更美好的未来作出重大的贡献"等理念①，但这些在实践中并未得到有效贯彻。

---

① 中华人民共和国教育部. 义务教育化学课程标准（2011 年版）[S]. 北京：北京师范大学出版社，2012：2—3.

"2011版标准"建构了"知识与技能""过程与方法""情感态度与价值观"的目标体系,提出了"通过化学学习培养学生的合作精神和社会责任感,培养学生的民族自尊心、自信心和自豪感,引导学生学会学习、学会生存,更好地适应现代生活""感受并赞赏化学对改善个人生活和促进社会发展的积极作用,关注与化学有关的社会热点问题,初步形成主动参与社会决策的意识""增强热爱祖国的情感,树立为中华民族复兴和社会的进步学习化学的志向"等课程目标[①],但这些目标未能贯通于化学教学过程之中,实践中倾向于偏重知识与技能目标,忽视了情感态度与价值观目标,导致化学学科全面育人目标流于形式。

化学作为一门自然科学,亦是人类文化的有机组成部分,其中蕴含了丰富的人文内涵。化学与整个自然科学一样,是科学理性和人文精神的统一。人文精神是对人类生存意义和价值的关怀,以追求真善美等崇高的价值理想为核心,以人自身的全面发展为终极目标。化学课程蕴含的正确的世界观、价值观和人生观,高尚、善良、纯洁和健康的情操与精神,崇高的理想与信念,真善美的生活态度等,都属于人文精神的范畴。化学并非只有"工具理性"或技术价值,其丰富的人文内涵是化学学科科学发展的原动力。从化学发展的历史来看,化学家孜孜以求的探索精神、实事求是的科学态度、批判精神和创新意识等都展现了丰富的人文精神品质,是留给我们的巨大的精神财富。[②] 因此,面向21世纪第3个十年,义务教育化学课程标准修订必须高度重视化学课程的学习对学生全面发展的重要价值。

(二)国际科学教育改革的启示

1. 20世纪国际科学教育的变革及其影响

自20世纪70年代起,世界范围内的科学教育改革聚焦于"科学素养"(Science Literacy),80年代中后期美国科学促进会(AAAS)推出"2061计划"《面向全体美国人的科学》,在该书的前言中明确提出"世界变化已使得科学素养成为每个人的需要,而不为少数人所持有。为此,必须改变科学教育方法以适应这种变化"。这段话在世界范围内产生了巨大反响,很多国家的科学课程改革开始关注科学素养。在该书中,提出"将科学素养作为一个国家目标"[③],科学素养被定义为"具备并使用科学、数学和技术学的知

---

① 中华人民共和国教育部.义务教育化学课程标准(2011年版)[S].北京:北京师范大学出版社,2012:6—7.
② 王祖浩,等.化学案例教学论[M].合肥:安徽教育出版社,2014:12.
③ 美国科学促进协会.面向全体美国人的科学[M].中国科学技术协会,译.北京:科学普及出版社,2001:190.

识做出有关个人和社会的重要决策"。1996年,美国首部联邦层面的《国家科学教育标准》颁布,该书中"科学素养"一词出现的频率是非常高的,并将其定义为:"理解和深谙进行个人决策、参与公民事务和文化事务、从事经济生产所需的科学概念和科学过程""科学素养有不同的程度和形式,它扩展和深化到人的整个一生,而不仅仅是在学校的一段时间"①,对"有科学素养"做了详细的解说,指出"有科学素养就意味着一个人能识别国家和地方决定所赖以为基础的科学问题,并能提出有科学技术根据的见解"②。同时,该标准中高频出现的还有"科学探究"(Scientific Inquiry)、"科学、技术与社会"等概念。AAAS在推出2061计划之后,又相继出版了《科学素养的基准》《科学素养的设计》《教学素养的导航图》等一系列重要的著作(图16-1)。

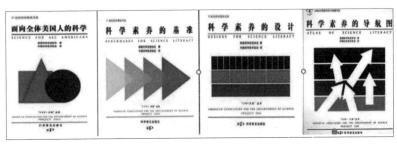

图16-1 AAAS推出的"2061计划"丛书

我国21世纪初的义务教育化学课程改革充分吸取了20世纪国际科学教育的主流观点,并在2001年颁布的《全日制义务教育化学课程标准(实验稿)》中,提出"以提高学生的科学素养为主旨"的课程理念,将"科学素养"与"知识与技能""过程与方法""情感态度与价值观"三大领域目标相联系,并增设"科学探究"为课程内容的一级主题(见图16-2)。修订后颁布的"2011版标准"也沿用了上述结构。

2. 21世纪核心素养导向的化学课程转型

进入21世纪,世界各国及一些重要的国际组织纷纷围绕"未来需要有什么样特质的人才"这一重大问题展开讨论,先后启动了对"核心素养"的研究。欧盟认为,核心素养代表了一系列知识、技能和态度的集合,它们是可迁移的、多功能的,这些素养是每个人发展自我、融入社会及胜任工作所必需的;在完成义务教育时这些素养应得以具备,

---

① 国家研究理事会.美国国家科学教育标准[M].戢守志,等,译.北京:科学技术文献出版社,1999:10.
② 国家研究理事会.美国国家科学教育标准[M].戢守志,等,译.北京:科学技术文献出版社,1999:29.

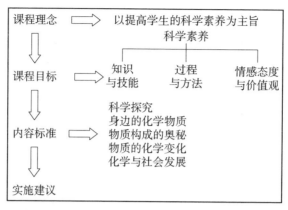

图 16-2 义务教育化学课程标准(实验稿)结构

并为终身学习奠定基础。

芬兰于 2014 年颁布了新的课程标准《国家基础教育核心课程 2014》(*National Core Curriculum for Basic Education 2014*)[①],提出了 7 项"共通素养"(Transversal Competences):思考与学会学习(Thinking and learning to learn)、文化素养与互动表达(Cultural competence, interaction and self-expression)、多元读写能力(Multiliteracy)、信息通信技术能力(ICT competence)、照顾自己与管理日常生活(Taking care of oneself and managing daily life)、职业能力与创业素养(Working life competence and entrepreneurship)和参与构建可持续发展的未来(Participating, involvement and building a sustainable future)。这 7 项"共通素养"就是核心素养,是知识、能力、态度和价值观的综合体,是学生实现个人成长、学习、工作和参与公民活动所必备的基本品质。芬兰将核心素养作为学科教学目标的立足点,将核心素养与课程内容的关系通过教学目标关联起来,学科的教学目标既指向一个或几个核心素养,同时还对应与该目标相关的学科内容领域。芬兰《国家基础教育核心课程 2014》规定了 7～9 年级化学课程的内容主题,包括科学研究、身边的化学、化学与社会、用化学的视角看世界、物质结构与性质、物质的特征与转化 6 个内容主题,一共有 15 个教学目标,每个目标都有一定的概括性,对应内容主题和核心素养条目。例如,教学目标 T15:"指导学生在多学科交叉中运用化学的知识和技能。为学生提供机会学习化学在不同情境中的应用,包括自然界、商业、工业和科学组织或团体。"达成该目标就是培养学生的职业技能和增加对化学专业

---

① 周佳伟,王祖浩. 基于核心素养的课程体系建构——芬兰《国家基础教育核心课程 2014》评述[J]. 比较教育研究,2018(11):91.

就业方向的了解,体现了核心素养"职业能力与创业素养",贯穿于全部 6 个主题,这样核心素养通过具体教学目标的实施而得以落实。①

近 10 年来,美国的科学教育发生较大的变革,2013 年提出了"下一代科学标准"(Next Generation Science Standards),突出培养学生在三个方面的表现期望:"科学与工程实践"(Science and Engineering Practices)"学科核心观念"(Disciplinary Core Ideas)和"跨学科概念"(Crosscutting Concepts)。其中"学科核心观念"指的是物质科学、生命科学等领域的重要观念,"科学与工程实践"是"科学实践"与"工程实践"的二元复合体,是对科学家与工程师的能力和思想的整合,并映射在学生身上的教育期望,它包含 8 个要素。"跨学科概念"为学生提供了联系不同内容领域的知识工具,可以丰富学生的实践应用和对核心观念的理解。"跨学科概念"共包含 7 个要素种类。②

澳大利亚小学到初中的科学课程目标基于"一般能力"(General Capabilities)框架进行建构,具体包括读写能力、计算能力、信息和通信技术能力、批判性和创造性思维、个人和社会能力、伦理道德、跨文化理解七个维度,有时也被称为七大能力或七大核心素养。其中既包括认知维度,如读写、计算能力;也涉及非认知维度,如伦理道德、跨文化理解等,注重培养成功的学习者和具有自信和创造力的个体。③

我国 2018 年颁布了修订的普通高中化学课程标准(2017 年版),提出了 5 大维度的化学学科核心素养,即"宏观辨识与微观探析""变化观念与平衡思想""证据推理与模型认知""科学探究与创新意识""科学态度与社会责任",并以此作为高中化学课程深化改革的理论框架,指向后续化学课程目标制订、化学课程内容优化、化学教学和评价建议编写等。为了进一步体现化学课程在帮助学生形成未来发展需要的正确价值观念、必备品格和关键能力中所发挥的重要作用,加强指导性和操作性,又将高中化学每个学科核心素养划分出 4 级水平,形成"5 维度、4 水平"的化学学科核心素养结构体系。④

分析上述信息可知,近 10 年来国际化学课程改革出现转型,更关注核心素养或跨学科素养在课程中的核心地位,强调批判性和创造性思维、个人和社会能力、实践活动、

---

① 周佳伟,王祖浩.基于核心素养的课程体系建构——芬兰《国家基础教育核心课程 2014》评述[J].比较教育研究,2018(11):91—97.
② NGSS Lead States. Next Generation Science Standards: for States, by States [M]. Washington, DC: The National Academies Press, 2013.
③ 房喻,徐端钧.普通高中化学课程标准(2017 年版 2020 年修订)解读[M].北京:高等教育出版社,2020:46—47.
④ 中华人民共和国教育部.普通高中化学课程标准(2017 年版)[S].北京:人民教育出版社,2018:89—92.

信息和通信技术能力、创业素养、科学与工程实践、学科核心观念、跨学科概念、科学探究与创新意识、科学态度与社会责任等主题词,与时代发展对人才培养要求的联系更为密切,对新时期我国义务教育化学课程标准的修订有借鉴意义。

(三)对我国启蒙化学课程重要性的认识

按我国基础教育的课程传统,学生从小学开始就接触科学课程的学习,义务教育阶段的化学课程通常是在九年级开设,根据学生的年龄特征和认知基础,在"2011版标准"中制订了相应的课程目标,确定了五个主题的课程内容,其中既有工具性知识,也有实验探究等过程和能力要求,还有化学与社会发展的关系等。随着时代的发展,化学作为"中心科学"的地位日益凸显,初中生学好化学启蒙课程也显得至关重要。

1. 全面审视化学课程的基础性

初中是化学学习的起始阶段,即化学启蒙学习阶段。毫无疑问,在这一阶段,初中生必须掌握大量的化学工具性知识,这一特点决定了化学课程的基础性:即从身边的常见物质入手,初步掌握化学的核心概念,要求学生认识物质的组成、性质及其在社会生活中的应用;认识物质的微观构成,熟悉常见的化学符号及其应用,了解化学变化的基本特征,初步认识物质性质与用途之间的关系;要求学生熟悉基本的实验操作技能,学会设计简单实验的方案,能结合实验现象的观察、记录、分析、推理,提高实验探究的能力。可见,基础性和启蒙性不仅体现在知识、技能上,还要从方法、能力、价值观等多个方面整体考虑。

2. 充分认识化学学科的社会价值

《义务教育化学课程标准(2011年版)》(以下简称"2011版标准")提出,化学不仅与公民的日常生活密切相关,也是材料科学、生命科学、信息科学、环境科学和能源科学等现代科学技术进步的重要基础,是推进现代社会文明和科学技术进步的重要力量。化学在缓解人类面临的一系列环境污染、资源匮乏和粮食供应不足等方面,同样作出了积极的贡献。[①] 10年过去了,化学学科与技术的发展突飞猛进,化学对社会发展和个人生活的影响越来越大,初中生感受深切的东西越来越多。例如,从代替汽油的各种洁净能源到各种航天器所需的新能源;从温室效应、酸雨到绿色环保、"碳中和";从自来水工艺中的杀菌消毒环节到应对突发疫情的杀菌消毒试剂;从认识化学反应到关注资源循环使用、节能低碳,等等。因此,通过各种新的情境素材,对学生认识化学学科价值、合理

[①] 中华人民共和国教育部.义务教育化学课程标准(2011年版)[S].北京:北京师范大学出版社,2012:1.

使用新的情境素材和导向核心素养的教学,是极为有益的,也是本次课程标准修订必须高度关注的。

3. 高度关注学生化学学习的认知特征

义务教育阶段的化学课程在九年级开设,学生的时间紧,学习任务重。尤其当前高度重视"双减"政策在化学课程中的落实,同时要求增加更多的学生实践活动,大力发展学生的核心素养,如何平衡确实是一个值得深入探讨的问题。在以往的化学教学实践中,比较突出的矛盾和呼声较高的要求解决的问题有:一是课程内容与课时不匹配。初中化学课程开设一年,又面临中考,实际教学时数难以保证,广大老师希望化学能提前到 8 年级开设,适当增加课时,以保证学生能循序渐进地学习化学。二是科学探究目标要求偏高。老师们高度认同"化学是一门以实验为基础的学科",化学实验教学的重要性不言而喻,"科学探究"的概念和意义已被老师们所熟知。但受制于多种因素,让学生真正动手实验的机会并不多,走出课堂进行实践活动更是稀缺,学生科学探究和实践能力的发展达不到预期要求。三是学习分化现象依然比较严重。"2011 版标准"降低了部分知识和探究活动的要求,删去了一些比较复杂的实验,整体水平和容量均有下降。但老师们普遍反映,当前初中化学教学内容偏多、难度偏大,尤其在若干难点知识上学生容易分化,直接影响后续知识的学习。如何从本质上真正做到"降低要求"或"削枝强干",需要在化学课程标准修订时深入思考。

二、义务教育化学课程标准修订的视角

(一)揭示化学学科全面育人的内涵和使命

1. 阐明化学学科全面育人的课程理念

《义务教育化学课程标准(2022 年版)》(以下简称"2022 版标准")的课程理念从整体上阐明了化学课程全面育人的内涵:"义务教育化学课程以习近平新时代中国特色社会主义思想为指导,全面贯彻党的教育方针,落实立德树人根本任务,培养有理想、有本领、有担当的时代新人。"并从化学课程内容和化学学习过程两方面进一步指出育人工作的重点:一是"化学课程立足学生的生活经验,反映人类探索物质世界的化学基本观念和规律,融入社会主义核心价值观的基本内容和要求,传承中华优秀传统文化";二是"注重学生的自主发展、合作参与、创新实践,培养学生适应个人终身发展和社会发展所需要的必备品格、关键能力,引导学生形成正确的世界观、人生观和价值观,厚植爱国主义情怀,树立为实现中华民族伟大复兴和推动社会进步而奋斗的崇高

追求"。①

2. 贯通化学学科全面育人的思想和要求

"2022版标准"将"全面的育人功能"融入化学课程理念、化学课程目标、核心素养体系建构、化学课程内容和学业质量的编写中,并在课程实施的多个方面提出了育人的要求。例如,课程理念部分有"聚焦学科育人方式的转变""重视发挥评价的育人功能";课程目标部分有"核心素养是学科育人价值的集中体现""体现了化学学科育人的基本要求";课程内容部分有"反映学科内的融合及学科间的联系,凸显育人价值""充分发挥必做实验和跨学科实践活动的教学功能及育人价值";教学建议部分有"积极开展核心素养导向的化学教学,充分发挥化学课程的育人功能,落实立德树人根本任务""义务教育化学课程从学科、领域和跨领域三个层次对学生核心素养发展提出的具体要求,是化学课程育人功能和价值的高度凝练";教材编写要求部分有"体现社会主义核心价值观,充分发挥化学学科的育人价值""教材内容选择力求凸显化学学科特征和育人价值";课程资源开发与利用部分有"教师应充分发挥课程资源开发和利用的主体作用,促进全面育人目标的实现""积极探索全社会合作育人的途径和机制";教师培训与教学研究部分有"开展教师培训是落实课程改革要求、提升育人质量的关键""深入研究化学课程育人价值、学生核心素养发展的特点和规律,注重提升教师化学课程育人的能力"等观点,贯通了课程设计到实施的整个过程。

在以往的认知中,"全面育人""全面发展"之类的观点常常被视为课程顶层设计需要提出的口号,与具体的课程目标、课程内容、教学与评价距离较远。但这次初中化学课程标准的修订,则是实实在在地将"全面育人"要求通过核心素养、课程目标落实到课程内容、教学和教材开发、教师专业发展等各个环节。与"2011版标准"相比,"2022版标准"育人的站位更高,视野更宽,指导性更强。

（二）突出化学学科对社会发展的重要价值

在"2022版标准"课程性质部分,强调了化学与现代科学技术的密切关系,指出"化学是自然科学的重要组成部分,与物理学共同构成物质科学的基础,是材料科学、生命科学、环境科学、能源科学、信息科学和航空航天工程等现代科学技术的重要基础",凸显了化学作为"中心科学"的地位。同时,还指出"化学是推动人类社会可持续发展的重要力量,在应对能源危机、环境污染、突发公共卫生事件等人类面临的重大挑战中发挥

---

① 中华人民共和国教育部.义务教育化学课程标准(2022年版)[S].北京:北京师范大学出版社,2022:2.

着不可替代的作用"①。将人类面临的重大的、不确定的挑战与化学学科发展密切联系在一起,有力地强化了化学学科的价值。

在"2022版标准"中,上述价值导向贯穿于整个课程标准文本中,阐述的观点鲜明,内涵深刻,相关素材丰富,对学生活动的要求指向性强(见表16-1)。

表16-1 课程标准中有关"化学学科价值"的阐述

有关的观点、素材或要求	课程标准中的位置
化学是推动人类社会可持续发展的重要力量,在应对能源危机、环境污染、突发公共卫生事件等人类面临的重大挑战中发挥着不可替代的作用。	课程性质
对化学学科促进人类文明和社会可持续发展的重要价值具有积极的认识。 具有运用化学知识对生活及社会实际问题作出判断和决策的意识;形成节约资源、保护环境的习惯,树立生态文明的理念。	核心素养
赞赏化学对满足人民日益增长的美好生活需要和社会可持续发展作出的重大贡献。 初步形成节能低碳、节约资源、保护环境的态度和健康的生活方式。 能积极参加与化学有关的社会热点问题的讨论并作出合理的价值判断,初步形成主动参与社会决策的意识;树立人与自然和谐共生的科学自然观和绿色发展观。	目标要求
结合生产生活、社会发展、科技进步等方面的典型事例,引导学生认识化学科学在创造新物质、应对人类面临的重大挑战中的作用,彰显我国化学家在其中作出的创新贡献和展现出的科学家精神。 改革开放以来我国获得国家科学技术奖的化学家及其在建设创新型国家方面所取得的成就。	课程内容 (主题一)
结合实例体会化学品的保存、选择和使用与物质性质的重要关系,认识合理使用化学品对保护环境的重要意义,形成合理使用化学品的意识。 二氧化碳的捕集与封存、转化与利用,我国实现碳中和目标的措施。 现代交通、航空航天、国防科技等领域使用的合金材料及其发展。 围绕我国碳达峰、碳中和的目标开展讨论,体会我国对推动构建人类命运共同体的责任和担当。	课程内容 (主题二)
结合实例体会通过化学反应实现物质转化的意义和价值;欣赏化学反应造福人类的独特价值,学习化学家的创新精神。 结合实例认识合理利用、调控化学反应的重要性,关注产品需求和成本核算,初步树立资源循环使用、绿色环保的发展理念。 调查我国重要化工类产品的生产成本、经济效益、绿色环保发展策略等。	课程内容 (主题四)

---

① 中华人民共和国教育部.义务教育化学课程标准(2022年版)[S].北京:北京师范大学出版社,2022:1.

续 表

有关的观点、素材或要求	课程标准中的位置
认识化学在解决与资源、能源、材料、环境、人类健康等相关问题中的作用,体会化学是推动人类社会可持续发展的重要力量,树立建设美丽中国、为全球生态安全作贡献的信念。 调查家用燃料的变迁与合理使用。 调查我国航天科技领域中新型材料、新型能源的应用。 能积极参加与化学有关的社会热点问题的讨论并作出合理的价值判断;初步形成节能低碳、节约资源、保护环境的态度和健康的生活方式。	课程内容 (主题五)
能从化学角度认识我国生态环境保护、食品安全、公共卫生等法律法规对促进社会可持续发展的重要性;能体会化学科学在应对环境污染、资源匮乏、能源危机、药物短缺等人类面临的重大挑战中作出的创造性贡献。	学业质量

表 16-1 所列的内容分布于化学课程标准的各个部分:有的是对学生认识层面的要求,需要通过化学学习初步形成价值观念(如"结合实例认识合理利用、调控化学反应的重要性,关注产品需求和成本核算,初步树立资源循环使用、绿色环保的发展理念");有的是指化学课程的目标或化学课程的内容要求、学业要求的具体阐述(如"结合实例认识合理利用、调控化学反应的重要性,关注产品需求和成本核算,初步树立资源循环使用、绿色环保的发展理念""能积极参加与化学有关的社会热点问题的讨论并作出合理的价值判断");有的是内容主题下建议的学生活动(如"围绕我国碳达峰、碳中和的目标开展讨论,体会我国对推动构建人类命运共同体的责任和担当")。因此,本次课程标准的修订,将化学学科价值从以往比较抽象的描述落实到课程的各个具体环节上,并设置一系列活动强化了学生对化学学科价值的深刻认识。这种视角的变化,为化学学科全面育人提供了丰富的素材。

(三)重建义务教育化学课程的理论基础

1. 从化学的"三维目标"转向核心素养

(1) 对化学"三维目标"框架的反思

"2011 版标准"提出的总目标是"以提高学生的科学素养为主旨",确定了"知识与技能""过程与方法""情感态度与价值观"三大学习领域,也称三个维度;每一维度下分别提出具体的课程目标(也称子目标)。通过对教师的调查发现,经过多年的实践,"三维目标"已逐渐深入人心,在教学行为上也有所改变:教师不再将知识、技能作为化学教学的最终目标,"满堂灌"的教学场景大大减少;学生实验、讨论的活动环节多了,教师注重启发引导,重视对学生科学思维能力的培养。通过十多年的实践,初中化学教学已在较大程度上从应试教育逐步转变为素质教育。总结这些经验,对今天基于核心素养的教学转型是非常重要的。

值得指出的是,由于各维度下子目标的表述局限于各自的学习领域,相互之间缺乏关联,容易产生三者目标分离的倾向,在实践中导致偏重知识与技能目标,忽视学生运用科学方法解决化学问题和形成价值观的过程,一定程度上背离了"三维融合"的主旨。从目标的名称来看,一级维度都是名词(如"知识与技能"),本身是中性的,未能体现改革的核心思想和价值倾向,课程改革的导向不够鲜明。进一步考察"2011版标准"的子目标,采用的动词对学习行为表现的描述不够明确,在表述上缺少针对性;子目标提出了下位的具体要求但未明确关联的任务,缺乏有指导性的认识思路;子目标对化学学科内涵的提炼显得不足,尚未反映当前我国科学技术发展的成就,以及国家在可持续发展方面提出的重要观念。

(2) 初中化学核心素养体系的建构

化学课程要培养的核心素养,主要包括化学观念、科学思维、科学探究与实践、科学态度与责任(见图16-3),是中国学生发展核心素养在化学课程中的具体化,反映了义务教育化学课程的教育价值与育人功能,体现了化学学科育人的基本要求,全面展现了化学课程学习对学生发展的重要价值。[①] 核心素养为构建化学课程目标和化学学业质量标准奠定了基础。核心素养体系的各个要素(也可称"维度"),立足初中生学习化学的过程,其教育功能虽有侧重,但同等重要。

图 16-3　核心素养体系(化学)的构成

对义务教育化学课程标准中提出的4个核心素养,分别从内涵(本质)、外延(内容)两方面加以表述(见表16-2)。前者回答"该核心素养的特质是什么";后者则说明"该核心素养包括哪些内容"。

---

① 中华人民共和国教育部. 义务教育化学课程标准(2022年版)[S]. 北京:北京师范大学出版社, 2022:5—7.

表 16-2　核心素养要素及内涵

核心素养要素	核心素养的内涵
化学观念	人类探索物质的组成与结构、性质与应用、化学反应与规律所形成的基本观念,是化学概念、原理和规律的提炼与升华,是认识物质及其变化,以及解决实际问题的基础。
科学思维	在化学学习中基于事实与逻辑进行独立思考和判断,对不同信息、观点和结论进行质疑与批判,提出创造性见解的能力;是从化学视角研究物质及其变化规律的思路与方法;是从宏观、微观、符号相结合的视角探究物质及其变化规律的认识方式。
科学探究与实践	经历化学课程中的实验探究,基于学科和跨学科实践活动形成的学习能力;是综合运用化学等学科的知识和方法,通过一定的技术手段,在解决真实情境问题和完成综合实践活动中展现的能力与品格。
科学态度与责任	通过化学课程的学习,在理解科学、技术、社会、环境相互关系的基础上,逐步形成对化学促进社会可持续发展的正确认识,以及所表现的责任担当。

分析表 16-2 核心素养的内涵可知,"化学观念"是学生认识物质及其变化的基础,立足于化学知识,又高于化学知识,是对化学概念、原理和规律的提炼与升华;"科学思维"是学生在化学观念基础上研究物质及其变化过程中展现的多种思维能力;"科学探究与实践"是在实验情境和跨学科实践活动中学生表现出来的解决实际问题的能力;"科学态度与责任"则是通过化学学习逐渐形成的态度倾向和更高层次的价值追求。在化学学习过程中,4 个维度的核心素养以化学核心知识为载体,互相交融,体现对学生全面发展的要求。

核心素养的外延,是指对核心素养内涵的进一步说明,体现了化学学科的本质。以"化学观念"为例,该素养的外延指向"化学概念、原理和规律的提炼与升华"的具体内容(见表 16-3)[①]。可见,核心素养的内容为初中化学课程目标、课程内容的制订提供了重要的思路。

表 16-3　"化学观念"素养的内容

核心素养要素	核心素养的内容
化学观念	化学观念主要包括:物质是由元素组成的;物质具有多样性,可以分为不同的类别;物质是由分子、原子构成的,物质结构决定性质,物质性质决定用途;化学变化有新物质生成,其本质是原子的重新组合,且伴随着能量变化,并遵循一定的规律;在一定条件下通过化学反应可以实现物质转化;等等。

---

① 中华人民共和国教育部. 义务教育化学课程标准(2022 年版)[S]. 北京:北京师范大学出版社,2022:5—6.

2017年颁布的普通高中化学课程标准,提出了化学学科核心素养。从初、高中两个学段化学课程对应的核心素养体系看,两者之间的关系也非常密切,具体反映在下列两个方面:

一是从核心素养的整体要求上看,初中化学的核心素养表现出更明显的基础性特质,是为高中化学学科核心素养的形成和发展打基础的;针对初中阶段化学启蒙课程的特点,其核心素养不分水平(也可理解为只有一个水平),对应的学业质量也不分水平;而针对高中化学必修课程、选择性必修课程的特点,高中化学学科核心素养由低到高分为四级水平。

二是从核心素养维度的内容上看,表述的方式和数量似有差异,但从本质上看所表达的核心素养要素是基本一致的。初中的"科学探究与实践""科学态度与责任",分别对应高中的"科学探究与创新意识""科学态度与社会责任";初中的"化学观念"素养涵盖了对"组成与结构、性质与应用、化学反应与规律"的认识,而高中则分出"宏观辨识与微观探析""变化观念与平衡思想"两大素养,其内容实质上都属于"化学观念"范畴;高中的"证据推理与模型认知"素养,是初中"科学思维"素养的具体化和深化。

2. 立足核心素养确定初中化学课程目标

化学课程目标的确立,是课程研制的关键问题,将直接影响化学启蒙教育对人才培养的质量,影响化学课程内容选择和课程的实施。在对以往课程目标进行反思的基础上,"2022版标准"立足核心素养,提出了新的初中化学课程目标体系。

(1) 从核心素养出发制订化学课程目标

"2022版标准"围绕核心素养的4个维度,建构了相应的义务教育化学课程目标体系,核心素养从理论形态转向对学生核心素养发展的要求和实施路径(见图16-4)[①]。从化学学科层面提出一系列子目标,为促进学生核心素养形成和发展提供了理论支撑和实践依据。也可以说,化学课程目标的提出基于核心素养,指向实践正是为了落实核心素养。化学课程目标的落实,本质上就是为提升学生的核心素养服务的。

"2022版标准"整体强化了课程目标的育人功能。新设的一级目标指向清晰,导向鲜明,功能突出。例如,"2011版标准"和"2022版标准"中均涉及"科学探究"目标,但前者出现在"过程与方法"的二级目标上,文字表述缺乏力度;而后者将一级目标直接定位在"经历科学探究,增强实践能力"上,不仅继续坚持走"科学探究"的道路,而且拓展和

[①] 中华人民共和国教育部. 义务教育化学课程标准(2022年版)[S].北京:北京师范大学出版社,2022:7—9.

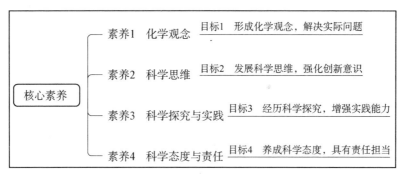

图 16-4 从核心素养出发制订化学课程目标

深化了"科学探究"的内涵,将 21 世纪国际上广泛认同的"科学实践"与"科学探究"整合,凝练成"科学探究与实践"素养,使课程目标指向性更强,更具前瞻性,也更凸显其在当前化学课程改革中的重要地位(见表 16-4)。

表 16-4 与"科学探究与实践"对应的课程目标

核心素养	目标 3　经历科学探究,增强实践能力
科学探究与实践	认识化学实验是科学探究的重要形式和学习化学的重要途径,能进行安全、规范的基本实验操作,独立或与同学合作完成简单的化学实验任务;能主动提出有探究价值的问题,从问题和假设出发确定探究目标,设计和实施探究方案,获取证据并分析得到结论,能用科学语言和信息技术手段合理表述探究的过程和结果,并与同学交流;能从化学视角对常见的生活现象、简单的跨学科问题进行探讨,能运用简单的技术与工程的方法初步解决与化学有关的实际问题,完成社会实践活动;在科学探究与实践活动中,能根据自己的实际情况制订学习计划,开展自主学习活动,能与同学合作、分享,善于听取他人的合理建议,评价、反思、改进学习过程与结果,初步形成自主、合作、探究的能力。

(2) 初中化学课程目标的显著特点

与"2011 版标准"进行比较,可以发现"2022 版标准"化学课程目标呈现出三大显著的特点。

一是化学课程目标将核心素养内涵、外延进一步外显化。课程目标采用表现性更强的动词引导,指向学生核心素养形成和发展的行为表现。如在"经历科学探究,增强实践能力"目标下,考察子目标"独立或与同学合作完成简单的化学实验任务""能主动提出有探究价值的问题,从问题和假设出发确定探究目标,设计和实施探究方案,获取证据并分析得到结论""能从化学视角对常见的生活现象、简单的跨学科问题进行探讨,能运用简单的技术与工程的方法初步解决与化学有关的实际问题,完成社会实践活动"

等,可以发现"合作完成""主动提出""设计和实施""从化学视角……探讨""初步解决"等动词的表现性强,对学生提出了明确的行为要求,为核心素养的转化提供了具体的、可操作的实践路径。

二是化学课程目标的任务指向和前提条件进一步明确。"2022版标准"重视在完成任务的过程中达成课程目标,发展核心素养,并注重从学科本质上进行提炼。如在"经历科学探究,增强实践能力"目标下,子目标中提出的任务有"简单的化学实验任务""探究的过程和结果""社会实践活动"。为完成这些任务,课程目标又提出了"能进行安全、规范的基本实验操作""独立或与同学合作""用科学语言和信息技术手段""能从化学视角对常见的生活现象、简单的跨学科问题进行探讨,能运用简单的技术与工程的方法初步解决与化学有关的实际问题"等前提条件,为完成特定的任务提供了方法、手段和认识视角。而"2011版标准"中,仅有"认识科学探究的意义和过程,能进行简单的探究活动,增加对科学探究的体验"一段文字用于表述"科学探究"的目标。相比之下,"2022版标准"中"科学探究与实践"对应的目标更明确,任务更具体,目标实现的思路更清晰,学科内涵更丰富。

三是化学课程目标的层次性、发展性特征进一步展现。课程目标的各子目标要求,呈现出由较低水平向较高水平发展的趋势。以"经历科学探究,增强实践能力"目标为例,有四个不同的层次,即"进行安全、规范的基本实验操作——经历科学探究过程——参与跨学科实践活动——形成自主、合作、探究的能力"。结合上述不同层次目标包含的行为要求和任务性质,即可发现上述路径实质上展现了学生从"科学探究"向"实践能力"逐步发展的过程,最终指向学生通过初中化学课程学习所形成的"科学探究与实践"素养。

3. 基于核心素养目标和内容表述学业质量

(1) 化学学业质量体系的建立

"学业质量"也称学业质量标准,是学生在完成课程学习后的学业成就表现,反映了核心素养的培养要求。义务教育化学课程学业质量标准是以化学课程对核心素养的目标要求为依据、结合课程内容对学生学业成就的具体表现特征进行的整体刻画,用于反映课程目标的达成程度。① "2011版标准"中提出了内容标准,但没有与内容匹配的学业评价要求,而在实施建议中提出的"评价建议",也往往比较笼统。"2022版标准"新设了第五部分"学业质量",将核心素养与化学核心内容结合,既体现出学业质量的整合性

---

① 中华人民共和国教育部. 义务教育化学课程标准(2022年版)[S]. 北京:北京师范大学出版社,2022:37.

特征,又从不同的情境出发结合内容对学生的行为表现进行了具体、清晰的描述(见表 16-5)。

表 16-5 化学学业质量的情境描述

学业质量标准序号	学业质量的相关情境
1	认识物质组成、性质及分析相关实际问题的情境
2	探索化学变化规律及解决实际问题的情境
3	实验探究情境和实践活动
4	常见的生产生活和社会情境

与核心素养一样,初中化学学业质量的描述不分等级,可以理解为只有一个水平,即达到化学学科的初中毕业水平,因此学业质量标准 1~4 均为同一个水平,分类的依据主要体现在完成上述 4 类不同情境的任务上。从学业质量标准 1~4 的内容上考察,似乎分别反映了核心素养的 4 种取向。但进一步分析可知,每一条学业质量标准不是仅对应某一种核心素养,而是综合体现了多种核心素养要素,其中可能某一种核心素养相对侧重。现以学业质量标准—2 为例,描述其学业质量的具体要求(见表 16-6)。对其他三种情境下的学业质量标准,分别进行描述,即可建立起初中化学的学业质量体系。

表 16-6 学业质量描述

	学业质量描述
学业质量标准—2	在探索化学变化规律及解决实际问题的情境中,能基于化学变化中元素种类不变、有新物质生成且伴随着能量变化的特征,从宏观、微观、符号相结合的视角说明物质变化的现象和本质;能依据化学变化的特征对常见化学反应进行分类,说明不同类型反应的特征以及在生活中的应用;能依据质量守恒定律,用化学方程式表征简单的化学反应,结合真实情境中物质的转化进行简单计算;能结合简单的实例说明反应条件对物质变化的影响,初步形成条件控制的意识;能依据物质类别及变化特征、元素守恒、金属活动性顺序等,预测、判断与分析常见物质的性质和物质转化的产物;能体会化学反应在金属冶炼、石油化工、药物合成、材料研制、能源开发、资源利用和生态环境保护等方面的应用价值。

(2) 化学学业质量标准的特征

结合表 16-6"学业质量标准—2"的具体内容进行分析,可以得出以下结论。

一是该标准对应的是探索化学变化规律及解决实际问题的情境,内容涉及化学反应的本质、化学反应的分类、物质转化的简单计算、控制反应条件、判断物质转化的产物、化学反应的应用价值6个方面,涉及的核心素养要素有化学观念、科学思维、科学探究与实践、科学态度与责任,其中前两种核心素养的要素相对更为突出。

二是学业质量的描述指向学生行为表现和态度的变化,如"说明物质变化的现象和本质""对常见化学反应进行分类""用化学方程式表征简单的化学反应""对物质的转化进行简单计算""预测、判断与分析常见物质的性质和物质转化的产物""体会化学反应在金属冶炼、石油化工、药物合成、材料研制、能源开发、资源利用和生态环境保护等方面的应用价值"。其中"说明""分类""表征""计算""预测、判断与分析"反映了对学生能力表现的要求,而"体会"则是学生态度方面的变化。

三是结合具体的化学内容对能力进行表征,如在学业质量标准描述中分别涉及"元素种类不变,有新物质生成且伴随着能量变化""化学变化的特征""质量守恒定律""用化学方程式""条件控制""元素守恒""金属活动性顺序"等知识内容,要求以这些知识为前提解决相关的化学问题。

按上述思路一并考察其余的学业质量标准,即可发现它们指向的都是核心知识和化学观念形成后的表现、思维能力和实践能力发展后的表现、正确价值观形成后的态度倾向等,这些学业成就表现恰好反映出学生核心素养的发展特征。在课程实施中,化学学业质量标准能为核心素养导向的化学教学和评价提供强有力的支持。如利用学业质量标准与内容关联的特点①,可以帮助教师制订单元的素养目标、确定单元的核心观念和内容建构、设计评价工具;有指向地对学生的单元学习情况进行测评,根据测评结果检验单元的素养目标是否达成,据此对教学进行诊断,并根据反馈信息改进教学。从整体上看,学业质量标准是初中化学学业水平考试(中考)的命题依据,也是中考化学试卷质量评估的依据。可以说,化学学业质量标准为基于核心素养的课程目标、课程内容、课堂教学和评价之间的"一致性"提供了重要的理论保证。

三、义务教育化学课程内容的重大变化

(一)建构核心素养导向的化学课程内容

从内容主题上看,"2011版标准"包括5个一级主题,19个二级主题;"2022版标准"

---

① 吴先强,顾佳磊,王祖浩.素养导向的高中化学学业质量标准比较研究[J].课程·教材·教法,2021(08):124.

包括5个一级主题,25个二级主题。"2011版标准"的内容建构重视学生的生活经验,从身边的简单物质入手,认识物质的性质及应用,继而探索物质的微观构成,再结合典型物质研究化学反应的一般规律,最后讨论化学对社会可持续发展的贡献。从整体上看,"2022版标准"的5个学习主题的内容建构思路也基本相同(见表16-7),这些主题之间既相对独立又具有实质性联系。其中,"物质的性质与应用""物质的组成与结构""物质的化学变化"三个主题,是化学科学的重要研究领域;"科学探究与化学实验"和"化学与社会·跨学科实践"两个主题,侧重科学方法和价值观,反映学科内的融合及学科间的联系,凸显育人价值。[1] 当然,这5个主题都包含着初中生必须学习的丰富的化学知识内容。

表16-7 初中化学课程标准的内容主题

2011版标准	2022版标准
主题1 科学探究 主题2 身边的化学物质 主题3 物质构成的奥秘 主题4 物质的化学变化 主题5 化学与社会发展	主题1 科学探究与化学实验 主题2 物质的性质与应用 主题3 物质的组成与结构 主题4 物质的化学变化 主题5 化学与社会·跨学科实践

从表16-7中两版内容主题的名称比较可知,主题1、3、4、5比较相近,而在主题2的表述上似乎差异较大。但从主题2所涉及的具体物质看,两个版本又几乎是一致的。在"2022版标准"中,"常见的物质"包含的是"空气、氧气、二氧化碳""水和溶液""金属与金属矿物""常见的酸、碱、盐","2011版标准"中"生活中常见的化合物"也指常见的酸、碱、盐(见表16-8)。因此,从知识层面考察,两版课程标准的差异并不大。

表16-8 主题2内容的展开比较

2011版标准	2022版标准	
2.1 我们周围的空气 2.2 水与常见的溶液 2.3 金属与金属矿物 2.4 生活中常见的化合物	2.1 物质的多样性 2.2 常见的物质 2.3 认识物质性质的思路与方法 2.4 物质性质的广泛应用及化学品的合理使用 2.5 学生必做实验及实践活动	2.2 常见的物质 2.2.1 空气、氧气、二氧化碳 2.2.2 水和溶液 2.2.3 金属与金属矿物 2.2.4 常见的酸、碱、盐

---

[1] 中华人民共和国教育部.义务教育化学课程标准(2022年版)[S].北京:北京师范大学出版社,2022:10.

由表 16-8 可知,尽管两个版本在该主题上涉及的具体物质差不多,但"2022 版标准"更关注从大概念(如"物质的多样性")出发建构内容,更强调在具体知识学习中提炼核心观念和思想方法(如"认识物质性质的思路与方法"),更注重结合内容对学生进行价值观的教育(如"物质性质的广泛应用及化学品的合理使用"),凸显与主题相关的必做实验及实践活动。

在分析了主题 2 的基础上,进一步考察其他的学习主题发现,每个主题都围绕大概念建构学习内容,都由 5 大要素组成内容体系:(1)建构主题的大概念;(2)明确学习的核心知识;(3)掌握基本的思路与方法;(4)形成的重要态度;(5)经历的必做实验或实践活动。由此可知,每个主题的内容结构同化学观念、科学思维、科学探究与实践、科学态度与责任高度契合[1],实现了基于核心素养的内容结构化。

(二) 突出科学探究和跨学科实践活动

在"2022 版标准"中,一个显著的特色是在"2011 版标准"基础上进一步强化了"科学探究",新增了"跨学科实践活动"。在主题 1 中基本保留了"科学探究""科学探究能力"的有关表述,以及对"基本的化学实验技能"和"必做的实验活动"的要求,但在"内容要求"上新增了"化学实验探究的思路与方法""科学探究的态度"两个二级主题,提出了与"科学探究与化学实验"主题相关的 6 方面的"学业要求",以及"教学策略""情境素材""学习活动"3 方面的"教学提示"。

同时,在内容主题 2.5 中,增设了"学生必做实验及实践活动",明确了 8 个必做的学生实验,增加了学生动手实验的机会;主题 5 增设了"跨学科实践活动",列出了 10 个可供选择的课题(见表 16-9),包括实验探究、仪器制作、实地调查、模型展示、方案设计、文献研究等不同的类型,并要求不少于总课时的 10%用于安排跨学科实践活动,这大大提高了对学生实践能力的要求。因此,积极创造条件,开足、开好必做实验和跨学科实践活动,倡导"做中学""用中学""创中学",能充分发挥必做实验和跨学科实践活动的教学功能及育人价值。[2]

(三) 改变化学课程内容的表述方式

1. 化学课程内容表述的结构化

"2011 版标准"在课程内容的一级主题下对内容进行规定,即利用不同水平的行为

---

[1] 中华人民共和国教育部.义务教育化学课程标准(2022 年版)[S].北京:北京师范大学出版社,2022:42.

[2] 中华人民共和国教育部.义务教育化学课程标准(2022 年版)[S].北京:北京师范大学出版社,2022:16.

表 16-9 初中化学"学生必做实验"和"跨学科实践活动"

学生必做实验	跨学科实践活动
(1) 粗盐中难溶性杂质的去除。 (2) 氧气的实验室制取与性质。 (3) 二氧化碳的实验室制取与性质。 (4) 常见金属的物理性质和化学性质。 (5) 常见酸、碱的化学性质。 (6) 一定溶质质量分数的氯化钠溶液的配制。 (7) 水的组成及变化的探究。 (8) 燃烧条件的探究。	(1) 微型空气质量"检测站"的组装与使用。 (2) 基于特定需求设计和制作简易供氧器。 (3) 水质检测及自制净水器。 (4) 基于碳中和理念设计低碳行动方案。 (5) 垃圾的分类与回收利用。 (6) 探究土壤酸碱性对植物生长的影响。 (7) 海洋资源的综合利用与制盐。 (8) 制作模型并展示科学家探索物质组成与结构的历程。 (9) 调查家用燃料的变迁与合理使用。 (10) 调查我国航天科技领域中新型材料、新型能源。

动词链接具体知识,以限定所要达到的最基本的学习要求(即"内容标准"),辅以"活动与探究建议"说明达到相关内容标准时可参考的学习活动。"2022 版标准"则在一级主题下划分出"内容要求""学业要求""教学提示"三个栏目(见图 16-5)。由图 16-5 可知,在课程内容部分,对一级主题进行分解,划分出二级或三级主题,并在二级或三级主题下将"内容要求"具体化,即提出核心知识学习的具体要求;在一级主题下,"学业要求"提出了该主题核心内容学习需要经历的活动及相应的能力要求;与一级主题密切联系的"教学提示",包含"教学策略建议""情境素材建议"和"学习活动建议"三个方面,从多角度提供通过该主题内容的学习促进学生核心素养发展的教与学的具体建议,教师可以根据实际情况选用。

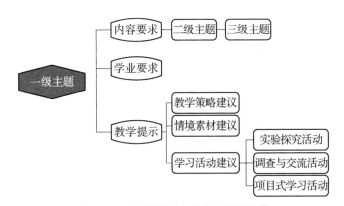

图 16-5 化学课程内容表述的结构化

与"2011 版标准"不同的是,修订后的"学习活动建议"特色更加鲜明:学生可选的活动内容丰富;设置了"实验探究活动""调查与交流活动"和"项目式学习活动";活动的开放性增大,与社会实际问题的联系也更为密切。这些学生活动承载了独特的发展核心素养的功能。

2. 对化学课程核心内容的"双向限定"

课程内容表述含糊不清、界定不明,容易导致教材和教师教学的"扩容"和"拔高"现象,加重学生的学习负担。本次课程标准修订通过"内容要求""学业要求"两个角度对具体内容的学习要求进行规定(见图 16-5),既要明确表达"学什么内容""学到什么水平",还要清晰呈现"学习的路径是什么""通过什么方式学"等要点,即提供学习目标达成的"表现性标准",以减少教学内容的不确定性。

一般认为,"内容要求"是二级主题或三级主题下对知识的刚性要求,而"学业要求"展现的是在一级主题层面的具体表现期望,是学生学习该主题后能完成哪些活动,从核心素养视角看应表现出哪些行为。显然,两者都具有学习目标的功能,但侧重点有所不同。从内容结构的位置看,"内容要求"更下位、更具体,而"学业要求"似乎更抽象和概括。现以主题2的三级主题"2.2.3 金属与金属矿物"为例①,说明两者的联系与区别(见表 16-10),以及"学业要求"在教学中的应用价值。

表 16-10 "2.2.3 金属与金属矿物"的内容要求与学业要求

内 容 要 求	学 业 要 求
知道大多数金属在自然界中是以金属矿物形式存在的,体会化学方法在金属冶炼中的重要性;知道金属具有一些共同的物理性质,通过实验探究等活动认识常见金属的主要化学性质及金属活动性顺序。 知道在金属中加入其他元素形成合金可以改变金属材料的性能;了解金属、金属材料在生产生活和社会发展中的重要作用;以铁生锈为例,了解防止金属腐蚀的常用方法;了解废弃金属对环境的影响及金属回收再利用的价值。	能运用研究物质性质的一般思路与方法,从物质类别的视角,依据金属活动性顺序、中和反应等,初步预测常见的金属、酸和碱的主要性质,设计实验方案,分析、解释有关的实验现象,进行证据推理,得出合理的结论。

"内容要求"基本沿用"2011 版标准"中内容标准的表述方式,采用相对静态的动词(知道、了解、认识等),针对单一知识说明的多(如"知道在金属中加入其他元素形成合金可以改变金属材料的性能"等);"学业要求"则采用表现性更强的动词(运用、预测、设计、分析、解释等),指向与金属有关的"设计实验方案""解释实验现象"等任务,重视知识的整合与转化,具有一定的综合性和概括性,同时也指出必须以"物质类别的视角"

---

① 中华人民共和国教育部. 义务教育化学课程标准(2022 年版)[S]. 北京:北京师范大学出版社,2022:19—20.

"金属活动性顺序""中和反应"等知识为基础。可见,"学业要求"有助于揭示该内容主题下实现"内容要求"需要经历的"学习路径"和"学习方式",以及学生相应的"能力表现",为教学目标设计和实施提供了清晰的方向和具体思路,增强了核心素养导向的教学实施的可操作性。

四、初中化学课程实施的挑战和建议

新颁布的"2022版标准",在理论基础、内容要求和实施建议等方面都有很大的变化,提出了许多新的要求,这就需要化学老师在认识层面和实践层面发生相应的转变。一方面要认真学习和深刻领会义务教育化学课程标准的精神;另一方面,要从化学学科育人的具体要求出发,结合教学实践深入研究,解决实践中的问题,应对可能面临的新挑战。

(一)关于核心素养导向的化学教学设计

学生核心素养的发展是一个持续进步的过程。在义务教育阶段,教师要充分认识化学课程目标与核心素养的内在关系,高度重视化学课程目标的实践导向功能;结合化学课程内容要求、学业要求、学业质量标准和初中生的认知特点,在课程目标体系指导下设计单元内容的学习目标,建构基于大观念的单元内容体系,通过创设情境和设计丰富的学习活动落实单元学习目标。可以这么说,单元学习目标的实现,实质上就是化学课程目标体系中子目标的达成,每一个单元教学汇聚而成的正是学生核心素养的形成和发展。循着这一思路,即可找到解决一线化学老师当下最为关心的"核心素养怎么教"问题的关键所在,这也是新时期核心素养导向的初中化学教学转型的本质体现。

核心素养导向的初中化学教学,必然会涉及基于大概念的单元教学的组织与实施。大概念反映了化学学科本质,具有高度概括性、统摄性和迁移应用价值。在课程标准中,结合学习主题特点,5个内容主题分别提出了"化学科学本质""物质的多样性""物质的组成""物质的变化与转化""化学与可持续发展"5个大概念。鉴于化学单元内容具有相对的独立性,大小不同,内容特质也有差异,需要对5个大概念进行分解,形成次级的大概念,或根据单元内容特点凝练出新的大概念。有了大概念,可以贯通整合单元,以此对学习内容进行适当的分解、整合、重组或开发,形成具有明确的主题、目标、任务、情境、活动、评价等要素的一个结构化的师生活动过程。

必须指出的是,对于较为复杂的大单元内容,可以按不同阶段融入不同的大概念,体现单元的多种教育功能。另一个重要的问题是,单元教学涉及的情境要能反映多种属性,既能与单元学习目标匹配,又能与大概念相融合,还能从不同角度展示核心素养的因素。因此,基于大概念的单元教学设计,是厚植核心素养而进行的一种创造性的教学重构活动。

(二)关于"跨学科实践活动"的设计和实施

"跨学科实践活动"要求学生有意识地运用化学核心知识,结合物理、生物、数学、地理等多学科的相关知识,借助技术与工程的方法解决问题;鼓励学生参与多种实践活动,自主反思,不断改进,提升合作解决问题的能力,激发学生的创造力。"跨学科实践活动"是本次课程标准修订中提出的一个亮点,也是一个难点,广大化学教师既生疏又对如何操作感到茫然。

从表 16-9 中所列的 10 个"跨学科实践活动"的课题看,虽然类型各异,但都体现出三个共同特征:一是实践性,强调以学生的直接经验为中心,以实验、制作、调研等多种活动为主要形式,要求学生参与并经历实践过程,注重学生在实践活动过程中的感受和体验,发展学生的实践能力和创新精神。二是综合性,有意识地运用两种或两种以上学科的知识和方法研究一个课题,强调超越学科,加强学科之间的融通与互动,解决跨学科问题(如"探究土壤酸碱性对植物生长的影响"涉及化学、生物学知识);对综合性的另一种理解是,"跨学科实践活动"立足化学学科的原理和方法,指向一个综合形态的社会性课题(如"水质检测及自制净水器"),通过运用化学知识和技术原理为社会性课题的解决提供重要的方法(用水质检测仪活动水质情况,利用净水器除去杂质等)。三是开放性,"跨学科实践活动"课题超越了传统意义上的学科知识体系,在课题提出、研究目标、研究内容、研究过程等方面都具有开放性,鼓励同学走出教室进入实验室、资料室或进入社区;即使同一类课题,如"调查我国航天科技领域中新型材料、新型能源"等,适用于航天领域的材料、能源具有多样性,选取的材料不同,对功能和应用的讨论也不同。可见,上述特点为我们选择"跨学科实践活动"课题和设计方案提供了重要的思路。

必须注意的是,在"跨学科实践活动"的实施过程中,要根据学生实际、教学进度、学校资源进行综合考虑、合理安排;10%的课时要与各学习主题中的核心内容及学生必做实验的教学进行整合,避免出现脱离化学学科知识、超越学生认知水平和为完成课时而活动的倾向。要根据不同阶段化学知识和方法学习的重点,合理安排有意义的"跨学科实践活动"。

(三)关于依据课程标准进行化学教学评价

评价历来是一个颇具争议的问题。在"2022 版标准"中,与评价密切相关的要求出现在多处，前面有核心素养、课程目标，每个内容主题下有"学业要求"，第五部分又新增了"学业质量"。这些概念之间有什么关系呢？如何做好评价工作？这是老师们普遍关心的问题。核心素养、课程目标是针对整个课程设计的，体现了化学学科育人的基本要求；内容主题下的"学业要求"，主要反映课程目标、学业质量在该主题层面的具体要求，明确学生学习该主题后能完成哪些活动任务，体现怎样的核心素养；"学业质量"则是学生在完成全部课程学习后的学业成就表现，反映出课程目标的达成程度。"学业质量"对教材编写、教学和评价实施具有重要的指导作用，但就其功能而言，最重要、最有针对性的还是体现在对评价的指导上。

"2022版标准"在"评价建议"中指出：在日常评价中，评价目标及要求应与学业质量和学业要求相一致，依据学习主题的内容要求、学业要求以及学业质量标准，确定具体的评价内容和水平要求。日常的过程性评价主要通过收集和分析学生在课堂学习、实验探究、跨学科实践活动、课后作业、单元测验、阶段性检测等学习活动中的表现，诊断学生核心素养的发展情况，为教学改进提供依据。对作业的要求，课程标准明确指出，要"减轻作业负担""体现整体性、多样性、选择性和进阶性""作业的内容、类型、难度、数量和完成时间要符合单元学习目标的总体要求，符合学生的实际情况""适当增加迁移创新水平的任务。除了常规的纸笔练习外，结合与生产生活相关的实际问题，以及跨学科问题、社会热点等，增加科普阅读、动手实践、实验探究等综合实践型作业等"。[1]

初中化学学业水平考试又称"中考"，是综合考察初中生学业质量的一种重要的评价方式，其公平性、科学性、合理性受到社会各界的广泛关注。近年来，教育部组织专家组对中考命题质量进行评估，中考化学试题在立德树人任务导向、依据课程标准、能力立意、难度分布、科学性和规范性等方面有了明显的变化，整体质量逐年提高。但仍存在值得反思的一系列问题，集中到对中考定位的讨论，是"毕业考试"还是"升学选拔"？不少地区的化学中考命题放大了"选拔"功能，普遍存在超越课程标准范围和水平的现象，导致中考试题整体难度偏大，学生学习负担过重，分化现象也比较明显，严重违背了"双减"的要求。

"2022版标准"突出全面育人，在"内容要求"中体现了大概念、思想方法和价值观念引领，在"学业质量"中高度重视考查学生运用化学知识解决实际问题的能力，但这一切不是通过提高知识难度和增加复杂性来实现的。在"溶解度""金属冶炼""原子结构"

---

[1] 中华人民共和国教育部.义务教育化学课程标准(2022年版)[S].北京：北京师范大学出版社，2022：46.

"复分解反应""质量守恒定律""物质的组成和反应的计算""酸、碱、盐的性质"等传统的难点知识上,"2022版标准"坚持低要求,回归基础,范围和水平界定清晰,这将有力遏制目前中考化学命题中出现的超标现象和"高中知识下放"的倾向。同时,"2022版标准"在主题学习中融入学生必做实验,建议增加项目式学习活动和跨学科实践活动,这为未来中考化学纳入实验能力考试和实践能力考查,提供了改革的依据。

第 17 章

核心素养为本的生物学课程
——《义务教育生物学课程标准(2022 年版)》解读

张迎春

作者简介:张迎春/陕西师范大学生命科学学院教授;《义务教育生物学课程标准(2022 年版)》修订组核心成员(西安　710062)

课程是教育思想、教育目标和教育内容的主要载体,集中体现国家意志和社会主义核心价值观,是学校教育教学活动的基本依据,直接影响着人才培养的质量。课程标准作为中小学教材编写的重要依据,作为广大一线教师教学设计、教学实施和教学评价的指导性文件,一直以来在教育领域都占有十分重要的地位,也是体现一个国家整体教育政策和教育水平的重要标志。进入新世纪以来,伴随着我国社会和经济发展逐步走向世界强国的步伐,基础教育历经了 20 多年的课程改革,课程标准在这场旷日持久的改革风浪中始终发挥着引领作用。在经历了 2001 版实验稿,2011 版修订稿之后,2022 版新修订的义务教育生物学课程标准将在我国义务教育提质、增效的教育改革中,进一步发挥指导价值与引领作用。

要将课程标准所呈现的课程新理念和新要求真正落实在学校层面,促进学生的发展,对于实施者的教研人员和广大教师来讲,理解很重要。特别是"核心素养"作为新修订课程标准中的关键词,只有深入理解,才能在教学研究中、在课堂教学中、在学生的学习行为变化和不断成长中得以体现。怎样理解新修订的义务教育生物学课程标准,本文将从修订背景及面临的问题、课程的传承与变化以及落实新修订课标面临的挑战等方面予以说明。

一、修订背景及面临的问题

新修订的义务教育生物学课程标准与 2011 版修订的课程标准颁布相隔了 10 年,在这 10 年间,国际、国内的社会、经济各个方面都发生了很大变化。

（一）教育现代化成为社会发展的强音

2015 年,联合国教科文组织发布了《教育 2030 行动框架》,动员所有国家和合作伙伴响应教育的可持续发展目标。作为回应,并结合国际形势和我国已具备的发展条件,2019 年,中共中央、国务院印发了《中国教育现代化 2035》。该文件提出,到 2035 年,我国总体实现教育现代化,迈入教育强国行列,推动我国成为学习大国、人力资源强国和人才强国的总体目标。这是我国第一个以教育现代化为主题的中长期战略规划,是新时代教育改革和发展的总方向。因为,进入新时代,我国社会的主要矛盾已经转化为"人民日益增长的美好生活需要和不平衡不充分的发展之间的矛盾",投射在教育领域的具体表现,即是人民日益增长的对优质教育的需要和教育发展不平衡不充分之间的矛盾。进入新时代,我国基础教育阶段"有学上"的问题已基本得到解决,接下来的重点是要解决好"上好学"的问题,即对公平而有质量教育的需求。而我们面临的现实是我国作为农业大国,农村所占比例巨大,在教育资源上,农村地区较城镇地区、西部地区较东部地区,仍然有较大的差距。因而,为缩小学校间、城乡间以及区域间的差距,均匀投放优质教育资源,以解决教育发展不均衡的问题;提高学校教学和管理质量,促进学生的个性发展和全面发展,以解决教育发展不充分的问题,义务教育上质量、上水平就成为教育现代化发展的重要任务。

从发展的角度回望我国的基础教育,近 10 年来我国教育普及水平实现了历史性跨越,总体来看各级教育普及程度均达到或超过中高收入国家平均水平。党的十八大以来,各级财政坚持把教育作为重点领域予以优先保障,实现了教育投入持续稳定增长,有力推动了我国教育事业发展迈上新台阶、进入新阶段。特别是"'十四五'规划和 2035 年远景目标纲要"提出建设高质量教育体系,为新时代我国教育改革发展描绘了蓝图。2020 年九年义务教育巩固率为 95.2%,比 2012 年提高 3.4 个百分点。教育公平取得新进展,在城镇学校基本消除"大班额"的同时,乡镇寄宿制学校、乡村小规模学校和农村学校教育信息化建设明显加强,农村地区和中西部地区孩子有了更好的就学条件和更多接受高质量教育的机会。我国教育发展水平总体进入世界中上行列,但教育发展不平衡、不充分问题还比较突出。不均衡主要是公平的问题,不充分主要是质量的问题。因此,通过深化教育改革解决这些问题,成为"十四五"发展时期中国教育的"主旋律"。

习近平总书记在党的十九大报告中提出"优先发展教育事业""努力让每个孩子都能享有公平而有质量的教育"。这一表述已成为新时代关于教育公平与质量追求的重要判断,它预示着中国教育公平"升级换代"的时候到了。自此以后,更好的教育不仅是更加公平的教育,也是更高质量的教育,而高质量教育的重要标准是"育人",培育全面发展的人。落实立德树人,培养德、智、体、美、劳全面发展的社会主义建设者和接班人,已经成为教育现代化发展的必然要求。

(二) 核心素养成为教育发展的热点

基础教育作为国民教育体系中最基础的部分,历来受到党和政府的高度重视。特别是中国共产党的十八大、十九大胜利召开,为中国从社会主义大国走向富有中国特色的社会主义强国指明了发展的方向,制定了发展的宏伟蓝图,对教育也提出了要立德树人,培养德、智、体、美、劳全面发展的社会主义接班人的明确要求。这一要求与国际竞争的核心即人才竞争的大背景密切相关。因为,经济全球化已经成为世界经济发展的显著特征,现代信息技术作为经济全球化的载体,改变了国与国之间、人与人之间的传统交流模式。国际经济竞争的核心是人才的竞争,在综合国力中占据重要位置。中国要实现富国、强国之梦,优化人才发展模式,必须树立与时俱进的理念,不断完善人才培养体系,为社会培养更多的高素质人才。而高素质人才的培养是个世界性话题,最值得我们关注的就是有关高素质人才培养必须具备的"核心素养"。

国际上开展的核心素养相关研究始于1992年,经济合作与发展组织(Organization for Economic Co-operation and Development,OECD)开展了"素养的界定与遴选:理论框架和概念基础"专题研究。至2005年,这一大规模跨国研究项目通过结合不同文化、不同阶层的多种价值观,较为全面地总结了人类社会成员共有的、关键的素养,建构了一个有关核心素养的总体概念框架,在世界范围内驱动和引领了有关学生核心素养的研究。[①] 之后,世界各国以核心素养为主题展开大量教育研究和教育实践。其中,最为著名、最具影响力的是OECD从2000年开始推行每三年一次的"国际学生评价项目"(Programmer for International Student Assessment,PISA)。PISA测试是针对科学、数学及阅读等方面展开的长期跨国研究和比较。它主要针对处于义务教育阶段的15

---

① 游振声,李思蓉.国内外核心素养研究现状与热点对比分析——基于CSSCI和SSCI文献的可视化[J].教育观察,2020(07):13—16.

周岁学生,评测他们在阅读、数学、科学这三个领域的素养及能力,以此来反映各国教育的成果,展现各国教育发展状况,从而促进各国间相互学习、共同进步。① PISA 第一次正式实施就吸引了多个国家的参与,在全球引起较大的反响,它的价值远远超出传统意义上的成就测试。2009 年和 2012 年,我国上海地区两次参加 PISA 测试都获得世界第一,与英美发达国家的教育形成强烈对比而备受世界瞩目。2015 年,北京、上海、广州和江苏四省市共同参加 PISA 测试,总成绩排名世界第十,说明即使皆为经济发达地区之间生源,学生素养仍然存在较大差距。② 2018 年,北京、上海、江苏、浙江四个教育发达地区参加 PISA 测试,再次包揽 3 个领域的第一名。从 PISA 这一国际性测评项目的角度可以看出国际上对教育的价值追求正在发生改变,即以往过分注重系统知识灌输的课堂教学模式并不完全符合 PISA 测评的要求,难以取得优异的成绩。特别值得人们关注的是:PISA 测试是以能力立意的考试评价,能够引导教师、学生与家长关注学生在现实生活中解决问题的能力,而非对知识的死记硬背。③④ 由此可见,素养教育已经是各国未来基础教育的关键,培养劳动者素养是各国基础教育课程改革的重心。

2014 年,我国教育部颁布了《关于全面深化课程改革 落实立德树人根本任务的意见》的文件,文件中首次提出了"核心素养"的概念。核心素养主要是指学生应具备的,能够适应终身发展和社会发展需要的必备品格和关键能力。文件还提出要研制中国学生发展核心素养、制定和落实各学段学生发展的核心素养。由此可以看出,我国核心素养的研究旨在落实立德树人这一教育的根本任务,塑造新时代新型人才的形象,规约学校教育的方向、内容与方法。所以,核心素养研究及其实践探索就此成为了我国教育改革与发展的重要方向。经核心素养课题组历时 3 年研究,并由教育部基础教育课程教材专家工作委员会审议,《中国学生发展核心素养》研究成果于 2016 年 9 月在北京发布。这一成果创造性地提出了中国学生发展核心素养的基本框架,以"全面发展的人"为核心,分为文化基础、自主发展、社会参与三个方面,综合表现为人文底蕴、科学精神、学会学习、健康生活、责任担当、实践创新六大素养。六大素养既涵盖了学生适应终身发展

---

① 钱卫刚.更高、更全、更远——从 PISA 测试理念看初中数学基本技能的落实及发展[J].数学教学通讯,2021(35):54—55+69.
② 胡乐乐.我国基础教育质量的国际排名、问题与改进——2015 年 PISA 结果及其对深化我国基础教育改革与发展的重要启示[J].西南大学学报(社会科学版),2018(02):83—93.
③ 赵茜,张佳慧,常颖昊."国际学生评估项目 2018"的结果审视与政策含义[J].教育研究,2019(12):26—35.
④ 李刚,辛涛,赵茜.从四省市 PISA 2018 结果看我国基础教育发展的经验与挑战[J].中国教育学刊,2020(01):7—12.

和社会发展所需的品格与能力,又体现了核心素养"最关键、最必要"这一重要特征。为方便实践应用,这一研究将六大素养进一步细化为18个基本要点,并对其主要表现进行了描述。根据这一总体框架,可针对学生年龄特点进一步提出各学段学生的具体表现要求。

《中国学生发展核心素养》是对教育方针中所确定的教育培养目标的具体化和细化,是连接宏观教育理念、培养目标与具体教育教学实践的中间环节。党的教育方针可以通过核心素养这一桥梁,转化为教育教学实践可用的、教育工作者易于理解的具体要求,进而贯穿到各学段,体现到各学科,最终落实到学生身上,明确学生应具备的品格和关键能力,从中观层面深入回答"立什么德、树什么人"的根本问题,用于指导人才培养具体实践。尤其是2017版普通高中生物学课程标准成功修订和实施,使得学生发展核心素养与高中生物学科素养进行科学合理表述,为广大一线高中教师教学明确了课程育人目标,提出了课程教学的新要求。近几年普通高中生物教学,在核心素养指导下,为提升教育水平积累了成功的经验。这样一个时代发展的背景,为义务教育生物学课程标准的修订工作奠定了良好基础。

(三) 生物学科课程面临的问题

课程作为学校教育的载体,伴随社会和经济的发展和新世纪以来的基础教育课程改革,一直是教育关注的热点,也是学校教育实践的主要途径。从2001版生物学课程标准实验稿到2011版生物学课程标准修订稿,生物学课程标准在指导学校课程实践过程中,发挥积极的作用。初中生物学课程在课程理念、内容要求及学习方式等方面都发生了根本性变化。教师认同了新课程提出的教学理念和要求,课堂教学行为也发生了相应的变化,主动学习、探究学习成为教师教学改进的焦点和教研工作的重要内容。尤其是2011版初中生物学课程标准提出"倡导主动探究学习,凸显重要概念传递"的教学改革方向,强调实现从关注科学事实的记忆向关注重要科学概念掌握的转变,提升学生生物科学素养①,成为本次新修订生物学课标的铺路基石。在深化课程改革的发展中,学科课程主要面临着来自三个方面的新挑战。

1. 宏观层面。随着我国人才强国战略的实施,提高国民素质,培养创新人才已经成为社会对教育的迫切需求。但随着经济全球化深入发展,信息网络技术突飞猛进,各种思想文化交流和交锋更加频繁,使得学生的成长环境发生了深刻变化,初中生的思想意

---

① 刘恩山,刘宇.聚焦课堂教学实践,促进教师专业发展——初中生物学教学关键问题的项目设计与实施要点[J].基础教育课程,2015(21):6—9.

识更加趋于自主,价值追求更加多样,个性特点愈加鲜明,这些新的需求和变化是课程改革必须面对的问题。

2. 学校层面。重智轻德,单纯追求分数和升学率的现象还有不同程度的存在,越是在教育思想观念落后的学校,表现越为明显。这样的教育结果使得学生的社会责任感、创新精神和实践能力较为薄弱。这样的育人水平与国家、社会对学校的要求相比,呈现出不相符的现状。所以,提升学校教育水平,也是课程改革不容回避的责任。

3. 课堂教学层面。经历了近20年的课程改革,课堂教学在课程标准的指导下,突破了基础知识、基本技能教学的局限,走向了知识、能力、态度共同发展的方向。但在实践中仍然存在着教育工作者极为关注的课程目标在课堂教学中被虚化的现象,即基本知识和基本技能被弱化的现象,过程和方法出现了"游离"现象,情感、态度和价值观出现了"贴标签"现象。[①] 在初中生物学课堂还存在着教学重理论轻实践活动、科学探究重形式轻真实体验等现象。这些现象背后深层次的问题是新课程所倡导的先进理念得到了很大程度的认同,对构成该学科的基础知识和基本概念的体系也容易接受和实施,但对课程概念体系背后的思考方式与行为方式及其情感态度和价值观,即这门学科的精神灵魂难以把握。这是本次课标修订在学生发展核心素养,提升基础教育质量过程中必须重视的问题。

二、生物学课程的传承与变化

从传承与变化的角度来认识新修订的义务教育生物学课程标准,有利于教师理解和把握课标修订的价值和意义。因为,继承、创新和基于研究实践的发展既是普通高中生物学课程标准修订工作的基本范式,也是义务教育生物学课程标准修订的基本范式。

2011版的生物学课程标准的整体结构由前言、课程目标、课程内容、实施建议这四部分构成。与2011版修订的义务教育生物学课程标准相比,新修订义务教育生物学课程标准的整体结构由课程性质、课程理念与设计思路、核心素养与课程目标、课程内容、学业质量、课程实施这六部分构成。显然,在结构上发生了明显的变化,变化主要表现在两个方面,一是在课程目标部分,将核心素养置于课程统领的位置。二是增加了学业质量,表述学业质量的内涵和学业质量标准以及在课程内容部分增加了学业要求。课程标准的指导作用不仅体现在教什么,也体现在学生怎样学,使育人的指导性获得进一

[①] 余义森.新课程教学改革的成绩与问题反思[J].课程·教材·教法,2005(05):3—9.

步增强。

新修订的义务教育生物学课程标准的各部分内容,相比以往的课标都有了较大的变化,理解生物学课程标准这些内容的传承以及变化,对于落实立德树人、发展学生核心素养,实施新修订的课程标准是至为重要的。

(一) 课程性质

新修订的义务教育生物学课程标准对课程性质的表述基本上沿用了2011版生物学课程标准的形式,即从生物科学、生物学科的性质、义务教育阶段生物学课程的性质进行了分层次表述。在传承以往课程性质表述的基础上,主要变化一是对生物科学的表述,明确了研究对象是具有高度复杂性、多样性和统一性的生物界。这更有利于教师和学生理解生物科学是个什么样的学科、研究什么、研究对象有哪些,更有利于理解生物学与农业科学、医药科学、环境科学及其他有关科学和技术的关系是什么,更有利于理解生物学的研究过程、研究发展以及对人类和社会的影响价值。变化二是增加并强调了义务教育生物学课程是一门以探索性和实践性为突出特点的学科课程这一表述,使得课程性质更符合生物学课程的本质特点。这一变化对一线教师理解生物学课程也是一种提示,因为,长期存在于初中生物学课程实施中的重视理论知识传授,轻视实验教学的现象,虽然原因是复杂的,但根源之一就是对生物学课程的性质理解不够。

(二) 课程基本理念

课程理念是指导课程设计和实施的思想观念及价值追求,具有明确和先进的课程理念是对课程研究者和教学工作者的基本要求。

2011版修订的义务教育生物学课程标准确定了我国初中生物学课程的三大基本理念是:面向全体学生、提高生物科学素养、倡导探究性学习。与这一版相比,新修订的我国义务教育生物学课程标准依据新时代对教育的新要求和生物教育发展的实际需求,在课程理念这部分提出了五个方面的要求,发生了全新的变化,即核心素养为宗旨、学习主题为框架、内容聚焦大概念、教学过程重实践、学业评价促发展。

1. 核心素养为宗旨

将核心素养作为义务教育生物学课程的重要理念,体现了立德树人,深化教育改革的新要求,在这一点上,与2017版普通高中生物学课程标准的课程理念是一致的。义务教育生物学课程着眼于学生适应未来社会发展和个人生活的需要,立足于坚实的生物学科内容基础,密切结合"中国学生发展核心素养"研究等教育领域新成果,融入社会主义核心价值观的基本内容和要求,充分发挥学科育人价值,发展学生核心素养。这一课程理念反映了时代发展对学生全面发展的要求。

2. 学习主题为框架

这一课程理念的建构思路可以追溯到 2001 版义务教育生物学课程标准（实验稿）和 2011 版义务教育生物学课程标准（修订稿），都是以生物科学的宏观研究为主线，精选和串联生物科学主要的知识与观念，构建了"人与生物圈"的课程体系，改变了以往沿用多年的"动物学""植物学""生理卫生"的课程体系，克服了过去生物学课程繁、难、偏、旧的弊端，确定了 10 大学习主题，即科学探究主题、生物体的结构层次主题、生物与环境主题、生物圈中的绿色植物主题、生物圈中的人主题、动物的运动和行为主题、生物的生殖、发育与遗传主题、生物的多样性主题、生物技术主题、健康的生活主题。10 大学习主题彻底摆脱了大纲时期"完整性""系统性"的课程理念和学科中心的轨道，为初中生学习生物学课程提供了主题突出、主线明确的学习内容。这一课程建设上的重大突破既符合国际生物学基础教育发展的潮流，也符合我国初中学生的认知水平。在新世纪以来的基础教育课程改革中，这一课程理念的建立无疑是成功的。

随着教育的进一步发展，着眼建设高质量教育体系，切实提升学校育人水平，以促进学生全面发展、健康成长成为社会关注的热点。本次义务教育生物学课程标准修订依据生物学的特点、社会发展对人才的需求和学生发展的需要，建立在传承义务教育生物学课程以学习主题为单位构建课程内容体系的基础上，对以往 10 个学习主题进行了调整和删减，形成了"6＋1"的学习主题形式。其中的 6 个学习主题体现了生物学科内容，分别是生物体的结构层次、生物的多样性、生物与环境、植物的生活、人体生理与健康、遗传与进化，每个主题包含若干生物学重要概念，同时融入生物学的思想观念、研究过程和方法。此外，设置了 1 个跨学科实践主题，引导学生综合运用生物学、化学、物理、地理、数学等学科的相关知识和方法，尝试分析和解决实际问题。

这 7 个学习主题构成了新修订义务教育生物学课程标准中课程内容的总体框架，学生在初中阶段学习的生物学课程内容就在此基础上展现。与以往的课程理念相比，这 7 个学习主题的课程内容有了明显的"瘦身"，但对学生的学习提出了更高的综合性要求。

3. 内容聚焦大概念

这一课程理念的形成与 2011 版义务教育生物学课程标准修订稿关注和强调重要概念学习有着重要的渊源。2011 版义务教育生物学课程标准修订的一个重要变化是用描述概念内涵的方式确定了 50 个重要概念，分布在 10 个内容主题之中，是生物学课程进步的一个显著标志。这一变化从一个新的视角提示教师们在生物教学中把握"教学重点和难点"，深刻地影响到这 10 年来教师的教学设计、实施和评价，也为本次新修订课程标准奠定了良好基础。

这一课程理念的形成也是对2017版普通高中生物学课程标准修订工作的重要承接。2017版普通高中生物学课程标准修订将体现生物学科核心素养的生命观念用生物学核心概念的方式呈现,也可以称为生物学的大概念。课程标准中使用了数个重要的生命观念(大概念),统领整个生物学课程内容,强化学生对不同知识的理解和融会贯通,以期达到"少而精"的学习效果。因为国际科学教育的探索和实践都表明,"少而精"的课程与教学是时代和科技变革所带来的挑战的必然选择,"少而精"旨在强调"以学科大概念和跨学科概念贯穿科学课程",将学校有限的教学时间聚焦于引领学生在真实情境中开展科学探究与工程学实践,帮助学生获取对大概念和跨学科概念的深入理解,以期培养出具有理性决策能力和创新能力的科技人才。

本次新修订义务教育生物学课程的设计和实施与普通高中一样,也追求"少而精"的原则,优化课程内容体系,聚焦于大概念,淡化细枝末节的内容,降低对记忆背诵的要求,突出重点,切合初中学生的认知特点,明确学习要求,确保学生有相对充裕的时间主动学习,进行科学探究与讨论来深刻理解和应用重要的生物学概念,发展学生的综合思维能力。学生也会因思维能力的提升实现学业水平的提高,发展生物学核心素养。

4. 教学过程重实践

教学过程重实践的课程理念是新修订义务教育生物学课程标准与2017版普通高中生物学课程标准的又一个相同的要求。之所以两者在教学方式有相同的理念要求,是由生物学课程的性质所决定。因为无论是高中还是初中的生物学内容所包含的科学知识大都源于实践的探索。教学中通过实践环节,才能促使学生更好地理解和感受这些生物学理论知识,体验和感悟其中隐含的科学思想、科学方法和发现问题、解决问题的路径。

值得我们关注的是2017版普通高中生物学课程标准修订时提出的教学过程重实践这一理念,是"让学生积极参与动手和动脑的活动,通过探究性学习或完成工程学任务加深对生物学概念的理解,提升应用知识的能力,培养创新精神,进而能用科学的观点、知识、思路和方法,探讨或解决现实生活中的某些问题"。这段话中"探究性学习或完成工程学任务"提示"实践"的内容包括科学探究和工程学实践两个方面,"探讨或解决现实生活中的某些问题"则揭示了"实践"的实质和意义。对实践的这种认识也与国内外十多年相关的研究基本一致。所以,义务教育生物学课程修订同样高度关注学生学习过程中的实践经历,强调学生学习的过程是主动参与的过程,选择恰当的真实情境,设计学习任务,让学生积极参与动手和动脑的活动。此外,还强调通过实验、探究类学习活动或跨学科实践活动,加深学生对生物学概念的理解,提升应用知识的能力,激发探究生命奥秘的兴趣,进而能用科学的观点、知识、思路和方法,探讨或解决现实生活中的某些问题。因为,生物学核心素养靠死记硬背是学不到的,只有在主题学习活动中,在解决问题的过程中,学生亲历实践、探究、体验、反思、合作、交流等学习过程,才能逐步发展和养成。教师们只有在课程理念上认同了这种教与学方式的变革,才能通过多种多样的实践活动,有效地将生物学核心素养逐步生成、展现于学生的学习过程之中。

5. 学业评价促发展

这一教学理念将生物学课程评价精准地落实于学生的学业评价。学业评价是指在教学过程中对学生学习和发展进行的评价。开展学业评价是落实立德树人要求,体现评价以生物学素养发展为核心的重要内容,也是本次义务教育课程标准修订工作的亮点之一。其变化主要在于,以往的课程标准较为重视的是教师的教,而新修订的课程标准不仅指导教师怎样教,更重视通过评价来指导学生的学。所以将评价重点放在学生的学业上,不仅是普通高中生物学课程标准修订的变化,也是义务教育课程标准修订的重要变化。这样的变化更能充分发挥评价的诊断、激励和教育作用,促进学生全面发展,真正体现评价的功能。

从课程的角度强调学业评价,要求教师从生物学科的特点出发,将评价重点放在学生的学习活动上,特别要注重对探究和实践过程的评价,致力于创建一个主体多元、方法多样、既关注学业成就又重视个体进步和多方面发展的生物学学业评价体系。力图通过这样科学合理的评价体系帮助学生认识自我、建立自信,改进学习方式,促进其核心素养的形成。同时也为教师改进教学方式、提升教学水平、发展专业能力提供科学依据。

(三)核心素养与课程目标

新修订的义务教育生物学课程目标,与以往的课程目标相比,变化是巨大的。变化源于新时代对教育立德树人,发展学生核心素养的新要求。以三维目标为导向的课程标准是一种内容标准,以核心素养为导向的课程标准则是一种成就标准,这是一种更加凸显人的发展的标准。[1]

新修订的义务教育生物学课程标准在课程目标方面的变化与2017版普通高中生

---

[1] 余文森.从"双基"到三维目标再到核心素养——改革开放40年我国课程教学改革的三个阶段[J].课程·教材·教法,2019(09):40—47.

物学课标修订稿基本一致。2017版新修订高中生物学课标中的课程目标部分是以发展学生的生物学核心素养为宗旨,包括生命观念、科学思维、科学探究和社会责任。新修订义务教育生物学课程标准中课程目标的制定也是以生物学核心素养为宗旨,包括生命观念、科学思维、探究实践、态度责任。可见,无论是高中还是初中,新修订课程标准所制定的课程目标都强调生物学核心素养。生物学核心素养是生物学课程育人价值的集中体现,是学生通过本课程学习而逐步形成的正确价值观、必备品格和关键能力。其价值和地位决定了生物学核心素养对课程目标的制定和实施具有统领作用,也是深化基础教育课程改革,促进课程育人的根本方向。所以,理解生物学核心素养是实施新修订课程目标的关键。

1. 生命观念

在生物学核心素养中,最具生物学学科特点的是生命观念。[①] 因为,"生命观念是从生物学视角,对生命的物质和结构基础、生命活动的过程和规律、生物界的组成和发展变化、生物与环境关系等的总体认识和基本观点,是生物学概念、原理和规律的提炼和升华,是理解或解释生物学相关现象、分析和解决生物学实际问题的意识和思想方法。"通过新修订课程标准的这段话可以看出,生命观念不是指某些个具体的知识,而是通过课程教学,让学生逐步形成看待生命世界的态度和价值取向,是科学自然观和世界观的重要组成部分。在分析和解决与生物学相关的问题时,科学的生命观念虽不能提供现成的答案,但会指明分析问题的思路和方向。如探讨和阐释生命现象及规律,认识生物界的多样性和统一性,认识生物界的发展变化,认识人与自然的关系等。[②] 生命观念对学生正确认识生命世界具有指导作用。初中学生要形成的生命观念主要包括生物学的结构与功能观、物质与能量观、进化与适应观、生态观等。

新修订的义务教育生物学课程标准采用大概念的方式来表述这些生命观念。在内容部分以大概念、重要概念和次位概念的形式呈现相应的概念体系。这些生命观念以9个大概念的表述方式贯穿于整个义务教育阶段课程内容的7个学习主题之中。例如:

概念1:生物体具有一定的结构层次,能够完成各项生命活动

1.1　细胞是生物体结构和功能的基本单位

　　1.1.1　说出一些生物由单细胞构成,一些生物由多细胞组成

　　1.1.2　说出动物细胞、植物细胞都具有细胞膜、细胞质、细胞核等结构

---

① 刘恩山.生命观念是生物学学科核心素养的标志[J].生物学通报,2018(01):18—20.
② 赵占良.对生物学学科核心素养的理解(一)生命观念的内涵和意义[J].中学生物教学,2019(11):4—8.

......

1.2 生物体的各部分在结构上相互联系,在功能上相互配合,共同完成各项生命活动

  1.2.1 概述细胞能通过分裂和分化形成不同的组织

  1.2.2 描述绿色开花植物体的结构层次包括细胞、组织、器官和个体,高等动物体的结构层次包括细胞、组织、器官、系统和个体

......

其中,概念1属于一级标题,用黑色字体表示,表示大概念或生命观念。1.1或1.2属于二级标题,表示重要概念。1.1.1或1.2.1属于三级标题,表示次位概念,是形成重要概念和大概念的基础,常可以在一节课里完成。

生命观念是学生在对生物学概念知识理解的基础上构建而成的。在生物学的课程内容的学习中,往往需要学生从认识具体的事实性生物学知识开始,在感知事实的基础上,通过抽象、升华而形成生物学概念。具体的概念性知识又是支撑观念构建的工具和载体,通过不断地构建和提炼,使学生形成生物学的基本观念,这是体现生物学核心素养的具体要求,也是生物学课程教学的重要目标。

从初中学生的认知规律来看,学生感知具体的事实性知识是容易的,但要建立和理解生物学大概念和重要概念是有难度的。这就需要教师精心设计教学过程,以学生学习经历或生活经历所提供的直观、细碎、具体的事实性知识为基础,通过科学思维训练和探究实践活动来引导学生概括生成抽象的重要概念和大概念。

2. 科学思维

新修订的义务教育生物学课程标准中,科学思维是生物学核心素养的重要组成部分。课标指出,"科学思维是指在认识事物、解决实际问题的过程中,尊重事实证据,崇尚严谨求实,基于证据和逻辑,运用归纳、演绎、比较、分类、分析、综合、建模等方法,进行独立思考和判断,多角度、辩证地分析问题,对既有观点和结论进行批判审视、质疑包容,乃至提出创造性见解的能力与品格。"

从2001年义务教育生物学课程标准实验稿、2011年义务教育生物学课程标准修订稿的课程目标来看,都提及科学思维,但要求都不够明确。新修订的义务教育生物学课程标准基于发展学生核心素养的要求,借鉴2017版高中生物学课程标准修订的成果,对科学思维做了更为明确的表述。科学思维是基于事实证据、运用科学概念、通过科学推理和论证对客观事物的本质、规律及其相互关系作出判断和解释、对客观事物的发展变化作出预测的认识方式。科学思维也是一种重视实证和逻辑的求真务实的思维习惯

和能力。科学思维既需要尊重事实证据，崇尚严谨求实的科学态度，也需要基于证据和逻辑，运用归纳、演绎、比较、分类、分析、综合、建模等科学方法。科学思维的培养过程就是让学生运用科学态度和科学方法，学会进行独立思考和判断，多角度、辩证地分析问题，对既有观点和结论进行批判审视、质疑包容，进而发展能提出创造性见解的能力与品格。这样的表述不仅方便教师们理解，更有利于在课程实施中很好地落实在学生的学习活动中。

新修订义务教育生物学课程标准强调发展科学思维应该贯穿学生学习生物学的全过程。因为，科学思维对于探索自然奥秘、评判结论和观点、分析和解决实际问题、参与讨论社会性科学议题等，都具有十分重要的意义。新修订义务教育生物学课程标准明确了科学思维与科学精神的关系，即发展科学思维是培育学生理性思维、批判质疑、勇于探究等科学精神的重要途径。

3. 探究实践

作为生物学核心素养的重要组成部分，探究实践是新修订义务教育生物学课程标准引人关注的一个方面。一是要求不同，与以往义务教育生物学课程标准相比，人们熟悉的是作为十大学习主题之一的科学探究，虽然列在十大学习主题之首，并要求"尽可能渗透各主题内容的教学活动中"，但在后面的9个学习主题里，并未有更具体明确的要求。而这次新修订课程标准中，探究实践作为生物学素养中一个重要组成部分，贯穿落实在每一个学习主题中，显然这是一种升级或进步。二是提出角度不同，与2017版高中生物学课程标准在生物学科核心素养中的提法"科学探究"相比，新修订义务教育课程标准中生物学素养重要组成部分的提法是"探究实践"，这一变化是从初中学生的认知特点出发，更强调实践对初中学生学习的重要作用，既符合人们认识事物的一般规律，也符合"教学过程重实践"这一新修订课程标准的重要课程理念。

作为生物学核心素养的重要组成部分，探究实践的含义既包括学生出于对自然界的好奇心和求知欲，从生物学现象中发现和提出问题、收集和分析证据、得出结论，以及综合运用生物学和其他学科的知识和方法，也包括通过一定的工程技术手段，解决真实情境中的问题或完成实践项目的能力与品格。所以比较以往课程标准，新修订义务教育课程标准生物学核心素养要求的探究实践含义更为丰富。

新修订课程标准在生物学素养中要求学生在学习过程中，应有较多的机会进行科学探究与跨学科实践活动，不断提高科学探究能力和综合实践能力。并特别说明科学探究是学习生物学的中心环节，跨学科实践是拓展视野、增强本领的重要途径，探究实践能力是创新型人才的重要标志。

4. 态度责任

新修订义务教育生物学课程标准将态度责任作为生物学核心素养的重要组成部分,明确定义为"态度责任是指在科学态度、健康意识和社会责任等方面的自我要求和责任担当。"这不仅意味着对基础教育课程改革以来育人要素的重要传承,也是在多年来基础教育改革基础上对课程育人内涵的进一步丰富。

以往义务教育生物学课程标准中的三维课程目标之一是情感、态度、价值观。就态度来讲,曾表述为乐于探索生命奥秘,具有实事求是的科学态度和逐步养成良好的生活和卫生习惯,确立积极、健康的生活态度。新修订课程标准在生物学核心素养里所指的态度则更为明确具体,其中,科学态度是指乐于探索自然界的奥秘,具有严谨求实、勇于质疑、理性包容的心理倾向。生活态度则与健康意识形成密切相关,健康意识是指在掌握人体生理和卫生保健知识基础上,关注身体内外各种因素对健康的影响,在饮食作息、体育锻炼、疾病预防等方面形成健康生活的态度和行为习惯。就责任来讲,以往的义务教育生物学课程标准将其表述为"了解我国的生物资源状况和生物科学技术发展状况,形成爱祖国、爱家乡的情感,增强振兴祖国和改变祖国面貌的使命感和责任感"。新修订义务教育生物学课程标准则更为明确地指出,社会责任是指基于对生物学的认识及对科学、技术、社会、环境相互关系的理解,参与个人和社会事务的讨论,作出理性解释和判断,解决生产生活问题的责任担当和能力。表述内容的这些变化将使得教师更容易理解初中生通过生物学的学习过程,应获得什么样的情感、态度、价值观。所以生物学核心素养对态度责任的要求,是生物学课程在以往情感、态度、价值观上的升级。这样的表述对课程教学要求更为具体、明确,有利于教师在教学过程中将生物学核心素养落实于具体的生物学内容中。生物学核心素养对态度责任的要求不仅体现在内涵表述上,也体现在学习要求上,即"学生在学习过程中,应将知识和技能的学习与态度责任有机结合,不断提升科学态度、健康意识和社会责任感,学会对自己和他人的健康负责,珍爱生命、尊重生命,热爱自然、敬畏自然,热爱祖国、热爱家乡,立志为实现中华民族伟大复兴和推动社会进步作贡献。"并进一步表述了这一核心素养与知识、能力的关系及其价值体现是"态度责任关系到知识和能力的正确运用,是生物学课程育人价值的重要体现。"

(四)课程内容

课程内容是义务教育生物学课程标准中的第四部分,承载着立德树人,发展学生生物学核心素养的具体要求,是教材编写、教师教学设计、教学实施和教学评价的重要依据。新修订的课程标准与以往义务教育生物学课程标准相比,主要有三个重大变化。

1. 课程内容体系做了重大调整。2011版生物学课程标准的课程内容在2001版的基础上,是以"生物圈中的人"为主线,在浩瀚的生物学知识海洋中选取了10个主题以适合当时初中生学习发展的学习需求。这10个主题分别是:科学探究,生物体的结构层次,生物与环境,生物圈中的绿色植物,生物圈中的人,动物的运动和行为,生物的生殖、发育和遗传,生物的多样性,生物技术,健康的生活。这些课程内容经历了多年的教学实践,很好地体现了义务教育阶段生物学课程的普及性、基础性和发展性,对发展学生的科学素养起到了重要作用,体现了国家对学生在生物学科学知识和技能,能力以及情感、态度、价值观等方面的基本要求。但随着我国社会、经济的快速发展,对人才竞争力要求的进一步提高,教育面临着一系列新的挑战,尤其是如何落实立德树人,提高学生生物学核心素养,促进学生全面发展,成为课程育人的新要求。

新修订义务教育生物学课程标准对于课程内容的修订,是依据社会发展、生物学发展和学生发展的实际需求,围绕生物学核心素养这一课程宗旨,在保持原课程基本内容的基础上,从减负增效,优化课程内容的现实要求出发,将以往生物学课程标准课程内容的10个一级主题调整为7个学习主题。分别是:生物体的结构层次、生物的多样性、生物与环境、植物的生活、人体生理与健康、遗传与进化和跨学科实践。这7个学习主题共同构成了新修订生物学课程标准的课程内容体系。与以往的义务教育生物学课程标准的课程内容相比,这一课程内容体系既是对原有课程核心内容很好的传承,也是在原有课程内容基础上,对课程知识结构,内在逻辑和课程育人的可操作性等方面的进一步的提高。尤其是第7个学习主题"跨学科实践",是以往义务教育课程标准都没有的。新增加的这一学习主题其价值在于既在义务教育阶段强调了学科间学习活动的综合性,又拓宽了学科育人途径,成为这次义务教育课程标准修订的一个亮点。

2. 形成了生物学三级概念体系。这是在传承以往生物学课程标准精华内容基础上的发展性变化。2011版义务教育生物学课程标准在课程内容的组织和呈现上,借鉴了国际科学教育的研究成果,提出了义务教育初中生物学的50个重要概念,并强调教师在设计和组织教学活动时,应注意围绕重要概念展开,将生物学课程教学从记忆事实向理解概念转变。因为,相关研究已经表明:人类认知事物的高明之处就是在感觉的基础上形成了概念。概念让认知摆脱感觉的局限,帮助人们认识、把握事物的本质和发展规律。有了概念,可以使得人们在认识上减少世界的复杂性和混乱程度。概念作为思维的基础和工具,能提高人们思考的力量,提高思维的深度、广度和创造性,支撑思想交流的准确性。凸显概念在生物学课程学习中的作用,就是要让学生不满足于发现或记忆一个个具体的事实,而是在事实性经验基础上理解概念,建构概念系统,形成思想观念。① 无疑,2011版义务教育生物学课程标准引领广大教师把握好初中生物学课程内容,为一线教师把握初中生物学教学的深度和广度提供了重要依据,是该版生物学课程标准的标志性成果。

在传承2011版义务教育生物学课程标准的课程内容,提出50个生物学重要概念的基础上,新修订义务教育生物学课程标准的课程内容在核心素养为宗旨的课程理念指导下,有了进一步的发展,形成了以生命观念这一重要生物学核心素养为核心、为统领的生物学概念体系。如前所述,新修订的义务教育生物学课程标准采用大概念的方式来进一步表述结构与功能观、物质与能量观、进化与适应观、生态观等生命观念。在内容部分以大概念、重要概念和次位概念的形式呈现相应的概念体系。这些生命观念以9个大概念的表述方式贯穿于整个义务教育课程内容的7个学习主题之中。

由于学习内容的不同,7个不同的学习主题,在形成生命观念、发展科学思维、开展探究实践、不断提升科学态度和社会责任这些发展学生生物学核心素养的教学活动中,呈现出各自育人的特点。理解这些特点还需进一步理解本次新修订课程标准中的课程内容,现以其中2个学习主题为例,来说明这些课程内容的传承和变化。

(1) 学习主题:生物体的结构层次

认识生物体的结构层次,对于学生深入理解大千世界中丰富多彩、形态各异的生命个体及其功能特点、活动规律具有重要的基础性价值。义务教育生物学课程标准在课程内容部分将生物体的结构层次列为第一个学习主题,是符合义务教育阶段学生的认知规律的。

学生认识生物体的结构层次的过程既是学习科学探究、掌握一定的科学方法、发展科学思维的过程,也是理解相关科学概念、形成生命观念,发展生物学核心素养,培养其担当社会责任的过程。基于这一新要求,新修订义务教育生物学课程标准在2011版生物学课程标准的6个重要概念的基础上,按照新的课程理念,提出了新的要求。

一是强调大概念即生命观念的形成,即概念1:生物体具有一定的结构层次,能够完成各项生命活动。二是强调各个重要概念之间内在的逻辑联系,以促进学生深入认识生物体在结构和功能上是一个统一的整体,形成这一重要的生物学观念。三是强调正确的实验要求和规范地操作相应的实验仪器,例如显微镜,以达到学生应该达到的学业要求。教师教学该如何认识这一主题的内容?首先应从发展学生生物学核心素养的

---

① 赵占良.概念教学刍议(五)——概念在认知活动中的作用[J].中小学教材教学,2020(11):18—22.

宗旨和任务出发来思考本节内容所承载的育人价值和地位。即这部分学习内容应给予学生什么样的生物学观念和科学思想，需要掌握什么样的科学方法，这是中学阶段学生学习的奠基性任务。

本主题学习力图通过建立"生物体具有一定的结构，能够完成各项生命活动"这样一个大概念的过程，让学生理解细胞的基本组成结构，能说出动物细胞、植物细胞都具有细胞膜、细胞质、细胞核，促使学生在学习单细胞生物的基础上，了解多细胞生物体结构层次，认识不同的细胞结构，具有不同的功能，知道绿色开花植物和动物的结构层次都包括细胞、组织、器官、系统和个体，进而能够初步认识到生命系统中的物质具有层次性，为认识更为复杂生命系统层次，例如种群、群落、生态系统、生物圈等奠定基础。

学习生物体的层次结构可以促进学生对生命系统整体性的认识。生命系统同一层次内各组成要素之间存在着复杂的相互作用。例如组成细胞的细胞膜、细胞质、细胞核其各部分结构极其精细复杂，正是这些结构部分之间的相互联系和相互作用，才使得细胞能够进行生命活动。生命系统高层次的功能或性质并非低层次部分结构的简单累加，各个部分共同作用可使高层次生命系统会"突显"出新性质，体现出各个部分结构所不具备的新功能，即"整体大于部分之和"。这正是整体系统观的本质特征。教师需要引导学生从宏观到微观，从整体到部分认识植物体或动物体，理解事物的统一性和多样性，初步形成结构与功能相统一、生物体部分与整体相统一等生命观念。与以往课程标准相比，这是新修订课程内容所强调生命观念的重要内容之一。因为，生命系统观的建立有利于学生形成整体式思维，避免孤立、片面地看待自然界。

显而易见，这一主题内容是在以往课程内容传承基础上，更加凸显了生命观念在生物学课程中的地位及其育人价值。

（2）学习主题：生物的多样性

生物的多样性学习主题是义务教育阶段生物学课程标准中课程内容的重要组成部分。生物多样性是指生物及其关系的多样化程度，包括植物、动物、微生物以及由它们组成的生态系统，其组成、功能、平衡及调节机制的千差万别是生物多样性的重要内容。生物多样性反映了地球上包括植物、动物、菌类等在内的一切生命都有各不相同的特征及生存环境，它们相互间存在着错综复杂的关系。保护生物多样性对于人类的生存和发展具有重要意义。

新修订生物学课程标准将生物的多样性列为初中生学习的七大主题之一，其价值就在于帮助学生领悟各类生物和人类生活的密切关系，通过这一学习过程形成生物进化的观点、树立辩证唯物主义的自然观,并积极参与保护生物多样性的活动,体现社会责任。这也是生物学素养的重要组成部分。

与 2011 版生物学课程标准修订稿相比,生物的多样性学习主题在这次修订中有这样两个突出的变化:一是在课程内容中该学习主题所排列的顺序发生了变化,本次修订将这一学习主题从 2011 版生物学课程标准的第八部分调整到第二个学习主题,这样的调整有利于义务教育阶段的学生在了解生物体的结构层次的基础上,从宏观和整体的角度感知生命世界,更加符合学生的认知规律。二是本次修订工作对该学习主题在内容上做了较为显著的调整。例如,在植物部分,现代生物学已将藻类划入原生生物界,本次课标修订将藻类归为"是能够进行光合作用的结构简单的生物",与苔藓植物、蕨类植物、种子植物进行了更为明确的区分,以顺应生命科学的发展。而在无脊椎动物部分,去掉了腔肠动物、扁形动物、软体动物,保留了相比较与人类关系更为密切的线虫动物(蛔虫)、环节动物(蚯蚓)、节肢动物(蝗虫、蜜蜂)等,在一定程度上减轻了初中学生学习的容量和难度,符合当前减负、增效的教育要求。再是从社会发展和学生未来生活的实际需求出发,将微生物部分从以往生物学课程标准的第九部分调整到本学习主题,并依据现代人类社会对公共卫生安全的实际需求在内容上做了增强,表述也更为细致。

在学习内容上的这些变化调整,使得生物的多样性学习主题在层次显得更为清晰,其内容更加丰富、完整。特别是这一学习主题通过 14 个次位概念支撑 4 个重要概念,更有利于学生形成大概念,即概念 2:生物可以分为不同的类群,保护生物的多样性具有重要意义。这样的三级概念体系,更有利于学生理解和认识到生物具有统一性和多样性这一辩证唯物主义观点,为形成保护生物多样性的意识和行为习惯,增强社会责任感奠定良好的课程学习基础。

3. 新增加了学业要求和教学提示。与以往义务教育生物学课程标准相比,新修订义务教育生物学课程标准的课程内容在每个学习主题之中都新增加了学业要求和教学提示。

学业要求是指预期学生学完主题内容后的素养表现要求,其描述学生学习完某主题内容后能做什么事情,完成什么能力活动任务,做事情的时候应该具有怎样的素养水平。[①] 学业要求的提出意味着我国义务教育生物学课程标准是继普通高中生物学课程

---

① 王磊,魏锐.学科核心素养发展导向的高中化学课程内容和学业要求——《普通高中化学课程标准(2017 年版)》解读[J].化学教育(中英文),2018(09):48—53.

标准文本之后,将学生学习的"表现标准"列入其中,以引导课程实施和评价的焦点从以往的关注知识转向关注于生物学核心素养。① 这是由落实立德树人的根本任务所决定的。例如,在完成第二个学习主题"生物的多样性"后,学生应该达到以下学业要求。

(1) 说明生物的不同分类等级及其相互关系,初步形成生物进化的观点。

(2) 对于给定的一组生物,尝试根据一定的特征对其进行分类。

(3) 分析不同生物与人类生活的关系,关注外来物种入侵对生态安全的影响,认同保护生物资源的重要性。

(4) 主动宣传生物多样性的重要意义,自觉遵守相关法律法规,保护生物多样性。

从上述这四点学业要求来看,对该主题学习结果分别从生命观念、能力发展、实践活动和态度责任等提出了明确具体的指向生物学核心素养的要求,在一定程度上,将以往蕴含在课程中教师们难以把握的课程育人价值呈现为可教、可学、可测量的生物学核心素养。新修订义务教育生物学课程标准将生物学核心素养在内容部分以学业要求的方式呈现,其价值和意义一是将教师所教的内容与学生学到什么程度给予了十分明确、具体的要求,从而强化了课程标准对课程教学的指导性。二是将生物学核心素养与具体课程内容的学习要求相联系,体现了国家立德树人要求在学科课程中的细化和具体化,使得国家育人的要求能真正落实在课程教学层面。三是为课程和教学评价指明了方向,有效促进从以往关注课程知识的评价转向关注课程育人的评价,为"学业评价促发展"这一生物学课程理念的落实提供了坚实基础。

为了更好地达成各个学习主题的学业要求,新修订生物学课程标准在课程内容的每一个主题后还给出了教学提示,从教学策略、情境素材和教学活动三个角度提出了建议,既方便教师在课程实施中操作,又为教学质量提升提供了保障。

三、落实新修订课标面临的挑战

随着新修订义务教育生物学课程标准颁布,出现生物学核心素养的要求、新的课程结构、新的课程内容和学业要求等,对初中生物学教学无疑会激起一轮将立德树人的教育任务深入到课堂教学层面的改革浪潮。在这一改革中,教学、教研和学校管理都需要从课程理念、课程实施和课程评价几方面出发,在思想意识上围绕育人这一教育的根本问题进行深入的学习。这里着重从教师教学的角度来探讨怎样应对新修订的义务教育

---

① 胡兴昌等.把握学业质量标准,让学科核心素养落地[J].生物学教学,2018(08):17—20.

生物学课程标准带给教学的挑战。因为,学校所有育人的目标,最终都是要通过课程和教学来实现,若课程是方案、计划、内容和学习经验的话,教学则是方法、活动、实施和描述,是落实课程的重要环节。

(一) 教学目标设计从"三维"进阶到"核心素养"

以核心素养为宗旨和统领的课程目标怎样与具体的生物学教学内容和学生发展的实际相结合,形成更为明确具体的教学目标,通过教学目标在课堂教学中达成,进一步提升学生的学习质量。这对于已经习惯了研制三维教学目标的广大教师来讲是必须面临的重要挑战。

应对这一挑战,需要不断更新教学观念,教学目标设计从"三维"进阶到"核心素养",是核心素养时代对课程教学的要求,更是对教师教学观念更新的要求,即让生物学教育从知识转向育人。新修订生物学课程标准在第六部分课程实施中,就怎样开展教学改革、创新,给出了比以往课程标准更为细致具体、说理性和指导性都很强的要求。例如在教学要求中,从怎样制订教学目标体现核心素养的要求着手,强调教学目标应体现核心素养的综合性、发展性、实践性。理解课程标准的这些教学要求,对把握生物学课程教学的本质和核心是至关重要的。

教师可以从教学目标制定入手,厘清生物学核心素养与本节课所涉及的生物学大概念、重要概念的关系,并将其转化为本节课具体教学目标及学生学习重点。教师应把制定什么样的教学目标,或教学活动与有利于哪些生物学核心素养的养成作为教学设计思考的重要问题。也就是说,教师所制定的每一条教学目标可以从具体的知识和能力培养活动着手,形成具体的某一生命观念。例如,在学习主题1中,教师设计的教学目标可以这样表述:学生观察单细胞生物的结构和生命活动,感受细胞是生物结构和功能的基本单位。学生观察多细胞生物的结构层次,感受生物体结构与功能相统一,生命系统是一个统一的整体。学生通过观察、触摸、品尝、制作玻片标本进行显微观察等活动,识别植物体的主要组织,认同植物体是一个统一的整体。类似这样的教学目标设计过程,实际上就是教师对所教生物学知识价值的一个再认识和提升过程。

(二) 教学过程从重理论知识到重探究实践

学生对重要概念的理解和生命观念的形成需要教师精心设计教学过程。教师应围绕着生命观念的形成过程,促使学生通过一系列的学习思维活动来建构概念。而概念的主动建构,需要以充分和有代表性的生物学事实知识为基础,这些事实知识可以来自生活,来自学生自身的观察、调查、实验或教师提供的资料等。教学中,教师以学生学习经历或生活经历所提供的直观、具体的事实性知识为基础,引领、提示学生概括生成抽象的重要概念和大概念的过程往往需要经过学习实践活动,而不是靠死记硬背来完成。因为,"核心素养"不是直接由教师"教"出来的,而是在问题情境中借助问题解决的实践培育起来的。① 因而,以核心素养为导向的生物学教学特别强调教学过程重实践这一教学理念,倡导多种多样的实践活动。这对于习惯了直接将生物学理论性知识直接告诉给学生的教师们来讲,要改变以往的教学方式,设计多种多样的实践活动,引领学生在活动中体验、感悟、领会、思考、发现、形成生物学大观念,确实是专业发展上面临的又一挑战。

为帮助教师们能够尽快适应以核心素养为宗旨的课程新理念、新要求,在新修订生物学课程标准的每一个学习主题之后,对应学生的学业要求都有各类教学活动建议的安排。在这些教学活动建议里我们可以看到,生物学的实践活动包括各类生物学实验在内的许多学习活动,如观察实验活动、探究实验活动、调查与交流活动、项目式学习活动、跨学科实践活动,等等。

对相当一部分的教师来说,从形式上简单地模仿这些活动并不难,但要从教学实践活动中让学生真正获得理性思维、批判质疑、勇于探究的科学精神是有难度的。这就需要教师们深入理解各类实践活动的本质意义。在设计和实施教学活动过程中,从严谨求实的科学态度出发,多角度、辩证地分析问题,至坚持不懈的探索、积极寻求有效的问题解决方法等等,都需要教师对学生在实践活动中的学习行为给予特别关注,而不仅仅是完成一个过程、获得一个结果。科学是一个动脑、动手的过程。动脑,就是对诸多事实、表象作深入的思考,引导学生由表及里、由此及彼、去伪存真,不仅要冥思苦想,还要合作交流、互相切磋。动手,就是要在可能的条件下,做实验、做探究、设计图解,甚至构建模型。在某种意义上说,倡导探究实践,就是要通过动脑、动手的探究活动,促进概念的形成。尽管有时似乎是在为假设寻找证据,但本质上是指向了科学概念的形成。② 教师只有通过精心设计的探究实践活动,才能够引导初中生从形象的直观学习活动入手逐渐学会抽象的科学思维,形成科学大概念,这是生物学教学的本质特征应呈现的,也是将学生从生物学知识转向素养学习的必经之路。

(三)教学评价重心从关注知识转向发展核心素养

教学评价是确保生物学核心素养落地的关键环节。教师们习惯了对教材中生物学基础知识和基本能力的评价,而新修订义务教育生物学课程标准强调评价应关注学生

---

① 钟启泉.基于核心素养的课程发展:挑战与课题[J].全球教育展望,2016(01):3—25.
② 朱正威.科学概念的教学是有规律的[J].生物学通报,2011(03):19—20.

素养发展的过程,强调评价内容的全面性和评价方式的多样性。因此,怎样通过设计问题情境,以及如何准确辨识学生在分析、解决问题过程中的行为表现所体现出的核心素养,对学生学习进行科学合理的教学评价,促进学生逐步形成和发展生物学核心素养,是教师们围绕核心素养进行学习评价时面临的重要挑战。

适应新的课程理念和课程评价要求,实施以核心素养为主要的教学评价,教师改变评价的价值取向,树立以生物学核心素养为导向的科学评价观,需要从评价内容、评价主体和评价方式等几个方面深入认识和理解评价所指向的"核心素养"。

1. 评价内容。传统教学评价在评价内容上以其单一片面的价值取向,排斥了除知识以外的其他价值。① 强调和追求量化,所有难于量化的内容都被排斥在评价范围之外,评价的内容主要是可以量化的知识,强调具体概念掌握的程度而较少涉及生物学知识的整合运用,评价侧重点在学生知识技能应用的准确性上。因此在建立评价标准时,生物学知识和技能的应用效果、准确性是主要指标,相关评价工作主要是提供答题要点、思路和关键词,这种评价没有真正反映问题的本质和学生的思维过程。其结果导致学生习惯机械式地记忆答题的要点,教师也热衷于总结不同问题得分点的答题套路,而不是真正去认识和分析问题,素养培养更无从谈起。而以学生核心素养发展为目标的教学评价,强调评价内容的全面性。不仅仅关注学生的知识和技能的获得的量,更关注学生学习在生命观念、科学思维、探究实践和态度责任等方面质的发展。既要重视对学生在学习过程中所表现出来的发现问题、提出问题、分析问题、实践操作、推理想象和解决具体问题等能力的评价,又要关注学生参与教学过程的主动性、思维活动的深入性和对知识的理解程度等多维度的评价,还要关注学生在学习过程中态度、责任和价值观的形成。

2. 评价主体。传统教学评价一般是由教师独揽,学生只是被动的评价客体,没有评价的主动权和积极性,这种评价只能造成学生对教师的依赖,往往也会给学生带来焦虑、抵触情绪和消极情感。新修订的义务教育生物学课程标准要求以学生核心素养为发展目标进行教学评价,评价主体应当多元化。教师应努力营造开放、民主的评价氛围,鼓励学生、同伴、教师和家长共同参与评价,使评价能产生对学生人格的尊重,能力的信任,发展的关心等激励作用,以帮助学生在自我评价、互相评价、师长评价中不断反思,认识自我,树立自信,促进学生自主学习和发展。

3. 评价方式。传统教学评价方法、评价手段相对滞后,教师在课堂是不重视即时性

---

① 余文森.发展性教学评价的几个特性[J].上海教育科研,2014(10):1.

评价的，这导致一些教师对课堂评价缺少研究，课堂评价缺少生动、丰富的评价语言和行为，不能全面、客观、及时地反映和跟踪学生个体的变化和发展状况，已经不能适应时代教育的需要。以核心素养为发展目标的教学评价强调评价方式多样化。教师应重视发展性评价对学生学习的激励性作用，依据评价内容和对象的不同，采用多样的评价方式。在依据课程目标要求确定评价内容与标准时，要将即时性评价与阶段性评价相结合，日常评价与定期评价相结合，纸笔测试与非纸笔测试相结合，不断提升评价方法的科学性、合理性和多样性，发挥好评价促进学生全面发展的功能。同时，我们也应当关注在现代信息技术的支持下，构建一个体现现代教育理念、合乎学生学习发展要求的数字化、信息化的教学评价平台，以利于促进学生的全面发展。

广大教师研读新修订课程标准、深入理解和实施新修订课程标准，是深刻领会立德树人、促进学生全面发展的时代新要求。站在育人的高度，落实新修订义务教育生物学课程标准，视核心素养为课程发展的 DNA，教师对教学的追求必将会更高、更远。

第 18 章

数字时代的义务教育信息科技课程标准

杨晓哲

作者简介：杨晓哲/华东师范大学课程与教学研究所副教授；《义务教育信息科技课程标准（2022年版）》修订组核心成员（上海　200062）

随着互联网、物联网、人工智能的发展，新一代科学技术迭代速度之快、影响范围之广、变革程度之深，正在改变着人们的生产方式与生活方式。2021年，国务院发布了《"十四五"数字经济发展规划》，预示着我国高度注重数字经济形态。数字经济以数据资源为关键要素，以现代信息网络为主要载体，以全要素数字化转型为重要推动力。面向数字时代，面对新局势与新发展，培养学生们适应当下与未来，形成数字素养变得尤为重要。在义务教育阶段，培养学生形成数字素养，离不开课程开设与系统实施。

2019年，义务教育信息科技课程标准的研制工作启动。本着坚持立德树人的教育理念，历经3年研制，经过线上线下50余次专家组会议，30余次调研与标准测试工作会议，《义务教育信息科技课程标准》于2022年完成并发布。该标准的颁布，标志着我国在国家层面正式确立了信息科技课程的统一标准，标志着培养全体中小学生的数字素养，培育学生们面向数字时代的关键能力、必备品格与价值观念进入了新阶段。

一、信息科技课程的国际动态与发展基础

(一) 世界各国不断探索与深化课程

早在 2000 年,欧盟发起了《教育与培训 2010 计划》,其中指出面向全民的核心素养,包含数字素养在内一共八项。① 而后围绕数字素养,欧盟特别启动了"欧洲数字议程"和"数字素养项目",前者是针对数字素养的专项举措,后者则是在广泛调查和研究的基础上,提出了适合全体公民的数字素养框架。② 2011 年,欧盟公布了《映射数字能力:迈向一种概念性理解》的报告,系统阐释了为全面理解数字技能提供具体的方法与建议。③ 2013 年 9 月,英国教育部发布《计算学习计划:一到四学段》(*Computing programmes of study: key stages 1-4*)。随着时代的发展,英国实施多年的原 ICT 课程受到质疑和批判。英国中小学生对于原来的 ICT 课程普遍不满意,认为 ICT 课程是呆板、无趣的。信息科技产业界人士普遍认为,英国中小学要教授更加严肃的计算机科学课程。计算机教育的课程定位在于能让学生通过使用计算机思维和创造力来理解和改变世界;计算机的核心是计算机科学,包括信息与计算机的原理、数字系统和程序设计。基于计算机科学知识与理解,让学生运用信息科技创造程序、系统等。计算机教育也能确保学生具备数字素养,让学生应用并通过 ICT 表达自己的想法,使他们能达到一定的水平以适应未来的工作,并成为数字社会的积极参与者,这是 ICT 课程的理念所在。其课程期望能让学生通过使用计算思维和创造思维来理解和改变世界。同年,英国公布国家课程方案,将中小学信息通信技术(Information and Communication Technology)课程改名为计算(Computing)课程,并正式公布具体的、分学段的计算课程学习计划。④ 2020 年,欧盟再次更新与发布《数字教育行动计划(2021—2027 年)》,详细列出未来 7 年欧盟的各项行动计划,提出培养学习者的数字技能和能力的战略重点。⑤

---

① 任友群,随晓筱,刘新阳.欧盟数字素养框架研究[J].现代远程教育研究,2014(05):3—12.
② 董丽丽,金慧,李卉萌,等.后疫情时代的数字教育新图景:挑战、行动与思考——欧盟《数字教育行动计划(2021—2027 年)》解读[J].远程教育杂志,2021,39(01):16—27.
③ 王佑镁,杨晓兰,胡玮,等.从数字素养到数字能力:概念流变、构成要素与整合模型[J].远程教育杂志,2013,31(03):24—29.
④ 柳瑞雪,任友群,李锋,等.走进新时代:我国中小学信息技术教育的历史成就,问题挑战与改革策略[J].现代教育技术,2018,28(06):8.
⑤ 董丽丽,金慧,李卉萌,等.后疫情时代的数字教育新图景:挑战、行动与思考——欧盟《数字教育行动计划(2021—2027 年)》解读[J].远程教育杂志,2021,39(01):16—27.

近年来,美国中小学教育阶段的信息技术课程、计算机类课程也在不断发展。2016年,美国相继发布《美国 K-12 计算机科学框架》和《美国 CSTA K-12 计算机科学临时标准》,完整地给出了 K-12 阶段计算机科学教育的核心学习目标与内容体系。① CSTA 致力于一个包容性的迭代过程,与 K-12-CS 框架相互影响,阐述了学生在其学习的所有阶段必须具备的知识和技能,为州教育部门和学区修订其课程提供了指南,以更好地满足在这个重要学科领域教育中年轻人的需要。该标准认为计算机科学对学生和社会的益处是使学生通过对计算机科学的基本理解可以成为受过教育的技术使用者,以及能够成为设计信息系统以改善每个人生活质量的创新者。计算思维是一个解决问题的方法,将计算机科学的领域扩展到所有学科,它提供了一种独特的分析和开发解决方案的方法,并以计算方式解决问题。计算思维是计算机科学的一个核心要素,它与 K-12 学习的各个层次交织在一起,重点是抽象、自动化和分析。而课程对社会发展的作用在于计算的影响,一个有知识和负责任的人应该了解数字世界的社会影响,包括公平和对计算的使用。标准指出学生应该获得以下技能:(1)在使用或不使用计算设备的情况下,创建并执行包括顺序、循环和条件的算法完成任务。(2)分析和调试包括顺序、事件、循环、条件、并行和变量的算法。(3)建立计算机系统工作原理的模型。之后两年间,美国计算机科学教师协会进一步更新了《计算机科学标准》,系统提出了计算机科学教育的具体内容,并多次强调了计算机科学培养学生计算思维和数字素养的重要价值。该课程的重点在于培养学生成为一个了解数字世界及其社会影响,能够合理使用计算机分析与解决问题的数字公民。

澳大利亚实施了全国统一的课程标准,将信息素养作为一般能力正式纳入国家课程体系之中。② 2015 年,澳大利亚颁布数字化技术课程标准,并明确培养学生系统思维、设计思维与计算思维。③ 让学生能够应用系统思维来监测、分析、预测和塑造信息系统,并学习掌握信息系统对个人、社会、经济和环境的影响。从课程目标来说,数字技术更具体地旨在发展学生的知识、理解和技能,以确保学生独立自主或协作学习。学生能够设计、创建、管理和评估可持续的和创新的数字解决方案,以满足和重新定义当前和

---

① CSTA. K-12 Computer Science Framework [EB/OL]. (2016-10-31)[2022-04-05] https://K12cs.org.
② 温芳芳,王齐羽,应珊姗,等.澳大利亚中小学生信息素养教育实践与启示[J].图书馆,2022(02):60—68.
③ ACARA. The Australian curriculum technologies-digital technologies (2015) [DB/OL]. (2015-07-05)[2022-04-05]. http://www.australian curriculum.edu.au/technologies/rationale.

未来的需求。学生能够使用计算思维和抽象的关键概念,数据收集、表示和解释,规范、算法和实现来创建数字解决方案。学生能够自信地使用数字系统,高效和有效地将数据转换为信息自动化,并在不同的情境中创造性地交流思想。学生能够应用协议和合法的实践,支持与已知和未知受众安全的、符合道德的和有礼貌的沟通和协作。学生能够应用系统思维来监测、分析、预测和塑造信息系统内部和之间的相互作用以及这些系统对个人、社会、经济和环境的影响。

此外,2011 年新加坡教育部课程规划和开发部发布《计算机应用课程大纲》(Computer Application Syllabus),除小学阶段是综合学科外,初、高中均为单独学科。《应用课程大纲》认为计算机应用(CPA)是所有普通技术(NT)学生的必修科目。初级阶段课程侧重于培养学生具备基本的 ICT 技能,以支持其他学科的学习,并在他们的个人生活中发挥作用;侧重于高阶思维技能,关注解决问题和理解基本的编程概念和技能,这将更好地促进学生学习编程以及为工作场所和未来学习作好准备;所有的学生都将使用易于获得的互联网技术和工具,动手实践活动仍然是这个基于技能的学科的主要特征,学生将有机会通过动画和游戏开发项目进行创造性的工作。课程学科知识包括 6 个模块:计算机基础;媒体元素;文档处理;电子表格;多媒体通信;媒体计算。课程目标在于获得使用各种应用软件和相关联的计算机硬件来完成任务、交流和促进活动的技能;提高对家庭、学校、工作场所和社区如何使用计算技术的认识;理解计算机在日常生活中的作用,并认识到计算机对社会和人们的影响;发展批判性思维和解决问题的能力。

(二)我国义务教育阶段普遍开展与实施

改革开放以来,教育蓬勃发展,一线涌现出大量的经验与探索。对于信息技术教育而言,国家教育部相继颁布《教育部关于在中小学普及信息技术教育的通知》(教基[2000]33 号)、《关于在中小学实施"校校通"工程的通知》(教基[2000]34 号)等指导性文件,明确中小学信息技术教育的基本目标和实施路线,推动我国中小学信息技术教育在基础设施、课程建设、师资培训和学科整合等方面取得重要成就。在 2003 年颁布的《普通高中信息技术课程标准》中,将信息的获取、加工、处理、管理和分享作为高中信息技术学科的主线。随着素质教育的进一步深化,自主、合作、探究深入人心。全国信息技术课程的推行与实施,为全体学生的信息素养奠定了坚实的基础。随着信息技术的大众化普及,信息技术学科正在从工具层面上的操作技能习得,转向面向人的全面发展,提升人适应信息化时代的能力,从而符合新时代背景下对于"具有信息素养的人"的基本诉求。

信息技术的发展进入到21世纪之后,人们习惯于获取与应用数字信息。近几年来,无线通信技术的快速迭代升级,加速了移动技术的广泛应用。与此同时,智能手机的普及使得数字化信息触手可及。信息以数字化的形式普遍存在,已然成为了信息化时代的主要特征。2010年后,随着智能物联网、可穿戴设备、机器学习等相关技术取得了阶段性进展,信息技术正在深刻地影响着政治、经济和文化。互联网使得信息的双向传播变得更加快捷。越来越多的人使用互联网进行协作,产生了大量的数字化信息。与此同时,可穿戴设备正在实时地捕捉个体的大量信息。不仅如此,智能物联网正在让线上的数据分析直接反馈到线下的智能设备上,让物理空间变得更加智能化与个性化。面对这样一个崭新且不确定的未来,信息技术应如何培养学生们的信息技术学科核心素养,才足以面对未来的挑战。

学校信息化办学条件不断优化,支持着我国中小学信息技术教育的普及。"校校通工程""农村中小学现代远程教育工程""现代远程教育工程试点示范项目"的实施改善了城乡中小学办学条件。过往20年间,学校机房面积、计算机数量、信息化设备的种类、校园网基础状况都有了长足发展。2000年,教育部正式颁布了《中小学信息技术课程指导纲要(试行)》,标志着我国"信息技术学科"的诞生,并首次将培养学生信息素养作为重要目标。2003年颁布的《普通高中信息技术课程标准》中,将信息的获取、加工、处理、管理和分享作为学科主线。随着素质教育的进一步深化,自主、合作、探究深入人心。在全国各省市地区,信息技术课程的落地,为所有学生奠定了重要的共同基础,培育了"具有信息素养的人"。尽管我国信息技术教育在短短十几年内取得了很大的成绩,但是与教育发达国家相比,还面临着严峻的挑战。在信息化教育设备方面,早在2000年,美国的生机比就达到4∶1,英国小学达到9∶1,英国中学达到5∶1,远高于我国教育部2011年的生机比13∶1。在课程内容设置方面,美、英、俄罗斯等国家近年来都已开始重构信息技术教学内容体系,诸如计算思维、数据算法、信息模型等内容开始逐步渗透到课程学习内容中。然而,我国信息技术教育还部分停留在"信息扫盲"的层面,文字处理软件、电子表格软件、演示文稿软件还是学生学习的主要内容。在学习选择性和灵活性方面,教育发达国家信息技术教育关注大多数学生的学习兴趣,以多类型选修课的方式为学生将来进入高校学习和职业发展提供丰富多样的学习选择机会。

我国中小学信息技术教师与信息技术教研员队伍不断壮大。信息技术教师大多数来自以教育技术、计算机教育、物理教育、科学教育背景为主的教师。信息技术教研员队伍也得到了长远发展,促进了学校信息技术教学质量的提升。值得一提的是,2011年起,上海市教委教研室启动了各学科课程标准的修订工作,并率先开展针对学生信息技术学习情况的调查。在调查结果的反思和借鉴国际经验的基础之上,上海将信息技术课程正式改名为信息科技课程,并颁布《上海市中小学信息科技课程标准》。课程名称的变化背后标志着课程理念的革新。学生不仅需要学习计算机领域的知识和操作技能,还需要提高在信息化环境下的学习能力,培养道德意识与行为规范。上海这一针对中小学信息科技教育的变革举措,为全国思考信息技术课程革新提供了重要的实践经验。①

二、信息科技课程标准的基本理念

在本轮义务教育课程方案与课程标准的制定与修订工作中,教育部正式启动了义务教育信息科技课程标准的研制工作。教育部正式将义务教育的信息技术课程更名为信息科技课程。这也是国家首次独立设置义务教育信息科技课程。

(一) 坚持立德树人,培养具有数字素养的时代新人

义务教育阶段的信息科技课程具有基础性、实践性、综合性的特征。课程坚持立德树人,培育新一代儿童逐步具备适应时代的数字素养。课程标准中明确指出:信息科技是现代科学技术领域的一个重要分支,主要研究以数字形式表达的信息及其应用中的科学原理、思维方法、处理过程和工程实现。信息科技课程培养学生们形成核心素养——数字素养。

在目前情况下提出学生发展核心素养,其指向至少包括三个方面:首先是在全球化、信息化的大背景下,我们究竟要培养什么样的人,这是全球这么多国家普遍重视学生发展核心素养的一个根本原因;其次,贯彻党和国家的教育方针,落实立德树人根本任务是整个教育战线一以贯之的要求,但是应该说我国的基础教育依然存在一些明显的问题,学生的社会责任感、创新精神和实践能力不足等问题依然突出;再次,从20世纪末以来,我国持续推进的课程改革取得了突出的成就,但依然面临亟待解决的问题,如何通过基础教育课程改革,真正实现由传统的以学科知识传授为导向的课程和教学方式转向以促进学生全面发展为导向的课程和教学方式,依然任重道远。

数字素养作为信息科技课程的核心素养其具体表征为四个方面,分别是:信息意

---

① 李锋,熊璋,任友群.聚焦数字化竞争力,发展学生核心素养——从国际国内课程改革看上海中小学信息科技教育[J].电化教育研究,2017,38(07):26—31.

识、计算思维、数字化学习与创新、信息社会责任。

信息意识是指个体对信息的敏感度和对信息价值的判断力。具备信息意识的学生能够根据解决问题的需要，自觉、主动地寻求恰当的方式获取与处理信息。在合作解决问题的过程中，愿意与团队成员共享信息，实现信息的更大价值。

计算思维是指个体运用计算机科学领域的思想方法，在形成问题解决方案的过程中产生的一系列思维活动。具备计算思维的学生，在信息活动中能够采用计算机可以处理的方式界定问题、抽象特征、建立结构模型、合理组织数据；通过判断、分析与综合各种信息资源，运用合理的算法形成解决问题的方案；总结利用计算机解决问题的过程与方法，并迁移到与之相关的其他问题解决中。

数字化学习与创新是指个体通过评估并选用常见的数字化资源与工具，有效地管理学习过程与学习资源，创造性地解决问题，从而完成学习任务，形成创新作品的能力。具备数字化学习与创新素养的学生，能够认识数字化学习环境的优势和局限性，适应数字化学习环境，养成数字化学习与创新的习惯；掌握数字化学习系统、学习资源与学习工具的操作技能，用于开展自主学习、协同工作、知识分享与创新创造。

信息社会责任是指信息社会中的个体在文化修养、道德规范和行为自律等方面应尽的责任。具备信息社会责任的学生，具有一定的信息安全意识与能力，能够遵守信息法律法规，信守信息社会的道德与伦理准则，在现实空间和虚拟空间中遵守公共规范，既能有效维护信息活动中个人的合法权益，又能积极维护他人合法权益和公共信息安全；关注信息技术革命所带来的环境问题与人文问题；对于信息技术创新所产生的新观念和新事物，具有积极学习的态度、理性判断和负责行动的能力。

这四个方面，共同构成了信息科技课程育人的总目标：数字素养。这是第一次明确了义务教育信息科技课程所要达成的必备品格、关键能力和价值观念。

（二）面对全体学生，建构科学与实践并重的课程内容

义务教育信息科技课程面向发展学生数字素养，以学生的认知发展规律和学科特点为依据，统筹设计课程的形态与结构。以数据、算法、网络、信息处理、信息安全、人工智能为主题线索展开，设计了循序渐进的课程内容，体现了义务教育信息科技课程独特的育人价值，一方面关注学科的科学性，另一方面强调了学科实践，特别关注学生们连接数字生活、数字学习、数字创新的经验，发展并提升全体学生的数字素养。

在课程标准中明确了课程结构，即三年级至八年级单独开设信息科技课程，一年级、二年级、九年级与其他课程融合开设。课程设计在第一学段（1~2年级）和第二学段（3~4年级）更加注重生活体验与动手实践。随着学段的上升，到第三学段（5~6年

级),逐步引导学生们在真实情境中学会应用信息科技的基本概念和原理,展开一系列的问题解决。课程重点培养学生认识与理解数字世界,在虚拟与现实世界中共同形成好习惯、好兴趣、好品格,帮助学生循序渐进地形成关于信息科技的基本认识。在第四学段(7~9年级),从学习、生活和社会实践活动中了解互联网、物联网、人工智能等新兴技术的作用,理解数字世界与现实世界的关系,能够逐步形成解决问题的系统思考,具备面对不同复杂场景下的社会责任感。

(三)面向当下与未来,变革信息科技育人方式

信息科技本身是在快速迭代与发展过程中,其学科背景直接影响了学科课程性质。信息科技课程不仅面向当下,更面向未来。面对快速变化的技术与社会文化,信息科技课程既要关注学生身心发展与认知规律,又要积极吸纳国内外信息科技的前沿成果,面向数字时代的经济、社会、科技与文化发展要求,关注不同区域的差异性,为学生的数字时代终身学习奠定基础,变革信息科技的育人方式。

与时俱进,不断优化与更新教学内容的同时,重视培养学生的学习主体性,支持学生在数字化学习环境下进行自我规划、自我管理和自我评价;鼓励学生"做中学"与"创中学",为每位学生适应未来社会的学习与发展奠定基础。给予学生开展自主学习和合作探究的机会,引领学生的知识建构和知识间联系的形成,帮助学生发现信息科技课程学习的意义。利用信息科技手段进行教学,建设线上线下结合的混合式课程,引导学生运用信息科技手段进行学习,为学生提供自主学习的资源和学习支持。针对学生的已有经验,引入游戏化、仿真化学习场景和资源等进行教学,提高学生的学习参与度,激发学生用信息科技知识解决问题的好奇心和想象力。

(四)遵循教学评一致性,建构基于核心素养的评价体系

面向学生核心素养的提升,关注"教—学—评"的一致性。学科核心素养是在学科知识和技能的基础上,整合了情感、态度和价值观的综合品质。本次信息科技标准明确了学科核心素养在不同学段的不同水平,并制定了学业质量标准,建构了基于信息科技核心素养的评价体系。

基于核心素养的评价不是仅仅指向某个单一知识点或具体操作技能,而是通过真实情境下的具体问题解决,反映学生们核心素养的水平层次。通过学生们在面对问题,分析问题,解决问题的过程中,动态评估学生的核心素养,并以此促进教学改进。与此同时,信息科技课程关注多元多样的评价方式与评价内容,例如:学生学习的数字作品评价,学习过程中的动态数据评价,学习协作中的任务分工评价等。综合运用教师评价,学生自评,同伴互评等方式,建立更加综合、更加开放、更加全面的评价体系。

三、信息科技课程标准的主要突破

（一）从信息技术到信息科技的转变

我国义务教育阶段的计算机教育、信息技术教育在过去20多年的时间内取得了长远的发展，全国中小学阶段普遍开展该领域的课程。鉴于2000年颁布的《中小学信息技术课程指导纲要（试行）》，其强调的课程总目标为"培养学生良好的信息素养"，强调"获取信息、传输信息、处理信息和应用信息的能力"。而《中小学综合实践活动课程指导纲要》中也没有单独针对信息技术课程给出教学目标，而是将其作为部分活动课程。随着时代的发展，我们正在进入互联网、物联网、人工智能等一系列新技术带来的数字时代，凸显这门课程的科学性、基础性、实践性变得尤为重要。从学科学习的信息处理与加工，逐步转型数据驱动下的科学范式，需要对课程性质和课程名称进行新一轮界定与明晰。

本次课程标准制定，确立了课程名称正式更名为信息科技课程。第一，凸显了课程的科学定位。信息科技课程培养学生们了解计算机所带来的一系列现象背后的科学原理与本质。在变化多样的技术中抓住科学本质，培养学生们的科学观念与意识。第二，突出了课程的价值定位。本门课程不仅仅是了解与熟练掌握一系列软件的操作，而是培养全体学生提高信息敏感性和信息鉴别力，体验对问题的识别、分析、抽象、建模及形成解决方案的过程，提升用信息科技手段解决学习与生活问题的能力，形成较强的数据保护与网络安全观念，树立道德观和伦理观，初步建立虚拟社会中的法治意识和国家安全意识，为信息社会中的全面育人奠定扎实的素养基础。第三，强调了课程的基础定位。课程注重开创、继承、发展与创新的平衡，综合考虑我国在该领域的课程教学整体情况和针对现实中存在的问题，进一步确立了面向全体中小学的基础性定位。面向全体学生，覆盖全体学生，减少数字鸿沟，发展学生的计算思维，培养学生数字化合作与探究的习惯，崇尚科学精神与原创精神，奠定良好的数字素养基础。

（二）从信息素养到数字素养的发展

依据世界各国信息技术、计算机、信息科技类课程的发展方向与定位，其界定课程目标的指向涉及ICT素养、媒介素养、信息素养、数字素养等方面。20世纪70年代，计算机技术逐步从专业领域向普通大众普及。此时，ICT素养成为人们的关注重点。其核心在于除了关注传统的读、写、算的能力以外，还应该具有一种同等重要的程序设计能力。随着电影、电视等视听媒介的崛起与流行，媒介素养开始被关注，其关键点在于对媒介所传递信息的选择能力、理解能力、质疑能力、评估能力以及创造能力。进入20世纪90年代,网络技术迅猛发展,人们进入信息大爆炸时期,如何有效获取和应用信息成为社会生存的重要技能。在这一时期,信息素养成为K-12阶段关注的主要目标。信息素养不仅是信息获取、检索、表达、交流等技能,也包括背后的思维方法、情感态度与价值取向。

近年来,整个领域从计算机驱动到互联网驱动,再到数据驱动的深层次变革,移动互联、大数据、云计算等一系列数字化技术日趋成熟,人们正在进入一个全新的数字时代。在中小学阶段,学生面临着从"数字土著"成长为"数字公民"的重要挑战。2021年10月18日,习近平总书记在中共中央政治局第三十四次集体学习中强调"要提高全民全社会数字素养和技能,夯实我国数字经济发展社会基础"。同年,中共中央网络安全和信息化委员会发布《提升全民数字素养与技能行动纲要》,旨在提升全民数字素养与技能,顺应数字时代要求。这正是我国义务教育阶段信息科技课程的出发点与价值所在。

(三)从知识技能课程走向核心素养课程体系建构

信息科技课程构建了以核心素养为体系的课程内容结构。依据核心素养和学段目标,按照学生的认知特征和信息科技课程的知识体系,围绕数据、算法、网络、信息处理、信息安全、人工智能6条主题线索设计义务教育全学段内容模块、组织课程内容,体现循序渐进和螺旋式发展。

具体学习内容由两部分组成,一是内容模块,二是跨学科主题学习模块。第一学段(1~2年级)包括"信息交流与分享""信息隐私与安全"和"数字设备体验";第二学段(3~4年级)包括"在线学习与生活""数据与编码"和"数据编码探秘";第三学段(5~6年级)包括"身边的算法""过程与控制"和"小型系统模拟";第四学段(7~9年级)包括"互联网应用与创新""物联网实践与探索""人工智能与智慧社会"和"互联智能设计"(如图18-1所示)。

具体而言,第一学段(1~2年级)"信息交流与分享":通过本模块的学习,学生能在日常学习与生活中借助数字设备与数字资源完成简单交流活动,辅助学习,提升效率;能在成人帮助下,通过数字设备交流、分享个人感受,发表想法,初步培养学习和使用信息科技的兴趣;在信息交流与分享的过程中知道基本的礼仪与规范,能健康、文明地使用数字设备。"信息隐私与安全":学生能了解信息隐私与安全常识,初步体验通过信息科技的方法妥善保管个人信息的优势,认识到信息隐私与安全的重要性;能在日常学习与生活中健康、安全地使用数字设备;能懂得在网络空间与他人交流和分享信息时,遵

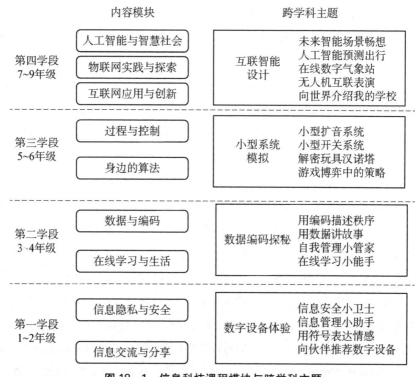

图 18-1 信息科技课程模块与跨学科主题

守信息行为规范,逐步形成安全、负责任地使用信息科技的态度和价值观。

第二学段(3~4年级)"在线学习与生活":通过本模块的学习,学生认识到在线社会存在的意义与积极影响,能利用在线方式解决学习与生活中遇到的问题,体验信息对解决问题的帮助,对在线社会产生的伦理冲击、行为准则、道德观念和价值取向有初步的了解,进一步确立正确的安全观。"数据与编码":通过本模块的学习,学生能认识数据在信息社会中的重要作用,针对简单问题分析数据来源,应用数据解决简单的信息问题;掌握数据编码的基础知识,根据需要运用不同的编码对信息进行表达,认识数据编码的价值与意义;关注数据安全,在社会公认的信息伦理道德规范下开展活动。

第三学段(5~6年级)"身边的算法":算法是计算思维的核心要素之一,也是人工智能得以普遍应用的三大支柱(大数据、算法和算力)之一。本模块以身边的算法为载体,使学生了解利用算法求解简单问题的基本方式,培养学生初步运用算法思维的习惯,并通过实践形成设计与分析简单算法的能力。通过本模块的学习,学生能熟悉一些常用的算法描述风格与方式,理解算法执行的流程;能利用自然语言、流程图等方式,描述求解简单问题的算法,并对算法的正确性与执行效率进行讨论和辨析。"过程与控制":生活中广泛存在着"输入—计算—输出"的计算模式,从外界获得的输入经过计算产生输出,进而作用于外界再影响输入,最后形成反馈系统。理解系统实现过程与控制的原理,对于理解生活中广泛存在的过程与控制系统至关重要。本模块通过学习生活中的过程与控制系统,帮助学生了解过程与控制的特征及实现方式,理解利用计算机解决问题的手段,进一步认识过程与控制系统自身的特点和规律。通过本模块的学习,学生能认识到过程与控制广泛存在于日常生活中,知道其中的反馈、环路、优化等概念,针对简单的过程与控制系统,能通过编程进行验证。

第四学段(7~9年级)"互联网应用与创新":通过本模块的学习,学生能加深对互联网及相关新技术本质的认识,初步具备利用互联网基础设施和计算思维方法解决学习和生活中各种问题的能力,增强自觉维护网络安全与秩序的意识和责任感,全面提升学生数据安全意识。本模块包括"互联网及其影响""互联网基本原理与功能""互联网创新应用""互联网安全"四部分内容。"物联网实践与探索":通过本模块的学习,学生能初步理解万物互联给人类信息社会带来的影响、机遇和挑战;了解物联网(特别是传感器系统)是连接物理世界与数字世界的纽带和媒介;了解物联网与互联网的异同、主要物联网协议,以及典型物联网应用的特点;能将基本物联网设备与平台作为进一步学习和探究信息科技及其他课程知识的有效途径;能设计并实现具有简单物联功能的数字系统。本模块包括"从互联网到物联网""物联网基本原理与功能""物联网创新应用""物联网安全"四部分内容。"人工智能与智慧社会":通过本模块的学习,学生能认识和感受到人工智能的魅力,知道人工智能发展必须遵循的伦理道德规范,也能认识到智慧社会这一新型社会形态下的新机遇与新挑战。本模块包括"人工智能的基本概念和常见应用""人工智能的实现方式""智慧社会下人工智能的伦理、安全与发展"三部分内容。

此外,信息科技跨学科主题学习要充分体现综合性和实践性,结合学段特征与不同学段学生的认知水平,融合不同学段的信息科技模块内容,映射信息科技概念,通过真实情境化的实践活动展开。立足本课程的主要学习内容,涵盖真实情境中跨学科问题的发现与解决,引导学生思考并理解现在与未来生产和生活的信息化、数字化、智能化特征,加强学生对科技伦理、自主可控技术、原始创新以及国家安全的认识,培养学习能力、创新意识与科学思维,倡导学生在主题学习活动中物化学习产品与学习结果。课程标准中共提供四项主题,分别是数字设备体验、数据编码探秘、小型系统模拟、互联智能设计。如图18-1所示,每项主题下分设多个子主题供教师在课程实施中弹性选用,共计17个子主题。跨学科主题的课时容量占本课程总课时的10%,按照2倍课时容量推荐子主题，供教师教学自主选择。课程内容的设计充分关注信息科技在各学科中的应用场景和实践体验机会，在满足本学科学习需要的同时，也支持跨学科学习以及与其他学科的融合学习。课程内容的呈现适合义务教育阶段学生的认知特点和兴趣特征，为不同生活背景的学生提供多样化的学习机会。

四、信息科技课程标准的未来挑战与建议

2022年《义务教育信息科技课程标准》的颁布必将带来信息科技课程的全面变革，从课程标准，到课程教材，再到教师培训与课堂教学实践等一系列教育教学工作，仍然面对诸多问题与挑战。

（一）实现各学段有效衔接

2020年，教育部颁布了《普通高中信息技术课程标准（2017年版2020年修订）》。高中阶段的信息技术课程标准同样以信息意识、计算思维、数字化学习与创新、信息社会责任作为学科的核心素养。[1] 义务教育阶段与高中阶段在核心素养名称上保持一致，在素养水平方面充分考虑学段特征与学生认知特点。因此在核心素养层面上义务教育与高中一致性较高。

但是，也要注意到，学科的名称已经发生变化，义务教育阶段从信息技术课程变为信息科技课程。随着课程的进一步落地与实施，特别是小学和初中同步落地教学的过程中，将需要充分考虑不同学段之间的关联。随着小学生与初中生通过课程学习，其数字素养不断提升，也将进一步影响高中阶段的教学与课程设置。因此，系统统筹不断更新，信息科技小初高的系统体系衔接性仍然是未来的挑战与关键。

（二）加强信息科技师资队伍培训

本学科教师面临更新学科知识体系与结构，把握新教材新内容，理解学科核心素养，培养学生们数字素养等一系列具体挑战。课程标准培训要密切关注教师能力的提升、突出方法习得。在培训内容方面，要准确阐释信息科技课程的学科本质和育人价值，全面分析信息科技课程在新时代背景下的社会意义与时代意义，帮助教师全面认识信息科技课程的内涵与定位。在培训方式上，要充分发挥线上培训在丰富资源、促进交流、增强体验等方面的优势，与参与式培训、示范教学等线下培训形式实现有机融合。

---

[1] 杨晓哲，任友群.高中信息技术学科的价值追求：数字化学习与创新[J].中国电化教育，2017(01)：6.

在培训过程中,教师需要不断发展技术视野和改革意识,积极跟踪信息科技发展的新变化,先行体验学生在信息科技课堂中的学习方式,提升相应的教学设计与组织实施能力,并持续研究与创新信息科技课程的教学方法。①

精心设计培训内容,强调理念引领,准确阐释信息科技课程的科学本质和育人使命,全面分析信息科技课程在新时代背景下的社会意义和时代意义,帮助教师全面认识信息科技课程的内涵和价值。夯实课程知识,依据课程标准及信息科技学科发展趋势,在充分调研教师的专业背景和知识结构基础上,制订教师的本体知识和跨学科知识更新的长效计划,为课程内容的落实和教学创新奠定基础。突出方法习得,应注重在信息科技课程中面向信息意识、计算思维、数字化学习与创新、信息社会责任等核心素养的教学方法探讨,需要学生在课堂中体验的学习方式应在培训项目中让教师先行体验,继而提升相应的教学设计与组织实施能力。渗透研究意识,促进教师不断拓宽技术视野和增强改革意识,主动跟踪信息科技发展的趋势,持续研究与创新信息科技课程教学方法。

与此同时,针对信息科技教师的培训,需要完善国家、省、市、县多级培训机制,构建形成面向不同对象、不同阶段、进阶衔接的全员培训项目体系。首先,国家级培训项目由教育部直接领导和规划,组建由课程标准组核心成员、信息科技教育专家构成的团队,对培训管理者和培训者实施培训,提升各地培训规划与实施能力,为各省、市培养专家团队和优秀种子教师。其次,各省、市、县根据课程标准要求和本地实际,稳步、逐级推进教师全员培训工作,确保每位教师在使用课程标准之前参与一轮专项培训。在此基础之上,各级教育主管部门要做好培训保障工作,确保培训经费到位,并密切关注教师在理解和落实课程标准中的问题和困惑,发挥培训团队和教研员的指导作用;做好培训的过程监管和成效评估,构建数字化培训管理平台,利用动态数据改进培训管理,提升培训实效,服务教学变革。有条件的情况下,还可以积极引入大学相关专业和信息科技企业对信息科技师资培训的帮助。通过多方力量集结,为信息科技教师提供更新课程知识、拓宽技术视野的支持。

(三)落实信息科技实验室建设

对于科学性与实践性结合的信息科技课程而言,离不开信息科技实验室的建设,离不开数字化学习环境的保障与支持。为确保信息科技课程的有效开展和实施,每所学

---

① 任友群,李锋,王吉庆.面向核心素养的信息技术课程设计与开发[J].课程·教材·教法,2016(07):7.

校必须建设信息科技实验室。信息科技实验室的建设,首先需要有利于学生开展信息科技探索与实践的学习环境,并能够对学生动手体验、深度参与、设计制作、系统搭建等方面的提供有力的支持。而信息科技实验室的建设类型,可以包括数据实验室、互联网实验室、物联网实验室、虚拟仿真实验室、人工智能实验室等,能够有效支持信息科技典型实验。① 通过构建标准化、科技化、开放化、面向全体学生的信息科技实验室,全面支撑学生动手实践、创新研究与科学思维发展。

义务教育信息科技课程从数字素养、核心素养水平、内容标准、学业质量标准的一体化研制,构建了明确有效的课程体系。面向未来,如何有效进行课程标准的落实,将受到学段衔接、教师能力、学习环境等多方面因素等综合影响,加强各方面的积极探索与先试先行成为当前的迫切任务。面对充满挑战与希望的数字时代,义务教育信息科技课程为学生们的未来奠基,为培养时代新人奠基。

移动互联网、大数据、移动互联、人工智能、虚拟现实、元宇宙等技术变革不断刷新人类数字化生存状态,开启了人类历史上的新一轮产业革命,数字技术已经成为全球产业发展、经济繁荣和社会治理创新的基础,也是未来国家竞争力的重要来源。出生在数字化时代的"数字土著"们,各种信息科技已经构成了他们出生以来生活方式的一部分,早先针对"数字移民"的聚焦软硬件操作技能训练的教育已不再适应当代社会的发展,当下应关注在信息科技课堂中培养学生的信息科技核心素养——数字素养,帮助学生形成计算思维、运用数字化工具解决问题、理解和反思人与技术及社会之间的关系、明确自己在数字化时代所应具备的伦理道德,从而塑造能够承担社会责任的数字公民身份。

总之,新一代新兴科技扑面而来,进入数字时代,指向数字素养的义务教育信息科技课程标准正式颁布。信息科技课程标准的基本理念坚持立德树人,培养具有数字素养的时代新人;面对全体学生,建构科学与实践并重的课程内容;面向当下与未来,变革信息科技育人方式;遵循教学评一致性,建构基于核心素养的评价体系。本次信息科技课程标准的主要突破包括三个方面,分别是:从信息技术到信息科技的转变;从信息素养到数字素养的发展;从知识技能课程走向核心素养课程体系建构。标准颁布之后,其面临着各学段有效衔接,信息科技师资队伍培训,信息科技实验室建设等一系列挑战与机遇。

---

① 杨晓哲,任友群.数字化时代的STEM教育与创客教育[J].开放教育研究,2015,21(05):6.

第 19 章

让"教会、勤练、常赛"成为体育课程新常态
——《义务教育体育与健康课程标准(2022年版)》解读

朱伟强　张旭琳　贾艺覃　杜　鹃　王婉莹　张梦琦　黎开明

作者简介：朱伟强/华东师范大学体育与健康学院教授，华东师范大学课程与教学研究所兼职研究员；《义务教育体育与健康课程标准(2022年版)》修订组核心成员(上海　200062)。张旭琳/华东师范大学体育与健康学院博士研究生(上海　200241)。贾艺覃、杜鹃、王婉莹、张梦琦、黎开明/华东师范大学体育与健康学院硕士研究生(上海　200241)。

2019年1月2日，教育部启动了义务教育体育与健康课程标准修订工作，经过三年的努力，《义务教育体育与健康课程标准(2022年版)》修订完成并颁布。为了帮助广大教师深入理解新的课程标准，贯彻落实党和国家的教育方针、课程政策，本章从这次义务教育体育与健康课程标准修订的背景和尝试解决的问题、体育课程与教学方面研究与实践的基础与进展、本次课标修订对以往课标的传承与变化，以及地方、学校、教师落实新课标面临的挑战与建议等四个方面展开讨论。

一、背景与问题

(一) 修订背景

新中国成立以来，为了使大部分人能够上学、上得起学，我国于1986年开始实施义

务教育。经过数十年的努力,义务教育已经从基本普及到全面普及,我国也率先成为第一个完成联合国千年目标的发展中人口大国。在义务教育普及的过程中,体育与健康课程标准也迎来了多次修订,自 1992 年我国颁布第一个义务教育体育教学大纲——《九年义务教育全日制小学、初级中学体育教学大纲》到今年颁布的《义务教育体育与健康课程标准(2022 年版)》(以下简称《课程标准(2022 年版)》),体育与健康课程的目标体系、课程结构、教学与评价等方面都随着时代的变化、政策的颁布而有所改变。

  改革开放以来,体育课程经历了多次重大改革。体育课程目的从最初的以培养社会主义接班人到现在的强调健康第一、终身体育,体现了对人的主体性的关注,课程名称也改成体育与健康课程。十九大报告中提出的两个一百年奋斗目标中,习近平高度强调了体育的重要性。强调开展"全民健身"与加快推进建设"体育强国"战略的重要性,形成以"体育强国""体育育人"为核心的体育思想体系,并逐步向体育强国迈进。体育强国是指体育的综合实力、国际影响力和整体发展水平等方面总体居于全球领先或领导地位的国家,构建全民体育、竞技体育、学校体育全面发展的"大体育"格局是实现体育强国的必然要求。学校是竞技体育人才选拔的基地,学校体育也是全民体育蓬勃发展的基础。国务院办公厅《关于强化学校体育促进学生身心健康全面发展的意见》指出:"强化学校体育是实施素质教育、促进学生全面发展的重要途径,对于促进教育现代化、建设健康中国和人力资源强国,实现中华民族伟大复兴的中国梦具有重要意义。"①

  两个一百年奋斗目标中提出"文化自信"的概念,要文化自信,先文化自觉。文化自觉是文化自信的前提,是觉醒意识,而文化自信则是一种更为坚定的信念,需要将文化自觉的责任意识落实到行动中去,落实到文化传承和创造的具体实践中。② 文化自信作为时代背景,也在课程标准的修订中有所映射。体育与健康课程不再是从前的足篮排等现代运动项目的专属课程,需要纳入中华传统体育项目,让学生能在体育课程中体会传统体育项目的魅力,践行中华传统美德,形成天下兴亡、匹夫有责的担当意识和精忠报国、振兴中华的爱国情怀,为实现中华民族的伟大复兴打好基础。

  在实施素质教育的道路上,我们也遇到过很多阻力,例如学生学习压力大,课后作业多、校外补习繁重、身体素质下降等一系列严重的问题,这有悖于素质教育发展性和未来性的特点。学生三点半放学后依然有"课后三点半"的补习班等待他们,学生应有

---

① 国务院办公厅.关于强化学校体育促进学生身心健康全面发展的意见[EB/OL].[2022 - 03 - 29]. http://www.gov.cn/zhengce/content/2016-05/06/content_5070778.htm.
② 鲍明晓.体育大国向体育强国迈进的战略研究[J].南京体育学院学报(社会科学版),2009,23(06):1—6.

的休息和锻炼时间被课外辅导所占。"双减政策"出台的目的是有效减轻义务教育阶段学生过重的作业负担和校外培训负担,在作业、考试辅导方面要杜绝给家长布置作业;严格控制考试次数,严禁考试排名;对学习有困难的学生要有帮扶制度,对学有余力的学生要拓展学习空间等。① "双减"是机遇,也是挑战,有助于体育教育实现新突破。具体来说,一是助力配齐配强体育师资。体育教师长期存在严重缺编状态,在"教会、勤练、常赛"的背景下,抓住"双减"良机,体育教师配备将进一步得到重视,体育教师培训也会有所加强。二是助力体育课程目标达成。体育教育聚焦核心素养,"双减"必将助推学生运动能力、健康行为、体育品德的形成和发展。三是助力体育课程内容与形式更加丰富。体育课程长期存在"蜻蜓点水"的现象,有些学生不喜欢上体育课,有些学生12年也未掌握一项运动技能,此次课程标准修订的内容之一就是要求学生掌握一项运动技能,养成学生的终身体育意识。②

构建德、智、体、美、劳五育并举的教育体系是培养"德智体美劳"全面发展的社会主义建设者和接班人的重要途径,从"体教结合"到"体教融合"再到"五育融合",课程应当发挥其功能与价值方面的全面性,体育与健康课程应反映出德育、智育、美育、体育、劳动教育的途径、手段和有机融合的方式。③ 在德育方面,要求深化课程育人、文化育人、活动育人、实践育人、管理育人、协同育人。为强化体育锻炼、美育熏陶和劳动教育,提出严格执行学生体质健康合格标准,建立形成性评价与终结性评价相结合的评价体系,将体育纳入中考,增加体育分值,鼓励地方向学生免费或优惠开放公共运动场所。本次义务教育体育与健康课标的修订体现了时代性,在上述各种政策的引领下,坚持健康第一、终身体育的指导思想,以培养五育并举全面发展的社会主义接班人为目标,开启了本次义务教育体育与健康课程标准修订工作。

(二)存在问题

本次课标修订,在新的时代背景下,结合前期调研,针对课程性质、功能定位、指导思想、课程理念、课程目标、评价体系以及课程实施与相关政策等方面存在的不适应、缺失或偏差等主要或突出问题,做出了一定的调整修改,这些问题如下。

---

① 教育部办公厅关于学习推广北京等地经验做法进一步做好"双减"工作的通知[EB/OL]. [2022 – 03 – 30]. http://www.moe.gov.cn/srcsite/A29/202109/t20210917_564103.html.
② 季浏.我国《普通高中体育与健康课程标准(2017年版)》解读[J].体育科学,2018,38(02):3—20.
③ 中共中央办公厅 国务院办公厅印发《关于全面加强和改进新时代学校体育工作的意见》和《关于全面加强和改进新时代学校美育工作的意见》[EB/OL]. [2022 – 04 – 12]. http://www.moe.gov.cn/jyb_xxgk/moe_1777/moe_1778/202010/t20201015_494794.html.

1. 体育与健康课程的育人价值有待加强

《义务教育体育与健康课程标准(2011年版)》(以下简称《课程标准(2011年版)》)指出,体育与健康课程对于实施素质教育,培养学生的爱国主义、集体主义精神,促进学生德、智、体、美全面发展具有重要的意义。① 但尚缺少"体育能够培养学生社会主义核心价值观"的类似或相关表述,课程标准中的教学指导建议和教学案例未能很好地体现健身育人、"以体育人"的价值,对革命文化教育、国防教育、劳动教育等关注不够。而且,对中华优秀传统体育项目的涉猎较少,教学建议也未能很好地关注中小学生传承中华优秀传统体育文化的自觉意识。

2. 体育与健康课程在健康促进方面的定位需要完善

《课程标准(2011年版)》增加了健康内容,用意无疑是好的,但体育与健康课程不可能也不应该包揽所有健康内容。这既涉及与其他学科,如生物等学科的分工问题,也涉及理论、实践支撑,时间积淀问题。哪些内容、何种方法才科学、合理、经世济用,需实践和时间的检验,这是修订难以达到的。② 体育与健康课程也承担不了学生全部的健康责任。根据《课程标准(2011年版)》对课程性质的表述和课程标准解读中的说明,体育与健康课程在课程性质上并不是体育与健康教育的"合科",而是"以身体练习为主要手段,以增进学生健康为主要目标的课程"。③ 体育课无法完全承担学生健康的任务,不能无限扩大体育与健康课程的功能或目标范围。

3. 课程目标的表述和衔接过渡问题

《课程标准(2011年版)》中对于运动参与、运动技能、身体健康、心理健康和社会适应四个方面课程目标的表述过于笼统,可操作性不强,而且缺少具体评判标准、没有体现区别对待。比如,其中提到要掌握一到两项球类技能,什么是掌握?掌握到什么程度?怎样区分熟练掌握、基本掌握?不同学段所应达到的目标不够细化,呈现方式也不够简练。所谓"目标引领内容",只有拥有了清晰、明确的目标,才能让一线体育教师有的放矢,设计出更好的体育与健康课。

另外,课程目标的设置要体现大、中、小、幼各学段体育与健康课程目标有效的衔接与过渡。每次课程标准修订都会提出这个问题,但即使屡次提及,好像都没有得到妥善解决。其背后更多的可能是如何有效衔接和过渡的专业技术性问题,以及确定哪些目标,怎么分类、如何陈述才能体现有效衔接和过渡的问题。

---

① 教育部.义务教育体育与健康课程标准(2011年版)[M].北京:北京师范大学出版社,2011:6.
② 杨文轩.关于"体育与健康课程标准"修订的思考[J].体育学刊,2011,18(05):1—3.
③ 教育部.义务教育体育与健康课程标准(2011年版)[M].北京:北京师范大学出版社,2011:2.

4. 课程内容不够明确

《课程标准(2011年版)》第三部分的课程内容,是按所呈现课程目标的"运动参与、运动技能、身体健康、心理健康和社会适应"四个学习方面,描述了水平一到水平四的具体学习目标。① 这样容易造成课程内容和课程目标的混淆,会让很多体育教育工作者无法准确地把握和理解其中的内涵,这给体育教师理解课标要求带来了不少困难。尤其是"运动技能"学习方面的第2条课程目标"掌握运动技能和方法",达到该目标时,学生将能够:基本掌握并运用田径类、球类、体操类、游泳或冰雪类、武术类、民族民间传统体育类六个运动技能系列的一些运动项目的技术内容。② 一线教师普遍反映,作为学习目标,教学中理应都要落实,但实际显然不太可能。那么,在具体落实中怎样选择?这六个运动技能系列都要教?还是教一两个?每个运动技能系列教几个运动项目?每个运动项目教多少技术内容?什么时间教?等等,这些问题都需要明确。

5. 评价标准不够具体全面,评价方法过于复杂,缺乏可操作性

课程标准关于学习评价的表述很全面,但一线教师在实际操作中很难针对每个学生的运动能力、情意与合作、态度与参与等多方面去一一评价。而且由于教师自身水平有限,仍然觉得在一线体育教学实践中难以较好地对学生进行评价,其中最大的困难在于体育教师对定性评价的尺度不能较好地把握。在学生的学习态度、情意表现等方面如何评价仍是研究的薄弱环节。体育学习评价虽然关注态度和健康状况,但态度评价一般看出勤率,可一般中小学生很少缺课,于是这一条也就没有了参考意义;健康状况一般看国家健康标准,也有现成的。所以,体育教师教学评价一般是技评与达标,以达标为主。而2011年版课程标准的五个目标的评价,操作起来要复杂得多,要求教师平时对每个学生的状况掌握也要更加详细,这就存在科学性与可操作性问题,另外也存在教学评价的即时性与教育效应的滞后性矛盾,学习成效的综合性与体育教育功能局限性矛盾。因此,实施过程必须着力简化评价方法,努力提高其可操作性、可行性。③

6. 教师培训内容、方式不合理

体育教师课程标准培训的方式过于单一、缺乏针对性,培训内容以网络研修为主,存在重理论、轻实践的现象,而且培训内容脱离教学实际,培训覆盖面不足,培训效果较

---

① 教育部.义务教育体育与健康课程标准(2011年版)[M].北京:北京师范大学出版社,2011:9—41.
② 教育部.义务教育体育与健康课程标准(2011年版)[M].北京:北京师范大学出版社,2011:10—11、17—18、26—27、35—36.
③ 杨文轩.关于"体育与健康课程标准"修订的思考[J].体育学刊,2011,18(05):1—3.

差。很多地方的培训受限于经费和领导重视程度等问题,多数情况下还只是针对骨干教师的培训,覆盖面不足,培训次数和时间也严重不足。加之很多体育教师自身存在严重的职业倦怠,又缺乏严格的监督机制,培训效果不容乐观。

二、基础与进展

(一) 实践基础与进展

1. 教学实践中体育教师对课程性质有了深入的理解

体育与健康课程不再仅仅强调知识的传授、技能的训练,更加重视学生全面综合发展。《课程标准(2011年版)》指出体育与健康课程以身体练习为主要手段,具有基础性、实践性、健身性和综合性,旨在促进学生健康、全面发展。教师在选择教学内容和实施教学的时候,普遍都能明确课程性质并据此实践,以往唯技能、唯体能的教学思想和为体育中考而改变课程标准要求的实施行为普遍得到改善。坚持"健康第一"指导思想,通过运动参与激发学生的运动兴趣,培养学生的锻炼意识和习惯,促进学生健康成长,这样的意识和教学行为已深入人心。

2. 普遍认识到传统体育文化的育人价值

文化是一个国家、一个民族的灵魂。加强对中华优秀传统体育文化内涵和中华体育精神的阐发,将传统体育项目融入校园生活,大力彰显传统体育文化的魅力,推动中外体育文化的交流互鉴,将是目前甚至将来一段时间内传承、发展并全面复兴中华体育文化的重要"工程"。① 实践中,教师普遍都能关注到中华传统体育项目对学生学习和发展有教育意义,有利于提高学生的民族自尊心、自信心。在我们的校园体育文化中拓展传统体育文化,将对丰富校园生活、引导正确的校园体育价值观、增强学生体质、培养学生终身体育的意识和习惯、提高学生综合素质,具有非常重要的作用和意义。

3. 逐渐形成多元化的学业质量评价体系

有了学业质量标准,就能通过学习评价更好地体现对学生能力素养的考察,促进核心素养在评价领域落地。② 体育课堂中多样化的学习评价,打破了"只对运动技术、体质

---

① 崔乐泉,孙喜和.中华优秀传统体育文化传承发展的理论与实践——《关于实施中华优秀传统文化传承发展工程的意见》解读[J].北京体育大学学报,2018,41(01):126—132.
② 辛涛.学业质量标准:连接核心素养与课程标准、考试、评价的桥梁[J].人民教育,2016(19):17—18.

健康等某一方面"的评价,注重"知识、能力、行为、健康"综合评价指标体系的建立。① 实践中,体育学习评价改变了以往用期末考试结果为最终成绩的评价方式,建立起了多样化的学习评价,注重定量评价与定性评价、相对性评价与绝对性评价、形成性评价与终结性评价相结合的评价体系。促进学生发展的体育学习评价将体育学习过程与学习结果相结合,全面、科学、客观地评价学生的体育学业质量。

（二）国际动态与经验

1. 课程目标指向核心素养

在此次课标修订中,课程目标指向运动能力、健康行为和体育品德三个方面核心素养协调全面发展,培养学生在未来发展中应具备的体育与健康的正确价值观、品格和能力,提出这样的体育课程目标,是与国际体育课程发展同步共频的。

美国在《K-12体育教育标准》中提出了"physically literate",即"体育素养",并强调体育教育的目的是要培养具有体育素养的人。以学生为本,发展学生的体育兴趣以及关注学生之间的差异。其最终目标是发展学生终身体育的能力,使他们能够终身享受健康快乐的体育活动。② 体育课程标准不仅是学校体育课程实践的基础,而且是保证学校体育目标实现的关键。韩国结合体育学科的特点,将核心素养深入渗透到体育课程标准中,并以五大身体活动价值领域为切入点,制订了基于核心素养的目标体系、内容体系及成就标准。韩国的此次课改中就涉及了体育学科核心素养的相关概念,强化了与国家整体学科核心素养框架的衔接程度③。英国历来非常重视学校体育工作,体育在英国国家教学大纲中被列为"核心课程"④。英国的课程目标强调体育课从多方面促进学生的发展,体育课不仅要教给学生技能,更要促进学生的多方面发展。新西兰的健康与体育课程标准则认为,体育课程应促进学生精神道德、社会和文化的发展,理解运动的目标,注意健康、积极的生活方式,增强参与运动的自信,培养提高成绩、争取成功的意愿,终身享受运动的乐趣。

世界主要发达国家和地区的体育课程都注重课程目标与体育学科核心素养的对接,不同的阶段设置不同的要求。并且从体育认知与健康生活方式、运动监测、运动技能等方

---

① 于素梅.一体化体育课程评价体系的建构[J].体育学刊,2019,26(05):15—19.
② 张赫,唐炎.美国2013版《K-12体育教育标准》的特征及启示[J].沈阳体育学院学报,2015,34(02):115—119.
③ 时维金.基于核心素养的韩国义务教育阶段《体育课程标准》解读及启示[J].现代基础教育研究,2020,38(02):161—168.
④ 郭小娜.英国义务教育阶段教学与考试对我国的启示[J].课程教学研究,2016(05):29—33.

面,逐步提升对学生的体育学习要求,通过学校体育促进学生身心协调发展方面。

2. 课程内容关注基础性、层级性、模块化

分析世界主要发达国家体育课程内容的设置可以看出,当前世界各国体育课程在内容的选择与组织上表现出基础性、层级性、模块化的趋向。例如,英国的课程内容旨在发展学生的基本运动能力,并根据学生的兴趣为不同年龄群体的学生创建不同的课程内容。美国《K-12体育教育标准》中对各年级阶段有详细的划分,并依据不同阶段学生的身体与认知特点提出特定的课程学习内容以及不同的掌握目标,使每一阶段的教学过程都有清晰的定位。韩国将课程内容分为健康、挑战、竞争、表达、安全5大课程领域,并强调不同学段的侧重点。此外,英国的体育课程内容还加入了体育文化相关的学习模块,增加英国学生对体育的兴趣,根据学生的兴趣开展广泛的公共体育活动和俱乐部活动,增强学生对体育的热爱。不同国家的课程内容层次性完全符合中小学生随着年龄的增长而不断发展的认知与身体基础。[①]

3. 强调体育课程育人价值的实现

从育人价值来看,不同国家的体育课程不再只关注学生体力,而是转变为关注学生一生的发展。从体育课程标准的目标上看,更加强调将体育作为教育的一部分,希望体育教育从塑造学生"身、心、群"的整体健康角度开展。比如,澳大利亚健康与体育课程标准中突出强调健康素养的发展,并从个人、群体以及社会的角度体现其价值。[②] 健康素养对于学生形成健康、安全、积极的生活方式极其重要。新加坡是通过所有学科共同培育学生核心素养,核心素养的最终实现是多学科协同育人而非单一学科效果叠加的结果。体育课程育人价值的实现,强调传授运动技能和发展体能是手段,健身育人是目的,加强体育学科育人方式改革,坚持立德树人,强化综合素质培养,提高学生学习能力,积极探索基于真实运动情境、问题解决导向的互动式、启发式、探究式、体验式的课堂教学,推进学生发展核心素养在体育学科的落实。同时,关注学生的个性需求,促进学生的全面发展,提高学生综合能力与个性品质,能够为学生的未来发展打下良好基础。

(三) 理论基础与进展

结合课程领域的国际动态来看,当前课程发展与完善最主要的理论基础是教育领域对核心素养的认识。当今世界核心素养研究框架,无论源自国际组织还是特定国家,

---

[①] 尹志华,孙铭珠,汪晓赞.核心素养视域下发达国家体育课程标准比较与发展趋势分析[J].天津体育学院学报,2020,35(06):626—632.
[②] 刁玉翠,李梦欣,党林秀,等.澳大利亚健康与体育课程标准解读[J].体育学刊,2018,25(02):85—93.

均指向于21世纪信息时代公民生活、职业世界和个人自我实现的新特点与新需求。因此,"核心素养"的别称即"21世纪素养"(21st century competences)或"21世纪技能"(21st century skills)①。信息化时代将世界连为一个整体,面对文化差异、种族冲突、人际交往问题,我们该如何解决?信息化为人类提供了便利,同时也带来挑战,我们如何合理地使用计算机,如何解决计算机带来的不利问题?例如网络安全、信息泄露等。大量农工类劳动可被机器所代替,那么人类所需要的素养则是机器所不具备的复杂能力,例如创新能力、交往能力等。因此,人类为了适应信息化时代的需要,解决复杂问题及不可预测的情景,核心素养的概念便应运而生。

经济合作与发展组织(OECD)核心素养框架、欧盟核心素养框架、美国核心素养框架、世界共同核心素养等分别根据各自的研究视角、文化基础,对核心素养进行界定。OECD认为素养不只是知识与技能,是在特定情境中通过利用和调动心理社会资源(包括技能和态度),满足复杂需要的能力②。欧盟提出的核心素养框架对"素养"的界定是适用于特定情境的知识、技能和态度的综合③。

美国核心素养及其框架均围绕美国的"21世纪学习框架"(framework for 21st century learning)展开。强调如何把知识和技能运用到现代生活情境中,要求建立学科知识和真实生活情境的联系,还要建立不同学科知识彼此间的内在联系,着眼于培养学生的跨学科意识以及运用多学科知识解决复杂问题的能力。

世界共同核心素养主要是世界不同国家、地区、国际组织和专业机构根据各自发展需求和教育传统,厘定核心素养内涵和框架,均体现信息化时代的新要求。核心素养作为一种高级能力和人性能力,其本质是"道德创造性"。而崇尚道德创造性是儒家智慧传统的根本特征。因此核心素养这一观念有可能沟通中华文化传统与信息化时代,从而为我国构建信息时代的课程体系创造美好意愿。④

基于对核心素养的概念及内涵解析,结合当下促进学生德智体美劳五育融合的育人要求,体育学科的核心素养要求培养学生应具备的、能够适应终身发展和社会发展需要的价值观念、必备品格和关键能力,以及在复杂情境中分析问题和解决问题的能力。

---

① 张华.论核心素养的内涵[J].全球教育展望,2016,45(04):10—24.
② OECD. The definition and selection of key competencies: executive summary [EB/OL]. [2022-04-08]. http://www oecd. org/dataoecd/47/61/35070367.pdf.
③ Gordon, Jean et al. (2009): Key competences in Europe: Opening doors for lifelong learners across the school curriculum and teacher education, Case Network Reports, No.87, Annex1: Key competences for lifelong learning — A European reference framework.
④ 张华.论核心素养的内涵[J].全球教育展望,2016,45(04):10—24.

任何学科知识都是具有结构的,反映了事物之间的联系或规律性(布鲁纳)。对于体育学科核心素养而言,学科结构理论中的要素和阶段划分主要蕴含在体育学科课程与教学之中,它所涉及的结构性问题是可以使用学科结构理论来进行解释的。① 无论是某个运动项目之中还是各运动项目之间,知识与知识、知识与技能都有其内在结构性,教师通过结构性的目标、内容、过程、方法进行教学,学生将所学内容吸收、掌握、内化、转换,活学活用,形成自己的体育素养来解决日常生活与学习中的复杂问题,达到体育学学科的育人目标。

三、传承与变化

(一) 课程理念

本次课标修订在延续前两版课程标准修订的指导思想和课程理念的基础上,依旧贯彻"健康第一"的指导思想,结合当前国家教育政策和体育课程的发展走向,提出以下课程理念。

1. 坚持"健康第一"指导思想

"健康第一"是学校教育的指导思想,从建国之初党和国家领导人就已明确提出。本次课标修订延续2011年版课标"坚持'健康第一'的指导思想,促进学生健康成长"的课程基本理念,进一步关注健康的丰富内涵和达成条件,充分发挥体育与健康课程对促进学生健康的作用,与其他课程相辅相成,帮助学生全面发展。

2. 落实"教会、勤练、常赛"新模式

过去的体育课程大多是"蜻蜓点水"似的教学,学生很难从中学会一两项自己感兴趣的运动技能。以往的课标关注到了这一点,提出体育课程要"激发学生的运动兴趣,培养学生体育锻炼的意识和习惯"(2011年版)。但对如何落实这一课程理念没有提供具体的手段方法。十九大两个一百年奋斗目标的报告中所涉及的体育部分有明确的说明,中国要从体育大国成为体育强国,学校体育作为社会中重要的一部分,尤其是学校对学生运动习惯的养成作用,是完成全民健身目标、成为体育强国的关键点。② 本次课

---

① 赵富学,程传银.体育学科核心素养的理论基础及结构要素研究[J].沈阳体育学院学报,2018, 37(06):104—112.
② 中共中央办公厅关于教育部办公厅关于印发《〈体育与健康〉教学改革指导纲要(试行)》的通知 [EB/OL].[2022-04-18].http://www.moe.gov.cn/srcsite/A17/moe_938/s3273/202107/t20210721_545885.html.

标修订依据国家教育政策,明确以习近平新时代中国特色社会主义思想为指导,全面贯彻党的教育方针,深化体育教学改革,强化"教会、勤练、常赛",构建科学、有效的体育与健康课程教学新模式,帮助学生掌握1至2项运动技能,促进中小学生核心素养的形成,为实现"健康中国""体育强国"作出体育学科的贡献。①

3. 加强教学方式改革

以往的课标转变了传统教学理念,强调体育课程要从教师的教转向学生的学,提出"以学生发展为中心,帮助学生学会体育与健康学习"。但即使理念和方向有了,对于地方、学校、教师而言,还面临着如何落实的问题。据此,本次课标修订进一步明确,教学不单纯是老师教学生学,还应该包括学生教学生学的自主学习方法、学生之间互帮互学的合作学习方法,等等。为了培养学生核心素养,体育课程倡导学科实践,老师作为指导者,帮助学生完成一些较难的学习内容,从而提高学生在课程中解决问题的实践能力。在五育并举的背景下,体育与健康课程不再仅仅只有体育,还应该在课程中增加德、智、美、劳其他四育,注重与其他学科融合,做到跨学科学习。

4. 关注学生个体差异

本次课标修订同以往的体育与健康课程标准一样,都特别强调对学生个体的关注。教育公平性就体现在对每个学生个体差异的尊重,每个学生都有受教育的权利。体育课程应该面向所有学生,课程目标应以学生为出发点,课程内容的设置、教学方式的选择、课程评价的设计,应围绕培养学生核心素养来完成。关注学生的学习状况和每个学生的个人特点,因材施教,针对不同水平的学生对课程内容进行精细划分,根据学生特点安排相应的教学内容;改变过去单一的教学方法,同步教学的进度,采用探究、自主、合作的学习方法和大单元教学。课程评价不再以终结性评价为结果,强调形成性与终结性评价相结合,探索增值评价,健全综合评价,充分尊重学生。

5. 重视中华优秀传统体育文化

这条课程理念在以往的体育课程标准中没有得到重点关注。从国家整体安全观的视角考虑,在中华民族伟大复兴梦想的引领下,国家相继颁布了一系列传承中华优秀传统文化的政策文件。中华优秀传统体育文化是文化自信的重要根基,弘扬中华优秀传统体育文化是培养民族精神的重要手段。中华传统体育文化包含着许多优秀的民族精神,"天下兴亡,匹夫有责"的民族精神也与传统体育文化有着密切的联系。本次课标修

---

① 教育部办公厅关于印发《〈体育与健康〉教学改革指导纲要(试行)》的通知[EB/OL].[2022-04-17]. http://www.moe.gov.cn/srcsite/A17/moe_938/s3273/202107/t20210721_545885.html.

订重视中华优秀传统体育文化,体育与健康课程需要不断地挖掘并整理出中华传统体育文化理论以及适合的传统体育项目,使传统体育文化的本质内涵在课程中充分地体现出来,形成具有中国特色的传统体育文化课程体系。

(二)改革延续与深化

1. 课程目标体系的演变

2001年版的《全日制义务教育体育与健康课程标准(实验稿)》(以下简称《课程标准(2001年版)》)的课程目标包括五个方面,分别是(1)增强体能,掌握和应用基本的体育与健康知识和运动技能;(2)培养运动兴趣和爱好,形成坚持锻炼的习惯;(3)具有良好的心理品质,表现出人际交往的能力与合作精神;(4)提高对个人健康和群体健康的责任感,形成健康的生活方式;(5)发扬体育精神,形成积极进取、乐观开朗的生活态度。从运动参与、运动技能、身体健康、心理健康、社会适应五个学习领域确定了学习领域目标和内容标准,内容标准是按五个学习领域分水平描述了六级水平目标。

《课程标准(2011年版)》的课程目标是在《课程标准(2001年版)》课程目标的基础上,增加了"学会学习和锻炼,发展体育与健康实践和创新能力",两者的对应关系和变化见表19-1;2011年版的课程标准对2001年版课程标准中的心理健康与社会适应两个学习领域进行了归并,构建了"运动参与、运动技能、身体健康、心理健康与社会适应"四个学习方面,是对《课程标准(2001年版)》的目标进行的延续和深化。同时,该版本将"内容标准"改为"课程内容",并分四级水平描述了每级水平上四个学习方面的学习目标(如表19-1所示)。

表19-1 2011年版和2001年版课程目标对应关系和变化

《课程标准(2001年版)》课程目标	《课程标准(2011年版)》课程目标
增强体能,掌握和应用基本的体育与健康知识和运动技能;	掌握体育与健康的基础知识、基本技术与方法,增强体能;
培养运动兴趣和爱好,形成坚持锻炼的习惯;	学会学习和锻炼,发展体育与健康实践和创新能力;
具有良好的心理品质,表现出人际交往的能力与合作精神;	体验运动的乐趣和成功,养成体育锻炼的习惯;
提高对个人健康和群体健康的责任感,形成健康的生活方式;	发展良好的心理品质、合作与交往的能力;
发扬体育精神,形成积极进取、乐观开朗的生活态度。	提高自觉维护健康的意识,基本形成健康的生活方式和积极进取、乐观开朗的人生态度。

《课程标准(2022年版)》融入了核心素养的内涵,把课程目标凝练成核心素养的三个方面:掌握与运用体能和运动技能,提高运动能力;学会运用健康与安全的知识和技能,形成健康的生活方式;积极参与体育活动,形成良好的体育品德。将前两版课标中运动参与学习领域中的体验运动乐趣、身体健康学习领域中的体能发展、运动技能学习领域中的运动知识、运动技能和方法等学习目标,整合、提炼为运动能力方面的目标;将身体健康学习领域中的健康知识与技能、运动技能学习领域中的安全意识与防范能力,以及心理健康与社会适应学习领域中与健康相关的学习目标等,整合、提炼为健康行为方面的目标;将心理健康与社会适应学习领域中的意志品质、体育道德等方面的学习目标等,整合、提炼为体育品德方面的目标。而运动参与学习领域中参与体育学习和锻炼方面的学习目标则分别渗透在核心素养的三个方面。

三版课标中的课程目标体系以及分目标都是互相联系、不可分割的。例如,体育课程以身体练习为主要手段,学习运动技能的同时势必会增强体能水平,运动技能学习、运动参与、身体健康相互关联,统一在身体活动之中。这三版课标中的目标皆是围绕如何将学生培养成一个全面发展的人,不仅使学生掌握运动技能、增强体能,并且注重对学生运动兴趣、运动习惯、健康行为、体育品德方面的培养,使体育以及体育教育伴随人的一生。

2. 课程内容的演变

《课程标准(2001年版)》将课程学习内容分为运动参与、运动技能、身体健康、心理健康和社会适应五个学习领域,并根据领域目标构建课程的内容体系。《课程标准(2011年版)》与《课程标准(2001年版)》课程内容相差不大。前者将心理健康与社会适应合并,设置了运动参与、运动技能、身体健康、心理健康与社会适应四个方面的课程内容。这样内容变得更加精简且更加有条理,因为社会适应是心理健康的延续,心理健康是社会适应的基础,二者不可分离。

《课程标准(2022年版)》在延续前两版课程内容的基础上,改变了原来按学习领域呈现课程内容的思路,把体育与健康课程内容分为基本运动技能、体能、健康教育、专项运动技能以及跨学科主题学习五个方面。其中,体能、健康教育两部分的学习内容从前两版的身体健康学习领域中分化出来;基本运动技能和专项运动技能两部分的学习内容从原来的运动技能学习领域分化出来。运动技能学习是体育课程的主要内容,也是体育课程有别于其他学校课程的主要特征之一。《课程标准(2022年版)》将专项运动技能方面的课程内容分为球类运动、田径类运动、体操类运动、水上或冰雪类运动、中华传统体育类运动、新兴体育类运动等六大运动技能系列,其中,前四类运动技能系列是对以往两版课程标准中运动技能学习内容分类框架的延续,中华传统体育类运动是前两版课标中武术类运动项目和民族民间传统体育项目的整合,而新兴体育类运动项目是与《普通高中体育与健康课程标准(2017年版2020年修订)》的对应。

3. 课程评价的演变

《课程标准(2001年版)》与《课程标准(2011年版)》的课程评价内容都较为完善,不仅注重学生体能和运动技能的评价,而且注重学习态度、运动参与以及情意与合作方面的评价,两个版本在评价内容上没有太多的改变。关于评价方法的转变,《课程标准(2011年版)》增加了形成性评价的概念,形成性评价不仅关注对学生学习结果的评价,更关注学生学习过程中的评价,强调合理运用体育与健康学习评价结果,鼓励教师及时将评价结果反馈给学生,与学生一起判断体育与健康学习目标的达成程度,分析学习进步与不足,改善学生学习。

《课程标准(2022年版)》秉承了前两版课程标准在评价目的、评价主体、评价方式、评价结果运用等方面的建议,除此之外,在评价内容上将原来的体能、知识与技能、态度与参与、情意与合作四个方面整合,提升为运动能力、健康行为、体育品德三个方面,与课程核心素养对应。

4. 课程资源开发与利用方面的演变

在课程资源开发与利用方面,《课程标准(2022年版)》沿用了前两版课程标准的6个方面:人力资源的开发与利用;体育设施和器材资源的开发与利用;课程内容资源的开发与利用;自然地理资源的开发与利用;信息资源的开发与利用;时间资源的开发与利用。其中,时间资源的开发和利用方面,《课程标准(2001年版)》的描述为课外和校外体育资源的开发,虽然内容上没有明显的差异,但用"时间资源"一词更加具有概括性与简洁性,时间资源不仅指的是课外或者校外的时间资源,也包括课内的时间资源。

(三)修订内容变化与突破

《课程标准(2022年版)》在《课程标准(2001年版)》与《课程标准(2011年版)》的基础上创新、发展并完善,修订内容的变化与突破主要体现在以下方面。

1. 课程目标的变化

《课程标准(2022年版)》没有沿用原来的"运动参与、运动技能、身体健康、心理健康与社会适应"四个学习方面来描述课程目标,而是从运动能力、健康行为、体育品德三大核心素养方面进行阐释说明,以便与《普通高中体育与健康课程标准(2017年版2020年修订)》的课程目标保持一致,同时,核心素养与课程目标共同构成了《课程标准(2022年版)》的第三部分。义务教育体育与健康课程核心素养是课程育人价值的集中体现,课程目标则是核心素养的具体表现,核心素养与课程目标相互影响、相互联系。《课程标准(2022年版)》按三大课程核心素养将课程目标描述为三大总目标,并将每个总目标划分为四级水平目标,四级水平目标与三大总目标相互对应,而水平目标内部则按照学生认知、体能、运动技能的发展规律以及习惯养成和品德形成规律,根据学生不同阶段所能达到的能力设置学习进阶。

2. 课程内容设置变动

《课程标准(2022年版)》放弃了原来按照四个学习方面设置的"模棱两可"的内容体系,而是以核心素养为导向,围绕课程目标设置五大主题的课程内容,分别是基本运动技能、体能、健康教育、专项运动技能和跨学科主题学习,将之前的身体健康学习领域分为了体能和健康教育两部分。体能作为单独一个学习内容划分出来,体现了体能的发展是体育课程的基础内容。"健康第一"是学校体育的指导思想,体育与健康课程是落实"健康第一"指导思想的核心课程,健康教育作为一个独立的课程内容,旨在强调其对于培养学生体育与健康课程核心素养的重要意义。将以往的运动技能学习领域分为基本运动技能和专项运动技能两部分,前者适用于小学低年级学习,后者从小学3年级开始供学生选择学习。专项运动技能方面则包含了球类运动、田径类运动、体操类运动、水上或冰雪类运动、中华传统体育类运动和新兴体育类运动六个系列,相较于《课程标准(2011年版)》,此次课程标准以满足学生多样化学习要求为主要目的,使学生在义务教育阶段夯实基础,接触不同类型与不同项目的体育运动,通过系统学练多个运动项目,进而熟练掌握一两项运动技能,形成运动爱好与运动专项,同时为高中体育与健康课程实施专项化教学奠定技能、体能等多方面的运动基础。

《课程标准(2022年版)》还安排了不少于10%的课时用于跨学科主题学习,这是在课程内容上最突出的变动,是一项新增的课程内容,旨在培养课程核心素养和跨学科核心素养。跨学科主题学习将体育运动与爱国主义教育、革命文化教育、国防教育、劳动教育、环境教育等内容结合,采用多种活动方式,培养学生综合实践能力,这是立足于体育与健康学科核心素养,同时坚持大教育观与大体育观相结合,从多学科融合的角度多方面发展学生的素养。从内容设置上不难看出,跨学科主题不是单纯地将学科组合,而是深层次地融合体育与其他学科内容,开发趣味性、实践性的主题活动,全面发展学生的核心素养。由于跨学科主题学习在体育与健康课程中是首次出现,处于尝试阶段,所以附录部分特意增加跨学科主题的学习案例,以供广大体育工作者参考与探讨。这也是本次课程标准修订最为细致的一部分,在很多内容上都给予相应的教学设计案例、学习案例等,这对一线体育工作者具有很好的指导作用。

3. 课程内容的具体描述不同

《课程标准(2011年版)》的课程内容主要是按四个学习方面描述内容标准,包括学习目标、评价要点和评价方法举例;而《课程标准(2022年版)》则是按五大内容主题描述学生达到该水平的内容要求、学业要求和教学提示。例如,《课程标准(2011年版)》水平二的运动技能中表述到"初步掌握几项球类活动的基本方法。如初步掌握小篮球、小足球、羽毛球、乒乓球或其他新型球类的基本方法"。在《课程标准(2022年版)》中,水平二球类运动的"基础知识与基本技能"课程内容总体要求是"在所学球类运动项目的游戏中学习和体验基本动作与简单组合动作;知道所学球类运动项目的基础知识、基本技能和基本方法",并列举了足球、篮球、乒乓球三个项目的具体内容要求,明确了达到水平二的学业要求,并为课程核心素养的落实提供了教学提示。教师在选择教学内容时则可根据学校资源或学情开设不同的球类运动,根据提示实施教学,让学生在任何球类游戏中学习并体验基本动作与简单组合,落实指向课程核心素养的学业要求。《课程标准(2011年版)》的课程内容没有明确学生要具体学习哪些球类运动,且以掌握简单的基本动作与基本方法为主,由于标准过于宽泛,并不利于一线教师教学,同时也不利于学生体育知识结构化。此次课程标准修订以项目列举的方式列出了专项运动技能主题,描述了具体、明确的内容要求和教学提示,强调从单一化、碎片化的知识技能学习转向培养学生核心素养的结构化知识技能的掌握,并通过"学业要求"描述了学习该水平的具体内容应达到的指向核心素养的预期目标,这在选择和安排教学内容、设计教学活动等方面为一线教师提供了更具体的指导,也更有利于学生构建体育与健康课程结构化知识体系。

4. 增设学业质量标准

《课程标准(2011年版)》中,每个具体目标下都包含有"评价要点"和"评价方法举例",试图说明在该目标下应主要从哪些方面评价学生的预期学习结果。但在具体实施过程中,体育与健康学科大多数还是以体质测试代替运动技能评价。《课程标准(2022年版)》增加了学业质量标准,明确指出学业质量是学生在完成体育与健康课程一个水平学习后的学业成就表现,是以课程核心素养及其表现水平为依据,结合课程内容,对学生在不同水平学业成就的总体刻画,用以反映课程目标的达成度。并针对每一水平的不同课程内容分别制定了相应的学业质量合格标准,在一定程度上解决了课程标准评价方面的部分难题,有助于教师判断学生目前处于哪一水平层次,也可以帮助学生了解自身学习的主要历程,对不擅长和未掌握的内容加以补充。

《课程标准(2011年版)》与《课程标准(2022年版)》从评价思想、评价内容上都强调了对发展性评价的进一步运用,以此激发学生的学习兴趣、提高自我认知。但与《课程标准（2011年版）》相比，此次课程标准修订更关注核心素养的形成以及对核心素养本身的评价。在评价方法和评价主体上，两版课程标准都强调了多元评价，并且建议采用定量与定性相结合、相对性与绝对性相结合、形成性与终结性评价相结合等多样化的评价方法。然而，此次课程标准的水平划分与学业质量标准的制定，可以让教师通过评价任务更加清楚地了解学生处于哪种水平层次，并根据评价结果合理调整教学策略，以帮助学生达成预期学习结果。

5. 课程实施建议的增加与变动

《课程标准（2022年版）》的课程实施增加了教学研究与教师培训方面的建议。相对于《课程标准（2011年版）》的实施情况而言，课程实施在教学研究与教师培训方面属于薄弱环节。课程标准被奉为基层工作者的教学指南和依据，是落实新课程改革精神和要求的有效手段与途径。课程标准的这一变化也明确了对地方教育管理和业务部门、基层教育工作者的要求，加强教学研究与教师培训方面的工作，这一部分作为践行新课程标准的重要途径与有效手段应当引起广大体育工作者与培训机构、学校领导等的重视。

除了新增加的教学研究与教师培训的建议，《课程标准（2022年版）》在课程资源开发与利用方面的具体细节上，对前两版课程标准进行了调整。首先体现在人力资源的开发与利用上，《课程标准（2022年版）》提出了体育教师应具有良好的师德师风、强烈的敬业精神、崇高的使命感和高度的责任感等一些对体育教师的素养与能力上的要求，这是为培育学生的体育课程核心素养，体育教师所必须具备的素养与能力。对于课程内容资源的开发和利用，《课程标准（2022年版）》对其进行了精简，核心内容不变，强调改造现有的运动项目，创编新的运动项目，开发传统体育运动项目。另外，在信息资源的开发与利用上，《课程标准（2022年版）》提出要形成健康的意识和生活方式，这是对体育课程核心素养内涵中的健康行为的回应，体育学习的终极目标是使学生养成终身体育的习惯。最后，时间资源的开发与利用方面，《课程标准（2022年版）》相较于前两版课程标准提出学校应提高体育场地和器材的使用效率，合理安排体育与健康课时间，保证学生有足够的体育运动时间和空间。新课标在这些课程实施建议方面的变化，表明了课程标准越来越精确，指导性、可参考性都越来越强。

四、挑战与建议

（一）教学挑战与建议

此次义务教育体育与健康课程标准的修订，强调从"以知识和技能为本"向"以学生发展为本"转变。《课程标准(2022年版)》除了总体的实施建议之外,在课程内容的各个主题下还分别设有教学提示,用来帮助教师更好地理解培养核心素养的具体教学方法。从教学实施要求上可以看出,《课程标准(2022年版)》的改革从以"教师为中心"的教法建议,转向了如何促进学生学习的"学法建议",这些改变也对一线教师提出了新的挑战。

1. 教师教学与学生学习之间地位的转变

传统课堂教学中教师作为课堂主导,重点关注的是体育与健康知识与技能的掌握以及体能的改善,考虑的是"教什么""怎么教"的问题。教师在设计教学时,主要决策不同阶段教什么内容、用什么样的教学方法教,以此作为教学设计的主要任务。而在《课程标准(2022年版)》中,教师教学则要从关注教师的教学方法,转变为关注如何促进学生学习的方法,要以培养学生核心素养为课程总目标,设计"促进学生学习"的课堂教学,落实立德树人的根本任务。由此看出,核心素养的提出,不仅促使"学科中心观"和"知识中心论"转向了"为了学生的全面发展",同时,在以培养学生核心素养的课堂教学中,教师也要从教学的"掌控者"转向学生学习的"引导者"。

《课程标准(2022年版)》强调,义务教育体育与健康课程要实现从"以教为主"向"以学为主"的真正转变,要求教师关注学生核心素养的形成,而非动作技能的熟练程度。为落实核心素养,教师要主动构建与学生真实生活相关的情境,让学生在情景中学练,培养学生在复杂情景中运用体育与健康知识和其他学科知识综合解决问题的能力。教师应当创建不同的情境,增强学生的学习兴趣与动力,提高学生在情境中的学习能力,借助完整运动的过程,提高学生单个动作技能的掌握与使用程度,帮助学生在运动过程中将知识技能结构化。例如,举办篮球循环赛,在球类运动教学模块中,以一学期作为一个运动赛季开展篮球循环赛,在日常课堂教学中学练篮球技战术与裁判等知识,利用大课间等运动时间,开展班级内部、班级间、年级间等不同形式的篮球比赛,利用比赛情境增加学生运用篮球知识的机会,并在情景中培养学生利用篮球运动知识、裁判知识等体育知识综合解决问题的能力。通过"教会、勤练、常赛",构建体育与健康课程科学化、常态化、规范化、系统化的教学新模式,达到培养学生核心素养的目的。

2. 内容要求、学业要求、学业质量标准与教学目标之间的转化

从课程设计思路上来说,为了能够给指向核心素养的教学与评价提供具体、清晰的指导,《课程标准(2022年版)》增设了学业质量标准、内容要求和学业要求。这对教师的教学设计与评价提出了挑战,一线教师无法像以前一样直接将课程标准中的目标作为教学目标使用,需要厘清内容要求、学业要求与学业质量标准之间的关系,并结合实际

情况把它们转化为教学目标。

在《课程标准(2022年版)》中,学业质量标准指向三大核心素养,它作为达到该水平预期的学习结果,对学生在某一水平提出了具体要求,学生通过学习,应当达到该水平的成就表现。换言之,落实核心素养就是需要学生达到学业质量标准中不同水平所要求的预期表现。

学业质量标准与具体教学目标之间的关系类似于阶梯关系,学业质量标准是该水平下学生需要达到的合格基准,而学生现有的运动能力与学业水平则属于学习起点,若学生需要达到该水平的基本标准就需要不断进阶,提升自身的运动能力与学业水平。因此教学目标就是学生进阶的具体手段,通过分解学业质量标准,将目标划分为可递进的阶段目标、单元目标与课时目标,学生通过达到不同目标最终达成学业质量标准。而不同阶段的具体目标就是学生学习进阶的教学目标。例如,水平二的学业质量标准就是已经达到水平一的学生下一阶段基本的学习标准,因此,水平二的学业质量标准,就是该学生下一阶段的学习目标,而已达到的水平一则是下一阶段学习的起点,在学生进阶到下一阶段的过程中,需要通过层层分解学业质量标准和学业要求,得到具体的教学目标,并将其分配到不同单元与课时教学当中,通过达成具体的小目标进而达成水平二的学业质量标准。而内容要求表述的则是在进阶过程中单元教学所需要学生学习的具体内容,这是达成教学目标和学业质量标准的载体。

3. 学科知识传递转向核心素养培养

《课程标准(2011年版)》与《课程标准(2022年版)》在专项运动技能学习方面都涉及了球类运动、田径类运动、体操类运动、水上或冰雪类运动、中华传统体育类运动、新兴体育类运动六大系列。但从学业要求上可以看出,前者与后者最大的区别是从动作技能的习得转向为了学生的全面发展。例如,《课程标准(2011年版)》中,将总目标划分为运动参与、运动技能、身体健康、心理健康与社会适应四大领域,在运动技能中,虽然涉及了以上六大系列的运动技能,但是都强调了单个技术动作和组合动作。而在《课程标准(2022年版)》中,则主要强调学生完整的项目学习与体验,除了知识、技能、体能以及技战术运用之外,还关注展示与比赛、规则与裁判、观赏与评价等方面的学习内容,通过这些内容要求,帮助学生在运动项目的"学、练、赛"过程中全面发展运动能力、健康行为和体育品德。因此,教学过程中,教师在强调单个动作技能教学的同时,要注重动作技能在完整项目中的体验与运用,借助"教会、勤练、常赛"的教学方式,让学生在完整的比赛或练习情景中综合运用体能、动作技能、技战术等专项知识技能,而非熟练掌握单个技术动作。这给一线教师的教学设计提出了新的挑战,要求从课时设计转向以大主题、大概念、大任务、大项目等组织起来的大单元教学设计。给学生提供学习机会，在真实的情景中综合运用体育与健康知识解决实践问题，让学生在"做中学"，在复杂情境中与他人和环境互动，将所学知识结构化，最终形成有利于学生健康发展的核心素养。

4. 教学设计要体现学习内容结构化的要求

《课程标准（2022年版）》中，以核心素养为本的体育与健康课程实施要求教师根据教学内容合理创设不同情景，引导学生在情景中将体育知识内容结构化，最终形成有利于学生健康发展的体育核心素养。《课程标准（2011年版）》主要强调的是培养学生身体练习的体育运动知识、技能与方法，而非培养学生全面发展的体育运动能力，这也导致我国义务教育阶段学生在体育课堂上什么都学，却什么都没学会。《课程标准（2022版）》则强调培养学生能够在复杂情境中使用体育与健康的学科知识综合处理问题的能力，这也要求教师在教学过程中为学生建构以"大单元""大主题""大概念"和任务型、项目式等为特点的主题学习活动，要以学生在实际情景中运用所学知识综合解决问题为主要目的。例如，在体能模块，可开设"健康检测"的主题活动，让学生了解自身体质健康与 BMI 指数，根据指数结合自己所学体能知识与健康知识，制定一份合理的运动处方，经过一学期的实施与检测，综合提高学生运用体能健康知识指导自身维持健康水平的能力。

（二）教研挑战与建议

《课程标准（2022年版）》的新要求给地方、学校的教研工作提出了新挑战。如何开展指向核心素养的课堂教学，如何设计与实施大单元体育教学，如何创设复杂的运动情境，如何做好"学、练、赛"一体化的课堂教学等，这些新问题都需要学校、教师在实践中开展教学研究，总结成功经验，探讨存在的问题。

教师要树立"教学即研究"的意识，广泛深入研究如何将核心素养有效落实到体育教学的实践活动中。在教学方法的设计上要突出学生的主体地位，积极与学生进行沟通交流，听取学生关于教学方式方法的选择方面的建议。在教学过程中，教师要时常关心学生的技能掌握情况，针对学生的提问与疑惑给出个性化的建议与指导。通过与学生进行沟通交流，把学生放在具有主观能动性的主体地位，激发学生的学习兴趣与学习热情，培养学生思维的活跃性，促使学生达到个性化发展的目标，寓教于乐，并且能使体育课堂变得更加有实效性。教学实施中要充分考虑到青少年时期学生的心理特点，青春期的学生活泼好动、爱冒险，所以要将体育教学内容与体育游戏、比赛挑战相结合，充分激发学生的学习欲望。

要想提升体育教研活动的质量，需要注重教师素养的培养。新课标在课程目标的提升、课程结构的变动、学业质量要求的提出,尤其是跨学科主题学习的增设等方面的新变化,对体育教师的专业素养提出了更高的要求。因此,校本教研和师资培养首先要着力提升教师的思想品质和职业道德修养,给学生树立好的榜样,体育教师对职业的热爱有助于激发学生对体育的热爱,进而使学生养成终身体育的意识和习惯。其次,要着力提升教师落实核心素养的专业能力和人文底蕴,一名体育教师,首先是一名教师,要具备教师的基本素养,这里不仅要求其具备过硬的体育专业知识,而且要具备教育教学的专业知识和充足的科学与人文素养,能够将体育学科的知识与其他学科的知识相融合,只有这样,才能把学生培养成为一个全面的、完整的人。最后,要着力提升教师的爱心和事业心,学生在体育学习的过程中难免会有失误,这时作为教师一定要有爱心,宽容学生的错误,运用鼓励式教学,保护与帮助学生从失败中走出来,克服学习过程中的困难,引导学生反思经验与教训,内化核心素养。

(三) 考评挑战与建议

教育评价事关教育发展方向,有什么样的评价指挥棒,就有什么样的办学导向、课程指向和教学方向。国务院《深化新时代教育评价改革总体方案》指出,要坚持立德树人的根本标准,发挥教育评价的指挥棒作用,改变过去重智轻体,重分数轻素质的顽瘴痼疾,将核心素养作为评价内容,促进学生德智体美劳全面发展,培养适应终身发展和社会发展需要的正确价值观、必备品格和关键能力;评价改革应坚持科学有效,改进结果评价,强化过程评价,探索增值评价,健全综合评价,充分利用信息技术,提高教育评价的科学性、专业性、客观性。① 教育部办公厅《关于加强义务教育学校考试管理的通知》表明,义务教育质量评价实施工作要注重优化评价方式方法,不断提高评价工作的科学性、针对性、有效性。②

体育与健康课程注重定量评价与定性评价、形成性评价与终结性评价、绝对性评价与相对性评价、教师评价与学生评价、综合评价与特色评价、自我评价与外部评价、线上评价与线下评价相结合,坚持把立德树人成效作为评价的基本内容,通过观察、诊断学生的学习态度与情意表现、体育锻炼情况与参与程度、健康行为等情况,对学生的核心素养发展水平做出综合评估。本次课标修订体现了评价理论、评价政策方面的要求,但当前体育教师的评价素养还难以实施这样的评价要求,学校体育的相关评价政策也给

---

① 中共中央国务院.《深化新时代教育评价改革总体方案》[EB/OL].[2022-04-21]. http://www.moe.gov.cn/jyb_xxgk/m oe_1777/moe_1778/202010/t20201013_494381.html.
② 教育部办公厅.关于加强义务教育学校考试管理的通知[EB/OL].[2022-04-13]. http://www.moe.gov.cn/srcsite/A06/s33 21/202108/t20210830_555640.html.

体育课程实施带来了严峻的挑战。《关于全面加强和改进新时代学校体育工作的意见》表明,建立日常参与、体质监测和专项运动技能测试相结合的考查机制,将达到国家学生体质健康标准要求作为教育教学考核的重要内容。研究发现体测会引起学生对体测结果的关注,但主要也是对单次(当年)体测结果的关注,学生可能只是在意自己是否能取得及格或优秀,并不利于其内化自身关于体育锻炼的外部动机。① 学生体质健康水平的提升是一个长时间逐渐积累的过程,仅一次的体测结果能否衡量学生的锻炼坚持性? 学生过于关心结果,将异化体育的育人价值,体测的意义究竟为何? 是单纯的达标测试,还是通过体测向学生传达体育育人的理念、培养相关运动习惯?

《关于全面加强和改进新时代学校体育工作的意见》提出将体育科目纳入初、高中学业水平考试范围。改进中考体育测试内容、方式和计分办法,科学确定并逐步提高分值。积极推进高校在招生测试中增设体育项目。② 国家政策对体育的支持无疑将会扭转体育学科以及体育教师的地位,提升人们的体育意识。体育中高考举措旨在通过考试这种评价手段引领体育教学目的的达成,然而,目前体育考试的形式均是以体能技能测试为主,而体育课程核心素养的提出,要求培养学生的运动能力、健康行为、体育品德,那么之前单一的考试形式将无法适应当下的育人要求,目前也没有合理的方式实现对学生健康行为、体育精神、体育品德等内在素养的考察。此外,各区域各学校的教师、场地等体育资源各有不同,运动项目众多,部分学校有自己的特色培养项目,学生的运动天赋也因人而异,种种因素的差异性是否会影响考试的公平性? 因此,体育中高考的评量方式以及实施仍面临各种挑战。

---

① 王佳卉,王玉秀.大学生体测增值关注与锻炼坚持性的关系——内部动机与执行意向的链式中介作用[J].体育学刊,2021,28(06):8.
② 中共中央办公厅国务院办公厅.《关于全面加强和改进新时代学校体育工作的意见》和《关于全面加强和改进新时代学校美育工作的意见》[EB/OL].[2022-04-02].http://www.gov.cn/zhengce/2020-10/15/content_5551609.htm.

第 20 章

艺术课标中的音乐
——《义务教育艺术课程标准(2022年版)》解读

崔学荣

作者简介：崔学荣/浙江音乐学院音乐教育学院二级教授；《义务教育艺术课程标准(2022年版)》修订组核心成员

2019年1月，教育部正式启动了新世纪以来课程标准第三个周期的修订工作。通过《义务教育课程方案和课程标准(2022年版)》，对如何修订有温度、有时代特色的课程标准提出了具体要求，各科课程标准围绕核心素养导向、内容结构化、课程综合化、学业质量评价等具体要求，展开了全面修订工作。目前，各科新课标的修订工作已经完成。本轮课标修订的一个突出亮点就是《义务教育艺术课程标准(2022年版)》(以下简称"艺术新课标")的研制。它是在《义务教育音乐课程标准(2011年版)》《义务教育美术课程标准(2011年版)》与《义务教育艺术课程标准(2011年版)》(原综合艺术课)的基础上"三合一"整合研制而成，这也是本轮课标修订的一个突破点。下面围绕艺术新课标的新动向、新内容、新进展、新突破、新征程等方面展开探讨。

一、艺术课标的新动向

（一）艺术新课标的修订背景

1. 我国经济社会持续发展的时代要求和国家颁布的各项方针政策

课标修订以及基础教育课程改革，都承载着党的教育方针和国家各项政策法规的指导思想,是国家意志在教育领域的直接体现。这轮课标修订站在两个一百年奋斗目标以及中华民族伟大复兴的宏伟愿景基础上,依据十九大以来各项政策法规以及中共中央办公厅、国务院办公厅颁布的《关于全面加强和改进新时代学校美育工作的意见》、十九届六中全会精神和《义务教育课程方案和课程标准(2022年版)》宗旨,坚持马克思主义,坚持党的领导和正确的政治方向,充分体现习近平新时代中国特色社会主义思想以及习近平关于教育的重要论述及讲话精神;坚持育人为本,实现立德树人的根本目标,落实德智体美劳全面发展教育方针以及新时代对"三有"(有理想、有本领、有担当)人才培养目标的具体要求,是中国学生发展核心素养在艺术课程和教学中的具体落实。坚持德育为先,有机融入发展中国特色社会主义、培育和践行社会主义核心价值观的基本内容和要求;坚定"四个自信",发展社会主义先进文化、弘扬中华优秀传统文化、继承革命文化(简称"三种文化");增强"四个意识",树立正确的历史观、民族观、国家观和文化观(简称"四个观念");反映时代精神,体现中国特色,引导学生形成正确的审美观、世界观、人生观和价值观。课标修订指导思想如图20-1所示。

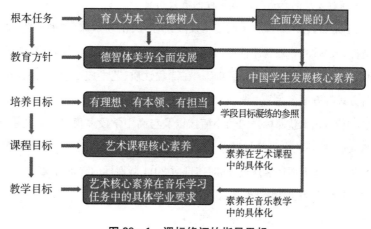

图20-1 课标修订的指导思想

2. 基础教育课程改革成就与音乐课标实践经验

艺术新课标的修订,坚持守正创新,深化课程改革。依据新世纪二十年来基础教育课程改革取得的成就,以及音乐、美术、艺术等艺术课程积累的宝贵经验,与时俱进,勇于创新,让艺术新课程具有鲜明的时代性,有新的突破。遵循教育规律和学生身心发展规律,以美育人、以美化人、以美培元、以美润心,关注学生个性化、多样化的学习,着力培育学生发展核心素养,促进学生德智体美劳全面发展,实现课程综合育人价值。力争艺术新课标既符合我国经济、科技的迅猛发展和社会生活的实际情况与深刻变化,又充分借鉴国内外艺术课程改革的优秀成果,同时满足新时代我国义务教育迈入全面质量提升、服务国家教育发展战略、注重德智体美劳五育融合发展、提高全体国民素质和人才培养的新要求。通过贴近学生的思想、学习和生活实际的艺术活动,促进学生的审美能力和人文素养的提升、情感的丰富、人格的成长、情操的陶冶以及多元智能的全面健康成长。

3. 国际艺术课程发展与世界教育变革新趋势

本次艺术新课标修订借鉴了美国、澳大利亚、加拿大、新西兰、英国等国家艺术课程标准的成功经验,汲取国内外最新研究成果,扎根中国改革实际和艺术学科美育特性,综合了音乐、美术、舞蹈、戏剧(含戏曲)、影视(含数字媒体艺术)等艺术形式和表现手段,实现了艺术课程内容的有机融合,凝练出一份艺术课程标准,统筹学生的艺术学习,培育学生开拓创新、贯通整合以及跨域融合与跨界转换的多种能力。体现当今世界教育变革呈融合发展趋势,重视艺术课程各学科间以及跨学科的融合性,并以学生核心素养模型来推动艺术课程改革,培育学生的创新精神和实践能力,力争使艺术新课标成为具有国际视野的纲领性文件。

4. 艺术课程发展的融通性及各学段的有效衔接

从横向上来看,艺术新课程遵循艺术发展规律,突出艺术课程"审美性、情感性、实践性、创造性、人文性"等融通性特点,是对学生进行审美教育、情操教育、心灵教育,培养学生想象力和创新思维等的重要课程。在课程性质、艺术核心素养、课程目标、基本要求、评价方式等方面表述基本统一、相互关照。

从纵向上看,艺术新课标强调幼小衔接以及与高中学段多模块选学艺术课程的有效衔接、纵向递进,在艺术素养与课程目标的术语表述上尽量保持一致,在课程目标、学段目标、教学要求等方面持续递进,同时体现对2011版课标的继承与发展。

(二)艺术新课标的修订思路

1. 总分结合:体现艺术共性与个性的统一

本次艺术课标修订按照"总分结合"的思路设计,体现在三个方面:一是体现艺术课程形态整体综合与艺术各学科个性发展的课程改革方向。二是遵循艺术学习规律一体化构建艺术课程学习内容,坚持先综合后分项、总分结合的方式设置课程内容,突出艺术的情感性、人文性、实践性、审美性、创造性等共通性特点,体现不同艺术学科音乐、美术、戏剧(含戏曲)、舞蹈、影视(含数字媒体艺术)等之间的关联性。三是在课程性质、课程理念与设计思路、核心素养与课程目标等方面的表述用总述的形式,凸显艺术共通性;而在分科课程目标、学段目标及教学内容、教学评价等方面用分述的形式,从而体现艺术各学科的独特个性。

(1) 艺术课程整体布局,各学科间紧密关联

艺术新课程以一门课程的视角进行顶层规划、整体布局,将原来音乐、美术分科课程整合为五门艺术课程一体化的综合设计,并细致深入设计课程内容。艺术课程形态整体分三个大板块(如图20-2所示),从1~2年级艺术综合,到3~7年级音乐、美术为主线的分科课程,再到8~9年级的艺术选项课程。第一阶段(1~2年级)以"唱游·音乐""造型·美术"为主的艺术综合,强调艺术活动的综合性、趣味性、游戏化的快乐学习,凸显幼小衔接,注重艺术学习兴趣的激发与培养;第二阶段(3~7年级)以音乐和美术为主线,教学中有机融入舞蹈、戏剧、影视等姊妹艺术,保持义务教育1~9年级的艺术课程学习的连贯性与衔接性,为学生掌握较为全面的艺术基础知识和基本技能、核心素养奠定基础;第三阶段(8~9年级)开设音乐、美术、舞蹈、戏剧(含戏曲)、影视(含数字媒体艺术)五个艺术选项,强调义务教育阶段艺术课程的贯通性与选择性,学生自主从中选择两个艺术选项,促进学生至少掌握2项艺术特长,为学生的个性化学习做好铺垫,并有效衔接高中学段模块化教学、促进学生在音乐学科方面的深度发展。

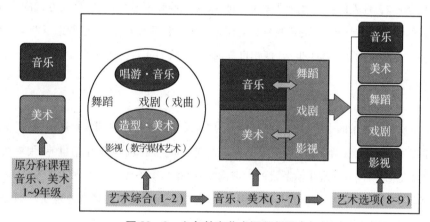

图20-2 义务教育艺术课程新形态

(2) 学段目标划分细致,衔接更紧密

艺术新课程的学段目标划分比原有课标更细致,改变了原音乐、美术课标"243"三学段(1~2、3~6、7~9)的设计模式,采用"2322"模式细化为四个阶段(1~2、3~5、6~7、8~9),同时兼顾我国不同地区"六三"学制和"五四"学制要求,其中第三学段又细化为两个学段,6年级、7年级课程内容总述,但学业要求分年级表述,为六年制小学生毕业学业质量考核提供具体化实施方案要求。设置具体可操作的学段目标。学段目标表述更具体,设计具体可操作的学习成就标准以及细致且可测查、可参考的学业评价标

准,更贴切学生不同年龄阶段发展特征。

2. 素养导向:彰显课程整体育人与以美育人的统一

本次课准修订伊始,就旗帜鲜明地提出坚持"核心素养为本"的理念,明确核心素养是党的教育方针的具体化,体现了社会中人的发展最本质的需求。核心素养是连接宏观教育理念、中观培养目标和微观教学目标的纽带,是促进核心素养在艺术课程中的转化以及在学生发展素质教育中落实的根本保证;艺术课程核心素养"审美感知、艺术表现、创意实践、文化理解"是本轮艺术新课标之魂,是中国学生艺术素养的整体画像,又作为课程的"大观念"统领艺术新课标的研制与修订、课程体系的重构与发展。课程核心素养既包括学科独特的核心素养,也包括本门课程突出体现的共通核心素养。课程核心素养比学科核心素养更强调综合性、实践性,更聚焦"课程"整体育人,彰显以美育人,实现以人为本、以文化人、培根铸魂、立德树人。

3. 融合发展:实现课程融合与综合育人价值的统一

艺术新课标的修订强调了课程综合育人的课改方向,体现当今课程呈融合发展趋势及强调综合育人价值。通过课程的综合性、实践性和创造性,促进育人方式的改变。借鉴国内外艺术课程综合的成功经验,不仅兼顾艺术门类的综合,还考虑了跨学科综合,目的是为了加强与学生生活、现实世界的联系,从而实现课程融合发展与综合育人价值的统一。

4. 育人为本:学生生活逻辑与学习逻辑的统一

本次课程改革的主要目的是体现育人为本,改变以往过于强调学科逻辑体系,实现以学生发展为本、遵循学生学习逻辑的育人方式变革。回归学生的生活世界,用更加贴近现实生活,反映和体现生活逻辑的学习内容,引领学生关注并走进现实世界,让学生成为学习的主人,精选学科内容,减负提质,培养学生面对真实情境解决现实问题的能力,从而形成终身发展所必备的核心素养。

5. 创意实践:培养创新精神和实践能力的时代新人

习总书记提出,"创新是一个民族进步的灵魂,是一个国家兴旺发达的不竭动力,也是中华民族最深沉的民族禀赋""迎接挑战,最根本的是改革创新"[①]。我国早在1999年第三次全教会就提出以"培养学生创新精神和实践能力"为课程改革宗旨,这一理念体现在近20年来的课标修订与课程改革实践中。如2001年版、2011年版的音乐课标设置了课程内容的"创造",并提出把培养学生的实践能力和创新精神贯穿音乐教学全过

---

① 习近平.习近平用典(创新篇)[M].北京:人民日报出版社,2015:247—248.

程。创新、创造是艺术的共性特征,因此艺术新课标继续坚持创新理念,在教学中既发挥各种艺术的创新特性,又体现了艺术综合创新实践活动的创造赋能价值和综合育人效益。我们应扎根中国改革实际和艺术学科审美特性,充分发挥艺术学科的形象性、创造性和实践性特征,以及不同学科的融合创新实践,实现艺术课程综合育人和个性发展,培养具有创新精神和实践能力的一代新人。

二、艺术课标的新内容

相比于2001年版和2011年版的音乐课标,本轮新课标修订在课程性质、课程目标、课程理念、课程内容、学业要求、学业评价等方面都有许多新变化(参见表20-1)。

表20-1 艺术新课标与原音乐课标框架内容比较

	义务教育艺术课程标准(2022年版)	义务教育音乐课程标准(2011年版)	义务教育音乐课程标准(2001年版)
课程性质	审美性、情感性、实践性、创造性、人文性等特点。	1. 人文性 2. 审美性 3. 实践性	音乐课是人文学科的一个重要领域,是实施美育的主要途径。
课程理念	1. 坚持以美育人 2. 重视艺术体验 3. 突出课程综合	以音乐审美为核心,以兴趣爱好为动力强调音乐实践,鼓励音乐创造。 突出音乐特点,关注学科综合。 弘扬民族音乐,理解音乐文化多样性。 面向全体学生,注重个性发展。	以音乐审美为核心 以兴趣爱好为动力 面向全体学生 注重个性发展 注重音乐实践 鼓励音乐创造 提倡学科综合 弘扬民族音乐 理解多元文化 完善评价机制
课程目标	(一)核心素养内涵 1. 审美感知 2. 艺术表现 3. 创意实践 4. 文化理解 (二)总目标 ● 感知、发现、体验和欣赏艺术美、自然美、生活美、社会美,提升**审美感知**能力。 ● 丰富想象力,提高**艺术表现**能力。 ● 发展创新思维,提升**创意实践**能力。 ● 感受和理解我国深厚的文化底蕴和成就,**铸牢中华民族共同体意识**。	一、总目标 情感·态度·价值观 过程与方法 知识与技能 二、学段目标 1~2年级 3~6年级 7~9年级	一、总目标 情感态度与价值观 过程与方法 知识与技能 二、学段目标 1~2年级 3~6年级 7~9年级

续 表

	义务教育艺术课程标准(2022年版)	义务教育音乐课程标准(2011年版)	义务教育音乐课程标准(2001年版)
	● 了解不同地区、民族和国家的历史与文化传统,理解文化与**构建人类命运共同体**的关系,学会包容、尊重和理解。 (三)学段目标 1～2年级 3～5年级 6～7年级 8～9年级		
课程内容	（艺术实践思维导图：欣赏—音乐风格流派、音乐体裁形式、音乐表现要素、音乐情绪情感；表现—乐谱识读、综合性表演艺术、器乐表演、声乐表演；创造—音乐创编、即兴表演、声音与音乐探索；联系—音乐与其他学科、音乐与姊妹艺术、音乐与社会生活。学习内容：1～2年级（唱游·音乐）—发现身边的音乐、情境表演、聆听音乐、趣味唱游；3～9年级（音乐）—探索生活中的音乐、小型歌舞剧表演、编创与展示、独奏与合作演奏、独唱与合作演唱、听赏与评述）	领域一 感受与欣赏 {音乐表现要素 音乐情绪与情感 音乐体裁与形式 音乐风格与流派 领域二 表现 {演唱 演奏 综合性艺术表演 识读乐谱 领域三 创造 {探索音响与音乐 即兴编创 创作实践 领域四 音乐与相关文化 {音乐与社会生活 音乐与姊妹艺术 音乐与艺术之外的其他学科	领域一 感受与欣赏 {音乐表现要素 音乐情绪与情感 音乐体裁与形式 音乐风格与流派 领域二 表现 {演唱 演奏 综合性艺术表演 识读乐谱 领域三 创造 {探索音响与音乐 即兴创造 创作实践 领域四 音乐与相关文化 {音乐与社会生活 音乐与姊妹艺术 音乐与艺术之外的其他学科
学业质量	(一)学业质量内涵:反映核心素养 (二)音乐学业质量描述 1～2年级 3～5年级 6～7年级 8～9年级		
课程实施	(一)教学建议 (二)评价建议 (三)教材编写建议 (四)课程资源开发与利用 (五)教师培训与教学研究	(一)教学建议 (二)评价建议 (三)教材编写建议 (四)课程资源开发与利用建议	

（一）课程性质更丰富、更深入

相比2011年版，新课标对艺术课程性质的表述更丰富、更具体。在2011版音乐课标课程性质"人文性、审美性、实践性"的基础上增加了"情感性和创造性"。

艺术新课标首先在课程性质的第一段阐明艺术共通的基本属性，如"艺术是人类精神文明的重要组成部分，是运用特定的媒介、语言、形式和技艺等塑造艺术形象，反映自然、社会及人的创造性活动"。阐释艺术教育的共同特点，如"艺术教育以形象的力量与美的境界促进人的审美和人文素养的提升。艺术教育是美育的重要组成部分，其核心在于弘扬真善美，塑造美好心灵"。

第二段阐释艺术课程包含的内容、育人价值以及课程学习的主要特征。如"义务教育艺术课程包括音乐、美术、舞蹈、戏剧（含戏曲）、影视（含数字媒体艺术），是对学生进行审美教育、情操教育、心灵教育，培养想象力和创新思维等的重要课程，具有审美性、情感性、实践性、创造性、人文性等特点"。这里也就是在2011年版音乐课标课程性质"人文性、审美性、实践性"的基础上增加了"情感性和创造性"。

第三段阐述了艺术课程的主要任务、着力点、国家意志、价值取向，对人类文明、社会的贡献以及对生产生活及个人发展的意义等，加强"三种文化""四个观念"、树立民族自信等。如"着力加强社会主义先进文化、革命文化、中华优秀传统文化的教育；坚持以美育人、以美化人、以美润心、以美培元，引领学生在健康向上的审美实践中感知、体验与理解艺术，逐步提高感受美、欣赏美、表现美、创造美的能力，抵制低俗、庸俗、媚俗倾向；引导学生树立正确的历史观、民族观、国家观、文化观，激发爱党、爱国、爱社会主义的情感，增强文化自信，提升人文素养，树立人类命运共同体意识，为实现中华民族伟大复兴而不懈奋斗"。

艺术新课标中的课程性质凝练彰显了中国人的世界观、方法论、认识论，体现了中国智慧，提供了中国方案，作出了中国贡献，我们理应在音乐教学过程中深入探索、将中国智慧发扬光大。

（二）课程目标更明确、更深入

艺术新课标的课程目标增加了"艺术课程核心素养"的内涵，并贯穿在课程总目标、学段目标、学业要求、学业质量、课程评价与课程实施的全过程，体现了本轮艺术课改聚集核心素养、以美育人的目标导向，这是本轮课标修订的最大亮点。同时，课程目标中也融入了中国学生发展核心素养的一些要求，具体表现在国家认同、人文情怀、责任担当、规则意识、包容、理解和尊重他人、人际交往、勇于探究、合作交流、学会学习、问题解决等方面。艺术课程总目标围绕审美感知、艺术表现、创意实践、文化理解素养的培育要求，从四个方面体现核心素养在课程目标中的转化与落实：

第一条侧重"审美感知"核心素养。旨在培养学生对于艺术美、自然美、生活美和社会美的感知，培育学生发现美和欣赏美的眼睛和耳朵，具有敏锐的审美感知素养、提升审美能力。第二、三条侧重指向的是"艺术表现"和"创意实践"核心素养。以培养学生运用媒介、技术和独特的艺术语言进行创作、表现，积极参与各类艺术实践活动为目标，发展创新思维、丰富想象力和创造力。第四、五、六条侧重指向的是"文化理解"核心素养。主要目标是促进学生学习中华优秀传统文化、革命文化和社会主义先进文化，感受和理解我国深厚的文化底蕴，坚定文化自信，铸牢中华民族共同体意识；了解不同国家、地区和民族的历史与文化传统，形成包容、尊重和理解的文化价值观。

艺术课程学段目标要求细致、深入，体现学生年龄特征以及身心发展的阶段性、连续性、递进性等特点，针对同一内容的目标表述做出进阶性要求。如每个学段第一条目标有关音乐情绪与情感以及家国情怀的内容表述，用不同程度的动词如"体验……唤起……""具有……激发……""领悟……增强……""把握……理解……体悟……增强……"，表现学段目标的进阶性，其他各条目标表述都遵循这一原则。

（三）课程理念更凝练、更概括

艺术课标理念概括为三条："坚持以美育人、重视艺术体验、突出课程综合"。一是考虑五门艺术学科共同使用，二是体现本轮课程改革所强调的综合化、实践性等时代要求。相比2011年版音乐课标的五大条，"以音乐审美为核心，以兴趣爱好为动力；强调音乐实践，鼓励音乐创造；突出音乐特点，关注学科综合；弘扬民族音乐，理解音乐文化多样性；面向全体学生，注重个性发展"，艺术课标理念更凝练。艺术课程理念与原音乐课程理念可以形成合力，共同指导音乐教学改革，体现艺术共性与音乐个性的统一。

1. 坚持以美育人

这一理念与我国五育并举教育方针中的"美育"相对应，彰显艺术课程"涵养美感，陶冶德性"的美育功能，秉承了数千年中华文化的"乐教"传统，体现中华民族朴素的美育思想，发挥艺术课程在潜移默化中培育学生感受美、体验美、表现美和创造美的能力，以及塑造美好情操、健全完美人格的有效功能。新艺术课标的各部分内容皆贯穿"以美育人""德育为先"的战略主题。通过"以美育人、以美化人、以美润心、以美培元"四组词语更加突出强调美育独特的育人价值和社会功能。与2011年版音乐课标中的"以审美为核心""以美育人"的教育思想以及与我国的教育、文化传统"弘扬民族音乐、理解音乐文化多样性"等理念相一致。

2. 重视艺术体验

这一理念内含了2011年版音乐课标中"以兴趣爱好为动力,重视音乐实践、鼓励音乐创造"等理念。强调了艺术是人类的实践体验活动,艺术学习要根据不同的艺术类型特点与本质属性,采用适切性、多样化的体验方式,感受艺术的独特风格与魅力。如美术学习必须通过线条、色彩、形体等手段描绘可视化的人物形象、自然景色等,用视觉媒介和技术创造艺术形象。音乐学习必须遵循听觉艺术规律,通过聆听、演唱、律动、演奏、即兴、编创、综合性表演等多样化的亲身参与、具身实践,感知节奏、音高、音色、力度、速度等音乐表现要素的艺术表现作用,体悟音乐所表现的情绪与情感、风格与流派、体裁与形式等,学习用有组织、有意义的内在意蕴以及音乐语言表达自己的情感与思想,凸显艺术课程的情感性、实践性和创造性等特征。

3. 突出课程综合

这一理念体现了当今社会倡导的跨界融合、现代美育提倡的融合式教学,以及艺术教育的协同融合原则。这种融合(综合)是多层次的,体现了艺术学科本身以及与其他学科的交叉与融通,让学生通过参与综合性艺术活动,在未来生活中具有整体的艺术感知能力,并在参与真实的生活艺术环境中提升审美和人文素养,培养想象力和创造力。第一个层次是各学科领域内的融合,如音乐教学领域诸如歌唱、欣赏、创作、器乐、律动、音乐基础知识与基本技能教学等的融合;第二个层次是音乐与其他艺术如舞蹈、美术、戏剧(含戏曲)、影视(含数字媒体艺术)等的融合;第三个层次是音乐与艺术之外的其他学科,如文学、历史、地理等的融合;第四个层次是音乐艺术与自然、社会、生活、科技等的融合。其中也包含了2011年版音乐课标所提出的"关注学科综合,面向全体学生、注重个性发展"等理念。

(四)艺术课程内容更优化、更明确

用体现艺术课程典型特性的四类艺术实践活动"欣赏、表现、创造、联系"统领课程内容,并用具体的14项学习内容、10个不同的学习任务群来直观呈现音乐课程内容。这既是对原音乐课标四大学习领域"感受与欣赏、表现、创造、音乐与相关文化"的继承,又是一次新的超越,用明确具体的艺术实践、学习内容、学习任务指向学生学习音乐所必须经历的共同活动和学习过程,旨在强调音乐学习的具身性、情境性、体验性、活动性、创造性等特征,改变传统音乐教学中脱离音乐体验、枯燥乏味的"离身"学习等尴尬局面。

"艺术实践"呈现课程内容,更加凸显艺术过程的实践性。音乐、舞蹈、戏剧、美术、雕塑、绘画等所有艺术活动,都要经历创作、欣赏、表现、评价、联系等艺术实践的过程,同时又是学生在艺术实践中需要掌握,并能有效运用的基础知识和基本技能。马克思主义实践论强调,实践是认识的基础,对认识起着决定性作用,一切能力的培养、品德的养成,以及创新思维的形成都要在不同的实践中完成。以美国学者埃利奥特为代表的音乐教育实践哲学也强调音乐是一种多样化的人类实践活动。因此,学生艺术核心素养的培育一定要在艺术学习的主动参与、亲身实践中落实。

"学习任务"组织课程内容,强调课程内容的综合性与驱动性。学习任务是艺术实践和学习内容的具体化,是基于现实生活或特定情境中,学生需要综合运用所学知识、技能等完成的项目、解决的问题等。1993年美国教育部在《用教育技术支持教育改革》中指出,"现代教育改革的核心是使学生变被动性学习为投入型学习,让他们在真实的环境中学习和接受挑战性的学习任务"。① 因此,学习任务的设置,可以用突出艺术特色的主题引领,用项目化、生活化、情景化、综合化的学习任务来组织,加强学生原有生活经验、学习经验和学习内容以及与文化、科技等的联系,将静态的知识与技能的学习变成动态的艺术实践过程,突出学生主体能动性和创造性。重视每一个学生在学习任务中的角色体验,尽可能在艺术实践中扮演创作者、表演者、欣赏者和评价者,同时体会艺术活动或作品与个人观点和姊妹艺术及相关文化的联系,加强学习内容之间的综合与联系,关注学习过程中的综合性、实践性与创新性,培养学生运用融合理念、跨学科思维、合作意识、批判性思维、创新实践以及独立解决问题的能力等,促进课堂教学提质增效。

(五)学业评价更具体、更完善

艺术新课标增加了"学业要求"和"学业质量标准",强调课程教学要提高学生综合运用知识技能解决实际问题的能力,这是对学生完成本课程某个阶段后的学习结果描述,是课程育人目标的实现与核心素养水平的反应。艺术各学科学业质量标准是以课程核心素养为准绳,围绕审美感知、艺术表现、创意实践、文化理解艺术核心素养,结合课程总目标、学段目标和课程内容,分四个学段对学生学业成就的具体表现特征的总体刻画,为提高学生音乐学业质量、教学评价、作业设计、考试命题等教学质量提供依据。

学业要求是针对具体学习内容提出的基本学习要求和学业成就,侧重指向学生学习课程内容后在其身上留下来的"核心素养"的具体表现特征。它既是对特定课程内容所达到的学段学习目标及具体专业要求,同时也是课程核心素养在相关课程内容学习中的具体化。

学业质量标准旨在描述学生必须达到的学习水平程度的表现标准,是学生在每个

---

① 韩立福.当代国际教育教学模式导读[M].北京:首都师范大学出版社,2006:175.

学段学习结束之后应达到的合格标准,让人们知道怎样才是好的或合格的。侧重体现核心素养表现特征在"质性"上的规定性,更多体现素养表现特征之间的质性差异,而不是"量"上的要求和差异性。

简而言之,"内容要求"是让学生明确"需要知道什么""需要做什么";"学业要求"是学生学习这些内容后"能知道什么""能做什么";"学业质量"是考量学生"知道得怎么样""做得怎么样"。

如体现1～2年级趣味唱游中艺术表现、创意实践方面的各项要求和标准:

【内容要求】随音乐用简单的身体动作、声势、律动或舞蹈进行表现。根据歌曲内容进行音乐游戏、歌表演、角色扮演等(**需要做什么**)。

【学业要求】能按要求随音乐进行动作模仿、音乐游戏、角色扮演和舞蹈表演等,用身体律动表现音乐的基本要素(**能做什么**)。

基于唱游活动的歌唱与动作参与"艺术表现"素养,在"质"方面的基本表现特征就是歌唱的正确度、流畅性、完整性、表现力等。

【学业质量】跟随录音或与同伴一起演唱,姿势正确,音量适中,速度稳定,声音、表情自然,词曲基本完整、正确(艺术表现:**做得怎么样**)。

学业要求和学业质量标准,在不同学段的认知反应水平差异性,表现出认知的正确率、反应的灵敏度与技能的熟练度以及问题解决的复杂度、任务完成的难易度、创新度等方面;在不同内容要求发展水平层次性上,除了落实双基学习中必备的"认知、反应、理解"等基础目标,更要关注"综合、运用、评价和创造"等高阶目标和高阶思维能力的培养和考察。因此,学习任务的复杂度、难易度、创新度是衡量学业质量标准的一个重要指标,也是指导教材编写、考试评价的依据之一。

三、艺术课标的新进展

(一)重塑唱游教学:音乐课程标准的继承与发展

回顾历史,我国在不同时期会有不同版本的音乐课程标准(教学大纲)指导教学实践(参见表20-2)。音乐课程的规范文本经历了一个从"课程标准"(1923)到"教学大纲"(1952)再到"课程标准"(2001)的过程[1],其实质是教育观念的变迁。教学大纲更

---

[1] 课程教材研究所.20世纪中国中小学课程标准·教学大纲汇编,音乐·美术·劳技卷[M].北京:人民教育出版社,2001.

多是从教学的角度出发,规范"学什么",体现了"内容为纲"的取向,指向"双基"的教学实施课程。课程标准主要从学生发展的角度出发,规范"学会什么",指向学生的学习结果和学习成就水平,是"质量驱动"的取向,反应人才培养的质量要求①。新中国成立后,1952年,我国学习苏联教育经验,将所制定的规范中小学各学科课程内容的文件改名为"教学大纲",此后,小学、初中和高中的音乐教学大纲都进行过不同程度的修订。而自2001年起,我国各学科的"教学大纲"变更为"课程标准",实验稿经历了十余年教学实践检验、修订,于2011年正式颁布,基本上形成了十年一个修订周期的规律。

2022年艺术新课标的研制重塑了"唱游教学"的地位和作用。在第一学段1~2年级艺术综合中,用"唱游·音乐"引领小学低年级教学,让学生在歌唱、演奏、声势、律动、即兴表演、舞蹈、戏剧表演等艺术综合活动中,调动多感官参与,积累实践经验,享受艺术表现的乐趣。并在趣味化音乐体验中唤起爱党、爱国、爱家乡的情感,初步具有乐观的态度以及对身边人的友爱之情。这不仅是对原来课程标准的继承,更是一种教育理念和育人方式的改变。它不仅继承了1936年、1948年小学低年级唱游标准以及1988、1992、2000年音乐教学大纲中有关"唱游"教学的精华,更融合了新时代课程综合育人的理念,为低年级学生兴趣盎然地学习音乐、主动参与、创意表现奠定基础。历年义务教育音乐课标或教学大纲,如表20-2所示。

表20-2 历年中小学音乐课程标准(课程纲要/教学大纲)

年代	义务教育课标(大纲)名称
1923年	《新学制课程纲要小学音乐课程纲要》 《新学制课程纲要初级中学音乐课程纲要》
1929年	《小学课程暂行标准小学音乐》 《初级中学音乐暂行课程标准》
1932年	《小学音乐课程标准》 《初级中学音乐课程标准》 《高级中学音乐课程标准》
1936年	《小学低年级唱游课程标准》 《小学中高年级音乐课程标准》 《初级中学音乐课程标准》 《高级中学音乐课程标准》
1940年	《修正初级中学音乐课程标准》 《修正高级中学音乐课程标准》

---

① 崔允漷.试论我国学科课程标准在课程时期的发展[J].全球教育展望,2021(09):4.

续 表

年代	义务教育课标(大纲)名称
1941 年	《小学音乐科课程标准》 《六年制中学音乐课程标准草案》
1948 年	《小学低年级唱歌游戏课程标准》 《小学中高年级音乐课程标准》 《修订初级中学音乐课程标准》 《修订高级中学音乐课程标准》
1950 年	《小学音乐课程暂行标准(草案)》
1956 年	《小学唱歌教学大纲(草案)》 《初级中学音乐教学大纲(草案)》
1979 年	《全日制十年制学校中小学音乐教学大纲(试行草案)》
1982 年	《全日制五年制小学音乐教学大纲(试行草案)》 《全日制初级中学音乐教学大纲(试行草案)》
1988 年	《九年制义务教育全日制小学音乐教学大纲(初审稿)》 《九年制义务教育全日制初级中学音乐教学大纲(初审稿)》
1992 年	《九年制义务教育全日制小学音乐教学大纲(试用)》 《九年制义务教育全日制初级中学音乐教学大纲(试用)》
1997 年	《全日制普通高级中学艺术欣赏课教学大纲(初审稿)》
2000 年	《九年义务教育全日制小学音乐教学大纲(试用修订稿)》 《九年义务教育全日制初级中学音乐教学大纲(试用修订稿)》
2001 年	《义务教育音乐课程标准(实验稿)》
2011 年	《义务教育音乐课程标准(2011 年版)》
2022 年	《义务教育艺术课程标准(2022 年版)》

(二) 课程价值取向的观念变迁：从"双基""三维目标"到"核心素养"

我国基础教育课程教学改革经历了三个主要阶段,从"一维双基"到"三维目标"再到"四维核心素养"的变迁,体现了课程价值取向从学科知识到学科本位再到课程(学科)育人价值的转变,从而使学校教育教学不断回归"人本位",走向育人为本的本真状态,人成为教育教学真正的对象和目的,这是基础教育课程改革价值取向变迁的最深刻体现。

1."双基"概念的提出及其影响

"双基"是指音乐基础知识和基本技能。我国自 1952 年来,长期受苏联教育思想的影响,尤其以凯洛夫的《教育学》为代表。该理论提出"以系统科学的知识武装学生的头脑",并提出"双基"的要求①,即对基础知识的"刚性"要求和基本技能的"技术"取向。直至 2000 年最后修订的一个教学大纲,还都重视"双基",这是客观主义(本质主义)知识观,学科知识本位的课程价值观。教学中以系统的基本知识和基本技能为主要目标,过于偏重"双基",认为学科知识是课程的核心,以灌输式教学为主,强调音乐学习的知识性、技艺性以及教学的传承性和接受性,忽视了学生兴趣的激发、能力的提升以及全面素养的培养。"'双基'成为一种教学目标和价值取向,作为一种教学策略、模式和要求,有一定可取之处,但作为课程改革的指导思想以及培养全面发展的人,已不合时宜"。②

2."三维目标"的课程理念及其影响

21 世纪初,教育部启动了新一轮跨世纪基础教育课程改革,其主题词和关键词是"三维目标",并作为课程目标和教学理念体现在 2001 年的《义务教育音乐课程标准(实验稿)》中。"三维目标"包含的情感态度价值观、过程与方法、知识与技能,是三维知识"价值性知识、方法性知识和事实性知识"完整知识观的体现,对应学生完整学习"学会、会学、乐学"的三个阶段③。凸显建构主义知识观,强调知识学习的情境性、建构性,反映学科的完整性和本质性。突破传统教学的"双基"导向和学科中心,倡导经验主义的课程观,强调学生亲身经历、身心参与的经验课程、活动课程、体验课程。倡导建构式教学、支架式教学,学生通过自主学习、合作学习、探究学习,养成学习的主动性、能动性和独立性;由于音乐是情感的艺术,音乐学科将"情感态度价值观"放在"三维目标"的第一位,着力解决"学生喜欢音乐、不喜欢音乐课的现象",用音乐丰富学生的情感,用趣味化的教学方法改变音乐课堂枯燥乏味的局面;经过十年(2001—2011 年)的实践,音乐课程以学生为本,以学生的学习兴趣为主,转变学生学习方式;在倡导自主学习、合作学习和探究学习等方面取得了显著的成效。但也存在一些问题,如"知识与技能被弱化,过程和方法出现了'游离'现象,情感态度价值观存在'贴标签'和割裂现象"④。2001 年实验版音乐教材中将"双基"设为暗线,造成教学中过于淡化双基、情感态度价值观目标的虚化等现象,教师课堂教学形似热闹,实则失去了音乐教育原本的意义和价值。因此 2011

---

① 陈培刚.从"双基""三维"到"核心素养"——我国《普通高中音乐课程标准(2017 年版)》重大变化及其影响[J].人民音乐,2018(08):58.

② 余文森.从"双基"到三维目标再到核心素养——我国课程教学改革的三个阶段[J].课程·教材·教法,2019(12):40—47.

③ 余文森.从"双基"到三维目标再到核心素养——改革开放 40 年我国课程教学改革的三个阶段[J].课程·教材·教法,2019(09):40—47.

④ 余文森.从"双基"到三维目标再到核心素养——改革开放 40 年我国课程教学改革的三个阶段[J].课程·教材·教法,2019(09):40—47.

版音乐课标有所调整,音乐知识与技能的重要性有所提升,并在2011版课标修订的音乐教材中改为明线,提倡"以音乐审美为核心、以兴趣爱好为动力"的教育哲学观,关注学生的学习兴趣和学习过程与思维方法,走向了音乐教学促进学生获取知识、能力提升和情感态度价值观养成的共同发展方向。

3. "核心素养"导向的课程改革及其影响

(1) 核心素养

核心素养是当前国际课程改革的主旋律和最强音。"核心素养"在我国的首次提出,是在2014年3月《教育部关于全面深化课程改革落实立德树人根本任务的意见》中,由此,"核心素养"成为课程标准修订、深化课程改革的指南针与风向标。2016年9月,中国学生发展核心素养正式颁布,从文化基础、自主发展、社会参与三个方面,凝练出人文底蕴、科学精神、学会学习、健康生活、责任担当、实践创新六大素养,具体又细化为18个要点,如审美情趣、国家认同、实践创新等。这些是指导各学科课程改革的主题词,是促进学生发展的共通素养。

(2) 音乐学科核心素养

2017年版高中音乐课标凝练了体现音乐学科育人价值的音乐学科核心素养——"审美感知、艺术表现、文化理解",作为高中课程改革的重要理念和课程目标,有效指导了课堂教学、学业质量测评和教学实施,并为基础音乐教育课程改革奠定了坚实的基础。

(3) 艺术(课程)核心素养

艺术核心素养是艺术课程育人价值的集中体现,是学生通过艺术学习而逐步形成的正确价值观、必备品格和关键能力。艺术课程核心素养包括"审美感知、艺术表现、创意实践、文化理解"。这是对2020年10月中共中央办公厅、国务院办公厅颁布的《关于全面加强和改进新时代学校美育工作的意见》提出的艺术核心素养"审美感知、艺术表现、文化理解、创意实践"的发展,又是对高中课标音乐学科核心素养的继承,同时又突出强调了艺术活动的特性——"创意实践",是深化基础教育课程改革中重视艺术创新表现与创意表达的重大成果体现。旨在通过丰富多彩的艺术活动,培养学生的想象力、创意思维和创新能力,这是21世纪学生发展核心素养的核心能力,是个人发展、国家发展以及提升国际竞争力的关键素养,是"核心素养的核心"。

艺术课标中有关核心素养的表述,针对课程时的表述为"艺术课程核心素养",针对学生时的表述为"艺术核心素养",其内涵与所指是一致的。艺术核心素养是新时代艺术课程改革的DNA,体现了从"一维双基、到三维目标再到四维核心素养"的量变到质变过程。艺术课程核心素养是贯穿艺术课程目标、艺术新课程改革及课标修订的一根红线,贯穿课程目标、课程内容、学业要求和学业评价全过程。"三维目标较之于'双基',相对完整地反应和体现了学科的内涵和教育取向,核心素养则是在夯实"双基"的基础上,进一步由学科(知识)转向人的起点,使教育回归人本身①。核心素养是加强课程的综合性和实践性,促进知识与技能在真实和复杂的情境中的迁移和应用,强调情感、态度、价值观在学生个体身上的内化,实现"三维目标"到"核心素养"的转化与发展。从知识观的角度看,核心素养倡导的是意义的知识观、生成主义知识观。强调课程知识的体验性、生成性、文化性、实践性、创造性。从课程观的角度看,基于经验的生成主义课程观,受存在主义、生命哲学、解释学、现象学等影响,淡化学科边界,加强学科融合,重视跨界合作与跨学科学习,强调课程综合性与实践性。强调课程学习对学习者的精神意义,不仅能促进学习者提高知识、发展能力,更有利于其对生命充实性、个体心理意义的感受与建构。艺术核心素养与中国学生发展核心素养形成双向互动,实现培养"全面发展的人"这一目标(如表 20-3 所示)。

表 20-3 "双基""三维目标"到"核心素养"的价值取向及观念

课程取向	改革背景	知识观	课程观	教学观
双基为本	1978 年以来教学大纲修订,围绕"双基"知识本位、技术取向,开启了基础教育课程改革征程。强化了传统教育"三中心(课本、课堂、教师)"。	客观主义(本质主义)知识观。学习以书本知识、技能训练为中心。	学科本位的课程观;学科知识是课程的核心;系统的双基为学科主体内容。教学以"课堂"为中心。	灌输式教学,强调音乐学习的知识性、技艺性,教学的传承性和接受性。课堂教学以"教师"为中心,"为了知识的教学"。
三维目标	强调"教什么,教到什么程度等知识技能刚性要求。2001、2011 年版音乐课标突破"双基"导向和学科中心,关注学生的生活经验和现代社会、科技发展,改革课程内容偏难繁旧现状。	追求知识本身的客观性、普遍性、确定性。建构主义知识观;凸显知识学习的情境性、建构性、相对性;反映学科的完整性和本质性,三维目标对应事实性知识、方法性知识和价值性知识。	追求学科知识的基础性、结构性、完整性。经验主义的课程观,强调经验课程、活动课程、体验课程;强调学习知识的过程与思维方法以及隐含的情感态度与价值观。	追求教学效果的准确性、绝对性、高超性。建构式教学、支架式教学;自主学习、合作学习、探究学习;强调学生学习的主动性、能动性和独立性;"基于知识的教学"。

---

① 余文森.从"双基"到三维目标再到核心素养——改革开放 40 年我国课程教学改革的三个阶段[J].课程·教材·教法,2019(09):40—47.

续表

课程取向	改革背景	知识观	课程观	教学观
音乐学科核心素养	2017、2020年版高中音乐课标修订，在2016年中国学生发展核心素养基础上，凝练了体现学科育人价值的学科核心素养。	意义的知识观，受存在主义、生命哲学、解释学、现象学等影响。	以美育人，深入音乐学科内核，挖掘学科独特育人价值，强调学科对人的发展与知识对人的意义。	整合式教学"以人为本"。"通过知识获得教育"，任务驱动、项目化学习、跨学科学习等促进学生解决问题能力与核心素养发展。
艺术课程核心素养	2022年新艺术课标修订凝练的艺术课程核心素养，从"一维双基、到三维目标再到四维核心素养"的量变到质变过程，新时代艺术课程改革的DNA三层素养内核（学生发展核心素养、艺术课程核心素养、音乐课程核心素养）。	生成主义知识观加强学科融合，淡化学科边界，强调课程知识的基础性、整合性、综合性、融合性、实践性、创造性。强调心灵、身体、思维与环境的互动。	基于经验的生成主义课程观。以人为本，以美育人，立德树人，聚焦课程育人，立足学生素养，重视跨界合作与跨学科学习，强调课程综合性与实践性。	核心素养导向，创新能力培养，跨学科学习、整合式教学，注重多样化学习情境、问题探究、项目学习，体现学习资源的时代性、学习活动的实践性、综合性、项目性、作品性、社会性等。

四、艺术课标的新突破

（一）凝练课程核心素养，凸显课程育人价值

核心素养是艺术学科较为上位、核心的观念，是落实立德树人根本任务的重要凭依，是关于人的艺术成长要求，以及学生学习艺术获得受益终身的必备品格和关键能力的描述。艺术课程核心素养的凝练，凸显了课程育人价值，着眼于为党育人、为国育才的愿望和使命，是党的教育方针的具体化，其贯穿并统领课程标准的整体设计，引领着基础教育课程改革的深化与发展，意义重大，是本次艺术课标修订的重要突破。基于《关于全面加强和改进新时代学校美育工作的意见》对艺术课程核心素养的凝练，对"审美感知、艺术表现、创意实践、文化理解"素养内涵的确定、表现特征和具体内容的阐释，整体体现了艺术课程本质特点和独特的育人价值，使艺术课程育人目标更明确、更集中。核心素养为艺术课程标准的整体研制、课程目标的制定、课程内容的选择、教学活动的设计以及学业质量的确立发挥了统领和指导作用。艺术核心素养的培育与发展，

将贯穿艺术课程实施、教学实践的全过程。

（二）明确课程目标，落实艺术核心素养

艺术课程核心素养是对义务教育阶段结束时学生学习本课程应达到的学业成就的预设或期待，是规划艺术课程总目标，培养"三有新人"贯彻党的五育并举、五育融合教育方针，推进中国学生发展核心素养课程化以及艺术核心素养在课程中的具体转化与落实。艺术课程核心素养是基于教学内容、教学行为、学生学习特征而提出的课程具体目标，是贯穿义务教育各学段目标的红线，根据不同阶段年龄学习特点与能力培养要求，体现艺术学科内容、艺术活动特征与学段特点等而提出的不同层次素养要求和学业考核标准。

一个艺术核心素养可以对应多条课程目标，一条课程目标也可以对应多条课程核心素养。如围绕家乡的歌舞乐《沂蒙山好风光》进行的艺术实践活动，通过对比聆听歌唱家和民歌手演唱、独唱与合唱、由不同器乐演奏的不同版本的《沂蒙山好风光》以及拓展欣赏由《沂蒙山好风光》素材创编的柳琴独奏《春到沂河》、舞剧音乐《沂蒙颂》英嫂主题，感知发现蕴含在民族音乐中的韵味美、风格美，提升审美感知能力；通过个人、小组合作不同形式的歌唱、律动、声势、诵读、舞蹈等多样化表演，丰富想象力，提升艺术表现力，发展创新思维，提升创意实践能力；通过挖掘了解有关沂蒙山的风土人情、历史、文化等跨学科实践活动，感受到国家的悠久历史，理解中华民族深厚的文化传统，体悟民族音乐文化的发展与构建人类命运共同体的关系，学会包容、尊重和理解，从而铸牢中华民族共同体意识。因此，一条艺术课程核心素养"创意实践"，渗透与体现了多个课程目标。同时，一条课程目标"发展创新思维，提升创意实践能力"，可以引领学生在不同艺术作品以及不同音乐要素的感知体验与风格韵味的体悟中提升"审美感知"能力，通过演唱、演奏、舞蹈、律动、戏剧化表演提升"艺术表现"能力，挖掘利用不同生活素材、音源等创编节奏、声势、律动，或为歌曲伴奏、综合性艺术表演等，发展创新思维，培养"创意实践"素养。另外，同一首艺术作品在不同学段，应针对不同年龄学生特点提出核心素养培养的不同层次和学业标准评价要求。

（三）内容结构化组织，优化艺术课程内容

1. 核心素养导向，有机整合学习内容

基于艺术审美共通性的课程核心素养和中国学生发展核心素养有着共同的育人目标，艺术课程内容的组织突破了学科本位、知识本位的分科与分化，以问题解决、核心素养培养为主线，有机整合音乐、美术、舞蹈、戏剧（含戏曲）、影视（含数字媒体艺术）5个学科学习内容，通过有具体指向性的4类艺术实践活动、14项学习内容、10个任务群来组

织学习内容,构建一体化的内容结构体系,增强艺术学习的综合性与实践性,从而引领教学方式与育人方式的变革。

艺术课程以艺术实践为基础,以学习任务为抓手,依据大观念、综合性强的主题引领艺术学习活动,整体规划学习内容,用大观念统摄下的学科知识与技能的结构化和综合化,渗透艺术思维与跨学科思维方式、探究能力培养,综合运用所学知识、技能等完成项目、解决问题,引导学生学习方式变革,落实立德树人、培养"三有"时代新人。

2. 静态化结构图表,进阶性呈现课程内容

艺术新课标音乐课程内容在继承 2011 年版音乐课标四大学习领域"感受与欣赏""表现""创造""音乐与相关文化"的基础上,又考虑与艺术课程其他四个学科的内容都用两个字的动词表述达成一致性,新课标音乐学科内容用四个动词表述 4 类艺术实践"欣赏""表现""创造"和"联系",其中"感受与欣赏"简缩为"欣赏",将静态的"音乐与相关文化"改为动态的"联系",更加强调培养学生主动思考、深入拓展探究音乐学科与姊妹艺术、与其他学科以及与自然、社会、科技的联系,不仅与其他艺术学科"融合"保持一致性,也体现了马克思主义哲学"事物是普遍联系的思想"。

课程内容涵盖 14 项具体的学习内容(如图 20-3 所示),表述上与 2011 年版课标大体一致,如"欣赏"包含"音乐情绪与情感、音乐表现要素、音乐体裁形式、音乐风格流

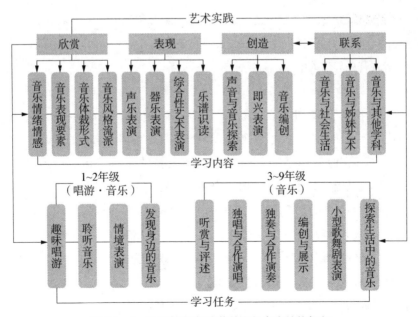

图 20-3 义务教育音乐学科课程内容结构框架

派","表现"包含"声乐表演(演唱)、器乐表演(演奏)、综合性艺术表演、乐谱识读","创造"包含"声音与音乐探索(探索音响与音乐)、即兴表演(即兴创编)、音乐编创(创作实践)","联系"中的具体内容与2011年版课标的"音乐与相关文化"表述基本一致。

3. 多样化艺术实践，提升课程核心素养

艺术实践强调学生通过全身心参与聆听、欣赏、歌唱、律动、编创、表演等具体的艺术活动，提升音乐审美感知、艺术表现、创意实践和文化理解等艺术核心素养。如通过多样化欣赏，学生具身体验音乐的情绪与情感，了解音乐的表现要素、表现形式，感知、理解音乐的体裁形式与风格韵味等，发展音乐听觉与立体型感知能力，丰富音乐审美体验，深化音乐情感体验，提升审美感知和文化理解素养；通过表现，学生掌握声乐、器乐、综合性艺术表演所需的基础知识和基本技能，在唱、奏、动、创、演等艺术表现中表达思想和情感，丰富音乐活动经验，提升艺术表现素养；通过创造，学生对音乐及其他各种声音进行探索，综合运用所学知识、技能和创造性思维，开展即兴表演和音乐编创活动，表达个人想法和创意，提升创意实践素养；通过联系，学生将音乐与社会生活、音乐与姊妹艺术、音乐与其他学科以及音乐与自然、科技等加以关联和融合，并在欣赏、表现和创造等实践中结合相关文化，理解音乐的形态特征、人文内涵、精神特质和社会功能，开阔文化视野，提升文化理解素养。

这四类音乐活动是学生学习艺术、提升艺术素养必须经历的活动和过程，是并列与互融的关系。例如，理解音乐融于欣赏、表现和多样化音乐活动的联系中，创意实践融于欣赏、表现音乐等活动中。

4. 驱动性的学习任务，真实情境化学习

学习任务是基于现实生活或在真实学习情境中，学生需要完成的项目、解决的问题等，它是艺术实践活动的具体化，需要学生综合运用各种学习内容中的知识、技能、经验等来完成。艺术课标各学科根据不同学段学生的年龄特点，每类活动分学段设置不同的学习任务，用贴近学生生活趣味的学习任务来呈现。并将学习内容嵌入多项学习任务中，以多种学习任务的方式共同构成学习内容，整体呈现，由浅入深，并行进阶，并用结构化的学习任务驱动学生的真实情境学习。如1~2年级在艺术综合(唱游·音乐)课程中设置"趣味唱游""聆听音乐""情境表演""发现身边的音乐"4项学习任务，3~9年级在音乐课程中设置"听赏与评述""独唱与合作演唱""独奏与合作演奏""编创与展示""小型歌舞剧表演""探索生活中的音乐"6项学习任务。

本次课标的又一亮点是分学段设置不同的学习任务，通过主题式、生活化、情境化、综合性的音乐学习任务将学习内容和学业要求嵌入这些任务之中。加强课程内容与艺术实践、学生生活的联系，有机融入社会主义核心价值观、中华优秀传统文化、革命文化和社会主义先进文化教育内容要求，突出学生主体和学科逻辑，体现任务驱动、项目化学习和音乐课程实践性等特点。

（四）研制了学业质量标准，发挥了素养立意的育人导向

学业质量标准是对学生学业成就表现的总体刻画，用以反映课程目标的达成度。是教学评价的指南针，能有效促进教、学、评、促一体化发展，形成育人合力。学业质量标准可以强化教师、教材编写者、考试命题人员科学的学业质量观，为课程教学、教材编写、考试评价提供依据，引导教学更加关注育人价值目标的实现。核心素养导向的学业质量标准，发挥素养立意的育人导向，提高学生综合运用知识解决问题的能力，帮助教师和学生把握教与学的深度和广度，使教育内容的选择、方式的呈现、教学实施的建议、案例的列举等均适合该年龄段学生的发展水平，由低到高呈现螺旋上升的结构，为阶段性评价、学业水平考试和中考命题等提供重要依据。

（五）增强了教学指导，突出了艺术课标的实用性

艺术新课标在阐述"内容要求"的基础上增加了"学业要求""教学提示"。在课程实施方面要求更具体，对教学要求、教材编写要求、评价与考试命题、课程资源开发与利用、教师培训与教学研究等相关内容作了具体的规定或建议。阐述每个学习任务内涵、意义以及对学生发展的作用，具体"内容要求"，提出需要经历的关键实践活动，需要学习的基本知识、要掌握的基本方法，需要形成的重要态度、需要建构的核心观念，采用学唱、表现、表演、了解、理解、初步形成、体会等输入型动词表述具体要求；阐述明确的"学业要求"，提出核心素养导向的总体学业质量要求在学习主题层面的具体化表现期望，体现学习内容和学业质量要求的一致性。最大的突破是从"教学策略、情境素材、学习活动"三方面，提出了具体的"教学提示"，突出了课程标准的可操作性，切实为素养导向的基础教育课程改革的实施、课程重难点的把握、教学方式的变革、课程育人价值的实现提供指导和帮助，让课标更加好用、实用。

教学策略建议主要帮助教师明确教学的指导思想、教学设计的要点、学生学习的兴趣点、有效教学策略、需要注意的问题等。情境素材建议，主要提供体现核心素养发展要求的学习机会、学习环境和学习情境素材等方面的建议。学习活动建议，主要帮助教师明确完成该项学习任务必要的学习活动经历和过程，以及学生喜欢的基本学习方式（如听、赏、唱、动、奏、创、编、演等）、教学组织形式（集体、小组、个人）等，将学科思想与方法及学生应形成的核心素养融入学习活动。

评价建议主要帮助教师明确评价的主要内容、基本原则、评价结果的呈现和运用。评价涉及学习态度、过程表现、学业成就等。注重素养立意,以评促学,教、学、评、促一致性。坚持多元主体评价、开放性评价;提倡过程性评价与终结性评价、表现性评价与形成性评价、结果性评价与增值性评价相结合等,把中小学生学习音乐、美术、书法等艺术类课程以及参与学校组织的艺术实践活动情况纳入学业要求,体现学生艺术素养培育与发展的连续性、综合性、实践性特点。

考试命题建议主要明确省级教育行政部门要建立学业水平考试制度,注重艺术的实践特性,考查学生艺术实践任务中表现出来的欣赏、表现、创意等能力和反映出来的审美情趣、价值观念等,避免只考零散、孤立的知识与技能;主要通过表演、展示、创作、赏析等进行学业水平考试,积极探索信息技术手段的应用,并将艺术类科目纳入初、高中学业水平考试范围。

在教材编写要求、课程资源开发与利用方面体现了以下特点:(1)导向性,坚持立德树人的育人导向、正确的政治方向和价值导向,树立"四个观念";(2)艺术性,突出艺术课程的审美性、实践性和创造性等特点,以美育人;(3)民族性,构建以"三种文化"为主体的中华母语文化课程内容体系,建立民族自信;(4)人文性,精心选择有代表性的学习材料和典型性的学习资源,凸显教材的文化性,以文化人;(5)实践性,提供充满生活化、情境化、可操作性的艺术实践活动,彰显艺术特色;(6)时代性,加强与现代科技对接,在媒介融合的基础上,促进课程资源网络化、数字化,体现直观性、互动性、趣味性,做到与时俱进;(7)丰富性,整合、共享校内外多种艺术课程资源,丰富课程内容;(8)结构化,以大单元、主题式、项目化等形式组织教学内容,加强内容之间的综合与联系。

教师是课标实施以及教学改革的关键,要完善教师培训制度,面向全体艺术教师开展培训,采用多样化培训方式,提倡具身培训,精心设计培训内容。明确艺术课程先综合后分项分段设计课程的意义,理解全科对学生全面发展的作用以及姊妹艺术交叉与融合的价值等。要进一步完善音乐、美术教研员的培训制度,鼓励有条件的地区率先组建舞蹈、戏剧(含戏曲)、影视(含数字媒体艺术)教研员队伍,提升教研水平;加强教师开展实效性的教学研究,开展基于问题导向的实证研究、行动研究,聚焦关键问题的主题式教研、互动型研究,建立完善的校本研修制度、加强教、研、训一体化建设,以适应新的艺术课程教学要求。要配齐、配足艺术教师,提高教师队伍整体水平,满足未来实施新的艺术课程、艺术课程标准之刚需。要关注农村地区艺术课程实施,多措并举促进义务教育均衡化发展。

五、艺术课改的新征程

（一）综合取向的"整体实践"课程设计

义务教育课程改革体现超越学科中心的基本思想,创造综合取向的课程设计观,"不仅意味着学科与学科的融合与统整,还意味着课程设计理论正在发生根本性的转变,以学生的全面发展为核心,把学生本位取向、学科本位取向和社会本位取向辩证地整合起来,弘扬学生个性发展的课程设计理念……倡导科学与人文整合的课程文化观与回归生活世界的课程生态观,突破学科疆域的束缚,向自然回归,向生活回归,向社会回归,向人自身回归,意味着理性与人性的完美结合"①,强调艺术学科内部与外部知识整合,推进跨学科学习和跨领域合作,"跳出学科看课程,跳出课程看育人",建设育人导向、具有音乐特色的综合艺术课程。整体实践课程设计倡导综合化学习,强调多方"联结"的意义,主张建立学科知识之间、学生与知识、知识与生活等广泛多样的联系;鼓励学生"像学科专家一样思考与行动",基于学科概念、思想与工具,整合过程技能与操作技能,去解决真实情境中的问题,构建综合取向的整体课程设计。

（二）中国立场的母语文化传承

在国家全面复兴传统文化、迈向第二个百年奋斗宏伟目标以及构建中国特色话语体系的语境下修订课标,力图构建中国立场、本土特色、国际视野的艺术课程标准的中国范式。因此,要立足中国大地,树立母语文化意识,扎根本土的实践关怀,建立课程理论与课程内容的本土化,使用凸显中华民族音乐母语的本土核心概念(如锣鼓经)、民间传统音乐术语以及符合中华民族文化身份的童谣、民歌、民间器乐、舞蹈、戏剧、戏曲等传统艺术形式,构建中国特色、中国风格、中国智慧的文化传承体系和音乐教育话语体系,增强"三种文化"为主的中华母语音乐文化内容,并"将我们民族的传统美德——如勤劳、勇敢、善良、朴实、尊老爱幼、尊师重教、诚信、谦让等有机融入各种音乐活动之中,做到民族传统文化形式与精神情感内涵的统一"②,从而实现课程总目标的要求——感受和理解我国深厚的文化底蕴和党的百年奋斗重大成就,传承和弘扬中华优秀传统文化、革命文化、社会主义先进文化,坚定文化自信,铸牢中华民族共同体意识。了解不同地区、民族和国家的历史与文化传统,理解文化与构建人类命运共同体的关系,学会包

---

① 靳玉乐.我国新课改以来课程理论的发展及其影响[J].中国教育科学,2019(05):78—79.
② 王安国.试论我国学校音乐教育改革与发展对策研究[J].中央音乐学院学报,2004(04):11.

容、尊重和理解。

（三）具身实践的多觉联动教学

艺术新课程试图改变传统教学中学生枯燥乏味的"离身学习",倡导学生身心在场,调动其听觉、视觉、触觉、动觉、味觉、嗅觉、本体觉等多觉联动,通过听、唱、动、奏、创、编、演等多样化实践活动的深度参与。以艺术实践活动为载体,具身实践、综合学习,鼓励学生积极参与、主动体验、合作探究、共享创造、自信表现,不断增强艺术的实践能力和创造能力。课堂向四面八方打开,在间接知识与直接经验的丰富联结,知识学习与实践应用的相互结合中形成艺术核心素养。

（四）学生立场的逆向教学设计

本次课程改革的重点是从以学科中心指向三维目标,到以人的发展为指向的核心素养的转变,核心素养主张学生立场,回归课程育人。核心素养导向的课程教学提倡学生立场的"逆向设计"。所谓"逆向设计",是指将评价前置,根据评价证据设计教学内容和过程,是核心素养导向以及基于课程标准的教学设计与课程实施的重要途径。"逆向设计"是由威金斯（Wiggins）和麦克泰（Mctighe）所提出的,"我国近年来部分地区开展的基于学历案的课堂教学变革亦主张学主教从、以学定教、先学后教,从期望学生'学会什么'出发,设计并展示学生何以学会的过程,同样采用了'逆向教学'设计的技术,体现了学生立场"。①

（五）以学为本的育人方式变革

艺术新课程倡导以学为本、以学生为中心,以学习活动为主线,促进学生学习方式的变革。倡导自主化学习,凸显主动性、独立性和自控性;强调合作式学习,体现交往性、互动性和参与性;提倡探究性学习,凸显问题性、过程性和开放性;倡导沉浸式学习,体现趣味性、体验性;同时,通过任务式学习、项目化学习、真实情境学习、跨学科学习等进行多元化学习,变革学生的学习方式,重视创意思维的训练以及元认知学习能力的培养,能够真正使我们的课堂发生转变,由学生被动学习走向主动学习,由单一的学习走向多样化的学习,由被适合的学习走向适合的学习,由强制性学习走向投入型、选择性学习,这种育人方式的改变才是课堂教学改革的关键。

六、结语

《义务教育艺术课程标准(2022年版)》的研制与修订,是全面贯彻与加强新时代学

---

① 崔允漷.试论我国学科课程标准在新课程时期的发展[J].全球教育展望,2021(09):5.

校美育工作、深化基础教育课程改革的重要环节。本次艺术新课标修订,深刻体现党的教育方针、国家政策以及习近平新时代中国特色社会主义思想、马克思主义思想,反映广大教师长期积累的教学经验,借鉴国内外同行的最新研究成果。坚持以学生为本,强化素养导向,突出艺术特色、彰显美育功能,促进学科融合、倡导综合学习、跨学科学习,反映时代精神,体现中国特色,强化学生主体,推动育人方式变革,鼓励创意实践、培养创新精神。本次课标修订最大的亮点,即凝练了艺术课程核心素养,并将其贯穿艺术课标修订全过程。它不仅作为课程目标,更是一种育人理念和课程的"大观念",将统领艺术课程改革与课堂教学的深度发展,也是提升学生审美和人文素养的风向标。但是,如何在未来的教学实施中发挥素养立意的导向作用,建立可操作的素养导向的教学模型,将大观念、大主题、大单元和任务型、项目式学习活动融入教师日常的音乐课堂教学,真正实现艺术新课标所期望达到的学业要求和质量标准,需要专家、学者、教研员和一线教师协同合作、共同努力。期望艺术新课标通过广大艺术教育工作者未来的教学实践检验,将不断完善,在继承中创新,为全面深化艺术课程改革,提升艺术教育质量,发挥其指导性、引领性的作用。到2035年,逐渐形成全覆盖、多样化、高质量具有中国特色、本土特征的现代学校美育体系,向世界贡献凸显中华民族精神、中国智慧的艺术教育课程改革的中国范式。

第 21 章

艺术课标中的美术
——《义务教育艺术课程标准(2022年版)》解读

尹少淳

作者简介：尹少淳/首都师范大学美术学院教授；《义务教育艺术课程标准(2022年版)》修订组组长(北京　100048)

经过三年多的艰苦修订工作之后，《义务教育艺术课程标准(2022年版)》(以下简称《艺术课标》)终于印发了。从标题可以看出来，这次修订工作及其结果发生了极大的变化。艺术课标组完成的已经不是纯粹的美术课程标准，也不是纯粹的音乐课程标准，更不是舞蹈、戏剧、影视课程标准。面对一份完整的艺术课程标准，我要做的是解读其中的美术课程部分。但是，针对美术作出纯粹的解读已经不可能了，因为这个解读必须是在艺术课标的框架或体系中进行。职是之故，我尝试赋名这篇解读为"义务教育艺术课程标准中的美术"。

既然已经不是纯粹的美术课程标准，那么要做纯粹的美术课程标准解读，就变得不那么容易了。从整个课程标准的文本结构来看，它采用的是一种"合写"与"分写"相结合的写法。要写美术课程标准，就得谈课程性质、课程理念、设计思路、课程目标和实施建议，这就需要触碰"合"的部分，也即几个艺术门类的共通部分。而要解读美术课程的特殊部分，比如学段目标、课程内容、学业质量等，就必然涉及艺术课标中"分"的部分。《艺术课标》甫问世，读者急于识别它的庐山真面目，从场域和本体的角度可以更好地理解课程标准的相关问题。如，艺术课程标准修订的背景是什么？其他国家的艺术课程标准有什么特点？艺术课程是怎么分学段的？《艺术课标》的整体形貌如何？美术门类跟艺术整体是什么样的关系？为什么要做这么一个综合性的《艺术课标》？综合艺术课程做了20年，最终实验不成功，被很多地方弃用，为什么还要继续做呢？《艺术课标》还会继续沿用普通高中的美术学科核心素养吗？艺术课程的性质和设计思路是什么？艺术课程的内容结构有什么特点？在美术课程中又是如何表现的？为什么要设计学业质量标准？美术课程又是如何体现学业质量标准的？如何在美术中实施《艺术课标》？这些问题都需要拨云见天，呈现真实之面貌。

一、美术课程遭遇了百年未遇之大变局

（一）综合性艺术课程需要扬长避短

我们把今天社会剧烈的变革称为"百年未遇之大变局"，视其为机遇和挑战。以类比的方式思考，我们也可以说美术课程标准同样遭遇了"百年未遇之大变局"。美术课程正式进入中国的中小学，始于1904年实施的《癸卯学制》（即《奏定学堂章程》），距今已经118年。当时的美术课程是以图画和手工的名义进入中小学的，而且和音乐一起，构成了中国艺术教育的两大主体。它们犹如两棵擎天大树，支撑起中国艺术教育的一片蓝天。艺术师资的主体和艺术教育丰厚的经验，都集中积淀在这两个学科之中。100多年都是这么过来的，社会、学校和家庭对之习以为常，高度认可。

随着国家对美育的重视和艺术教育自身的发展，艺术课程门类需要进一步拓展。从2000年新课程改革以来，这个情况即有所改变，主要标志是新设置了一门艺术课程（包括音乐、视觉艺术、舞蹈和戏剧），并与美术和音乐一起，构成了中国艺术课程的独特课程形式。一所学校和一个行政区域的学校，如果选艺术则可以不选音乐、美术，反之亦然。然而，事实却是艺术课程行之维艰，最终被一些地方和学校弃用。

主要表现是，一些大的艺术课程实验区，如山东省青岛市、江苏省苏州市先后退出实验。实验不能继续推进和深入的原因是多样的，主要有两点：其一，课程结构呈一锅粥状，内部结构不清晰，递进关系不明显，违背了课程实施的基本要求。众所周知，清晰的结构和明晰的递进关系是课程得以实施的基本要求。这些要求不能满足，教学自然无法实施，可以说这是综合艺术课程的致命缺陷。其二，缺乏能承担综合艺术教学任务的相应师资。中国艺术教育的师资目前共有70多万人，主要集中在美术和音乐两个学科。多年来我们的高师教育没有培养出足量的舞蹈、戏剧、影视教师，且目前美术、音乐教师中绝大部分都不是全科或者全能的艺术教师，不能胜任包含美术、音乐、舞蹈、戏剧

等在内的所谓综合艺术课程的教学工作。

（二）当下综合性艺术课程的选择

所以在这次修订之初，教育部提出建构一个新的义务教育艺术课程标准的时候，"井绳效应"就被唤起了，一些艺术教育专家和全国很多美术、音乐老师抵触情绪很大，大家最担心的是美术和音乐在这个课程标准中被消解了。如果这样，那么中国艺术教育大厦将倾，后果会是毁灭性的，细思极恐，令人不寒而栗。

后来的结果证明大家的焦虑和恐惧完全多余。教育部相关领导和专家非常明智，高屋建瓴，把控全局，采用了不同于以往综合艺术课程的结构方式，既保证了美术、音乐两棵大树不倒，又达到了拓展艺术门类和课程综合的目的。这种结构方式的最大的特点是保持美术、音乐课程9年一贯。如此也保证了美术、音乐师资各得其所，在自己擅长的艺术门类中实施教学，同时也在自己接近的艺术门类中拓展教学经验，以应对艺术门类拓展后对自身提出的能力要求，适应国际艺术教育的发展趋势。

二、《艺术课标》结构和样态形成的背景

（一）强调学科融合和跨学科教学是国际教育的一个趋势

人类的知识和学术在生活和生产实践中最初是综合的，然后向学科发展。因为在早期社会人类面临的主要是一些综合性的问题。人们在解决现实生产、生活问题的时候，常常是根据需要选择不同的知识、方法和技术。这些方法和技术的学科性质并不明显，因为当时并没有划分明晰的学科。例如，在祈福怯灾的巫术和宗教仪式中，常常需要综合运用音乐、舞蹈、戏剧、绘画、雕刻、天文、数学、物理、化学（这些学科名称在当时也许并不存在）。后来从综合现象中剥离出学科概念，并不断地分化，形成了不同学科知识和方法体系，从而极大地促进了学科的精进和发展。现代社会各种事物和问题的复杂性与规模大大增强，靠一个学科单打独斗解决问题，效率非常低下，所以学科融合和跨学科成了解决当前社会各种复杂现实问题之必需。这对人的知识和能力也提出了新的要求。人们既需要有专精的知识和技能，也需要具备整体或综合思维，掌握一些跨学科的方法，运用学科和跨学科的知识、技能解决现实问题。这在教育教学上已然成了一种新的着力点，跨学科之间的融通和迁移成为了当下教育的国际趋势。在这一背景下，中国的基础教育改革必然要顺应这一趋势。

经合组织发布的《教育2030学习指南》中的"2030的知识"部分，谈及了"跨学科知识"，并提出了5种方法帮助学生获得跨学科知识。其一，学习跨不同学科迁移的关键

概念或"大概念"。其二,学习识别跨学科的各种概念之间的相互联系。其三,通过主题学习,将不同学科联系起来。其四,通过合并相关学科或创建新学科来组织和促进跨学科的发展。其五,基于项目学习为促进跨学科研究创造空间。①

在这种背景下,国际艺术课程也呈现出综合化和跨学科的发展趋势。在《美国国家核心艺术标准》(2014年版)中这一趋势反映得比较明显。首先,艺术课程的内容包括基本的艺术门类,并进一步拓展。与1994年版的《美国国家核心艺术标准》相比,2014年版标准中出现的核心艺术学科是舞蹈、媒体艺术、音乐、戏剧和视觉艺术,其中媒体艺术为新增项。其次,呈现和表述的方式是共性和个性表述相结合,也就是我们课程标准的"合写""分写"表述相结合。"合写"体现在第一部分——"美国核心艺术标准:艺术学习概念框架",具体是:(1)艺术教育的背景;(2)美国核心艺术标准;(3)建立原则和说明工作;(4)基于研究取得的发现等;"分写"体现在第二部分:"美国核心艺术课程标准",具体是:(1)舞蹈;(2)媒体艺术;(3)音乐;(4)戏剧;(5)视觉艺术。在"分写"部分,每门核心艺术课程都遵循相同的艺术学习过程:(1)联系过程;(2)创造过程;(3)表现过程;(4)反应过程。只是这几个过程在不同的艺术门类中存在特殊的表现。这几个过程都体现了综合性,而且"联系"过程更是强调综合。其明确提出,联系的过程要素是综合,锚定标准是:"将知识与个人经验相结合进行艺术创作。"需要持续理解的观念是:"在艺术制作的过程中,人们通过调查、发展理解对知识和体验的认识赋予艺术作品的意义。"关键问题则是:"如何通过艺术创作丰富人们的生活?艺术制作怎样才能协调人们及其周围的环境?人们如何通过艺术制作认识和理解他们的生活,以及如何通过艺术制作构建生活社区?"②

(二) 影响艺术课程修订的文件背景

课程标准的研制和修订不是一个孤立的过程,必须适应一定的观念和认知框架,具有宏观的设计感。在修订课程标准的时候,其上位的文件是"课程方案"。"课程方案"是根据培养目标制定的有关学校教学和教育工作的指导性文件,具体规定学校应设置的课程,各门课程开设的先后顺序,课时分配和学年的编制等,并对课内的教学和课外活动等方面作全面安排。"课程方案"的制定又是基于一定时期大的政策层面的课程规划。因此艺术课程标准的修订必须在相关的课程文件背景下加以实施。

这个基本的文件框架是教育部2001年印发的《基础教育课程改革纲要(试行)》,它

---

① 胡知凡.核心素养与世界中小学美术课程[M].上海:上海教育出版社,2020:356—357.
② [美]国家核心艺术课程标准联盟编写.美国国家核心艺术标准[M].徐婷,译.上海:上海音乐出版社,2018,152—153.

对小学、初中、高中的课程性质和特征作了具体表述和长远规划。其中提出小学阶段以综合课程为主,初中阶段设置分科与综合相结合的课程,高中以分科课程为主。这个文件如同河床一般,规定了课程支流的走向。不同阶段的义务教育课程方案和普通高中课程方案都是课程支流的具体体现。作为此次义务教育课程标准研制参照框架的《义务教育课程方案(2022年版)》在基本原则部分的第4条就提出"加强课程综合,注重关联"。具体指出"加强课程内容与社会生活、学生经验的联系,强化学科内知识整合,统筹设计综合课程和跨学科主题学习。加强综合课程建设,完善综合课程科目设置,注重培养学生在真实情境中综合运用知识解决问题的能力。开展跨学科主题教学,强化课程协同育人功能"。① 正是在对基础教育课程整体构思和规划的背景中,以及《义务教育课程方案(2022年版)》的设计之下,才将艺术课程加以整合,形成了《义务教育艺术课程标准(2022年版)》。当然,这里需要说明的是,所谓背景并非指全面的理论和实践背景,比如核心素养的背景、实施美育的背景等,而是涉及影响《艺术课标》结构和样态的背景。

三、艺术课程的整体构思

(一) 艺术课程的学段划分

艺术课程的学段划分,可以用"3+1"来概括。从形式上看,九年义务教育艺术课标分成4个学段。第1学段:1~2年级称为艺术综合,由造型·美术和唱游·音乐组成;第2学段:3~5年级称为艺术(主要由美术和音乐组成);第3学段:6~7年级同样称为艺术(主要由美术和音乐组成);第4学段:8~9年级称为艺术选项[包括音乐、美术、舞蹈、戏剧(戏曲)、影视(数字媒体艺术)]。

但从实质上分析,艺术课程标准中的内容分成了三个性质相异的阶段,也即艺术综合、艺术和艺术选项三个大的学段。具体而言,"艺术综合"实际上是以美术、音乐为主干,围绕它们做课程综合,美术主要综合影视(含数字媒体艺术)及其他学科,音乐主要综合舞蹈、戏剧(含戏曲)及其他学科。"艺术综合"中的被综合项在这一学段比例略高。"艺术"以美术和音乐为主体,同样需要做类似的综合,但比例稍低,更突出美术和音乐的学科性。考虑到这个学段跨度太大,不便于具体课程的设计和实施,所以再进一步分

---

① 中华人民共和国教育部. 义务教育课程方案(2022年版)[S].北京:北京师范大学出版社,2022:5.

成 3~5 年级和 6~7 年级两个学段。"艺术选项"阶段会出现"五科并列"(即音乐、美术、舞蹈、戏剧、影视同时进入课程)的现象,学生只要选择其中两门进行学习并完成学业足矣,无须同时学习全部五个艺术学科门类。

这样做的好处是,能够呼应两办印发的《关于全面加强和改进新时代学校美育工作的意见》的精神。因为其中提到"义务教育阶段注重激发学生艺术兴趣和创新意识,培养学生健康向上的审美趣味、审美格调,帮助学生掌握 1—2 项艺术特长"。[①] 概而言之,九年义务教育的艺术课程从形式上分成 4 个学段,从性质上分成 3 个阶段,简称"三段论"。

(二)艺术课程的性质

艺术课程的性质是从三个方面表述的,它们之间具有一种阶梯感。

在第一个方面,需要回答如下问题:其一,艺术是什么?本标准中的答案是:艺术是人类精神文明的重要组成部分,是运用特定的媒介、语言、形式和技艺等塑造艺术形象,反映自然、社会及人的创造性活动。其二,艺术教育有什么价值?在本标准中的答案是:艺术教育以形象的力量与美的境界促进人的审美和人文素养的提升。艺术教育是美育的重要组成部分,其核心在于弘扬真善美,塑造美好心灵。

在第二个方面,需要回答如下问题:其一,艺术课程包含哪些艺术门类?本课标中的答案是:音乐、美术、舞蹈、戏剧(含戏曲)、影视(含数字媒体艺术)。其二,艺术课程具有什么特点?本课标中的答案是:具有审美性、情感性、实践性、创造性、人文性等特点。

在第三个方面,需要回答如下问题:其一,义务教育艺术课程的主要目的和任务是什么?本课标中的答案是:以立德树人为根本任务,培育和践行社会主义核心价值观,着力加强社会主义先进文化、革命文化、中华优秀传统文化的教育。其二,艺术教育课程与美育的关系是什么?本课标中的答案是:坚持以美育人、以美化人、以美润心、以美培元,引领学生在健康向上的审美实践中感知、体验与理解艺术,逐步提高感受美、欣赏美、表现美、创造美的能力。其三,艺术教育课程与价值观的联系是什么?本课标中的答案是:引导学生树立正确的历史观、民族观、国家观、文化观,增强爱党、爱国、爱社会主义的情感,坚定文化自信,提升人文素养,树立人类命运共同体意识,为实现中华民族伟大复兴而不懈奋斗。

(三)艺术课程的设计思路

所谓设计思路,指的是对课程标准的建构作出总体构想,了解设计思路有助于了解

---

① 中共中央办公厅国务院办公厅.《关于全面加强和改进新时代学校美育工作的意见》[EB/OL].[2022-04-15].http://www.gov.cn/zhengce/2020~10/15/content_5551609.htm.

课程设计者的深层想法及其理由,从而有助于认识课程标准的追求与特点。《艺术课标》的设计思路有如下三项。

1. 适应学生发展,分段设计课程

这一项突出了课程标准对学段的纵向划分,体现艺术学习规律,以及学生身心发展阶段性、连续性的特点,涉及义务教育艺术课程分阶段设置的结果及其特征。解释了设置第一阶段(1~2年级)艺术综合的理由,体现从幼儿园综合活动到小学分科课程的过渡与衔接;第二阶段(3~7年级)以音乐和美术为主,有机融入姊妹艺术,为学生掌握较为全面的艺术基础知识和基本技能奠定基础;第三阶段(8~9年级)开设艺术选项,促进学生掌握1~2项艺术特长,并与高中模块化学习相衔接。

2. 聚焦核心素养,组织课程内容

这一项突出了课程标准对核心素养和艺术实践活动的横向划分,聚焦艺术核心素养的主导地位,突出了欣赏(欣赏·评述)、表现(造型·表现)、创造(设计·应用)和联系/融合(综合·探索)4类艺术实践活动,以任务驱动的方式遴选和组织课程内容。在这种构架中,体现艺术课程的价值。

3. 体现艺术学习特点,优化评价机制

这一项是关于评价方面的构思和表态,强调立足学生核心素养发展,将学生的课程学习与实践活动情况纳入学业评价。努力探索和创新适应艺术的评价方式方法,强调评价的统一要求,重视艺术学习的过程性、基础性考核与评价。同时,尊重学生艺术学习的选择性,以学定考,根据学生的选择进行专项考核。追求教、学、评一致性,让它们形成相互帮助和促进的关系。

四、"课程核心素养"的登场

(一) 暂别"学科核心素养"的缘由

因为此次义务教育课程改革依然是以核心素养为导向,那么接下来的问题是,是否继续沿用高中课标"学科核心素养"的概念? 其名称和内涵是否会发生变化? 这是在修订课程标准过程中,一线教师特别关心、问得最多的问题。我们最初的愿望是核心素养在基础教育阶段应该保持一致,因为这样可以使教师在理解上和实践操作上保持连贯性。教师依惯性而行,省力且方便。如前所述,这次课程修订是将5个艺术学科门类组合成一个课程标准。这就存在一个对学科的理解问题。换句话说,我们必须思考这样的问题:艺术是严格意义上的学科吗? 其实艺术并非严格意义的学科,它只是个集合概念,其下包含大的性质相近的不同艺术门类。实际上,就如同我们问科学是否是学科、人文是否是学科一样。因为在日常表述中,我们也可以不经意地说科学学科、人文学科和艺术学科。这其实只是说说而已,学科的含义表明其逻辑应该是自洽的,有自己严密的知识结构和方法体系。对艺术学科而言,其媒介和方法也应该是一致的。从这个意义上来说,美术是学科,音乐是学科,戏剧是学科,舞蹈是学科,影视是学科,但艺术不是严格意义上的学科。在文艺理论层面,我们可以把艺术称为一个学科,但在实际操作层面,它是很难构成一个学科的。最主要是它们的媒介、办法存在巨大的差异,美术基于视觉形象的理解和创造,音乐基于声音或乐音的理解和创造,舞蹈基于动作和表情的理解和创造……这些差异使得它们很难构成一个严格或严密的课程体系。

从这次修订课标的情况看,课程性质、课程理念、设计思路、课程总目标、核心素养内涵、实施建议等带有抽象程度的内容,可以作统一的表述。一旦涉及具体课程内容,则无法形成统一的表述。在这次课程改革中,还有一些学习内容也不宜称为学科,比如劳动,也很难称之为学科。所以,这次课程标准修订,就以"课程"这个概念替代了"学科"的概念,顺理成章的,学科核心素养就变成了课程核心素养。按照这一逻辑,美术学科核心素养、音乐学科核心素养等就相应构成了艺术课程核心素养的主要内容。所谓的艺术课程核心素养中的任何一个内涵,都应该能够覆盖所有艺术门类。如果把每项艺术核心素养比作一顶帽子,那么每一顶帽子都必须合适地戴在所有艺术学科门类的头上,否则它就不是艺术课程的核心素养。其结果是,只适应美术学科的核心素养,放在艺术课程这个层面上就不适应了。

在《普通高中美术课程标准(2017年版2020年修订)》中,我们提出了5个学科核心素养,分别是图像识读、美术表现、审美判断、创意实践和文化理解。其中的图像识读,被美术课标组专家、美术理论家和广大一线美术教师充分认可和高度赞誉。图像识读既突出反映了美术的特点,也突出了以图像为重要传播形式的现代信息社会的特点。因此,社会对图像识读素养有着强烈的需求。然而,将美术学科中非常重要的图像识读素养放在现有的艺术课程标准中,显然就不合适了。尤其是不适用于音乐学科,因为音乐依靠的是声音而非图像。在这种情况下,美术必须忍痛割爱,"损失"最具有自身特点的"图像识读"素养,以顾全艺术课程标准修订的大局。

(二) 艺术课程核心素养

经过专家们充分讨论和反复斟酌,现在艺术课程标准提炼的核心素养是审美感知、艺术表现、创意实践和文化理解。其实这4个核心素养中蕴含着《普通高中美术课程标准(2017年版2020年修订)》中提出来的美术学科素养,如"创意实践""文化理解"就是原封不动地挪为艺术课程核心素养。"美术表现"升格成了"艺术表现","审美判断"则变成了"审美感知"。

仔细分析,核心素养是从三个层面表述的,一是素养的内涵;二是素养具体指向;三是素养培养的价值。

审美感知是对自然世界、社会生活和艺术作品中美的特征及其意义与作用的发现、感受、认识和反应能力(素养的内涵)。审美感知具体指向审美对象富有意味的表现特征,以及艺术活动与作品中的艺术语言、艺术形象、风格意蕴、情感表达等(素养具体指向)。审美感知的培育,有助于学生发现美、感知美,丰富审美体验,提升审美情趣(素养培养的价值)。

艺术表现是在艺术活动中创造艺术形象、表达思想感情、展现艺术美感的实践能力(素养的内涵)。艺术表现包括艺术活动中联想和想象的发挥,表现手段与方法的选择,媒介、技术和艺术语言的运用,以及情感的沟通和思想的交流(素养具体指向)。艺术表现的培育,有助于学生掌握艺术表现的技能,认识艺术与生活的广泛联系,增强形象思维能力,涵养热爱生命和生活的态度(素养培养的价值)。

创意实践是综合运用多学科知识,紧密联系现实生活,进行艺术创新和实际应用的能力(素养的内涵)。创意实践包括营造氛围,激发灵感,对创作的过程和方法进行探究与实验,生成独特的想法并转化为艺术成果(素养具体指向)。创意实践的培育,有助于学生形成创新意识,提高艺术实践能力和创造能力,增强团队精神(素养培养的价值)。

文化理解是对特定文化情境中艺术作品人文内涵的感悟、领会、阐释能力(素养的内涵)。文化理解包括感悟艺术活动、艺术作品所反映的文化内涵,领会艺术对文化发展的贡献和价值,阐释艺术与文化之间的关系(素养具体指向)。文化理解的培育,有助于学生在艺术活动中形成正确的历史观、民族观、国家观、文化观,尊重文化多样性,增强文化自信(素养培养的价值)[①]。

4个核心素养,相辅相成。审美感知是艺术学习的基础。艺术表现是学生参与艺术活动的必备能力。创意实践是学生创新意识和创造能力的集中体现。文化理解则以正确的文化价值观,引领其他3个核心素养。

---

① 中华人民共和国教育部.义务教育艺术课程标准(2022年版)[S].北京:北京师范大学出版社,2022:6.

五、艺术课程目标设置

（一）"合写"的艺术课程总目标

艺术课程的目标分为总目标和阶段目标。总目标是合起来表述的，也即呈现出来的总目标不具体针对每个艺术门类的目标，却又概括地指向了每一个艺术门类的目标，因此抽象程度更高。艺术课程总目标中蕴含的重要思想是核心素养，所以从整体上来看，分成五个部分。第一部分是审美感知，第二部分是艺术表现，第三部分是创意实践，第四部分和第五部分是文化理解。其中第四部分针对中国文化的理解，第五部分针对世界文化多样性的理解。总目标的写作方式主要是以行为动词表述核心素养内容，表述方法与 2017 年版高中课标相比已经有了很大的区别。2017 年版高中课标中是将课程目标和核心素养放在一起构成课程的目标体系，各自表述，导致了"两张皮"现象的出现。核心素养与课程目标两者似乎不搭界。而此次《艺术课标》的表述则更加融合和有机。

（二）分学科呈现的学段目标

学段目标根据学段设置，以学段优先的形式横向呈现不同的学科目标。具体来讲，就是先搭建学段框架，然后分别按照音乐、美术、舞蹈、戏剧、影视的顺序横向排列，分别呈现各自的学段目标。在第一学段，横向排列的是唱游·音乐和造型·美术。在第二、第三学段，横向排列的是音乐和美术。在第四学段，横向排列的则是音乐、美术、舞蹈、戏剧、影视。接下来，我们只尝试对美术的学段进行划分和概括。

1. 美术学科的学段目标（第一学段：1～2 年级）

整个目标的表述结构中包含：(1)对美的感知；(2)使用不同的工具、材料和不同形态，通过各种表现形式表达所见所闻、所感所想；(3)学习设计，初步形成设计意识；(4)体验和学习工艺制作，认识中国传统工艺的性质和价值；(5)体验造型游戏活动，开展合作学习和跨学科学习，初步形成综合探索与学习迁移的能力。

考虑到这个学段是由幼儿园阶段进入小学阶段，带有较明显的过渡性，其重点放在幼小衔接、造型游戏、体验感受上。这个时候的学生识字量不大，所以更强调的是感受、欣赏、初步介入美术本体。

一些关键词汇表明了这一学段的目标特点，如感知、身边的美、周边、初步形成、按照自己的想法、表达所见所闻所感所想、初步的意识，以及由内溢外的态度、意识和方法对学生的影响等。

2. 美术学科学段目标(第二学段:3~5年级)

这个学段同样按照欣赏、表现、设计和工艺几个方面来呈现课程目标,但对学科和跨学科学习的表述逐渐加深。在学科方面提及了造型元素、形式原理和欣赏方法;传统与现代工具、材料和媒介;学会以视觉形象的方式与人交流;对设计原则的理解,体会设计与生活的关系;学习工匠精神等。跨学科的表述则强调将美术与自然、文化、科技相融合,探究问题,提高综合探索与学习迁移的能力。

3. 美术学科学段目标(第三学段:6~7年级)

这个学段依然是按照欣赏、表现、设计和工艺及其实践运用几个方面来呈现课程目标,但渗透的学科本体内容和要求更加详细、丰富,需要认识和理解的观念和原理也越来越多。不仅要求运用造型元素、形式原理和欣赏方法,还要求领略世界美术的多样性和差异性;用多种工具、材料和媒介的知识与技能及思维方式,创作多种形态的美术作品,提升创意表达能力。强调要联系社会和校园生活,探究各种问题,编创校园微电影,融合不同学科的知识,增强综合探索与学习迁移能力。

4. 美术学科学段目标(第四学段:8~9年级)

这个学段目标虽然在欣赏、表现、设计和工艺等分类框架中,但表述得更充实完整。比如在欣赏方面要求了解美术产生的背景以及不同时代国家地区和民族的美术特征,知道中国古代经典美术作品、近现代反映中华民族追求独立解放与建设社会主义强国的美术作品,增强对国家民族的感情,传承红色基因,坚定文化自信,形成开放的心态和全球意识。在表现和创作方面,则要求创造性地表达对生活、自然和社会的感受、思考和认识发展创造性思维能力。在设计方面,要求学生了解"设计满足实用功能与审美价值,传递社会责任感"的设计原则,并形成设计意识,增强社会责任感。在传统工艺方面,除了制作的要求,还要求学生了解物质文化遗产的含义,认识传承与发展的责任。到了义务教育最后一个学段,学生需要对美术在个人发展和社会发展的价值有一个全面的认识,进一步提升综合探究与学习迁移的能力。此外,到了这个学段,美术本体的知识和技能也在横向拓展,纵向深入,追求一定程度的熟练,以便学生形成独特的艺术特长。

六、课程内容的结构方式

(一)艺术课程的实践性特征

了解艺术与艺术学习的特点是建构课程内容的基本前提。艺术课程与其他学科课程的学习相比有什么特点呢？我们可以从反向例子加以说明。很长一段时间，外界或者其他学科的老师对艺术的基本认识是"术科"，相应地，音乐、美术老师被称"术科老师"。"术"的意思当然指技术，而技术的形成是需要练习和实践的。艺术教师与语数外理化生老师在教学方面存在很大的区别，后者在教学中似乎更依赖纸本教科书。纸本教科书的特点是具有大量的概念和严密的逻辑。传统意义上的文科和理科教学并不完全依赖具体的情境，似乎更突出对概念的理解、原理的记忆，对实践和应用不够重视。只是到了21世纪之初新课程改革之后，才开始对具体的现实(生活)情境越来越重视。

2021年，国家实施"双减"政策，其具体的政策指向是"进一步减轻义务教育阶段学生作业负担和校外培训负担"。其中整顿校外培训机构是分类进行的，也即分成学科类和非学科类，采取不同的方式。语数外理化生被视为学科类课程，而音体美则被视为非学科类课程，学科类课程受到抑制，非学科类课程则得到鼓励。这个事实本身在某种意义上说明包括美术在内的艺术类课程，具有与学科类课程不一样的特征。

那么艺术类课程的共性特征是什么呢？那就是它的实践性特征。美术需要画画，音乐需要唱歌，舞蹈需要跳舞，这是坊间常识。实践性最大的外显特征是必须要"做"或"行动"，它跟方法、程序有着密切的关系，而且还必须运用具体的媒介、材料和技能。

接下来需要思考的问题是，不同的艺术学科有没有共性的实践活动？经过专家的思考和讨论，最后认为艺术课程的共性特征是"欣赏、表现、创作和联系"。"联系"表示在课标上所说的艺术活动都不是单一的，它必须联系社会、生活、文化。在现有的艺术课程语境下，也强调艺术门类之间的联系。当然，"联系"在不同的艺术课程里有不同的表述。音乐叫"联系"，舞蹈、戏剧、影视叫"融合"。至于美术则做了特殊的处理，因为在这个过程中，专家们发现4个实践活动与义务教育课程美术标准中原有4个"学习领域"的划分不谋而合。4个"学习领域"从2001年版义务教育美术课程标准开始就已经写入，经过20多年的实践，已经被义务教育阶段的美术老师普遍接受，并在实践中加以理解和运用。

面对新旧变化，一般的原则是尽量保持过去的概念和方法。如果更新后的概念和分类与以往的概念和分类相似，则宁可选择原有概念和分类方式。因为这样可以降低教师们的认知和记忆成本，从内涵和实践上完成旧概念向新概念的转换。这几个艺术实践活动与美术原"学习领域"的关系是"欣赏·评述"对应于"欣赏"，"造型·表现"对应于"表现"，"设计·应用"对应于"创造"，"综合·探索"对应于"联系"或"融合"。

（二）几个重要概念的关系

课程标准的研制需要提出或者引入一些新的概念，这样可能会造成读者理解上的一些困难。为了避免出现这种现象,需要对课标中的概念作出限定和解释。其中几个关键概念是"艺术实践""学习任务"和"学习内容"。学习内容在整个艺术课程体系中指学生在艺术实践中需要掌握并能有效运用的基础知识和基本技能。学习任务是艺术实践的具体化,是学生在现实生活中或特定情境中运用所学知识和技能完成项目和解决的问题。艺术实践是这次艺术课标修订中支撑着整个艺术学习活动的重要概念,是学生学习艺术,提升艺术素养必须经历的活动和过程。它们的关系如图21-1所示。

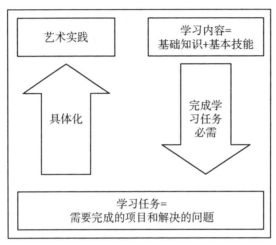

图 21-1 艺术实践、学习内容与学习任务的关系

(三) 美术课程的建构

艺术课程标准的美术内容的结构图(如图 21-2 所示)是这样的:最大的括号是艺术实践。艺术实践分成"欣赏·评述""造型·表现""设计·应用"和"综合·探索"4个大的实践门类,分别包括4个学习内容。

"欣赏·评述"包括身边的美术、中国美术赏析、世界美术赏析、中外美术简史;"造型·表现"包括平面造型、立体造型、动态造型、多维造型;"设计·应用"包括视觉信息传达、生活与设计、工艺传承、环境营造;"综合·探索"包括美术内部综合、美术与姊妹艺术、美术与其他学科、美术与社会;美术语言(包括造型元素和组织原理)则渗透在以上16项学习内容中。

学习任务也是按照4个领域来划分的。1~2年级的造型·美术中,包括欣赏身边的美、表达自己的感受、改进生活用品、体验传统工艺、参与造型游戏活动;3~5年级的美术中,包括感受中外美术的魅力、表达自己的想法、装点我们的生活、学做传统工艺品、融入跨学科学习;6~7年级的美术中,包括领略世界美术的多样性、传递我们的创

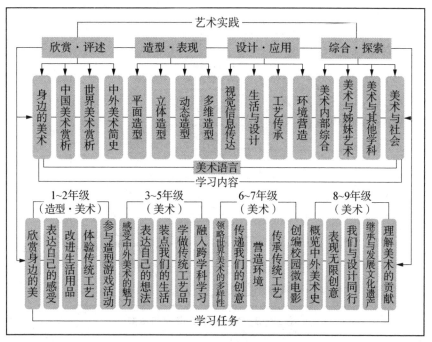

图 21-2 美术课程内容结构关系图①

意、营造环境、传承传统工艺、创编校园微电影;8~9 年级美术中,包括概览中外美术史、表现无限创意、我们与设计同行、继承与发展文化遗产、理解美术的贡献,总共 20 个学习任务。

(四) 课程内容的要素和结构

课程内容依然是依据学段优先的原则,从具体学段开始,以学习内容为单位加以呈现(如图 21-3 所示)。例如,第 N 段中具体的学习任务是 N,然后提出内容要求和学业要求。紧接着学习任务、内容要求和学业要求之后的是教学提示。根据课程标准编写的框架要求,在每一项学习任务后面都要跟随教学提示。教学提示由教学策略建议、情境素材建议、学习活动建议组成。因为在课标撰写的过程中专家们发现,做得太细容易导致琐碎和重复,所以在本次《艺术课标》中改为以学段为单位进行呈现。同时,这样的呈现方式也促进了教学提示中相关建议的横向迁移。

下面以第二学段某任务为例加以具体的说明。

学习任务 2:表达自己的想法

---

① 中华人民共和国教育部.义务教育艺术课程标准(2022 年版)[S].北京:北京师范大学出版社,2022:48.

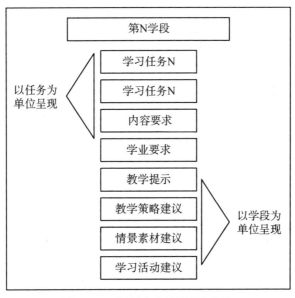

图 21-3　课程内容的要素和结构

以帽段介绍学习任务的内涵:"本学习任务主要引导学生探索用传统与现代的工具、材料和媒介,创作平面、立体或动态等表现形式的美术作品,表现自己的所见所闻、所感所想,学会以视觉形象的方式与他人交流。"

【内容要求】

- 通过调和不同的颜色,认识原色、间色、复色、对比色和邻近色的特点。
- 观察室内或室外物体在空间中"近大远小"的变化规律,了解平行透视的知识。
- 根据自己对生活的感受与想法,使用不同的工具、材料和媒介,采用写实、夸张等手法进行表现。
- 在中国画学习中,尝试运用毛笔、宣纸等绘画工具和材料,体验笔法(中锋、侧锋)、墨法(焦、浓、重、淡、清)的特点。
- 在吹塑板、雪弗板、木板等材料上,通过剪贴、针刻、雕刻的手法,以及拓印、压印等方法,创作黑白或套色版画。
- 根据自己的想象与构思,用纸、泥等材料,以及折、叠、捏、塑、组合等方法,塑造立体造型作品。
- 选择身边的物品或自己制作的泥塑作品,用数码相机、摄像设备拍摄,结合计算机动画软件制作定格动画作品。

【学业要求】

● 能使用传统或现代的工具、材料和媒介,创作不同表现形式的美术作品,表达自己对生活的看法。

● 在创作美术作品时,能提出各种构想,并尝试运用各种表现形式和方法,创作富有创意的美术作品。

● 知道中国传统绘画技法是由我国历代画家不断探索、总结而成的。

● 在活动结束时,能收拾、整理工具和材料,保持课桌和教室的整洁。①

可见,学业要求是针对学习内容提出来的。学习内容仅仅是需要学习的内容,但并非需要掌握的要求。学业要求只是针对内容要求的一部分提出来的。如果说学习内容代表仅仅是应该做什么,学业要求则代表必须做到什么。所以通常学业要求的量要比学习内容的量要少。换句话说,学习内容中没有提到的,学业要求中不可能提及。

【第二学段教学提示】

第一,教学策略建议

教学策略相对于教学方法更加宏观。在完成"表达自己的想法"这一内容时的教学策略是:一要引导学生观察生活,收集素材,提炼主题;二要在学生产生各种构想的时候及时鼓励和指导他们采用平面、立体和动态等表现形式,创造富有创意的作品,表达自己对生活的感受与想法;三要注重引导学生理解"美术是认识与表现自我和他人的重要方式"这一观念。

第二,情境素材建议

情境在这里指的是教学情境,教学情境是指教师在教学过程中创设的情感氛围和物理环境。教学情境是教学的基本要素,创设教学情境是教师的教学工作,创设有价值的教学情境则是课程与教学改革的重要追求。好的教学情境应该具备生活性、形象性、学科性和问题性。素材指的是从现实生活中搜集到的、未经整理加工的、感性的、分散的原始材料,它们是变成正式产品的基本材料。情境素材不是最终完成的教学成果,但却是完成教学任务所必需的要素。

在完成特定的美术学科或综合性的学习任务时,也需要从生活中发现素材,设置丰富的教学情境。相关建议是结合3~5年级学生的生活经验,选择他们感兴趣的素材,设置他们较熟悉生活情境。这是选择素材和营造情境的基本切入点。

---

① 中华人民共和国教育部.义务教育艺术课程标准(2022年版)[S].北京:北京师范大学出版社,2022:54—55.

第三，学习活动建议

学习活动的实施建议是：考虑3~5年级学生的身心特点和学习能力，开展与学生生活经验相关的美术学习活动和综合化的学习活动。在教学活动中，某种程度上实施了20多年的探究性学习、合作学习、自主学习依然需要继续坚持，还需要结合有效培育学生核心素养的基于问题的学习、基于项目的学习。

七、学业质量的内涵及美术学业质量标准要点

（一）学业质量的内涵

学业质量标准在《普通高中美术课程标准（2017年版）》中即已出现，但在义务教育课程各学科标准中是首次出现。因此，学业质量这一概念对义务教育阶段的美术教师而言还十分陌生。在《艺术课标》中，学业质量是这样被定义的：

"学业质量是学生在完成课程阶段性学习之后的学业成就表现，反映核心素养要求。

学业质量标准是以核心素养为主要维度，结合课程内容，对学生学业成就具体表现特征的整体刻画。"[①]

义务教育艺术质量标准是从音乐、美术、舞蹈、戏剧（含戏曲）和影视（含数字媒体艺术）等五门学科维度制定的。因为每一门学科维度开设课程的时间不完全相同，所以设定了不同的学业质量标准。音乐和美术设定1~9年级4个学段的学业质量标准，而舞蹈、戏剧、影视因为在8~9年级才正式开设，所以只设定8~9年级一个学段的学业质量标准。"各艺术学科学业质量标准具有可测性、可评性，不设水平等级，只规定学生在每个学段学习结束之后应达到的合格标准。"[②]这表明与高中美术课程标准的学业质量不同，它不划分水平等级，只规定学生在每一个学段学习之后应达到的合格标准，而在高中美术课程标准中，学业质量被划分为三个等级。

制定学业质量标准的目的是为教师的教学评价提供重要依据，也为判断学生是否达成学习目标提供重要参照。同时，还为教材编写者提供指导性原则，为考试命题提供基本的依据。因此，制定学业质量标准对艺术课程的高效实施具有极其重要的意义。

---

① 中华人民共和国教育部.义务教育艺术课程标准（2022年版）[S].北京：北京师范大学出版社，2022：100.

② 中华人民共和国教育部.义务教育艺术课程标准（2022年版）[S].北京：北京师范大学出版社，2022：100.

（二）美术学业质量标准设定的特点

不同学科设定学业质量标准体现出不同的特点。在美术学业中,体现出以下特点：

第一,学业质量标准根据不同的学科进行设计并分类呈现。美术的学业质量标准根据4个学段进行排列,随着学段的提高,呈现出量的增加和质的提升趋势。

第二,学业质量标准涉及美术知识、技能,但落脚于课程核心素养。例如,第四学段中"能采用不同的手段（如写实、夸张、变形、抽象等）,创作至少3件富有创意的平面、立体和动态的美术作品（如绘画、雕塑、摄影、定格动画、微电影等）。（艺术表现、创意实践）"①其中,写实、夸张、变形、抽象和立体、平面、动态,以及绘画、雕塑、摄影、定格动画、微电影等都是美术知识、技能方面的要求,但落脚于"艺术表现""创意实践"艺术核心素养。

第三,学业质量标准不仅突出了应该"知道"（know）知识、能够"做"（do）的技能以及问题解决行为,也涉及了需要"理解"（understand）的观念。对观念的理解突出了"理解为先"的新课程理念。"中国传统美术是中华民族文化艺术的瑰宝""中国美术源远流长的历史和多样的艺术魅力""设计改善、美化生活的作用和意义"等,都是美术学业质量提及的需要理解的观念。

第四,学业质量标准引入了量化的表述,增强了标准的刚性,突出了可测可评的特点。第一学段中"能识别至少5种生活中常见的标识,知道其用途和所传递的信息,并能用自己的语言与同学分享、交流"；第二学段中"能说出2—3种中国民间美术的类别（如剪纸、皮影、年画、泥塑、刺绣、蜡染等）"；第三学段中"能为学校的不同活动设计2—3件作品（如海报、请柬、封面、书籍装帧、统计图表等）"；第四学段中"能辨析世界美术史上2—3个主要流派（如古典主义、现实主义、浪漫主义、印象主义和现代主义等）",这类量化表述,在美术学业质量标准中比比皆是。

美术学业质量具体标准《艺术课标》中已详尽列出,读者可以根据需要仔细阅读。

八、课程实施的建议和要求

（一）课程实施在课标中的位置和作用

如前所言,整个《艺术课标》文本是采用"合写""分写"的写作方式完成的,继课程内

---

① 中华人民共和国教育部.义务教育艺术课程标准（2022年版）[S].北京：北京师范大学出版社,2022：106.

容、学业质量采用了"分写"的方式之后,至"课程实施"又到了"合写"的方式。合写的"话"是对《艺术课标》的所有艺术门类"说"的,因此不可避免会出现指向不具体、抽象度偏高的现象。为此,笔者拟尽可能贴近"美术"说话,但完全跟其他艺术学科不粘连也不可能。

作为完整的课程标准,"课程实施"毋庸置疑是其中不可或缺的一部分,但它与课程标准其他部分又存在些许差异。如果用造车比喻,其他部分是车体的外部形态和内部结构,"课程实施"则是如何驾驶的指南。"课程实施"在课程标准中是整体的一部分,但是又不在课程标准整体的严密逻辑之中。

以往的美术教学大纲本身非常简陋,其中类似"课程实施"的内容似乎并没有充分"发育"。国家教育委员会1992年制订的《九年义务教育全日制初级中学美术教学大纲(试用)》用同一级别的标题列出了"教育目的""教学内容和要求""选择教学内容的原则""教学中应该注意的问题""积极改善美术教学条件"等,但尚未出现独立的"实施建议"或"课程实施"。教育部2000年制订的《九年义务教育全日制小学美术教学大纲(试用修订版)》也没有单列"课程实施",相关的内容只是隐含在"选择教学内容的原则""教学中应该注意的问题""积极改善美术教学条件""美术教学评价"中。值得注意的是该大纲增加了"美术教学评价"。

关键变化出现在2001年教育部制订的《全日制义务教育美术课程标准(实验稿)》中,其单独设置了第四部分"实施建议",由"教学建议""评价建议""课程资源的开发与利用"和"教材编写建议"组成。后两个栏目为新增,其中"课程资源的开发与利用"是由"积极改善美术教学条件"拓展而来。"教材编写建议"则是全新内容,表明对教材的重视程度进一步提高。其意思是,要高效地实施美术课程标准,必须要借助优质的美术教材,因此需要提供如何编写优质美术教材的建议。教育部2011年制定的《义务教育美术课程标准(2011年版)》同样是单列了"实施建议"部分,其中包含四项内容,只是将"教材编写建议"由第四项移至第三项。

梳理过来,可以发现"实施建议"是逐渐受到重视的,内容也是逐渐充实、完善的。在《艺术课标》中,"实施建议"更名为"课程实施",包括了"教学建议""评价建议""教材编写要求""课程资源开发与利用"和"教师培训与教学研究"。其中"教师培训与教学研究"为新增栏目。"评价建议"虽然并非新增,但其中补充了"学业水平考试"的内容。这也算是新课程理念下"与时俱进",既表明对评价与考试问题的重视,也表明教师的培训与教学研究在新课程实施中的重要,更暗示了加强"课程实施"是《艺术课标》能够得以有效实施的不可或缺的助推器。

（二）坚持育人导向，强调核心素养

这次修订后，"课程实施"一个突出的变化是坚持育人导向，突出核心素养。育人内涵不仅仅局限于学科知识的学习，更强调通过核心素养的培育和美育教育全面育人。

"教学建议"中提出"坚持育人为本，强化素养立意"；"评价与考试命题"中强调了"坚持素养导向"；"教材编写要求"中提出了"坚持育人导向"，体现国家意志，加强爱国主义、集体主义、社会主义教育，有机融入社会主义先进文化、革命文化、中华优秀传统文化，渗透国家安全教育、法制教育、中华民族共同体意识教育和环境教育等；"课程资源开发与利用"强调"坚持正确导向"，深入发掘、充分利用体现中华美学精神的艺术资源、美育资源，加强法制意识，尊重知识产权，不断提高艺术教师和学生的知识产权保护意识。对待网络资源，既要充分利用，但也要注意排除网络中的错误和不良信息；"教师培训与教学研究"也强调"全面贯彻党的教育方针，坚持立德树人"。

（三）突出指导性，提供方法和程序

虽然"课程实施"少不了对理论的阐释，但方法指导才是最为重要的。因为设置"课程实施"的目的就是告诉一线教师、教研员、教材编辑和出版单位以及学校领导等相关人员如何做，也就是应该提出"how to do"的方法和程序。"课程实施"的内容表述并不需要面面俱到，而要将实用性和指导性放在第一位，提示重点和要点。

在"教学建议"中，强调要重视知识的内在关联，强化教学内容的有机整合。具体建议是：以任务、主题和项目的形式开展教学，将知识与技能嵌入其中，开展综合性、创造性的艺术实践活动，促进学生深度理解知识与技能，提升综合能力。注重感知体验，营造开放的学习情境。在美术教学中应运用多种媒材，既包括传统的媒材技术，也包括现代的媒材技术，甚至包括利用网络社交平台和远程通信技术，以扩大艺术教学时空范围和形成不同学习共同体。需要建立激励机制，激发学生的艺术潜能，面向全体学生开展丰富的艺术实践活动，建立融学会、勤练、常展（演）于一体的机制，创造更多的展示交流机会，激发学生的艺术潜能，发展他们的艺术素养和艺术特长。

在"评价与考试命题"中，强调以学促评，重视表现性评价，坚持多主体评价。评价理论已经羽毛丰满，评价的方式方法也较为全面和完整，但面对艺术的教学评价，"课程实施"中没有作一般性的表述，而是选择最适合艺术学习的评价方式。而大家普遍认为最适合艺术的评价方式是表现性评价。表现性评价是学生在完成一次艺术活动过程中（如在美术中完成一件绘画作品、设计作品、工艺作品和欣赏活动）表现出来的专业能力和综合素养。通过对不同活动及其相关指标的观察、记录，就能较为准确地评价和判断

学生艺术学习的表现和成就。

  为了使评价更具有针对性,"评价与考试命题"中还提出了评价的主要环节,包括课堂评价、作业评价、期末评价,并具体提出了评价结果的呈现方式和评价结果的应用。因为学业水平考试是本"艺术课标"的新设项目,针对大家所具有的陌生感,"评价与考试命题"中提出了考试组织和命题要求。

  具体如学业水平考试的组织与形式、学业水平考试的命题要求。后者包含了命题原则、命题流程、题目命制、评分标准。这些具体建议能够有效地帮助相关人员完成学业水平考试与命题工作。

  教材在中国课程教学体系中地位殊勋,扮演着非常重要的角色,因为它是学生和教师完成教学任务的中介,包括学生、教师、家庭、学校在内的各方似乎都对其有种天然的依赖感。在"教材编写要求"中,除了我们前面提到的"坚持育人导向"之外,还提出了"精选内容素材""优化组织结构""彰显艺术特色"和"丰富教材形态"几项要求。这几项要求并非泛泛而谈,是对艺术教材编写有重点、有针对性的表述。

  其中强调了内容素材的多样,比如文字、图片、音乐、视频、案例、故事等;灵活地建构艺术课程的框架和内容,突出主题化、生活化、情境化、项目式、任务驱动等新的学习理念和方式,提倡以大单元的形式组织学习内容。

  对艺术特色的要求,自然是针对艺术教材提出来的,因为艺术教材包含形状、色彩,讲究设计,比其他学科类教材更追求美感和艺术感染力,所以其内在要素的组织、编排和封面都要做到美观、大方,新颖别致,体现艺术性和学生年龄特点,具有明显的可识别性。如果艺术教材不能达到这些要求,只能枉为艺术教材,辜负其名。

  此外,教材的编写要与时俱进,适应信息化时代的要求,体现直观性、交互性、趣味性,方便学生学习,并努力尝试构建纸、电联动的新型艺术教材。

  "课程资源的开发"首先要保证基础配备。就美术而言,课程资源包括美术教室、工具材料储存室、画具画材、摄影器材、工艺工具与材料、数码艺术器材以及艺术书籍、期刊等。其次还需要以开放的态度开发各种资源,如在美术学习方面,应鼓励学校与美术馆、博物馆、青少年宫、社区和乡村文化站、当地社区艺术家工作室以及民间艺术作坊携手开展多种形式的艺术教育活动。还应该广泛并有针对性地利用地方和社会文化资源,如有特色的自然与人文景观、民间美术及历史、政治、经济、民俗等领域的事件。各种节日、纪念日、少先队及共青团活动日、校园文化艺术节等也是可以利用的美术课程资源。除了开发和应用传统的课程资源之外,还应该顺应时代的发展,广泛运用电子媒介和网络资源。鉴于网络资源鱼龙混杂,良莠不齐,因此在充分利用信息化资源的同时,也要注意培养学生对各种网络资源与相关信息的辨别、选择和运用能力。

《艺术课标》的实施过程中,教师自然是主体。他们必须拥有相应的课程理念,熟悉课程内容和结构,掌握教学方法和活动形式,创造性地开展教学工作。欲臻此目的,"教师培训和教学研究"这一栏目自然必不可少。为此,"课程实施"在义务教育阶段首次增设了这一栏目。

其中,对教师的培训建议是开展全员培训。首先是培训者应该先接受培训;其次要精心设计培训内容;再次要采用多样化的培训方式,如专题讲座、案例研讨、工作坊、线上线下混合式研讨等。教学研究强调了基于调研设计教研方案;整体设计教案学案;聚焦关键问题开展主题教研;关注研究成果与经验共享等举措。

大规模的教学研究活动能够起到速成效果,但它的弊端是缺乏个性和针对性,显得外在。只有校本教研活动才是长效的、个性化的教学研究方式。就像面对干涸的稻田,短暂的大雨狂泼,只能湿润表面,长时的细雨慢浇,才能润泽根茎。所以,"校本教研建议"成为了"教师培训与教学研究"中的重要一项。其中的建议是:第一,构建校本教研体系,充分发挥教研组的作用,探索学校有效落实新课程标准的方法和策略;第二,以问题为导向,持续开展基于研究的教学改进,建立问题导向的"学习—实践—反思—改进"的校本教研范式。

九、代结语:《艺术课标》的修订思路与主要变化[①]

(一) 修订思路

贯彻习近平总书记关于教育的重要论述,落实立德树人的根本任务,顺应课程变革的国际趋势,构建音乐、美术、舞蹈、戏剧(含戏曲)、影视(含数字媒体艺术)一体的综合性艺术课程体系,实现以美育人、提升学生的艺术与人文素养的目的。

1. 以艺术课程核心素养为主导,提高学生的艺术与人文素养

基于音乐、美术及艺术原有学科核心素养,凝练艺术课程核心素养。以艺术课程核心素养统摄课程目标、内容、方法、评价和资源等要素,帮助学生在生活情境中进行审美感知,通过综合性学习增强艺术表现能力、创意实践能力和文化理解能力,进而提升学生的艺术与人文素养。

---

① 该部分是本人配合《义务教育艺术课程标准(2022年版)》送审撰写的说明,因为归纳性较强,所以附录于此,代结语之用。

2. 先综合后分项，分段设计课程

遵循艺术学习规律和学生身心发展的整体性、阶段性、连续性的特点，将义务教育艺术课程分成三个阶段：1~2 年级以艺术综合为主，包括唱游·音乐和造型·美术，3~7 年级则以音乐和美术为主。这两个阶段都需要有机融入舞蹈、戏剧（含戏曲）、影视（含数字媒体艺术）。8~9 年级并行开设音乐、美术、舞蹈、戏剧（含戏曲）、影视（含数字媒体艺术）5 门学科课程，向学生提供选择性的课程，鼓励学生至少掌握一至两项艺术特长。

3. 突出艺术实践性特征，帮助学生完成艺术及跨学科学习任务

突出艺术学习的实践性特征，在主题单元、问题导向、项目式、任务式教学等方式中，融入价值观、情感态度、思维方式、行动能力的培养要求和必备知识与技能的学习要求。5 门学科在建构课程内容时，体现各学科自身实践活动的特点，以及相关学科之间的交叉与融合。

4. 设定学业质量标准，不断优化教学目标和行为

在艺术课程四个学段的学业质量标准中，对教学、学习和评价行为进行一体化的思考和设计，形成相互联系、程序多样、效益共增的教学生态。运用多样化评价方式，帮助学生逐渐养成自我反思和评价的习惯。在评价过程中不仅重视评价学生知识与技能的掌握程度，更重视评价学生核心素养的发展水平，引导学生在解决问题的过程中，提升自身的综合素养。

（二）修订内容的主要变化

1. 凝练艺术课程核心素养，坚持育人导向

课程核心素养是课程育人价值的集中体现，是学生通过课程学习逐步形成的适应个人终身发展和社会发展所需要的正确价值观、必备品格和关键能力。基于中共中央办公厅、国务院办公厅印发《关于全面改进和加强新时代学校美育工作的意见》和义务教育阶段学生艺术学习的特征，本标准提出了"审美感知、艺术表现、创意实践、文化理解"艺术课程核心素养。

2. 强调艺术课程综合性，追求可行性

音乐课、美术课在中国学校教育中已有百余年历史，积累了丰富的经验，形成了自己的特色，是中国艺术教育的主干课程。现有的音乐教师和美术教师，是中国艺术教师队伍的主体。顺应时代发展，艺术课程的门类需要拓展，综合性也需要增强，但可行性依然是不容回避的问题。在此方面，以往课程设置存有深刻教训。本标准坚持音乐、美术九年一贯，并融合舞蹈、戏剧（含戏曲）、影视（含数字媒体艺术），而且在 8~9 年级增

设这三门课的选修,从时间、内容、师资突出了综合性,也保证了可行性。

3. 突出艺术课程的实践性,拓展教学方式

与其他学科类课程不同,实践性是艺术课程的显著特征。通过艺术实践实现"做中学",达到育人的目的。本标准突出了艺术实践活动,将其分为"欣赏(欣赏·评述)""表现(造型·表现)""创造(设计·应用)""联系/融合(综合·探索)"四类。在此基础上,分学段设置不同的学习任务,以"教学提示"栏目引导教师将学习内容和学业要求嵌入其中,融合生活逻辑和学科逻辑,开展任务驱动等核心素养本位的教学,使学生不仅获得艺术实践能力,也获得对艺术的实践性认知和理解。

4. 提出学业质量标准,突显艺术课程评价的特征

本次修订增加了学业要求和学业质量标准等内容,引导教师更加关注育人目标的实现,学生综合运用知识解决问题的能力的培养。本课标强调了基于核心素养的、具体可操作的过程性评价方式,注重评价主体多元化、评价过程多样化,相应提出了课堂评价、作业评价、单元和期末评价、学业水平考试命题要求和评分标准。尤其对表现性评价方法的运用,突显了艺术课程评价的特征。

第 22 章

建构一体化劳动课程　为义务教育劳动育人奠基
——《义务教育劳动课程标准(2022年版)》解读

顾建军

作者简介：顾建军/南京师范大学教育科学学院教授；《义务教育劳动课程标准(2022年版)》修订组组长(南京　210097)

劳动课程是实施劳动教育的重要途径,在劳动教育中发挥主导作用。2022年4月,教育部颁布了《义务教育课程方案(2022年版)》和16个课程标准。《义务教育课程方案(2022年版)》将劳动从综合实践活动课程中独立出来,在1～9年级开设,并规定平均每周不少于1课时。① 与此同时,《义务教育劳动课程标准(2022年版)》(以下简称为"劳动课程标准")也正式颁布。这对深入贯彻习近平总书记关于劳动教育的重要论述,加快构建德智体美劳全面培养的教育体系,形成《中共中央　国务院关于全面加强新时代大中小学劳动教育的意见》和教育部《大中小学劳动教育指导纲要(试行)》的落实机制,建设具有中国特色的劳动课程具有重要历史意义和现实意义。

---

① 教育部.教育部关于印发义务教育课程方案和课程标准(2022年版)的通知[EB/OL].(2022-03-25).[2022-04-17]. http://www.moe.gov.cn/srcsite/A26/s8001/202204/t20220420_619921.html.

一、劳动课程标准研制的背景

劳动是创造物质财富和精神财富的过程,是人类特有的基本社会实践活动。劳动教育是全面发展教育体系的重要组成部分,是发挥劳动的育人功能,对学生进行热爱劳动、热爱劳动人民的教育活动。劳动教育不仅对学生的劳动观念建立、劳动能力培养、劳动习惯与品质养成、劳动精神树立具有独特的育人价值,而且在树德、增智、健体、育美等方面具有综合育人价值,对全面贯彻党的教育方针、落实立德树人根本任务、培养德智体美劳全面发展的社会主义建设者和接班人具有特别意义。

进入21世纪以来,"知识经济的崛起,更加开放的市场经济,更加完善的政府治理结构,更加先进的科学技术,更加多元的社会文化,以及更加丰富、快捷的生活方式,成为劳动教育的社会背景"[1]。首先,"以技换劳"日益普遍和深入。如同恩格斯所指出的"劳动本身一代一代地变得更加不同、更加完善和更加多方面"[2]那样,当代人面临着迥然不同的劳动环境,以替代人的重复性体力劳动、提高生产效率为目标的技术变革对生产劳动和日常生活劳动的形态与方式的影响日益广泛,不仅工农业生产的技术集约化、高度机械化、日益智能化水平快速发展,而且日常生活中的诸多体力劳动也日益被机器和智能设备所取代,以至于洗衣、洗碗、扫地、扔垃圾、削带皮水果等简单劳动都有相应的机器或机器人"帮忙",常态社会条件下人们在日常生活中从事体力劳动的机会越来越少。就拿中小学生的日常生活来说,很少需要长途跋涉,基本上都有代步工具;衣服很多不用纽扣,更多的是拉链式,即使偶尔掉一颗纽扣,也不会自己缝;日益繁重的书本可以用拖箱拉,省力又省事;甚至小学生经典的削铅笔劳动也有机械代替了。其次,"以钱买劳"日益丰富和便捷。包括个性化预制、快递物流、家政服务等在内的高度发展的社会服务业大大方便了人们日常生活中的"劳动服务购买",日常生活中的购物、餐饮、维护,乃至于家庭清理和打扫等,都可以购买服务而不再需要本人付出"活的劳动"。再次,"家长代劳"也较为多见。独生子女家庭的爸爸妈妈、爷爷奶奶往往出于对后辈的关心和疼爱,一些家务劳动和日常琐事都包办代替,即使多子女家庭,长辈们任劳任怨的传统品格和对孩子学习的关心以及孩子劳动反而可能"越帮越忙"等,也使得他们更多

---

[1] 顾建军.改革开放以来劳动教育的历史变迁与时代建构[M].南京:江苏凤凰教育出版社,2019:259.
[2] 马克思,恩格斯.马克思恩格斯全集(第20卷)[M].中共中央马克思恩格斯列宁斯大林著作编译局,译.北京:人民出版社,1971:513.

地承包了"家务劳动",更不用说让孩子参加生产劳动了。"有教无劳""有教少劳"的成长环境和发展经历,学科知识学习与劳动实践时间的失衡,使得一些青少年儿童缺乏辛勤劳动的人生体验,缺乏对劳动的积极认知,再加上一些不良文化的影响,导致出现了一些青少年不珍惜劳动成果、不想劳动、不爱劳动的现象。据南京师范大学劳动教育课题组 2019 年对 3 390 位家长所做的调研,周一至周五中小学生平均每天大约劳动时间:小学 1~2 年级为 17.33 分钟、3~6 年级为 17.49 分钟、7~9 年级为 17.02 分钟。根据对某市两所学校 32 名小学家长的现场调查,其中 27 人表示孩子平时在家几乎不做家务劳动,比例达 84.38%,有 26 人表示只有父母削好苹果孩子才吃,"饭来张口"现象较为严重。在工农业生产劳动的接触和体验方面,近五年内,小学、初中近 1/3 的学生未接触农业活动或场所,近 1/2 的学生未接触工业活动或场所,很多学生对工农业生产活动场域的认知呈空白状态。在对中小学学生职业理想的调查中,"主持人""网红""老板"等比较受欢迎,愿意当工程师的比例仅占 2.06%,绝对比例为男生 1.7%,女生 0.36%,且初中生愿意当工程师的比例小于小学生。大部分学生认为工程师的劳动"太辛苦""又脏又累""有时还有风险"等。另外,83.66% 的被调查人员认为当前学生积极的劳动观念和劳动能力不够强。劳动教育成为学生健康成长和全面发展的迫切需要。

党的十八大以来,习近平总书记高度重视劳动教育,2013 年提出"爱学习、爱劳动、爱祖国""必须牢固树立劳动最光荣、劳动最崇高、劳动最伟大、劳动最美丽的观念"的要求,2014 年提出"要在全社会大力弘扬劳动光荣、知识崇高、人才宝贵、创造伟大的时代新风,促使全体社会成员弘扬劳动精神",2015 年指出"以劳动托起中国梦""全社会都要以辛勤劳动为荣、以好逸恶劳为耻,任何时候任何人都不能看不起普通劳动者,都不能贪图不劳而获的生活",等等。2018 年在全国教育大会上,习近平总书记指出"坚持中国特色社会主义教育发展道路,培养德智体美劳全面发展的社会主义建设者和接班人""要在学生中弘扬劳动精神,教育引导学生崇尚劳动、尊重劳动,懂得劳动最光荣、劳动最崇高、劳动最伟大、劳动最美丽的道理,长大后能够辛勤劳动、诚实劳动、创造性劳动"。在此基础上,2020 年 4 月,中共中央、国务院发布《关于全面加强新时代大中小学劳动教育的意见》,2020 年 7 月,教育部出台《大中小学劳动教育指导纲要(试行)》。这些为新时期劳动教育的课程建设提供了根本遵循。

长期以来,我国各地区和学校在坚持教育与生产劳动相结合、探索劳动课程建设、加强劳动育人等方面取得了一定成效,形成了一些有益经验。当前,劳动教育得到广大中小学校的高度重视,很多地区和学校也都开设了劳动必修课程,但在实施过程中还存在着一系列迫切需要解决的问题。一是劳动与教育缺乏有效整合的问题,缺乏劳动课程开发与实施的"教育意识""目标意识""价值意识",以致劳动课程中的劳动与教育成为"两张皮"。二是对劳动课程目标和内容的整体把握问题,对作为劳动教育目标之核心的劳动素养缺乏整体的理解,课程目标的定位时有偏差、结构化水平有待提高,课程内容开发的方向感需要加强。三是各学段劳动课程的有机衔接问题,缺乏义务教育各学段劳动课程的一体化设计,目标和内容的进阶性需要科学把握。四是劳动课程实施的方式方法问题,实施方式存在不同程度的简单化、单一化现象,如简单的劳动知识讲解、单一和机械的技能训练、缺少实践、过于泛化的考察探究等。五是劳动课程实施评价的质量标准问题,课程评价和学生发展状况评价的理念、内容与量规需要进一步明晰。这些问题都对劳动课程标准的建设提出了迫切需求。

二、劳动课程标准研制的基础

劳动是人类生存和发展的基础,教育与生产劳动相结合是马克思主义教育理论的重要原理。在欧洲文艺复兴和启蒙运动以及19世纪空想社会主义阶段,许多思想家和教育家对教育与生产劳动相结合的思想都有所论述,形成了教育与生产劳动相结合的萌芽认识,表现为恩格斯所说的"共产主义思想的微光"。马克思则在空想社会主义者教劳结合思想的基础上,根据社会生产和劳动分工的学说,从体脑结合和人的全面发展出发,提出了教育与生产劳动相结合的学说。马克思指出:"任何一个民族,如果停止劳动,不用说一年,就是几个星期,也要灭亡。""它不仅是提高社会生产的一种方法,而且也是造就全面发展的人的唯一方法。"[①]恩格斯也指出:"政治经济学家说:劳动是一切财富的源泉。但是劳动还远不止此。它是整个人类生活的第一个基本条件,而且达到这样的程度,以致于我们在某种意义上不得不说:劳动创造了人本身。"[②]马克思主义劳动观和教劳结合思想为社会主义劳动教育发展和新时代劳动课程建设奠定了坚实的理论基础。

作为实施劳动教育的重要途径,新中国成立以来中小学劳动课程以不同的名称、不同的形态、不同的价值选择,融入我国中小学课程体系之中。七十多年来,劳动课程实践经历了曲折的历程,从正反两方面留下了历史的经验和教训。改革开放之初,邓小平

---

① 马克思,恩格斯.马克思恩格斯全集(第23卷)[M].中共中央马克思恩格斯列宁斯大林著作编译局,译.北京:人民出版社,1972:530.
② 马克思,恩格斯.马克思恩格斯全集(第20卷)[M].中共中央马克思恩格斯列宁斯大林著作编译局,译.北京:人民出版社,1971:509.

同志提出了劳动教育与社会发展相适应的论述,指出"为了培养社会主义建设需要的合格人才,我们必须认真研究在新的条件下,如何更好地贯彻教育与生产劳动相结合的方针,……现代经济和技术的迅速发展,要求教育质量和教育效率的迅速提高,要求我们在教育与生产劳动相结合的内容上、方法上不断有新的发展"[①],这对于我们研究和实践新时代的劳动教育仍然具有指导意义。党的十八大以来,习近平总书记从对劳动价值观的认识到对劳动精神、劳模精神、工匠精神的培养,从德智体美劳全面发展人才培养目标的提出到尊重劳动、崇尚劳动社会风尚的建设等方面,对劳动教育作出一系列重要指示。习近平总书记关于劳动教育的系列论述丰富和发展了马克思主义教劳结合思想,是马克思主义教劳结合中国化的最新成果,体现了劳动价值观、劳动主体观、劳动幸福观、劳动奋斗观、劳动文化观、劳动人才观等方面的新发展,反映了马克思主义政党的党性和人民性的统一性,成为新时代中小学劳动课程体系崭新建构和课程标准研制的指导思想。

  在重视中小学劳动课程建设、加强教育与生产劳动相结合方面,国际组织和很多国家的理论与实践也为课程标准研制提供了有益的启示。早在联合国教科文组织在日内瓦召开的第三十八届国际会议上所形成的第七十三号建议书《致教育部长——关于教育与生产劳动相互作用的问题》中就指出,许多国家把生产劳动引进教育领域,以促进教育适应社会经济发展;通过教育和劳动的结合,给学生提供参加校内外社会经济活动的机会,使其了解不同类型的生产劳动和各种职业生活,从而在观念、心理、技能和职业上为学生日后走向真实的职业世界和生活世界创造条件。在俄罗斯,中小学劳动课程是一门备受推崇的经典课程。根据2010年修订的俄罗斯联邦《基础教育国家标准(第二代)》,劳动课程是俄罗斯国家基本课程计划中不可变更的部分,是基础教育机构必须完成的强制性课程内容,小学和初中阶段每周1节课,此外还有综合性的劳动实践活动。俄罗斯中小学劳动课程特别强调劳动观念、劳动文化的熏陶,强调学生劳动意识和规划、组织、实施、合作等劳动能力的培养。如在小学阶段,其课程目标包含:(1)掌握一般的劳动能力,获得简单劳动对象的生产经验;成为对家庭和社会有用的人;规划和组织自己的生活;客观地评价自己。(2)发展感知觉能力,手的精细动作能力,空间想象能力,技术和逻辑思维能力。(3)认识到劳动在人类社会生产中的作用,了解社会上的各种职业。(4)培养劳动观,尊重劳动人民及其劳动成果,以及培养集体活动中的合作能力。[②] 在德

[①] 游铭钧.中学百科全书(劳动技术卷)[M].北京:北京师范大学出版社,1994:513.
[②] 顾建军,董秀敏.俄罗斯20年来中小学技术课程改革历程与思考[J].比较教育研究,2016,38(05):82—89.

国,6 岁以上的孩子必须参加劳动,承担劳动义务,并通过法律形式予以明确。在中小学课程设置上,绝大多数州都开设了每周 2 课时的劳动课程,内容包括纸工、缝纫、烹饪、编织、园艺、木工、金工等。为了保障劳动课程的实施,德国中小学还设有装备规范的劳动专用教室,以强化学生的劳动实践。德国中小学劳动课程非常注重对学生良好劳动习惯和品质的培养,关注学生劳动课程的内容与生活世界、职业世界的联系,还特别注重对学生劳动质量意识、劳动经济意识的培养。在日本,小学和初中的"家政与技术"课程,包含了大量的家务劳动、农业劳动、技术劳动内容。在家务劳动内容中,除了日常生活中的营养与烹饪、环境与维护、家政与管理,还包括老人、病人的家庭护理,低幼儿童的生活照料等。日本的中小学劳动课程强调对应对各种社会变化的劳动能力的培养和基本劳动观念的养成。此外,美国、加拿大、印度、瑞士、芬兰等国家,基于公民培养和融入劳动教育理念设置中小学劳动课程、提出劳动清单等,都具有借鉴意义。

三、劳动课程标准研制的思路与突破

(一)研制的基本思路

课程标准研制坚持以习近平新时代中国特色社会主义思想为指导,以遵循党的教育方针、体现劳动育人规律为准则,强化劳动课程标准研制的目标导向、问题导向、创新导向、效用导向,围绕课程的性质、理念、目标、内容、质量要求及实施等方面,通过深入地研究、广泛地参与、不断地完善,努力建设一部具有中国特色、反映时代特征、体现义务教育阶段特点的我国劳动教育课程标准。基本思路主要体现在以下几点。

1. 坚持落实立德树人根本任务,强化劳动育人的价值引领

劳动课程具有鲜明的思想性、突出的社会性和显著的实践性。研制工作从国家课程的国家意志和国家文化特性出发,以习近平新时代中国特色社会主义思想为指导,坚持全面贯彻党的教育方针,努力发挥课程教材的培根铸魂、启智增慧作用,把立德树人根本任务落实到研制工作的每一环节。在研制中,注重以马克思主义劳动观为指导,将培养学生的劳动观念、劳动精神渗透到课程各要素中、贯穿课程实施全过程,引导学生树立正确的劳动价值观,崇尚劳动、尊重劳动,增强对劳动人民的感情;在充分发挥劳动课程独特育人价值的同时,注重挖掘劳动在树德、增智、强体、育美等方面的综合育人价值,注重发展学生的创新意识,提升学生的实践能力和社会责任感,使其成为懂劳动、会劳动、爱劳动的时代新人。

2. 注重中共中央、国务院劳动教育等文件的贯彻落实,九年一体化设计劳动课程

研制工作一方面以《中共中央 国务院关于全面加强新时代大中小学劳动教育的意见》《中共中央 国务院关于深化教育教学改革全面提高义务教育质量的意见》《中共中央 国务院深化新时代教育评价改革总体方案》,以及教育部《大中小学劳动教育指导纲要(试行)》等为基本依据,做好相关劳动教育文件的贯彻、落实、衔接和课程落地。另一方面根据《义务教育课程方案(2022年版)》所提出的义务教育阶段时代新人的培养要求、课程设置等,九年一体化设计义务教育阶段的劳动课程,形成既有连续性、又有进阶性的课程体系,努力促进义务教育学校劳动课程开齐、开好,提高劳动课程的建设质量,增强劳动课程对学生全面发展和健康成长的贡献。

3. 基于学生核心素养发展要求,整体规划课程标准各部分内容

用核心素养理念统领课程标准各部分的功能定位和价值追求。基于核心素养发展要求,整体规划义务教育劳动课程的目标、内容、质量要求以及课程实施建议,注重各部分内容的前后衔接和有机联系,强化其一致性和统一性。准确凝练并深刻阐释劳动课程所要培养的核心素养和课程目标,结合学生特点合理规划和科学设计素养立意的课程内容体系,以先进劳动课程质量观为指导提出有序进阶、可测可评的学生劳动素养要求,提出旨在落实核心素养培养要求、切实可行的课程实施建议。

4. 强化劳动课程的实践性,构建以实践为主线的课程结构

实践性是劳动课程的重要特性,无论是劳动观念的体悟、劳动习惯和品质的养成,还是劳动精神的树立,都是以主客体相互作用的劳动实践过程为中介的。鉴于此,课标研制围绕日常生活劳动、生产劳动和服务性劳动,根据学生的经验基础和发展需要,以劳动项目为载体,以劳动任务群为基本单元,以学生经历体验劳动过程为基本要求,构建覆盖三类劳动,学段进阶安排并有所侧重的课程结构。劳动实践既是课程建构的逻辑主线,又是课程实施的基本方式。

5. 把握课程构建的基本关系,注重课程内容的结构性与丰富性

课程标准研制着重在把握以下基本关系的基础上进行课程建构。规范与开放的关系,立足义务教育的基础性,在凸显课程目标、内容结构规范性的同时,注重课程内容和课程实施的开放性,力求二者的有机统一,既要防止忽视课程目标和内容的基础性、结构性的倾向,避免课程内容的随意化、简单化,又要防止忽视劳动实践内容的多样性、开放性,避免"一刀切""千人一面"。劳力与劳心的关系,强调动手实践、出力流汗、磨炼意志,同时注重手脑并用、知行合一、学创结合,注重劳动实践的价值引领和劳动精神、劳动习惯与品质的培养。劳动与技术的关系,现代劳动具有不同的技术含量,技术是现代劳动的要素,既要遵循劳动教育的基本逻辑、价值理论进行目标与内容的体系建构,又要从劳动的要素出发适当考虑劳动中的技术含量,让学生体验现代劳动形态与方式的最新发展,激发学生参加劳动实践的活力与创造力。传统与现代的关系,在目标、内容以及实施方式上,既要继承优良传统、反映优秀文化、适度考虑经典内容,又要彰显时代特征,体现新技术革命背景下的劳动新形态、新工艺、新方式。个体与集体的关系,既要关注学生在个体情境下的自理自立劳动,又要关注其社会场域下的融入新型劳动关系的集体劳动,以便学生通过劳动实践增强社会责任感,促进其社会性发展。

6. 秉持问题导向,强化课程实施的指导性

面对"窄化""泛化"劳动课程等误区和"形式化""简单化""随意化"等实施问题,课程标准研制加强对课程实施、课程评价的指导,力求增强课程标准的指导效能,使其好用、管用。在课程内容部分,在明确"内容要求"的同时,提出"素养表现""活动建议"。"活动建议"从实践活动提示、教学策略提示、实施环境提示等方面提出建议。在课程实施建议部分,基于价值导向和问题解决,提出具有针对性和可操作性的建议,同时还配有适量的项目示例、劳动清单与评价案例等。课程标准高度重视劳动安全问题,从理念到实施、从目标到内容,强化劳动安全意识和保障体系建设,注重课程实施的安全性评估,适时提出安全提示。

(二)研制的主要亮点

这一版课程标准主要在以下几个方面形成亮点和突破。

1. 以党和国家文件为依据,建构了九年一体化的劳动课程体系

以《中共中央 国务院关于全面加强新时代大中小学劳动教育的意见》等文件为基本依据,以劳动教育为主体,九年一体化设计劳动课程。同时关注"六三"学制和"五四"学制特点,建构了各学段和学制有机衔接的义务教育劳动课程体系,形成了《义务教育劳动课程标准(2022年版)》。课程标准回应了广大理论工作者和实践工作者关注的课程性质、课程理念、课程目标、课程内容、课程实施、课程质量要求等基本问题,为理解和实施新时代义务教育劳动课程,从义务教育的整体性和统一性上把握各学段劳动教育要求提供了基准。这是我国国家层面上的第一个劳动课程标准,对建构德智体美劳全面培养的教育体系、推动义务教育高质量发展具有突破性意义。

2. 以育人为根本,凝练了劳动课程要培养的劳动素养

劳动素养是劳动课程育人价值的集中体现。义务教育劳动课程所要培养的劳动素养,主要是指学生在学习与劳动实践过程中逐步形成的适应个人终身发展和社会发展所需要的正确价值观、必备品格和关键能力。标准从中央文件精神出发,结合劳动素养

的结构特征,提出将劳动观念、劳动能力、劳动习惯和品质、劳动精神作为劳动素养的四个方面,并对这四个方面进行了简要的阐释。劳动观念是指在劳动实践中逐渐形成的,对劳动、劳动者、劳动成果等方面的认知和总体看法,以及在此基础上形成的基本态度和情感。劳动能力是指顺利完成与个体年龄及生理特点相适宜的劳动任务所需的胜任力,是个体的劳动知识、技能、行为方式等在劳动实践中的综合表现。劳动习惯和品质是指通过经常性劳动实践形成的稳定行为倾向和品格特征。劳动精神是指在劳动观念、劳动能力、劳动习惯和品质的培养过程中形成与发展的,在劳动实践中秉持的关于劳动的信念信仰和人格特质。劳动素养的四个方面相互联系,相辅相成,具有基础性、结构性、发展性,对引导学生具有社会主义建设者和接班人的劳动精神面貌、劳动价值取向、劳动技能水平等形成积极的导向作用。

3. 以素养为统领,形成了纵向有序、横向融通的目标体系

从课程要培养的劳动素养出发,提出了课程要达到的总目标,形成了纵向有序、横向融通的课程目标体系。在横向上,包括形成基本的劳动意识,树立正确的劳动观念;发展初步的筹划思维,形成必备的劳动能力;养成良好的劳动习惯,塑造基本的劳动品质;培育积极的劳动精神,弘扬劳模精神和工匠精神等。在纵向上,分别从 1~2 年级、3~4 年级、5~6 年级、7~9 年级四个学段提出相互衔接、进阶有序的各学段课程目标。课程目标在劳动意识上,关注了劳动的效率意识、质量意识、规范意识、经济意识、伦理意识、职业意识等;在劳动能力上,关注了劳动的筹划、设计、管理、协调等;在劳动习惯与品质上,关注了自觉自愿地劳动、安全规范、有始有终、珍惜劳动成果、辛勤劳动、诚实劳动、协作劳动和创造性劳动、吃苦耐劳、持之以恒、责任担当等。课程目标既关注学生正确的劳动观念、必备的劳动能力、良好的劳动习惯和品质、积极的劳动精神等劳动课程独特育人价值的实现,也注重学生筹划设计、问题解决、团结协作、创新创造等共通能力的培养。

4. 以任务群为基本单元,搭建了基础性与开放性相统一的内容结构

劳动任务群具有主题聚焦、结构清晰、内容开放的特点,其核心是将知识技能基础相近、功能相似、性质相同的劳动任务归纳在一起而形成的一组劳动任务,体现了劳动课程实践的结构性与开放性相统一的要求。围绕日常生活劳动、生产劳动、服务性劳动,共设计了十个任务群。日常生活劳动包括清洁与卫生、整理与收纳、烹饪与营养、家用器具使用与维护四个任务群;生产劳动包括农业生产劳动、传统工艺制作、工业生产劳动、新技术体验与应用四个任务群;服务性劳动包括现代服务业劳动、公益劳动与志愿服务两个任务群。任务群的设计体现结构性,注重基础性,具体分布根据学段进阶安

排并有所侧重,小学中年级及以上每个学段都涵盖三类劳动内容。学校在任务群的选择上具有较高的开放性,可根据实际情况在每类劳动内容所涉及的任务群中自主选择实施。

课程标准对任务群的选用提出以下注意事项:(1)根据义务教育课程方案,劳动课程平均每周不少于1课时,用于活动策划、技能指导、练习实践、总结交流等。具体实施时,可根据学生的年龄特点和任务群中的项目实践情况单节排课或2～3课时连排。(2)学校结合实际,自主选择确定各年级任务群学习数量;鼓励有条件的地区和学校在整个义务教育阶段的课程内容涵盖十个任务群。1～2年级侧重在日常生活劳动、生产劳动内容中选择,服务性劳动不作要求,有条件的学校可结合实际情况开展。3～4年级及以上各学段应涵盖三类劳动内容。5～9年级的清洁与卫生劳动要求,可与同学段其他任务群融合实施,同时结合日常课外劳动和家庭劳动要求开展。7～9年级结合相关任务群开展生涯规划教育。(3)生产劳动四个任务群和服务性劳动两个任务群,其内容要求和劳动项目具有一定的开放性与选择性。学校可以因地制宜,结合实际情况,根据任务群安排,开发劳动项目,形成校本化劳动清单。[①]

5. 以发展为核心,研制了各学段学生劳动素养要求

劳动素养要求是对学生在完成阶段性劳动课程学习后需要达成的素养表现的总体刻画。课程标准以学生发展为核心,从劳动课程的特点出发,阐述了各学段学生劳动素养要求,以帮助课程实施者明确各学段学生劳动素养的具体表现特征和课程实施质量要求,为劳动课程的资源开发、教学、评价提供重要依据,促进教、学、评的有机统一。

6. 以体悟为关键,强化了丰富多样的劳动课程实践方式

注重学生的动手实践、手脑并用,知行合一、学创融通,倡导"做中学""做中悟""做中创"。引导学生从现实生活的真实需求出发,亲历情境、亲手操作、亲身体验,经历完整的劳动实践过程,并通过设计、制作、试验、淬炼、探究等方式获得丰富的劳动体验,习得劳动知识与技能,感悟和体认劳动价值,培育劳动精神。[②]

7. 以管用为准则,提出了可操作的课程实施建议

针对课程实施的重点和难点,从劳动项目开发、劳动过程指导、劳动周设置、劳动课程评价、学校与家庭社区协同、课程资源开发与利用、促进教学研究与教师专业发展等

[①] 中华人民共和国教育部制定.义务教育劳动课程标准(2022年版)[S].北京:北京师范大学出版社,2022:12.
[②] 中华人民共和国教育部制定.义务教育劳动课程标准(2022年版)[S].北京:北京师范大学出版社,2022:3.

方面,提出了具有针对性和可操作性的建议。强化实施要求与建议的引领性、建设性,并通过呈现具有不同代表性的案例等,增强实施要求和建议的可视性、指导性。

四、劳动课程的挑战与建议

劳动课程标准的研制只是课程建设的一个起点,今后面临的问题与挑战会很多,也会很艰巨。如,如何把握劳动的现代本质、提高对劳动育人价值的深切认识;如何使劳动课程的发展方向不受形式主义、功利主义影响;如何建立学校为主导、家庭为基础、社会为协同、政府为统筹的"四位一体"运行机制;如何从城乡学校的实际出发制订校本劳动教育规划和劳动清单;如何把握劳动教育规律对学生的劳动实践过程实施科学指导;如何统筹各类劳动教育资源、提高劳动课程的效能;如何加强劳动教育专业教师职前培养、职后培训,提高劳动课教师的专业化水平,等等。这些问题都需要我们在研究中去破解,在实践中去探索,在总结中去完善。

1. 劳动课程落实机制的再落实

课程标准的研制是党和国家劳动教育文件落实机制的重要组成部分,但如何把课程政策层面的课程标准转化为现实的课程实践,还需要在课程的校本规划、课时的具体安排、专兼职教师队伍的建设、课程资源的有效组织和开发利用、课程实施安全保障体系建设、学生劳动素养纳入综合素质评价体系、学校和区域劳动教育基地或场所的建设、学校劳动课程的督导和质量跟踪等方面,形成配套的政策体系。

2. 劳动课程创新实践的再创新

多年来我国在中小学劳动课程实践领域积累了一些宝贵经验,近几年围绕新时代中小学劳动课程,一些地区和学校先行先试、守正创新,也取得了很多成绩。新时代劳动课程面临着新的劳动环境、新的教育追求、新的教育对象,劳动课程在实施方式方法上需要把握规律、与时俱进。在如何实现学生正确劳动观念的价值内化和良好劳动习惯品质的结构化,如何根据时代特点进行课程内容优化,如何推进实施方法科学化等方面具有广阔的探索空间,这需要我们坚持价值理性、科学理性、实践理性的统一,不断实践、不断创新。

第 23 章

国家课程、地方课程与校本课程

吴刚平　吴其佑　侍禹廷　王厚红

作者简介：吴刚平/华东师范大学课程与教学研究所教授；《义务教育课程方案（2022年版）》修订组核心成员（上海　200062）。吴其佑、侍禹廷、王厚红/华东师范大学课程与教学研究所博士研究生（上海　200062）

　　我国义务教育课程类别包括国家课程、地方课程和校本课程三类。其中，国家课程居于主体地位，起到奠定共同基础的作用，具有统一性、权威性、强制性特征。地方课程和校本课程则是国家课程的重要拓展和补充，地方课程具有明显的实践性、体验性、选择性特征，校本课程则带有显著的学校个性化风格与校本特色。国家课程、地方课程和校本课程是推进协同育人、实现总体育人目标、落实立德树人根本任务的重要载体。三者彼此关联、相互配合，共同构成义务教育课程体系，努力培养有理想、有本领、有担当的时代新人，共同回答"培养什么人、怎样培养人、为谁培养人"的教育根本问题，是实现为党育人、为国育才的重要课程基石。

一、有效实施国家课程

（一）国家课程的定位与功能

　　国家课程是由国务院教育行政部门统一组织开发、设置，所有学生必须按规定修习的课程。在我国三级课程管理体系中,国家课程居于主体地位,具有奠定国民素质共同基础的作用。国家课程的主体地位主要体现在以下三个方面:首先,国家课程在实现立德树人根本任务,落实五育并举,培养有理想、有本领、有担当的时代新人的过程中具有统领性作用;其次,国家课程的科目设置与课时比例在课程方案中处于主体部分;最后,国家课程依托国家课程标准,对我国人才培养的质量和规格具有决定性作用。

国家课程的主导价值在于,通过课程体现国家教育意志,确保所有国民的共同基本素质,具有统一性、权威性、强制性特征。其主要功能体现在以下三个方面:首先,国家课程面向全体适龄学生,注重全面育人,确保所有学生在特定领域内的学习与发展权利,具备成长为担当中华民族伟大复兴大任、德智体美劳全面发展的社会主义建设者和接班人所需的基础知识与能力。其次,国家课程通过科学的课程标准和有序衔接的课程架构,既明确规定了学生在接受学校教育期间应达到的标准,也保证了学生学习与发展的连贯性。最后,国家课程是公众和其他利益相关者了解学校教育的重要窗口,为公众和关心义务教育事业发展的社会各界提供了共同对话的基础。

国家课程在落实党的教育方针,坚持正确政治方向和价值导向,推进学习社会主义先进文化、革命文化和中华优秀传统文化,以及法治、国家安全、民族团结、生态文明、生命安全与健康等教育内容,反映科技进步新成果、经济社会发展新成就,特别是落实习近平新时代中国特色社会主义思想,回答"培养什么人、怎样培养人、为谁培养人"方面,具有基础性功能,是发展学生核心素养,促进学生全面发展,引导学生树立正确的世界观、人生观、价值观的课程基石。同时,国家课程坚持思想性、科学性、整体性的统一,是义务教育优质均衡、高质量发展的有力支撑。

(二)国家课程结构及其特征

课程结构涉及课程各部分的组织和配合,"即探讨课程各组成部分如何有机地联系在一起的问题"。[①] 国家课程结构指的是构成国家课程的各组成部分及其有机关系。从课程组成部分来看,《义务教育课程方案(2022年版)》规定,国家课程由道德与法治、语文、数学、外语(英语、日语、俄语)、历史、地理、科学、物理、化学、生物学、信息科技、体育与健康、艺术、劳动、综合实践活动等具体科目组成。

从各科目的有机关系来看,与2001年版《义务教育课程设置实验方案》相比,新版课程方案在保持义务教育阶段九年9 522总课时数不变的基础上,落实党中央、国务院

---

① 施良方.课程理论[M].北京:教育科学出版社,1996:123.

"双减"政策要求,调整优化了课程设置(如表 23-1 所示)。

表 23-1 课程类别与科目设置

类别	科目	年级
国家课程	道德与法治	一至九年级
	语文	一至九年级
	数学	一至九年级
	外语	三至九年级
	历史、地理	七至九年级
	科学	一至六年级
	物理、化学、生物学(或科学)	七至九年级
	信息科技	三至八年级
	体育与健康	一至九年级
	艺术	一至九年级
	劳动	一至九年级
	综合实践活动	一至九年级
地方课程	由省级教育行政部门规划设置	
校本课程	由学校按规定设置	

说明:本表按"六三"学制安排,"五四"学制可参考确定。

首先,在科目设置方面,整合品德与生活、品德与社会和思想品德为"道德与法治",并进行九年一体化设计;将劳动、信息科技从综合实践活动课程中独立出来,新增劳动、信息科技两门科目;综合实践活动则侧重于跨学科研究性学习和社会实践。其次,在科目安排方面,将科学、综合实践活动开设起始年级提前至一年级;并规定有条件的地区和学校可在一至二年级开设英语,以听说为主;信息科技在三至八年级开设;劳动在一至九年级开设。最后,在课时比例方面,由于将原先"品德与生活"中的"科学"内容(每周 1 课时)移到"小学科学"中,故新版课程方案缩减 1% 的"道德与法治"课时,相应地,增加 1% 的"科学"课时;新增 1%—3% 的"信息科技"课时;"劳动"与"综合实践活动"以及地方课程、校本课程的总课时比例调整为 14%—18%。其余科目的课时比例保持不变(如表 23-2 所示)。

表 23-2　各科目安排及占九年总课时比例

		年级									九年总课时（比例）
		一	二	三	四	五	六	七	八	九	
国家课程	道德与法治										6%—8%
	语文										20%—22%
	数学										13%—15%
	外语										6%—8%
	历史、地理										3%—4%
	科学 / 物理、化学、生物学（或科学）										8%—10%
	信息科技										1%—3%
	体育与健康										10%—11%
	艺术										9%—11%
	劳动										14%—18%
	综合实践活动										
地方课程	由省级教育行政部门规划设置										
校本课程	由学校按规定设置										
周课时		26	26	30	30	30	30	34	34	34	/
新授课总课时		910	910	1 050	1 050	1 050	1 050	1 190	1 190	1 122	9 522

说明：本表按"六三"学制安排，"五四"学制可参考确定。

在课程结构的整体优化之外，国家课程在具体科目上也进一步优化了课程内容结构。例如优化艺术课程设置，规定一至二年级包括唱游·音乐、造型·美术；三至七年级以音乐、美术为主，融入舞蹈、戏剧（含戏曲）、影视（含数字媒体艺术）相关内容；八至九年级包括音乐、美术、舞蹈、戏剧（含戏曲）、影视（含数字媒体艺术）等，学生至少选择两项学习。艺术课程内容结构的优化将进一步促进学校美育的落实。此外，国家课程结构也首次兼顾"六三"和"五四"两种学制，例如规定实行"五四"学制的地区，可从六年级起开设地理。

上述内容反映出国家课程结构的有机衔接与紧密联系，以及课程的一体化设计，体现了国家课程的整体规划与分工协调，从而实现在德智体美劳全面发展的整体育人目标上的协调并进。国家课程结构的设置遵循学生身心发展规律，加强一体化设置，促进学段衔接，提升课程的科学性和系统性。进一步精选对学生终身发展有价值的课程内容，强调"少而精"，体现减负提质要求。尤其是课程的横向关联与纵向衔接，开设科目和具体内容突出协同与整合,强调规范性和科学性并重,为转变育人方式,推进减负提质,落实学生核心素养提供重要依托。

(三) 国家课程有效实施的规范

国家课程是基础教育课程体系的主体构成部分,对于基础教育的发展,特别是人才培养的质量和规格具有决定性作用,而这一作用的发挥有赖于国家课程的有效实施。

首先,国家课程的有效实施需要课程标准的方向引领。

课程标准是规定某一学科的课程性质、课程理念、课程目标、课程内容、学业质量、课程实施等内容的指导性文件,是教材编写、教学、评价和考试命题的重要依据。各课程标准基于义务教育培养目标,将党的教育方针具体化为本课程应着力培养的核心素养,体现了正确价值观、必备品格和关键能力的培养要求。对于国家课程的有效实施而言,应贯彻课程标准的育人目标,发挥课程标准的价值导向作用,特别是坚持课程目标的正确导向,切实保证国家课程的正确实施方向。

其次,国家课程的有效实施需要体现基于标准的教、学、评一致性。

课程标准是学科内容标准、教学活动标准和学业质量标准三位一体的标准体系。国家课程的有效实施只有基于标准,实施教—学—评的有机衔接,才能更好地服务于学生的学习。特别是,新修订的学业质量标准是以核心素养为主要维度,结合课程内容,对学生学业成绩具体表现的整体刻画。根据不同学段学业成就表现的关键特征,学业质量标准呈现的是学生学习成效的典型特征,以反映课程目标的达成度,旨在引导教师转变育人方式,树立科学的学业质量观。学业质量标准是指导评价与考试命题的基本依据,也是教师教学的重要考量。只有遵循并落实学业质量标准,才能达成国家课程实施的基本规范,学生核心素养的培养也才能得以实现。

最后,国家课程的有效实施有赖于学校这一责任主体的具体落实。

学校必须按照开足、开齐、开好的基本要求,结合本校实际,进行国家课程的校本化高质量实施。其中,开足是指保证足够的规定课时,不得占用、挪用和增加课时;开齐是指科目设置齐全,不得少开规定科目;开好则是要求提高教育教学质量,发挥国家课程的育人价值。一方面要发扬教学首创精神,创造性地实施国家课程。另一方面,无论怎样创造性地实施,都必须坚持国家课程的基本属性。事实上,调查发现,部分地区在艺术、综合实践活动等科目上,仍存在"不足""不齐"或"超课时"的现象。[①] 对于"不开设"

---

① 王丹艺,崔允漷.艺术课程在义务教育阶段的实施落差——基于课程实施层级的分析[J].现代基础教育研究,2020,40(04):13—19.

和"乱开设"等现象的治理,既需要明确国家课程方案的规范效力,也需要完善落实课程实施监测机制,以及增强学校课程管理人员的法规意识,避免课程管理失范及课程实施落差。

二、规范开设地方课程

(一)地方课程的定位与功能

《义务教育课程方案(2022年版)》规定:"地方课程由省级教育行政部门统筹规划,确定开发主体。"[①]也就是说,地方课程是指地方各级教育主管部门依照国家课程相关政策、标准,结合地方经济、政治、文化的实际情况而开发实施的课程。具体而言,地方课程的开发和实施,应以地方实际情况为出发点,增强课程对地方的适应性,荟萃地方智慧,涵养家国情怀,更好地服务于国家人才培养战略。同时,还应以地方的教育行政部门、研究人员、一线教师为主体,融入当地社会经济文化发展和社区生活的需要与问题,确保地方课程的实践性、体验性、选择性。

就地方课程的功能而言,在科目设置中可以发现,地方课程的占比直接影响着宏观课程结构的优化。地方课程的一个重要取向,是试图消除教育与生活、学校与社会、学生与家长、知识与实践之间的隔阂或对立,使其相互联系,帮助学生理解知识的丰富多样性,提高学生的实际生活能力,培养他们的自信自主、独立精神和批判性思维。地方课程提供的很大一部分内容应该是与学生在当地的社会生活相联系的地方知识和社区经验,旨在帮助学生理解知识的多样性,更好地获得生活经验,建立学习与发展的自信心。地方课程涉及的地方知识和社区经验,源于当地鲜活的社会生活和社会实践,是"一方水土养一方人"的地方特点和地方智慧,主要体现在自然风貌、社会发展和人文风情三个方面。这些地方知识和经验本质上是由当地人民群众创造和积累的,而不是由一般意义上的学科专家和课程专家们提供的。所以,这些知识和经验的组织与安排,应该由教师、学生、学生家长和社区人士共同参与完成。地方课程所依托的地方文化是中国文化的有机组成部分,其价值导向也是社会主义核心价值观在地方情境中的具体体现。从学生发展角度来看,地方课程的学习应该有利于学生更好地进行广义文化身份建构,促进学生由近及远地扩展爱家人—爱家乡—爱祖国的情感、态度、价值观,涵养家

---

① 中华人民共和国教育部制定.义务教育课程方案(2022年版)[S].北京:北京师范大学出版社,2022:6.

国情怀,筑牢中华民族共同体意识。

(二) 地方课程的特征

其一是实践性。在服务于总体育人目标的战略布局下,地方课程应该积极引导学生参与地方社会实践活动,于真实的地方社会场域中培养实践意识。亦如杜威所说,"学校必须呈现现在的生活——即对于儿童来说是真实而生气勃勃的生活"。[①] 即学生在直面地方实际问题过程中,检验学科知识,探究和发现地方知识,在加深家乡认同感的同时,获得自身实践能力的提升。

其二是体验性。地方课程内容和形式的灵活性,意味着它并非传递死知识给学生,而是为学生提供获得直接经验的体验。地方课程的教学应该重视学生在所处的当地社会中获得知识和能力,它的重点应该是如何利用当地的或者实际现场的知识、经验,营造一个多样化的认识论环境和活动空间,帮助学生认识、理解和尊重这种知识和认识方式的多样性,摒弃"唯书""唯师"的"盲从"与"偏见",使多样性的知识成为提高认识能力的途径,帮助学生从自己所处的周围社会中学习更多的内容。这样的教学环境应该是开放的、多样的、平等的和体验式的,各种知识和经验都能以不同的方式进入这一环境之中,彼此之间相互交流、竞争和对话,从而培养学生公正对待各种知识乃至自身经验的理性态度。地方课程的体验性使得学生的学习活动过程更为重要,在体验中学生会面临问题和困惑。这一方面有利于激发学生的探究兴趣,另一方面能帮助学生深刻体悟地方社会生活的现实性,进而帮助学生调整自身状态,以进一步适应地方社会生活,涵养学生作为社会成员的基本素质。

其三是选择性。各地方在长期历史演进过程中,受到地理环境的影响,会形成独具特色的文化资源。以地方文化资源作为地方课程内容的来源,需要深度挖掘文化资源的教育价值,并对其进行审慎选择。文化资源的形态和功能多种多样,只有根据地方课程的选择性,筛选符合国家教育标准、能够彰显地方精神、充分具备育人属性、利于整体全面发展的文化资源,才能把握地方课程的时代特点,加强地方特色与学生所处社会生活之间的联系,从现实层面出发,充分利用地方特色教育资源,注重用好中华优秀传统文化资源和红色资源,向学生传授蕴含价值观念的地方知识。

(三) 地方课程的开发与管理

从课程开发的角度来看,地方课程的开发必须秉承正确的政治方向,落实立德树人的根本任务,在遵循国家教育方针政策、尊重教育教学规律的前提下,依照共同的教育

[①] 杜威.杜威教育论著选[M].赵祥麟,王承绪,编译.上海:华东师范大学出版社,1981:4.

目标引导开发过程。在强调地方课程特殊性与差异性的同时，兼顾整体的"共性"目标。在民族文化"多元一体"的框架背景下，明确地方课程资源的开发原则。地方课程主要以活动形态为主，围绕一些实际的社会生活和生产而展开，在活动中学，在活动中教，在教与学的基础上不断地提高实际的做事能力。换而言之，开发地方课程，要尽量限制编写教材，大多数地方课程不能像国家课程那样编写学生人手一本的教材，而更多地是为学校和教师开发课程提供参考性的课程方案或实施指南。

从课程管理角度来看，地方课程是国家进行课程管理的政策工具，是实现总体育人目标的教育手段之一。应当明确，地方课程从属于我国三级课程管理体系，与国家课程和校本课程一道实现协同育人目标，是地方课程责无旁贷的使命和任务。由于三级课程的育人目标是一致的，地方课程的建设需要国家层面的指导、管理和规范。各地要建立课程资源分享平台，谨慎筛选地方特色教育资源，充分利用网络信息资源。在三级管理政策基础上，省级教育行政部门统筹协调下，各级有关教育行政部门需履行课程分权所赋予的职责，突出地方课程的公益属性，避免落入地方主义、狭隘民族主义的窠臼，忽视总体育人战略，忽略多元一体、家国一体的理想德育目标。

三、合理开发校本课程

（一）校本课程的定位与功能

校本课程是由学校组织开发的课程类别，是三级课程管理体系下，学校可以自主决定的服务于学校特色发展和学生个性化需求的课程板块。在这一课程板块中，学校应立足自身办学传统和目标，发挥特色教育教学资源优势，以多种课程形态服务于学生个性化学习需求。

我国幅员辽阔，文化历史悠久，各地经济发展水平与文化环境丰富多样，在学校层面则具体表现为师资素养、学生需求、社区环境、本地课程资源千差万别。国家、地方、学校三级课程管理的政策意义就在于，兼顾地方多样性和差异性，增强课程对地方、学校及学生的适应性。

不管是国家课程还是地方课程，都很难完全照顾到具体学生的实际发展需求，而其中相当一部分发展需求对于学生的健康成长和健全发展是有重要意义的，所以满足这一部分发展需求的任务不仅是推进素质教育的重要组成部分，而且只有在学校层面上才能完成。

换句话说，设置校本课程就是要从课程结构上弥补国家课程和地方课程的局限，在整个课程当中开一个口子,专门拿出一部分课时用于满足国家课程和地方课程所无法满足的那部分学生的发展需要,更好地培养学生的个性特长,形成学校的办学特色,促进学生的健康成长和健全发展。这是校本课程的功能重点和优势所在,也是设置校本课程的基本政策意图。

因为校本课程的决策主体是学校,只有学校才有条件真正了解自己的学生,了解他们在学习和成长过程中,除了语文、数学、外语等国家课程以及地方课程的学习,还有哪些重要的发展需求可以通过校本课程的学习来得到满足,所以学校要不断地了解和确认这样的发展需求,并在规定的课时范围内开设相应的课程予以满足。

从学生的角度来看,青少年学习、成长、生活的多数时间都发生在具体的校园环境中。而每个具体的校园环境都有独特的文化特质和社区特点。这与学生个性化的发展需求,尤其是兴趣特长的培养以及社区文化的融入形成了对应关系。校本课程能够在国家课程力所不及的地方满足学生的个性化发展需求,丰富学生的校园生活,帮助学生更好地融入校园文化之中。

综上所述,校本课程是对国家课程的拓展补充,是国家课程一体关照下的多元化教育诉求的体现,是学校发展自身教育特色,教师提升专业能力的重要依托,也是学生在国家课程的共同基础上,避免千校一面、千人一面的同质化现象,走向特色发展和特长发展,成为个性化人才的重要路径。

(二) 校本课程的开发规范

学校的校本课程开发,是依据国家三级课程管理政策和省级义务教育课程实施办法,立足于本校办学理念,在分析学生需求、校内外资源条件后进行的整体、统筹的课程开发活动。学校要严把政治关、科学关,加强组织领导,强化条件保障,注重课程内容的个性化、多样化、特色化,与国家课程在育人战略上形成区分与互补。

政治关的把握,要求校本课程在开发过程中要依照党中央、国务院一系列教育方针政策要求,落实习近平新时代中国特色社会主义思想,为培养有本领、有理想、有担当的时代新人贡献学校力量。科学关的把握,要求校本课程开发需遵循科学有效的开发程序,保证课程内容的科学性与教育性。要通过组建课程委员会,运用学生调查与集体审议等方式,综合规划校本课程开发活动,避免零碎化、随意化、无质量监督与反思调整的课程开发,减少结构欠缺、衔接性不良的低质量课程,杜绝反科学课程的出现。

良好规范的校本课程开发,是政治性与科学性相结合的产物。这要求学校在开发校本课程时,需做到"四个不允许"和"两个避免"。

其一是"四个不允许"。即校本课程开发要忠实于为党育人、为国育才使命,不允许违背国家法律法规和方针政策，不允许违背学生身心发展规律，不允许直接用校本课程课时补习国家课程，不允许妨碍社会稳定、国家安全和民族团结。

其二是"两个避免"。首先，避免无集体审议的松散开发。校本课程开发是学校教学与管理系统共同参与的集体活动，需建立有专人负责的课程开发团队，对课程内容、育人目标等总体方略进行集体审阅。需避免教师个人的单打独斗，使校本课程的最终成果变为少数精英教师的个人秀，扭曲了学校作为课程权力主体的本意。其次，避免将校本课程开发等同于校本教材开发。教材的政策性很强，教材开发是严肃的国家事权，由国务院国家教材委员会和省级教育行政管理部门负责。实践中出现的"语文校本教材""数学校本教材"，缺少足够的政策基础，也容易出现投入大量资源后成果的科学性却难以保证的状况。校本课程开发应从学生个性化发展的角度出发，考察学校文化脉络、社区情境和学生需求，更多采用课程资源的形式进行组织和呈现，而不是为校本课程专门开发教材，更不应该将校本课程开发等同于校本教材开发。

（三）校本课程的实施与保障

校本课程的实施强调因校制宜，注重个性化和多样化的课程实施方式。在课程实施过程中，学校与各省级教育管理部门需履行各自义务，为校本课程的实施提供支持与保障，并开展监督监测。

首先，校本课程的实施强调相近课程的统整和统筹。新修订的课程方案指出，鼓励将小学一至二年级的道德与法治、劳动、综合实践活动，以及班队活动、地方课程和校本课程等相关内容整合实施。事实上，其他年级的此类课程亦共同享有14%—18%的课时占比。这意味着这些课程在实施层面有着相似的特征，突出综合性、多样性，且与家庭、社区有更加紧密的联系，更需要结合具体校情统筹实施。各级教育管理部门需注重统一规范与因校制宜相结合，指导各学校统筹校内外教育教学资源，积极将办学理念、原则要求转化为具体育人实践活动。

其次，校本课程的实施与评价需由教育管理部门出台指导意见。教育管理部门需依据各行政区的地域特点出台校本课程开发与实施指导意见，为学校的校本课程开发和实施提供科学可行的程序、方法，并提出质量评价的基本准则，为学校开展校本课程质量评价与教学反思提供依据。

最后，需开展国家、省两级课程实施监测。对课程开设情况、课程改革推进情况进行监测督导。落实党中央、国务院一系列教育要求，特别是落实习近平新时代中国特色社会主义思想的教育要求。监测活动由国务院教育行政部门、省级教育行政部门委托有关专业机构组织实施。对于全国性的监测活动，省级教育行政部门需积极配合，为各级各类学校的课程实施状况提供专业反馈与指导意见,同时为进一步落实课程改革目标积累宝贵经验与事实依据。

四、加强三类课程的有机联系

(一)课程的育人定位与权力主体关系

国家课程、地方课程和校本课程要实现的总体育人目标是一致的,即"为党育人,为国育才"。而从国家课程、地方课程、校本课程的关系及其功能来看,三者是存在一定差异的。

国家课程必须从国家的整体情况来考虑问题,它的功能重点是反映社会和时代发展对于基础教育在公民科学文化素养和精神面貌方面所提出的基本要求,满足中小学生在社会化过程中的主要发展需求,它是基础教育课程体系的主体部分,在基础教育课程结构中起着主导性的作用,中小学的大部分课时都是用于实施国家课程的。地方课程是国家课程总体目标在一定区域环境中的具象表现,突出了地方的特点、实际和要求,这是地方课程的重点和优势。但地方课程仍然不可能从某所学校、某类学生群体的特殊情况来考虑问题。校本课程的主要目的是,在课程结构上增强对地方、学校和学生的适应性,在课程的宏观结构上为尊重和满足地方、学校与学生的差异性创造条件。

从课时比例上来看,校本课程与国家课程相比,在整个课程计划中处于辅助性地位,与地方课程同为国家课程的拓展补充。这样,国家课程、地方课程和校本课程就共同构成了一个功能上各有侧重、相互补充的课程整体。

在课程管理的主体和权责分配上,国家课程、地方课程和校本课程也存在一定的差异。其中,国家教育职能部门以整体规划国家课程为主,地方教育职能部门以推进国家课程落实和规划地方课程为主,学校则是在校本化实施国家课程和地方课程的同时,开设校本课程。具体内容,如表23-3所示。

表23-3 三级课程管理职责分工与协作

管理层级	课程归类与职责分工		
	国家课程	地方课程	校本课程
国家	整体规划基础教育课程;研制和颁行课程计划或方案;研制和颁行国家课程标准或指导纲要;研制和颁行教科书等	指导地方课程开设	指导校本课程开设

续 表

管理层级	课程归类与职责分工		
	国家课程	地方课程	校本课程
地方	地方化实施国家课程	研制、报备和颁行地方课程计划或方案,研制地方课程教材或乡土教材	指导校本课程开设
学校	校本化实施国家课程	校本化实施地方课程	报备校本课程方案、开设校本课程

(二)课程的科学规划与有效落实

国家课程由国务院教育行政部门牵头,组织全国范围内的学科专家、课程专家、教师代表、行业代表进行规划设计。主要目的在于拟定宏观课程政策;计划国家课程在各阶段的具体结构;以保证学生最低学业要求为目的提供课程标准和教科书编写指南;提供国家课程实施建议,缩小理想课程与现实课程的张力。

地方课程由省级教育行政部门统筹规划,确定开发主体进行规划设计。主要目的在于依照国家课程计划要求,再结合本省份实际情况,制订各个阶段的课程计划;根据《地方课程开发与管理指南》,组织地方课程开发工作,并为地方课程的学校实施提供建议。

校本课程规划为学校和教师实施国家与地方课程以及开设校本课程提供直接依据,涉及一系列的专业谋划过程和行动,并以学校层面的课程方案和教师层面的课程纲要等物化成果体现出来,用以指导和规范学校课程实施活动。

在具体落实层面,国家教育职能部门需要比照基础教育课程的评价制度,监测和督导国家课程在各个阶段的目标的实现。地方教育主管部门在监督地方学校执行课程计划效果的同时,还应提供针对性的指导。学校是实际执行课程计划的机构,是进行国家课程与地方课程校本化实施、校本课程特色化开设的场域,学校需要从自身实际情况出发,创造性地执行国家课程方案和课程标准,更好地实现国家课程的目标。其中包括学校根据国家课程政策和课程方案以及地方课程政策要求,结合自身的特点和条件,就国家课程和地方课程的课程资源、单元进度、授课顺序、教学方法等课程议题,进行自主决策,建章立制,明确分工和职责,做好过程监控和督导、考核与问责、奖励与惩处等课程行政工作。

(三)课程实施的监测与督导

课程实施的监测与督导能够保证教育质量,并为进一步的课程改革提供事实依据。

由于国家课程、地方课程与校本课程的权力主体和职责分工存在差异,因而对三类课程的监测与督导权力也有对应的差异化分配。

课程方案指出国务院教育行政部门对落实国家课程、建设地方课程、规范校本课程有总体的领导权。通过指导省级教育行政部门的总体工作来履行其职责。省级教育行政部门统筹规划课程实施安排、资源建设与利用等,指导督促地市、县级教育行政部门落实相关要求。地市、县级教育行政部门负责课程实施过程的检查指导,提供课程实施的必要保障条件。学校作为课程实施的责任主体,也有健全课程建设与实施机制,制订相关考核、奖惩措施,加强教师队伍建设,提升课程实施能力的督导责任。这是三类课程实施过程中各级管理部门的总体通用职责。

由于国家课程由国务院教育行政部门负责,因此国家课程的教材开发、修订、实施指南以及监测都由教育部负责。本次发布的课程方案中各科都详细描述了学业质量标准,这将是教材编写、教学、考试评价以及课程实施管理的直接依据,尤其是开展全国性国家课程实施质量监测的核心依据。

地方课程由各省级教育行政部门负责,因此地方课程相关的教材编写、实施建议以及质量监测主要由省级教育行政部门负责。同时也需向国务院教育行政部门备案,作为对省级教育行政部门开展教育督导的重要依据。

校本课程由各学校负责开发,以满足每个学校具体的学生特点、个性化需求。校本课程的实施监督由学校课程委员会等相关校内组织负责,重视把控校本课程政治关与科学关,保证校本课程开发与实施的规范化。同时,学校的课程方案也要向上级教育行政主管部门备案,作为对学校开展教育督导的重要依据。

国家课程、地方课程与校本课程的分类结构,是我国三级课程管理体系的重要特征。在课程实施的监测与督导中,各级各类学校与教育行政部门,根据其课程权责的分配,相互促进,彼此协调,共同构成了以国家义务教育培养目标为核心的多层级管理体系。

第 24 章

新方案新课标十问十答

吴刚平　安桂清　周文叶

作者简介：吴刚平/华东师范大学课程与教学研究所教授；《义务教育课程方案（2022年版）》修订组核心成员（上海　200062）。安桂清/华东师范大学课程与教学研究所/系教授、书记（上海　200062）。周文叶/华东师范大学课程与教学研究所/系教授、系主任、副所长（上海　200062）

一、新课标修订有哪些关键词

这次义务教育课程方案和课程标准修订，坚持目标导向、问题导向和创新导向，体现出一些重要的改革新思维。其中，三有时代新人、育人为本、核心素养、综合学习、学科实践、学业质量标准和跨学科主题学习等新概念，是具有改革标识意义的关键词，非常值得深入研读和领会。

（一）三有时代新人

即有理想、有本领、有担当的时代新人。这是党和国家教育方针与习近平新时代中国特色社会主义思想在教育培养目标尤其是义务教育培养目标中的具体落实和体现，是对新时期义务教育毕业生形象的总体要求和刻画，是义务教育课程的总纲和蓝图。要准确把握三有时代新人的目标要求，需要澄清培养目标与教育目的、教育方针、核心素养和课程目标等关联概念的密切关系,明确有理想、有本领、有担当的具体内涵规定,并在学校层面的毕业生形象、学段目标、教学目标和学习目标等方面推进培养目标体系建设。

(二) 育人为本

育人为本是一种贯彻党和国家全面发展教育方针、促进学生全面而有个性发展的教育教学原则。育人为本是对学科知识本位和应试教育倾向的反拨,是对培养人、发展人的教育初心的回归。它强调把学生作为成长中的人,放在第一位,以人为目的和中心,而不是以知识为目的和中心,知识学习要服从和服务于人的健康成长与健全发展。

(三) 核心素养

核心素养是学生经历一系列具有不同主题或需求的现实情境或任务后,通过不断综合相关的领域知识、方法或观念,不断探索实践而建立起来的心智灵活性。从教学的实际条件和需要来看,可以把核心素养分为领域核心素养和通识核心素养,学科核心素养和跨学科核心素养等。当然,也有观点认为,高中叫学科核心素养,义务教育叫课程核心素养。核心素养是孕育在教育过程中的学生成长性经验积累和改造的结晶,是学生在经历完整的复杂现实问题解决过程中调动和整合人类文化工具、方法和资源而建立起来的情境、观念和结果之间的内在联系与心智灵活性。①

(四) 综合学习

综合学习作为一种学习方式或教学方式,与单项学习、单科学习或分科教学相对应。综合学习通常是指为了实现某种或某些综合性的目的,运用综合的学习方法、手段和途径等,解决综合性的问题或完成综合性的任务,学习综合性的学科或跨学科内容,进而发展综合素质的学习过程或状态。诸如任务型、项目化、主题式、问题解决式学习等都属于综合学习的形式。

(五) 学科实践

学科实践是指具有学科意义的典型实践,即学科专业共同体怀着共享的愿景与价值观,运用该学科的概念、思想与工具,整合心理过程与操控技能,解决真实情境中的问题的一套典型做法。② 通俗地说,学科实践是反映学科有目的地运用概念解决问题的程序和方法等的行为模式。它是与学科专家的工作类似的专业实践活动。比如:语文学

---

① 杨向东.关于核心素养若干概念和命题的辨析[J].华东师范大学学报(教育科学版),2020,38(10):48—59.
② 崔允漷,张紫红,郭洪瑞.溯源与解读:学科实践即学习方式变革的新方向[J].教育研究,2021,42(12):55—63.

科以阅读与鉴赏、表达与交流、梳理与探究作为学科实践方式；历史学科以史料研习、历史论证等作为学科实践方式；地理学科以地理工具应用和地理实践活动作为学科实践方式，等等。学科实践更能体现学科知识结构和学科探究结构的本质特点与要求，是学科知识向核心素养转化的中介。

（六）学业质量标准

学业质量标准是从学习结果的角度刻画学生学业成就表现的描述和规定，旨在明确核心素养统领下每个阶段的学生应"学到什么程度"。学业质量标准强调整合的学业质量表现，体现了一种整合的、实践取向的学业质量观，是学业水平考试命题的依据，对教学活动具有重要指导作用。

（七）跨学科主题学习

跨学科主题学习和学科主题学习是一对范畴。跨学科主题学习是比学科主题学习更加综合的教学形式，它将两门或两门以上的学科（领域）整合起来，旨在把新的知识同既有的知识、信息与体验链接起来，进而同社区生活乃至全球社会的现实课题链接起来，借以促进学习者对学习主题的基础性与实践性理解。由于核心素养的性质特点和培育要求，学科主题学习也需要强调课程内容与学生经验、社会生活的联系，强化学科内知识整合，而跨学科主题学习还需要在此基础上进行范围更大和程度更高的学科之间的课程整合。

二、怎样理解义务教育课程的类别

这次的义务教育课程方案规定，"义务教育课程包括国家课程、地方课程和校本课程三类。以国家课程为主体，奠定共同基础；以地方课程和校本课程为拓展补充，兼顾差异"。那么，这三类课程的划分依据是什么呢？它与我们平时常说的分科课程与综合课程、必修课程与选修课程等不同的课程类型是什么关系呢？

要理解义务教育的课程类别，就要理解课程有各种各样的类型划分。如果出于不同的需要考虑，选择不同的视角，就会划分出不同的课程类型。其实，国家课程、地方课程、校本课程是根据课程建设主体和管理权限的视角，做出的课程类型划分。

国家课程是指由国家教育职能部门代表国家进行开发和设置的课程，即如方案所说，"国家课程由国务院教育行政部门统一组织开发、设置。所有学生必须按规定修习"。地方课程则是指由地方按照国家课程政策组织开发和设置的课程，即如方案所说，"地方课程由省级教育行政部门统筹规划，确定开发主体。充分利用地方特色教育资源,注重用好中华优秀传统文化资源和红色资源,强化实践性、体验性、选择性,促进学生认识家乡,涵养家国情怀,铸牢中华民族共同体意识"。校本课程则是由学校按照国家课程政策组织开发的课程,即如方案所说,"校本课程由学校组织开发,立足学校办学传统和目标,发挥特色教育教学资源优势,以多种课程形态服务学生个性化学习需求。校本课程原则上由学生自主选择"。

国家课程、地方课程和校本课程,主要不是一种学理概念,更多地是一种政策概念,是为了建设和管理的方便,对特定赋权主体组织开发的课程,给出相应的操作性课程类别名称。

平常在教育实践中所说的课程类别,大多是一种学理概念,是就课程自身的性质和特点进行的分类与命名。比如,学科课程和活动课程是遵循学科知识逻辑,还是学生经验逻辑来划分的,即按学科知识逻辑组织的课程就是学科课程,按学生经验逻辑组织的课程就是活动课程。相应地,分科课程与综合课程,是按照学科整合或分化的程度来划分的课程类别。语文课程、数学课程、科学课程、艺术课程、体育课程等,是按照科目内容领域划分出的课程类别。选修课程和必修课程,则是按照学生是否有选择机会来划分的课程类别。基础型课程、拓展型课程等则是按照课程所发挥的作用而划分出的课程类别。

值得注意的是,在讨论课程类别时,既要科学,又要合理,还要简单明了好操作。首先要弄清楚课程类别是基于什么角度做出的分类,要在同一逻辑层面讨论课程类别划分,只有弄清楚了课程分类的角度,才能判断分类是否科学。同时还要考虑这种分类对于解决课程问题是否有指导意义,只有对解决课程问题有指导意义的分类才是合理的。此外,课程分类不宜太复杂,尤其不要把不同分类视角下划分出来的课程类别,分别各截取其中一类,拼凑在一起,当作自己划分出来的课程类别。比如有的学校说,我们学校的课程结构是必修课程、校本课程和综合课程,这就是典型的把不同视角下的课程类别各取一块硬凑而成的课程分类。这样的分类,逻辑混乱,不科学,不合理,对解决课程实际问题没有帮助。

三、如何实现学段衔接

幼、小、初、高不同学段的衔接问题是我国现阶段高质量基础教育发展的重要议题。在以往衔接政策所强调的综合性要求基础上,从课程与教学入手构建学段衔接路径以支持儿童在不同学段间的顺利过渡,成为当前衔接问题的实践聚焦点与国际化趋势。

基于学段衔接的课程一体化设计问题是课程研究领域长期被忽视的主题。义务教育新课程方案明确规定要加强学段衔接。注重幼小衔接，基于对学生在健康、语言、社会、科学、艺术领域发展水平的评估，合理设计小学一至二年级课程，注重活动化、游戏化、生活化的学习设计。依据学生从小学到初中在认知、情感、社会性等方面的发展，合理安排不同学段内容，体现学习目标的连续性和进阶性。了解高中阶段学生特点和学科特点，为学生进一步学习做好准备。这为课程的纵向衔接提供了基本思路，代表着学段衔接深化的方向，也体现出中国课程治理水平的进步。

对学校而言，学段衔接应针对学生在发展"过渡期"的认知、行为和情感方面的个体差异，以不同学段双向协同发力作为衔接通道的构建逻辑，多措并举搭建学段衔接的支持系统。首先，围绕学生在过渡期的心理适应问题开展心理调适指导。在心理状态诊断的基础上，围绕心理适应、生活准备、学法指导等开展心理辅导，提升学生在过渡期的适应性能力，为学生平滑进阶铺设衔接阶梯。其次，推进学科课程的衔接设计与专门衔接课程建设。除各学科课程内的衔接设计外，学校也要考虑专门性衔接课程或主题活动的设置，使学生入学适应教育的课程安排更为系统化。再次，强化衔接实践中的儿童主体参与。随着学段衔接从生态系统理论到社会文化理论的视域转换①，学段衔接不仅仅注重发挥教育行政部门、学校、教师和家长等外部力量的推动作用，更将儿童看作是主动参与衔接过程和作决定的能动者。学段衔接实践要鼓励儿童以协商、分享和创造的方式参与到衔接教育中，展开与成人的对话与互动。复次，探索不同学段之间的联合教研活动。促进不同学段教师之间的校际互动，增进双方在课程内容、教学方式和学习评价等方面的相互了解与熟悉，不断改善课程与教学的学段融合。最后，注重不同学段学生发展素养的评估。② 强化素养导向评价的总体评价理念，兼顾衔接阶段学生的身心健康、学习品质、学业质量和个性特长。开展对学生的综合评价，聚焦学生真实发生的进步，侧重对学生表现的过程性评估，以评价为引领促进学段衔接。

四、综合学习如何落地

核心素养的培养需要有与之相适应的学习范式，义务教育新课程方案为此提出"综合学习"作为深化教学改革的重要举措。鉴于核心素养所具有的整体性、真实性和具身

---

① 黄瑾，田芳.论幼小衔接研究理论视域的转换——从生态系统理论到社会文化理论的研究展望[J].中国教育学刊，2022(04)：7—12+84.
② 徐晨盈，胡惠闵.课程改革背景下的幼小衔接[J].全球教育展望，2022(07)，即刊.

性等特征,综合学习自身的规定性也凸显出这类特征:首先,在学习目标上,凸显学习的整体育人价值。超越传统的以知识点为中心的学习,注重知识学习与价值教育的有机融合,激发每一个学习活动的多元教育价值。其次,在学习内容上,强化学生学习与真实世界的联结。促进学生直面学科知识、大千社会和自我生活的课题,以彰显学习的知识立场、社会价值和主体意义。最后,在学习方式上,主要体现为跨学科地开展教育实践的活动过程。综合学习融合了学生的亲身体验、知识学习与探究行动,主题学习、跨学科学习、服务学习、项目化学习、问题本位学习等这类凸显多样化联结的学习方式都属综合学习的范畴。

依据义务教育新课程方案的规定,综合学习可沿三条路径加以实施①。一是学科内的整合学习。这种形式的综合学习旨在超越学科的知识点教学,探索大单元教学。借助大问题、大任务或大观念等将学科的知识内容结构化,以学习任务为载体,嵌套学科核心概念与方法,以体现学科特征的实践方式,展开进阶性的学习活动,从而促进学生举一反三、融会贯通。二是跨学科主题学习。义务教育新课程方案规定"每门课程用不少于10%的课时设计跨学科主题学习"。不同于单科独进的学习,跨学科主题学习是围绕某一研究主题,运用两种或两种以上学科的知识与方法,开展综合学习的一种方式。跨学科主题学习以学科实践为基础,是对具有学科特征的各类学科实践的整合。它超越了学科实践所表征的用学科的方式做学科的事,致力于用跨学科的方式解决真实问题或完成现实任务。② 三是设置综合课程以实现科目层面的综合学习。依据新的课程方案,学科类的综合课程,如道德与法治、科学、信息技术、体育与健康、艺术等综合学科,为落实综合学习应坚持学科逻辑与生活逻辑的统一,强化学习内容与学习活动的有机整合。活动类综合课程,如劳动、综合实践活动等课程,尊重儿童经验的整体性,基于学生经验和社会生活生成课题意识,开展超学科的探究和实践活动,是更具生成性的综合学习方式。

不论何种实施路径,综合学习的落地要谨防三种倾向。一是"为统整而统整",只关注学科知识的整合,并未将其运用于真实情境的问题解决;二是"热闹有余、深度不足",流于表面的活动形式和常识发表,没有学科概念和方法的嵌入,从而造成学生的浅表学习;三是"坐而论道",限于观念构想与方案设计,缺乏真实的、富有改变意义的实践行动。

---

① 郭洪瑞,张紫红,崔允漷.试论核心素养导向的综合学习[J].全球教育展望,2022,51(05):36—48.
② 安桂清.论义务教育课程的综合性与实践性[J].全球教育展望,2022,51(05):14—26.

五、如何理解并落实"因材施教"

义务教育新课程方案不仅将"因材施教"作为深化教学改革的方向,而且将其提升为课程方案的基本原则,这既是对中国传统教学思想的继承与发展,同时也期待对这一老问题做出新解答。

传统意义上,因材施教指的是教师依据学习者的个体差异,有针对性地开展差异化教学,从而使每个学生都得到充分发展的过程。随着时代的发展,特别是信息时代的来临,"因材施教"中"材"的内涵获得了扩展,学生不仅在心理特征、认知水平和发展倾向等方面存在差异,在其所具备的信息素养以及所能接触的学习资源、学习手段和学习环境等方面也存在差别。与此同时,"因材施教"中的"教"的内涵也发生了转向。传统上的"据材而教"是按照施教者的路径与方法展开的,而今天的"教"强化的则是教师引导下的学生自主且负责任的个性化学习行为。由此,创设支持学生个性化学习的学习环境成为"教"的新隐喻。

在以班级授课制度为基础的集体教学中,虽然教师通过开展班级分层教学或分层作业、组织同质或异质学习小组、加强课后个别辅导等手段,努力践行因材施教,但很难达成期望的目标和理想的结果。在信息技术环境日渐成熟的今天,学校要充分利用人工智能、学习分析、虚拟现实、多媒体交互、大数据等技术推进学生的个性化学习,开拓因材施教的新局面。首先,利用大数据和学习分析技术实现科学"识材"。要精准地判断学习者的特征,单靠教师的主观观察与评价很难做到。借助学习分析技术,可以对学习者学习的相关数据进行测量、收集、分析和预测,以此掌握学习者在学习中存在的问题,并进行及时干预和调整。同时在数据积累和挖掘的基础上,可以尝试建立模型以预测学习者的发展需求与发展途径。其次,开展科学"识材"基础上的精准教学。除落实选课走班、生涯规划指导等促进学生个性化学习的教学制度外,特别要注意根据学习者的需求差异,提供相应的学习资源、学习工具和学习支架,努力实现个性化资源的推送与获取,为学生的个性化学习提供充足的资源支撑。最后,关注支撑学生个性化学习的学习空间建设。空间是一直未受到重视的教学变革力量。学校要通过协调正式学习空间、非正式学习空间以及虚拟学习空间等不同类型的空间,建立课内课外、校内校外、线上线下相融合的泛在学习空间,如传统班级之外的网班、各类微信学习群等,并加强对正式学习空间的功能再造,促进学生基于自身需求选择相应的学习场所,在学习时空的转换中实现不同步调的学习历程,展现个性化的发展轨迹。

六、学业质量标准的内涵与意义是什么

新版课程标准在明确核心素养的基础上,研制了学业质量标准。学业质量标准描绘了学生在完成各学段教育或者结束义务教育时应该具备的各种核心素养,以及在这些素养上应该达到的学段特征。它以学科的核心素养为主要维度,结合课程内容,对学生学业成就表现进行整体刻画,用以反映课程目标的达成度。

与普通高中课程标准的学业质量分水平不同,为彰显义务教育的基础性,义务教育学业质量分学段明确基本标准,呈现形式见表 24-1。对于"六三"学制,学段划分为学段一(1~2 年级)、学段二(3~4 年级)、学段三(5~6 年级)、学段四(7~9 年级);若是"五四"学制,则学段划分为学段一(1~2 年级)、学段二(3~5 年级)、学段三(6~7 年级)、学段四(8~9 年级)。每个学段的学业质量描述都是多种核心素养的综合表现,不同学段在组织结构和呈现原则上是相同的,但在表现特征上存在由低到高、由简单到复杂的递升关系。

表 24-1 学业质量标准

学段	学业质量描述
学段一	……(素养 1、3);……(素养 2);……(素养 4、5)
学段二	
学段三	
学段四	

学业质量标准本质上是一种表现标准,从学习结果的角度刻画了学生学业成就表现,明确了核心素养统领下每个阶段的学生应"学到什么程度"。2001 年的课程标准实验稿及修订后的 2011 年版,主要是对学习内容与阶段性学习结果的描述,属于内容标准范畴,主要规范了"学什么",没有明确学生应"学到什么程度"。[①] 学业质量标准改变了以知识点为纲,以识记、理解和应用等掌握程度为质量水平的学业质量观,引导树立了整合的、实践取向的学业质量观。

学业质量标准不仅是学业水平考试命题的依据,同时,更是具体教育教学活动的行

---

① 崔允漷,郭洪瑞. 试论我国学科课程标准在新课程时期的发展[J]. 全球教育展望,2021,50(09):3—14.

动指南。在教学目标设置上,我们要依据学业质量标准,明确本学期、本单元课程内容所承载的素养内涵和水平,确定学生学业质量要求。在课程内容上,以素养为纲,加强不同范围和深度的课程整合,以大观念为核心将课程内容结构化。在教学实施上,让学生在学科实践中经历探究过程,形成学科思维。在作业和评价上,创设情境,关注学生运用知识和技能解决问题的能力,以及在这个过程中表现出来的情感、态度和价值观念,强调整合的学业质量表现。

七、素养导向的考试评价有哪些新的变化

新的课程方案明确要求"全面推进基于核心素养的考试评价"。这就要求新的考试评价要以学科的核心素养和学业质量标准为依据,能够检测学生在某个阶段的素养表现水平,同时,能引领和促进素养导向的教学,促进教—学—评的一致性。

在评价指向上,素养导向的考试评价要突破关注零碎学科知识和孤立技能、强调确定性过程和标准答案的既有做法,树立素养本位的评价理念,构建指向核心素养的评价模式。[1]在任务设置上,素养导向的考试评价要改变当前脱离情境的、元素式的任务形态,创设整合性、情境化、开放性任务,根据学生在真实情境下解决问题的过程和结果评定其素养表现。情境,在素养导向的考试命题中起着关键作用。因为核心素养是学生个体的内在品质或综合特征,潜在、不外显,无法直接观测。学生的核心素养及其水平必须通过他们在不同结构化和不同复杂程度情境下的测评任务中的表现来推测。[2]问题情境越真实,越贴近学生的生活实际,越容易激发学生的素养表现。[3]

在证据类型和评价方式上,素养导向的考试评价要改变过于关注标准答案的做法,创设情境引发学生的建构反应。因此,要丰富纸笔考试的试题类型,收集需要学生进行建构反应的纸笔测试证据;大力倡导表现性评价,通过观察、讨论、展示、交流、同伴或自我评估、成长记录档案袋等多种方式,收集学生不同场合、时间和形式的多方面证据,全面而合理地评价学生素养发展情况;同时,推动考试评价与新技术的深度融合,更有效地收集学生素养表现的过程证据。

---

[1] 杨向东.素养本位学业质量的内涵及意义[J].全球教育展望,2022,51(05):79—93.
[2] 刘钧燕.探索基于核心素养的义务教育阶段考试评价[J].全球教育展望,2022,51(05):106—116.
[3] 陆璟.PISA发展对改进评价的启示[J].今日教育,2019(Z1):114—121.

在结果解释上,素养导向的考试评价需要研制基于标准的评分规则。由于素养导向的考试评价需要学生的建构反应,没有唯一标准的答案,因而需要基于评分规则对学生的素养表现水平作出判断。评分规则由评价维度、等级水平和描述符组成。好的评分规则既要能有效地测量学生在完成具体任务中体现出的核心素养,还要能有效鉴别不同学生核心素养表现特征的差异,因为个体差异的存在是考试评价的前提假设之一。①

八、课程实施监测的重点是什么

课程实施是把课程方案和课程标准付诸实践的过程。课程实施监测是收集课程实施的相关证据以反映课程方案和课程标准的落实情况。课程实施监测是落实课程方案和课程标准的关键环节,同时也是促进课程实施质量提升的重要途径。

新的课程方案提出,开展国家、省两级课程实施监测,涵盖国家课程、地方课程和校本课程,主要包括课程开设情况、课程标准落实情况、教材使用情况和课程改革推进情况,重点是党中央、国务院一系列教育要求,特别是习近平新时代中国特色社会主义思想落实情况。国务院教育行政部门委托有关专业机构组织实施国家级监测,省级教育行政部门委托有关专业机构实施省级监测,并协助完成国家级监测相关工作。

事实上,课程实施监测的重点应该是学校的自我监测。学校是课程实施的责任主体,要将课程实施监测作为确保课程实施质量的重要手段。因此,要改变自上而下的被动监测,超越监测的管理功能,走向学校的自我监测和自我改进。由此,学校的课程实施监测要伴随着课程实施的各个环节,成为学校工作的日常,而不是为了完成监测而临时增加一块监测工作。这样,哪怕是要参加自上而下的监测,也不需要让老师们加班加点"做材料",不用担心"被检查""被监测"。

学校需要制定课程实施自我监测方案,首先是明确监测目的,在实现管理功能的同时,更重要的是利用监测数据来改进实施。其次是确定监测内容,包括学校课程设置与省级课程实施办法所规定的一致性、各个学科课程标准的落实情况、教材使用情况以及课程改革推进情况,尤其是立德树人在课堂教学中的落实情况。最后是监测数据收集问题,考虑如何既简便、易操作,又能收集到真实而有效的数据;同时,要特别重视监测

---

① 周群.基于论证的我国高考开发质量评价模型研究——以 2010 年上海高考政治开发为例[D].上海.华东师范大学,2011.

数据的使用,充分利用监测数据以促进课程实施,提升课程实施质量;另外,还包括考虑谁来监测、什么时候监测等具体问题。

学校要创新课程实施自我监测机制,充分发挥教师在课程实施监测中的重要作用,同时,应赋予学生参与课程监测的权利,鼓励学生积极参与课程实施监测。另外,学校还应利用教育信息技术手段,搭建课程实施监测信息化平台,更便捷地收集课程实施数据,更有效地利用数据,从而更好地促进课程实施。

九、学校如何制订学校课程实施方案

新的课程方案指出,学校依据省级义务教育课程实施办法,立足本校办学理念,分析资源条件,制订学校课程实施方案,注重整体规划,有效实施国家课程,规范开设地方课程,合理开发校本课程。学校课程实施方案就是学校结合本校实际情况来落实课程方案和课程标准的整体规划,是学校落实立德树人根本任务的总依据,也是学校的育人蓝图。

学校课程实施方案的制订涉及一系列的专业谋划过程和行动,是学校课程领导力的直接体现。首先,学校要成立学校课程委员会,课程委员会委托教务处或教科室,或邀请校外专家参与制订学校课程实施方案。其次,学校课程实施方案的制订要进行系列专题研究,包括相关政策研究、已有的课程发展经验梳理、学校课程需求分析、资源分析、学校教育哲学凝练和明晰等。最后要形成的是学校课程实施方案文本,由学校课程实施规划的依据、课程计划及说明、课程实施与评价,以及实施保障组成。

学校课程实施规划的依据是回答学校课程及其安排的必要性和可能性,具体包括课程政策相关要求、学校SWOT分析、学生与社区课程需求、学校愿景、使命与毕业生形象。课程计划及说明是回答设置哪些课程,结构如何,以及如何安排的问题。课程实施与评价是回答如何分课程类别落实,有哪些重要的实施与评价举措,以及如何保证课程的持续改进的问题。实施保障是回答有哪些组织、制度和资源来保障课程实施的质量的问题。学校在制订课程实施方案过程中,要注重统一规范与因校制宜相结合,统筹校内外教育教学资源,将理念、原则要求转化为具体育人实践活动。

判断课程实施方案质量的高低,主要有四条标准:一是理念先进,充分体现新方案和新课标的理念;二是要件完整,包含了上文提及的课程实施规划的依据、课程计划及说明、课程实施与评价,以及实施保障;三是内容匹配,每一部分的具体内容聚焦该部分的核心问题进行有针对性的阐述;四是整体一致,方案中的各个部分是一个有机的整体,要体现一致性。

制订学校课程实施方案的意义在于把国家和地方课程实施以及校本课程开发的相关事项想清楚、说明白、写准确,以便课程能够更好地落地、落实,取得实际的教育成效。这项工作,想清楚最重要,只有想清楚了,才能说明白,写准确,也才有可能在后续的推进中做实在。通过对学校课程的整体规划,可以增强课程对学生的适应性,有利于学生全面而有个性地发展;同时,制订学校课程实施方案也是提升学校整体规划能力和促进教师专业发展的重要途径,尤其是促进教师共同体间的合作;此外,课程实施方案的制订、反思与持续改善的过程,也是积淀学校文化底蕴的过程。

十、如何优化三级课程管理

三级课程管理是中小学课程管理的基本政策,对于全面贯彻和落实新方案新课标、实现"三有"新人培养目标、促进全体学生的健全发展和健康成长具有极为重要的意义与作用。当前,一个重要的课题就是要加强统筹协调,优化三级课程管理,确保有效实施国家课程,规范开设地方课程,合理开发校本课程,从而高质量地落实好新方案新课标。具体需要把握以下几点。

第一,掌握课程管理的基本策略。

三级课程管理政策的目的是建立和健全国家、地方和学校三级权力主体之间的权力分享、责任分担以及相互促进和补充的课程管理机制,从而形成国家、地方和学校共同建设基础教育课程体系的基本制度框架。

无论是国家,还是地方和学校,都可以根据实际情况有所侧重地选择课程管理的基本策略,包括建立基本的课程管理制度和机制,颁布相应的课程政策法规和意见办法,提出"六三"学制、"五四"学制、九年一贯制等不同类别学校的课程设置方案和实施计划,共建共享课程资源,提供必要的管理服务和专业支持,设立具有导向性的专项经费,组织课题攻关研究,开展专项评估和督导,发布调研报告和信息,通报管理动态和整改建议,等等。同时,在课程管理的各个层级上,都需要运用现代网络信息技术加持和赋能,来提升管理的效率和水平。

第二,明确三级课程管理的权力与责任。

首先,国家一级课程管理的主要权力与责任。国家一级的课程管理具有明显的指导性特征,其主要权力和责任大致包括:(1)宏观指导全国的基础教育课程改革,并具体制定国家基础教育的课程政策和课程计划框架。(2)组织制订、审定和修订全国基础教育各个阶段的课程计划和课程方案。(3)颁布国家课程标准和指导纲要等,确保统一的基本学业要求,规定国家基本的教育质量标准和要求。(4)制定实施国家课程计划的指导性意见,引导地方和学校根据实际情况创造性地实施国家课程、开发和实施地方课程以及校本课程。(5)确定基础教育课程的评价制度,确保国家基础教育课程在各个阶段的目标得到有效的落实。(6)制定三级课程管理政策,颁布地方课程和校本课程管理指南等,为地方课程和校本课程的开发以及地方一级和学校一级的基础教育课程管理提供基本的规范。(7)制定教科书或教材开发与管理的政策,定期向学校和社会公布经过审定的中小学教材目录和教材使用情况评估报告。(8)监控国家基础教育课程整体运行质量,对中小学教学、评价与考试、课程资源开发与利用等情况定期进行抽查和跟踪研究,并形成评估报告。

其次,地方一级的课程管理。地方一级课程管理的主体是省、自治区、直辖市一级教育行政部门以及由省、自治区、直辖市授权的地、市、县教育行政部门。地方一级课程管理的权力与责任大致包括:(1)按照国家课程计划的要求,制订本地实施的各个教育阶段的课程计划,并报教育部备案。(2)依据教育部颁发的地方课程开发与管理指南和相关意见,组织专家或与专家合作开发地方课程(包括课程标准和教材),并制定学校实施地方课程的指导性意见。(3)颁布本省(自治区、直辖市)高中教育阶段课程实施意见,包括学分管理意见和实施方案,特别是关于学分认定与奖励以及毕业资格认定等细则。(4)确定本省(自治区、直辖市)义务教育阶段课程管理体制,包括地、市、县的管理权限与责任的分配等问题。(5)确定本省(自治区、直辖市)小学开设英语课程的起始年级,制定小学开设英语课程的分类指导意见,包括本地区小学开设英语课程的工作目标和具体步骤。同时,决定民族地区的外语课程的设置。(6)指导并通过下属各级地方教育主管部门,负责监督与评估当地学校执行国家课程计划特别是有效实施国家课程的状况,确保已颁布的各个教育阶段的课程计划能够全面落实。(7)指导并通过下属各级地方教育主管部门,负责指导学校制订学校课程实施方案,具体指导学校开发校本课程。(8)定期公布通过审查的各类教材和配套练习册、课程资源平台、空中课堂、云端学习空间等辅助教学材料。(9)指导并通过下属各级地方教育主管部门审议学校课程实施年度计划,特别是综合实践活动与校本课程的实施方案。(10)制定本省(自治区、直辖市)中小学课程实施与教学优秀成果奖励制度。

最后,学校一级的课程管理。学校一级课程管理的权力和责任主体是具有法人资格的学校,校长是第一责任人。学校一级的课程管理权责大致包括:(1)制定学校学年课程实施方案,报县一级或上级主管教育行政部门备案。(2)制定校本课程开发的方案与指南,将方案报县一级或主管教育行政部门审议,实施校本课程开发。(3)选择经过国家审定或省级审查通过的教材及配套辅助教学材料。(4)反映国家和地方课程计划在实施中所遇到的问题,同时应建立校本课程的内部评价机制,以保证校本课程与国家课程、地方课程在目标上的一致性和互补性。(5)根据上级教育行政部门的规定,结合本校实际情况,对本校的所有课程实施进行管理,以提高学校办学质量和办学水平。

第三,建立主动解决问题的课程管理机制。

在三级课程管理框架下,各个层级主体都需要在自身职责范围内建立起主动解决问题的课程管理机制。这是目前和今后相当长时期内的一项极为重要的工作任务。

从义务教育阶段和高中教育阶段的课程方案来看,如果不能建立主动解决问题的课程管理机制和监督机制,那么课程改革的蓝图就可能无法落到实处,甚至有可能被误用或滥用,导致政令不畅、行政不作为等现象。在课程管理上,因循自上而下的"等、靠、要"或者采取"行政不作为"或"上有政策下有对策"的消极策略,终将丧失教育高质量发展的良好机遇,这是没有出路的。正确的选择应该是建立一种上下相互促进和补充的、主动解决问题的课程管理机制和课程监督机制,充分调动教育行政、中小学、教研科研、督导监测和家庭社会的积极性与首创精神,共同促进新课程的健康和深入发展。